# 中国城市地价报告蓝皮书

# 2013 BLUE BOOK 2013

国土资源部土地利用管理司
中国土地勘测规划院 编著

地质出版社
·北 京·

**图书在版编目(CIP)数据**

中国城市地价报告蓝皮书．2013／国土资源部土地利用管理司，中国土地勘测规划院编著．—北京：地质出版社，2014.4

ISBN 978-7-116-08750-7

Ⅰ．①中…　Ⅱ．①国…　②中…　Ⅲ．①城市土地－地价－研究报告－中国－2013　Ⅳ．①F299.232

中国版本图书馆CIP数据核字(2014)第054994号

Zhongguo Chengshi Dijia Baogao Lanpishu 2013

---

**责任编辑**：蔡　莹
**责任校对**：黄苏晔
**出版发行**：地质出版社
**社址邮编**：北京海淀区学院路31号，100083
**电　　话**：(010) 82324508(邮购部)；(010) 82329007(编辑部)
**网　　址**：http://www.gph.com.cn
**传　　真**：(010) 82318790
**印　　刷**：北京地大天成印务有限公司
**开　　本**：889mm×1194mm　1/16
**印　　张**：12.75
**字　　数**：360千字
**版　　次**：2014年4月北京第1版
**印　　次**：2014年4月北京第1次印刷
**审 图 号**：GS (2014) 518号
**定　　价**：148.00元
**书　　号**：ISBN 978-7-116-08750-7

---

**主管部门** 国土资源部土地利用管理司

**实施单位** 中国土地勘测规划院

**协助单位**

北京市国土资源局
天津市国土资源和房屋管理局
上海市规划与国土资源管理局
重庆市国土资源和房屋管理局
江苏省国土资源厅
浙江省国土资源厅
广东省国土资源厅
湖北省国土资源厅
湖南省国土资源厅
河北省国土资源厅
山西省国土资源厅
内蒙古自治区国土资源厅
辽宁省国土资源厅
吉林省国土资源厅
黑龙江省国土资源厅
安徽省国土资源厅
福建省国土资源厅
江西省国土资源厅
山东省国土资源厅
河南省国土资源厅
广西壮族自治区国土资源厅
海南省国土环境资源厅
四川省国土资源厅
贵州省国土资源厅
云南省国土资源厅
陕西省国土资源厅
甘肃省国土资源厅
青海省国土资源厅
宁夏回族自治区国土资源厅
新疆维吾尔自治区国土资源厅
西藏自治区国土资源厅

南京市国土资源局
无锡市国土资源局
常州市国土资源局
苏州市国土资源局
南通市国土资源局
扬州市国土资源局
徐州市国土资源局
杭州市国土资源局
宁波市国土资源局
温州市国土资源局
嘉兴市国土资源局
湖州市国土资源局
广州市国土资源和房屋管理局
深圳市规划和国土资源委员会
珠海市国土资源局
佛山市顺德区国土城建和水利局
东莞市国土资源局
中山市国土资源局
汕头市国土资源局
湛江市国土资源局
武汉市国土资源和规划局
襄阳市国土资源局
黄石市国土资源局
荆州市国土资源局
宜昌市国土资源局
长沙市国土资源局
岳阳市国土资源局
株洲市国土资源局
湘潭市国土资源局
衡阳市国土资源局
石家庄市国土资源局

秦皇岛市国土资源局
张家口市国土资源局
唐山市国土资源局
廊坊市国土资源局
保定市国土资源局
邯郸市国土资源局
太原市国土资源局
大同市国土资源局
呼和浩特市国土资源局
包头市国土资源局
沈阳市规划和国土资源局
大连市国土资源和房屋局
阜新市国土资源局
抚顺市国土资源局
本溪市国土资源局
辽阳市国土资源局
鞍山市国土资源局
丹东市国土资源局
锦州市国土资源局
长春市国土资源局
吉林市国土资源局
哈尔滨市国土资源局
齐齐哈尔市国土资源局
大庆市国土资源局
伊春市国土资源局
鹤岗市国土资源局
佳木斯市国土资源局
鸡西市国土资源局
牡丹江市国土资源局
合肥市国土资源局
芜湖市国土资源局
淮北市国土资源局
蚌埠市国土资源局
淮南市国土资源局
福州市国土资源局
厦门市国土资源与房产管理局
泉州市国土资源局
南昌市国土资源局
九江市国土资源局
济南市国土资源局
青岛市国土资源和房屋管理局
淄博市国土资源局
潍坊市国土资源局
烟台市国土资源局
临沂市国土资源局
枣庄市国土资源局
济宁市国土资源局
泰安市国土资源局
郑州市国土资源局
洛阳市国土资源局
焦作市国土资源局
新乡市国土资源局
安阳市国土资源局
开封市国土资源局
平顶山市国土资源局
南宁市国土资源局
柳州市国土资源局
北海市国土资源局
海口市国土资源局
成都市国土资源局
南充市国土资源局
宜宾市国土资源局
贵阳市国土资源局
昆明市国土资源局

西安市国土资源局
兰州市国土资源局
西宁市国土资源局
银川市国土资源局
乌鲁木齐市国土资源局
拉萨市国土资源规划局

北京房地产估价师和土地估价师协会
天津土地交易中心
上海市土地调查规划院
江苏金宁达不动产评估咨询有限公司
常州市土地交易中心
苏州天元不动产咨询评估有限公司
南通市土地市场服务中心
扬州市地价所
江苏苏地仁合土地房地产评估咨询有限公司
浙江省土地勘测规划院
杭州信诚地产评估咨询有限公司
宁波远东不动产评估有限公司
温州市东瓯土地价格评估事务所有限公司
嘉兴市广远土地评估有限公司
湖州兴源房地产土地评估咨询有限公司
广东中地土地房地产评估咨询有限公司
深圳市规划国土发展研究中心
广东思远土地房地产评估咨询有限公司
佛山市中毅土地房地产评估有限公司
中山市置信土地房地产估价有限公司
广东弘实资产评估房地产土地估价有限公司
重庆华川土地房地产估价与资产评估有限责任公司
永业行（湖北）土地房地产评估咨询有限公司

湖北方天不动产评估咨询有限公司
宜昌市国土资源地价监测中心
长沙永信评估咨询有限责任公司
湖南正阳土地评估咨询有限公司
湖南万源评估咨询有限公司
湖南国地评估咨询有限责任公司
衡阳地源评估咨询有限公司
河北师范大学资源与环境科学学院
秦皇岛市土地收购储备交易中心
河北新世纪房地产评估经纪有限公司
唐山市地产评估咨询中心
北京博林不动产评估有限公司
保定市地产评估中心
邯郸市国土资源评估中心
山西原源地产评估咨询有限公司
大同市建设用地事务中心
内蒙古自治区土地调查规划院
包头市国土资源产权管理与服务中心
辽宁省矿业权交易中心（辽宁省国土资源市场监测中心）
沈阳市地产咨询评估中心
大连天石不动产顾问有限公司
阜新金衡不动产评估有限责任公司
抚顺市恒信土地评估有限责任公司
本溪峪地土地估价事务所有限责任公司
辽阳金华土地资产评估有限公司
鞍山市土地储备中心
辽宁国地土地资产评估有限公司
辽宁天力土地房地产估价有限公司
吉林融创土地估价咨询有限公司
吉林市国地土地评估有限公司

哈尔滨国源土地房地产估价有限公司
黑龙江省土地勘测利用技术中心
安徽省国土资源储备发展中心
合肥金土地咨询评估有限责任公司
安徽新天地不动产评估有限公司
淮北市地价管理所
蚌埠市土地开发复垦整理中心
蚌埠市土地储备中心
安徽嘉华地产评估咨询有限责任公司
福州市土地矿产交易中心
厦门市大学资产评估有限公司
福建建友资产评估土地房地产估价有限责任公司
南昌正信不动产估价咨询有限公司
江西省国土资源勘测规划院
山东正衡永立土地房地产评估有限公司
青岛衡元德地产评估策划有限责任公司
淄博市土地储备交易中心
潍坊正信土地房地产评估有限公司
烟台卫正地产评估有限公司
临沂市土地勘察规划站
山东仁和土地房地产评估咨询有限公司
山东颐通土地房地产评估测绘有限公司
郑州豫华土地评估咨询有限公司
洛阳市土地登记服务中心
焦作市国土资源登记评估中心
新乡市土地矿业权交易中心
安阳市金土地价评估事务所有限责任公司
河南方迪土地房地产估价有限公司
平顶山市金鹰土地评估咨询有限公司
广西开元行土地评估有限责任公司
柳州市金鼎不动产评估咨询有限责任公司
北海市地产交易中心
海南正理土地评估有限公司
四川省国土勘测规划研究院
四川大成房地产土地评估有限公司
南充市地价评估事务中心
宜宾兴地不动产咨询评估有限公司
贵州众志天和不动产咨询服务有限公司
昆明市国土规划勘察测绘研究院
昆明超凡地价评估咨询有限公司
陕西华地房地产估价咨询有限公司
兰州市国土资源评价研究院
西宁市土地估价事务所
宁夏博源估价师事务所（有限公司）
新疆国地不动产评估有限责任公司
拉萨市地价评估事务所

# 目录
CONTENTS

## 附 录

# 前言

为服务国土资源参与宏观调控的战略需求，及时和准确地掌握城市土地状况，自1999 年始，在国土资源部土地利用管理司的统一部署下，中国土地勘测规划院组织了全国数百余家单位，近2000名专业土地估价师共同参与城市地价动态监测工作，现已在全国105 个城市布设标准宗地，形成全国联动，及时反映市场变化的监测体系。

本书为2013 年全国城市地价动态监测的年度分析报告。中国土地勘测规划院城市地价动态监测组赵松、田彦军负责全书的整体设计、分析定位；多位专家参与专题工作，具体分工如下：

第一部分：全国主要城市地价状况分析，专题负责人为中国农业大学朱道林，报告统稿人为中国土地勘测规划院田彦军；

第二部分：长江三角洲地区监测分析，专题负责人为中国农业大学朱道林，报告统稿人为中国土地勘测规划院柴志春；

第二部分：珠江三角洲地区监测分析，专题负责人为广东省土地估价师与土地登记代理人协会朱晓岚，报告统稿人为中国土地勘测规划院王锟；

第二部分：环渤海地区监测分析，专题负责人为中国人民大学吕萍，报告统稿人为中国土地勘测规划院王锟；

第二部分：长江沿线经济带监测分析，专题负责人为江苏金宁达不动产评估咨询有限公司张增峰，报告统稿人为中国土地勘测规划院柴志春；

第三部分：城市专题，由中国土地勘测规划院城市地价动态监测组负责，报告统稿人为中国土地勘测规划院周洋；

第四部分：城市地价与房价关系，专题负责人为北京师范大学珠海分校胡江，报告统稿人为中国土地勘测规划院朱珍珍；

全书由赵松、田彦军统稿、定稿。

本书核心数据来自于地价监测成果，在此对全部参与和指导该项工作的各位领导、专家、专业人士表示衷心感谢！由于时间所限，书中恐有瑕疵与纰漏，恳请读者批评指正。

赵松

二〇一四年三月

# 概 述

## 一、监测范围

2013 年全国城市地价监测的范围如下：

一是全国主要城市，包括：北京市、天津市、石家庄市、太原市、呼和浩特市、沈阳市、大连市、长春市、哈尔滨市、上海市、南京市、杭州市、宁波市、合肥市、福州市、厦门市、南昌市、济南市、青岛市、郑州市、武汉市、长沙市、广州市、深圳市、南宁市、海口市、重庆市、成都市、贵阳市、昆明市、西安市、兰州市、西宁市、银川市、乌鲁木齐市、拉萨市、唐山市、秦皇岛市、邯郸市、保定市、张家口市、廊坊市、淄博市、枣庄市、烟台市、潍坊市、济宁市、泰安市、临沂市、开封市、洛阳市、平顶山市、安阳市、新乡市、焦作市、鞍山市、抚顺市、本溪市、丹东市、锦州市、阜新市、辽阳市、吉林市、齐齐哈尔市、鸡西市、鹤岗市、大庆市、伊春市、佳木斯市、牡丹江市、无锡市、徐州市、常州市、苏州市、南通市、扬州市、温州市、嘉兴市、湖州市、泉州市、珠海市、汕头市、佛山市顺德区、湛江市、东莞市、中山市、芜湖市、蚌埠市、淮南市、淮北市、九江市、黄石市、宜昌市、襄阳市、荆州市、株洲市、湘潭市、衡阳市、岳阳市、柳州市、北海市、南充市、宜宾市、大同市、包头市等 105 个城市。其中前 36 个城市主要是各省会、自治区首府所在城市、直辖市及计划单列市，属于重点监测城市。

二是三大重点监测地区，主要包括长江三角洲地区、珠江三角洲地区、环渤海地区。其中，长江三角洲地区主要包括上海市、南京市、苏州市、无锡市、常州、南通市、扬州市、徐州市、杭州市、宁波市、温州市、嘉兴市、湖州市等城市；珠江三角洲地区主要包括广州市、深圳市、珠海市、佛山市顺德区、东莞市、中山市等城市；环渤海地区主要包括北京市、天津市、唐山市、秦皇岛市、廊坊市、大连市、锦州市、鞍山市、丹东市、辽阳市、烟台市、潍坊市。此外，长江沿线经济带自西向东横贯我国中部，主要包括宜宾市、重庆市、宜昌市、荆州市、岳阳市、武汉市、黄石市、九江市、芜湖市、南京市、扬州市、常州市、南通市、上海市。

为了分析的需要和方便，在地价监测中以经济发展状况为主要因素，以海陆位置和省级行政区域为基础，将全国 31 个省、市、自治区划分为东部、中部和西部地区，各省级行政区域内的监测城市据此分列。东部地区包括北京市、天津市、河北省、辽宁省、上海市、江苏省、浙江省、福建省、山东省、广东省和海南省等 11 个省（市）；中部地区包括山西省、吉林省、黑龙江省、安徽省、江西省、河南省、湖北省、湖南省等 8 个省；西部地区包括四川省、重庆市、贵州省、云南省、西藏自治区、陕西省、甘肃省、青海省、宁夏回族自治区、新疆维吾尔自治区、广西壮族自治区、内蒙古自治区等 12 个省、市、自治区。

## 二、监测时段

2013 年度城市地价监测时段为 2013 年 1 月 1 日至 2013 年 12 月 31 日。

## 三、监测数据来源

2013 年度城市地价监测的数据主要通过市场调查、监测的方式获得。其中，基于标准宗地的土地市场价格数据，由各城市的承担地价监测任务的有关机构按照《城市地价动态监测技术规范》，在监测点体系的基础上通过市场调查和评估的方式获得；土地市场的供应数据，通过土地市场动态监测与监管系统获得。此外，与地价相关的其他数据，主要来源于有关统计资料和市场调查。

**四、地价监测指标体系**

根据城市地价监测技术规范和地价监测系统建设运行的实际情况，2013 年度全国城市地价监测的指标有：①地价平均值，主要反映地价水平状况；②地价增长率及地价指数，主要反映地价变化状况；③土地供需指标、房屋供需指标、房屋指数等，主要反映地价与房地产市场协调度；④经济增长率、固定资产投资指标等相关指标，主要反映地价与宏观经济的协调度。

**五、重要概念解释**

（1）地价。地价指正常市场条件下土地使用权价格。本报告所称地价指的是城市整体地价，而不是指具体交易地价或者是城市局部地区地价。

（2）地价水平值。地价水平值是反映地价水平高低的指标，采用平均地价表示。值得说明的是，由于地价水平值所对应的是区域性的土地区位和土地使用条件，主要用来衡量整体地价水平的高低，具有很强的宏观性指标意义。本报告所称地价水平值分为地价综合水平值、商服地价水平值、住宅地价水平值和工业地价水平值四种。其中，地价综合水平值不是指综合用途土地的价格水平值，而是三种不同用途地价水平值的平均处理值。

（3）地价增长率。地价增长率是反映地价水平同期增长程度的指标，通过本年度（监测年）与上一年度同期地价水平变化比较计算得到。

（4）监测点地价。监测点地价是指为城市地价动态监测设立的各个监测点的土地价格水平值，通过评估方式取得，是一种技术性的地价。

（5）总体、整体、综合。本报告中，"总体"一般描述一个地区各个城市的平均状况，如"全国总体地价水平值"指反映全国范围各城市的地价水平值；"整体"一般描述某一城市或城市内某一区片的地价平均状况，如"北京市整体地价水平值"指反映北京市范围的地价水平值；"综合"一般描述同一城市或地区的不同用途土地的平均状况，如"地价综合水平值"指不同用途地价平均值的综合。

**六、动态监测数据解读**

全国城市地价动态监测工作始于 1999 年，到 2008 年，监测范围由最初的 6 个城市拓展到 105 个城市，基于全国直辖市、省会城市、计划单列市和区域主要城市的地价监测体系已基本建立。随着监测工作的逐步展开，地价监测技术、方法、工作机制等在 2005 年、2008 年先后进行了两次大的调整。

2005 年适应监测指标测算精细化需求，试行新的《城市地价动态监测技术规范》，地价水平等指标采用更准确、科学的面积加权方法测算，当年的综合、商服、住宅、工业地价水平值与之前出现较大差异，在水平值层面与以往不具可比性。

2008 年，国土资源部《关于进一步加强城市地价动态监测工作的通知》（国土资发〔2008〕51 号文）要求在拓展监测范围到 105 个城市的同时，各监测城市的监测范围需要重新备案。因近年我国城市化发展较快，多数原有监测城市的监测范围均发生较大变化，致使 2008 年的综合、商服、住宅、工业地价水平值与之前出现较大差异，在水平值层面与以往不具可比性。

但是，综合、商服、住宅、工业用地地价指数、地价增长率仍可反映各区域、城市的实际地价变化情况。

* 特别说明：本报告所有数据及结论都基于城市地价监测系统的调查分析技术体系，任何解释都须在此基础上进行。本报告的解释权归中国城市地价动态监测项目组。

# 01 / 部分 全国主要城市地价总体状况

2013年，在我国宏观经济运行整体平稳，固定资产投资较快增长，货币信贷平稳增长的背景下，全国房地产开发投资、商品房销售面积和商品房销售额均有较快增长，增速分别为19.8%、17.3%和26.3%。在这一背景下，全国主要监测城市土地市场供需两旺，商服用地和住宅用地，特别是保障性住房用地供应大幅增加，建设用地供应总量同比增长12.34%，较上年提高了47.15个百分点；全国主要监测城市地价同比增长率止跌回升，平均增长7.02%，较上年提高了4.41个百分点。全国各用途地价逐季增长，东、中、西部地区各用途地价增长率均大幅提高，中部地区各用途地价增长率高于西部地区。全国主要监测城市住宅地价同比上涨的城市数量较上年增加25个，最大增幅为37.98%。全国平均地价房价比略有上升，各重点监测城市住宅用地地价房价比存在较大差异；国内生产总值、固定资产投资、城镇居民家庭人均可支配收入增速均高于地价增长率。2014年，宏观经济的良好预期、不断完善的保障房政策和房地产市场调控长效机制的探索，将有利于促进城市土地市场的平稳运行；“以人为本”的新型城镇化导向将有利于促进不同类型城市土地市场协调发展；货币流动性变化和差别化信贷政策仍将直接影响房地产市场的投机投资性需求；不动产统一登记制度和房产税试点扩围将影响房地产市场预期，但有利于土地市场的长期稳定发展。

# 2013 年全国主要监测城市地价动态监测报告

## 一、全国主要监测城市地价状况分析

### （一）地价水平值分析

1. 各用途地价水平值提升较大，重点监测城市地价水平高于主要监测城市

2013 年，全国主要监测城市综合地价水平值为 3349 元／米$^2$，比上年提高了 220 元／米$^2$。各用途地价水平值均有较大提升，商服用地价格最高，为 6306 元／米$^2$，其次是住宅用地，为 5033 元／米$^2$，工业用地价格最低，为 700 元／米$^2$。其中商服地价与上年相比提高最多，达 463 元／米$^2$。

全国重点监测城市综合地价水平值为 4735 元／米$^2$，各用途地价均高于主要监测城市综合地价水平。其中，商服用地价格为 8157 元／米$^2$，住宅用地价格为 7052 元／米$^2$，工业用地价格为 889 元／米$^2$（图 1）。

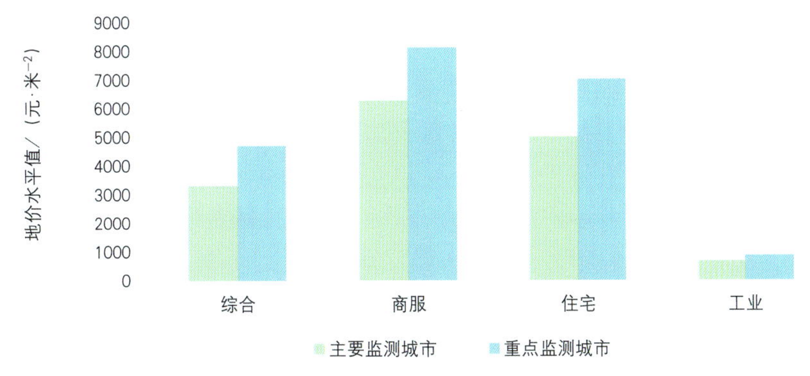


图1　2013年全国主要监测城市和重点监测城市地价水平值

2. 重点监测城市中，除工业用地以外，其他各用途地价水平均呈东高、西次、中低的格局

东部地区各用途地价水平值最高，商服、住宅和工业用地价格分别达到 15496 元／米$^2$、

11706元/米²和1095元/米²；中、西部地区各用途地价水平值均低于重点监测城市平均地价水平值，且远低于东部地区平均地价水平值（图2）。

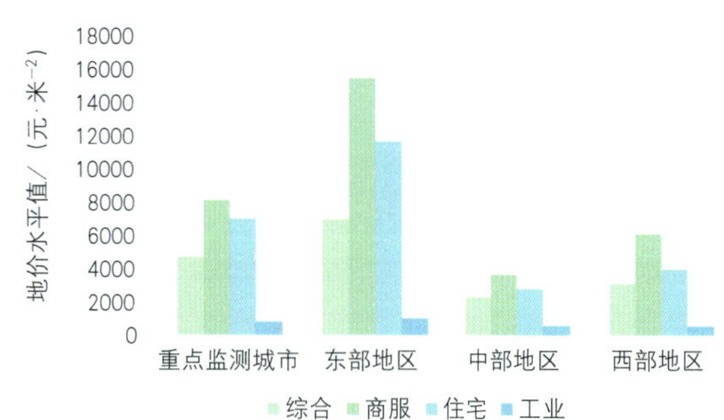


图2 2013年东、中、西部地区重点监测城市地价水平值

3. 长江三角洲、珠江三角洲和环渤海地区除工业用地外，其他用途地价水平值均高于全国主要监测城市平均地价水平值，其中珠江三角洲的商服地价水平最为突出

全国主要监测城市中，除环渤海地区工业地价低于全国主要监测城市地价水平外，长江三角洲地区、珠江三角洲地区各用途地价水平值，以及环渤海地区其他用途地价水平值均高于全国主要监测城市平均地价水平值。其中珠江三角洲地区的商服、住宅和工业地价在三大重点区域中均处最高，分别为17214元/米²、8633元/米²和906元/米²；长江三角洲地区次之，分别为8817元/米²、8054元/米²和884元/米²；环渤海地区最低，分别为6582元/米²、5639元/米²和699元/米²。自2008年以来，珠江三角洲地区的商服地价在三大重点区域中一直处于最高水平，2013年达到17214元/米²，是全国主要监测城市平均地价水平值的2.7倍（图3）。

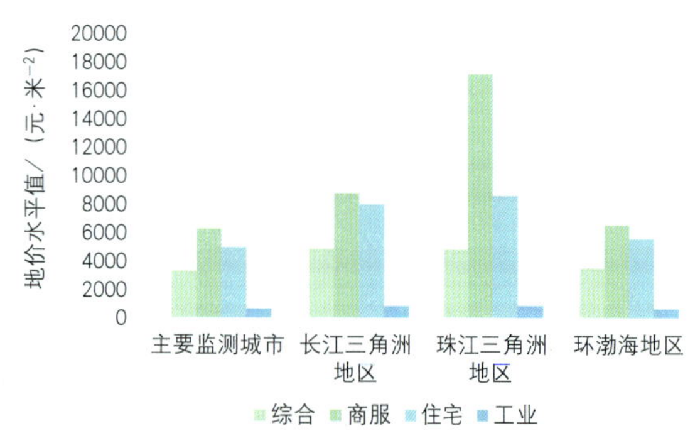


图3 2013年三大重点区域地价水平值

## （二）地价增长率分析

1. 全国主要监测城市各用途地价增长率涨幅较大，且高于2009年水平

2013年全国主要监测城市各用途地价增长率均有所提升，增速均高于2009年水平。综合、商服和住宅地价增长较快，增速分别为7.02%、7.93%和8.95%，与2012年相比，分别提高了4.41、4.59、6.69个百分点；工业地价低速增长，增速为4.45%，较2012年提高1.75个百分点（图4）。

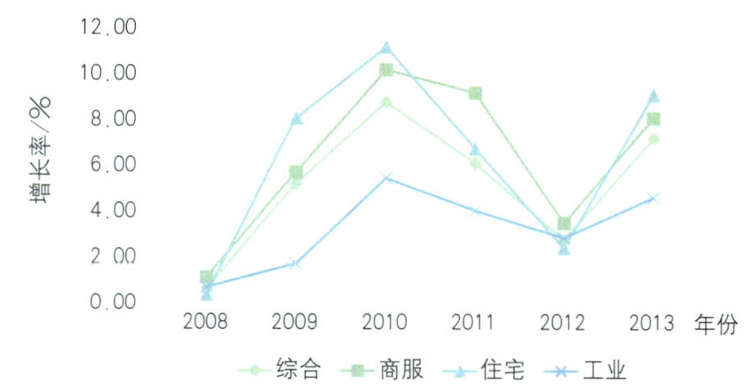


图4 2008—2013年全国主要监测城市各用途地价同比增长率

2. 全国主要监测城市各用途地价逐季增长，综合地价与住宅地价各季度环比增速逐季微幅上扬，商服地价第二和第四季度环比增速放缓，工业地价第三季度环比增速放缓

2013年，全国主要监测城市综合地价各季度环比增长率分别为1.47%、1.62%、1.85%和2.06%，住宅地价各季度环比增长率分别为1.77%、2.06%、2.32%和2.64%，均呈现逐季增长态势；商服地价各季度环比增长率分别为2.07%、1.34%、2.60%和2.29%，除第二季度增速较低外，其他三季度均保持较快增长；工业地价各季度环比增长率分别为0.86%、1.25%、0.98%和1.32%，基本维持在平稳运行态势（图5）。

3. 全国重点监测城市中，综合地价同比增速和环比增速均保持持续上扬态势

2013年，全国重点监测城市综合地价各季度同比增长率分别为4.92%、6.32%、7.66%和8.9%；2013年全国重点监测城市综合地价各季度环比增速保持微幅上扬，与主要监测城市变化规律一致，环比增长率分别为1.75%、2.00%、2.27%和2.87%（图6）。

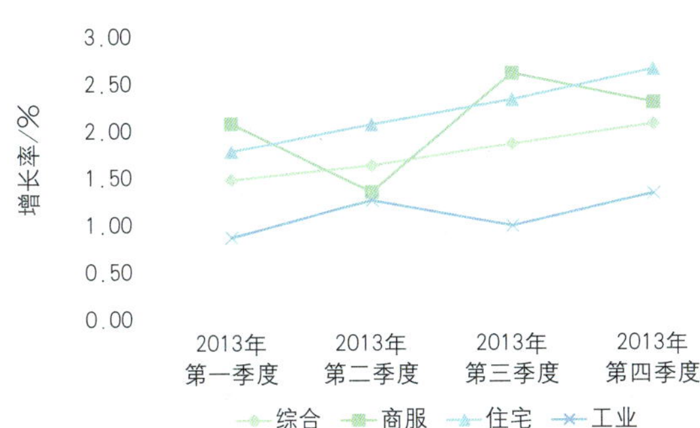


图5 2013年全国主要监测城市各用途地价季度环比增长率

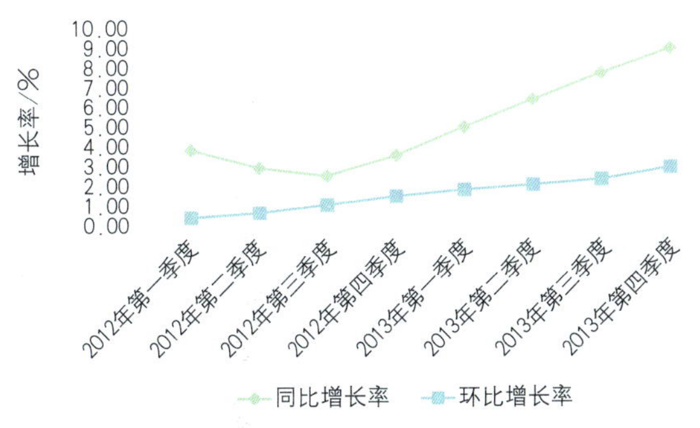


图6 2012—2013年重点监测城市综合地价同比、环比增长率

**4. 与2012年相比，东、中、西部地区各用途地价增长率均大幅提高，东部地区住宅地价和工业地价增长率最高，中部地区商服地价增长率最高**

重点监测城市中，东部地区住宅地价增长率最高，为13.23%，中部地区次之，为11.73%，西部地区最低，为6.86%；商服地价增长率从高到低依次为中部地区、东部地区、西部地区，分别为11.95%、8.51%、7.64%；工业地价增长率呈东高、中次、西低的布局，分别为7.40%、4.35%和2.88%（图7）。

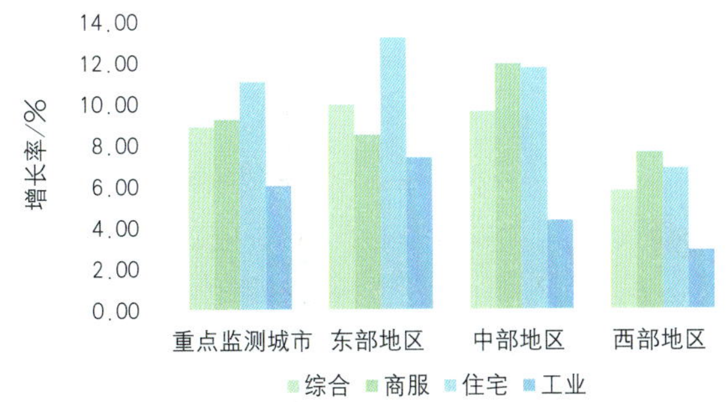


图7 2013年东、中、西部地区重点监测城市各用途地价同比增长率

从增长率变化幅度来看，与2012年相比，2013年东、中、西部地区各用途地价增长率的增长幅度均有较大提升，尤其是东部地区和中部地区。东部地区的商服和住宅地价增长率较2012年分别提高了5.77和10.12个百分点；中部地区的商服和住宅地价增长率较2012年分别提高了7.35、7.54个百分点（表1）。

表1 2013年东、中、西部地区重点监测城市各用途地价增长率变化幅度

单位：%

| | 综合 | 商服 | 住宅 | 工业 |
|---|---|---|---|---|
| 东部地区 | 6.13 | 5.77 | 10.12 | 2.53 |
| 中部地区 | 5.78 | 7.35 | 7.54 | 1.68 |
| 西部地区 | 3.55 | 1.91 | 5.36 | 1.07 |

**5. 三大重点区域各用途地价增长率均有所提升，珠江三角洲地区各用途地价增长率均为最高且涨幅最大，长江三角洲地区除住宅地价增长率高于环渤海地区外，商服和工业地价增长率均低于环渤海地区**

2013年，三大重点区域各用途地价增长率均较2012年有所提升。综合地价增长率从高到低依次为珠江三角洲地区、长江三角洲地区和环渤海地区，分别为12.75%、5.14%和4.66%；此外，珠江三角洲地区的商服、住宅和工业地价增长率也都高于其他两个区域；长江三角洲地区除商服地价增长率低于环渤海地区外，住宅和工业地价增长率均高于环渤海地区（图8）。

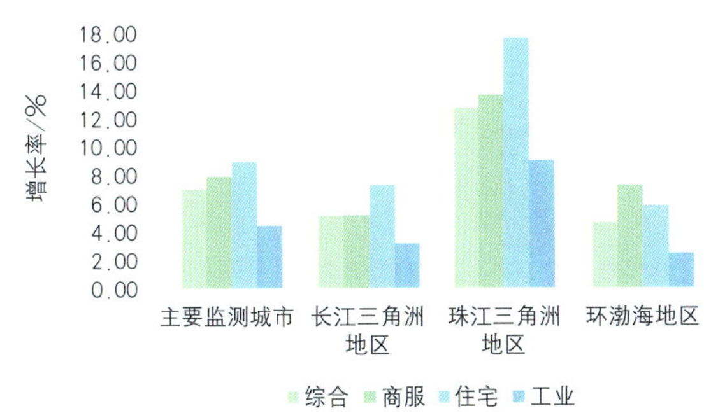


图8 2013年三大重点区域各用途地价同比增长率

从增长率变化幅度来看，与2012年相比，除长江三角洲地区工业地价增长率略微下降0.31个百分点外，其他地区各用途地价增长率均有不同程度的提升，其中

珠江三角洲住宅地价增长率的上涨幅度最大，为15.4个百分点（表2）。

表2 2013年三大重点区域各用途地价增长率变化幅度

单位：%

| | 综合 | 商服 | 住宅 | 工业 |
|---|---|---|---|---|
| 长江三角洲地区 | 3.41 | 3.51 | 7.23 | -0.31 |
| 珠江三角洲地区 | 9.31 | 11.5 | 15.4 | 4.5 |
| 环渤海地区 | 2.69 | 5.05 | 3.86 | 0.62 |

6. 全国主要监测城市住宅地价同比上涨城市数量与上年相比有所增加，温州市住宅地价跌幅仍居首位

2013年，全国主要监测城市中，住宅地价同比上涨的城市由2012年的74个增加至99个，且太原市同比增幅最大，达到37.98%，这与当地政府积极开展大规模城市建设和旧城改造有关。此外，南昌市、深圳市、广州市的住宅地价同比增幅也均超过了20%。住宅地价持平的城市只有1个，为大同市；住宅地价增长率在[0,5%）的城市个数最多，为45个；其次是增长率处于[5%,10%）和[10%,15%）的城市，个数分别为31个和18个；增长率为负的城市仅有5个，比上年少了22个，温州市住宅地价跌幅仍居首位，但已由2012年的跌11.82%减少至跌1.76%（图9）。

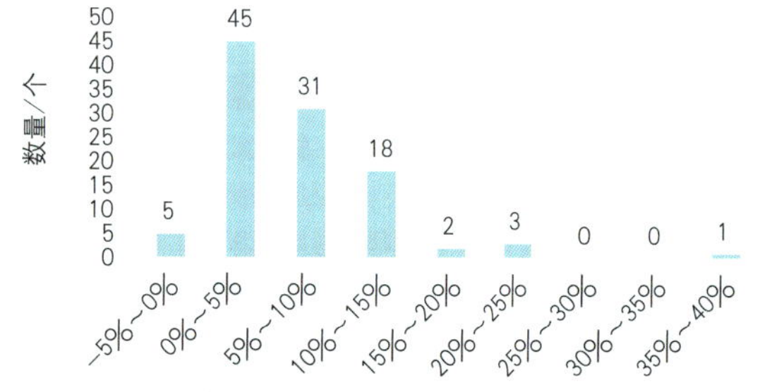


图9 2013年全国主要监测城市住宅地价同比增长率频数分布直方图

注：每组含最小值，不含最大值。

## （三）地价指数分析

1. 全国重点监测城市各用途地价指数继续攀升，住宅地价指数高于商服、综合和工业地价指数

2013年，全国重点监测城市地价指数持续攀升，各用途地价指数均为历史最高，综合、商服、住宅、工业地价指数分别为218、230、257和173。从历年变化来看，2004年以前，商服、住宅和工业用地地价指数相差不大，2004年开始，商服和住宅用地地价指数逐渐高于工业用地地价指数，2006年开始，住宅用地地价指数增速明显快于商服用地（图10）。

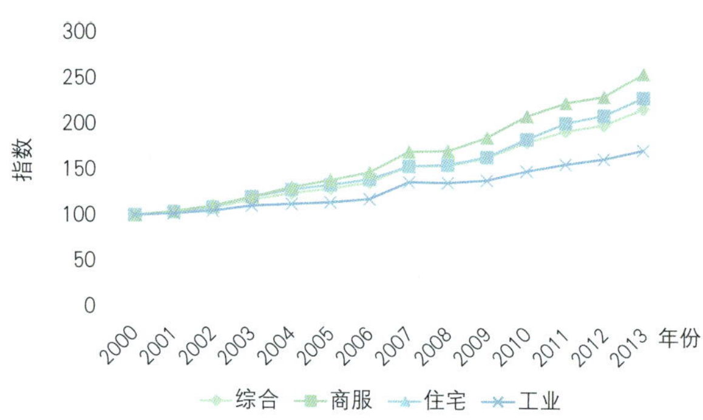


图10 2000年以来全国重点监测城市各用途地价指数

2. 三大重点区域地价指数连续增长，金融危机后环渤海地区综合地价指数持续高于其他两个重点区域

2013年，环渤海地区综合地价指数最高，达到了238，其商服、住宅、工业地价指数分别为229、273、207；其次是长江三角洲地区，综合地价指数达到了222，其商服、住宅、工业地价指数分别为267、271、151；珠江三角洲地区综合地价指数最低，为217，其商服、住宅、工业地价指数分别为240、256、192。长江三角洲地区和环渤海地区综合地价指数略高于重点监测城市平均水平，珠江三角洲地区综合地价指数低于重点监测城市平均水平（图11）。

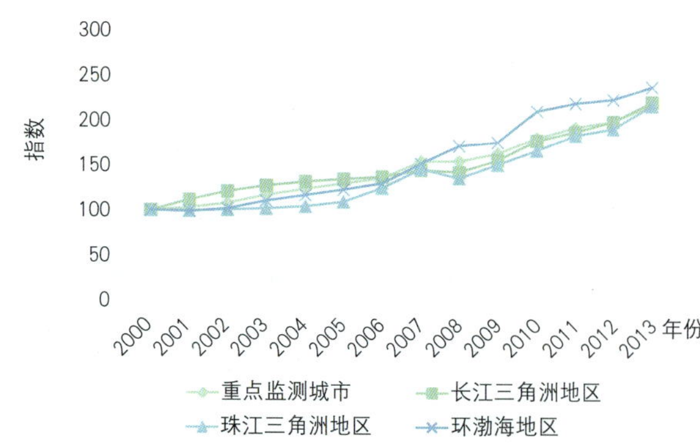


图11 2000年以来三大重点区域综合地价指数

3. 多数重点监测城市住宅地价指数超过 200，宁波市住宅用地地价指数最高

2013 年，全国 35 个重点监测城市的住宅用地地价指数均较 2012 年有所提升，尤其是广州市、太原市、深圳市、宁波市 4 个城市，同比增长点数均超过 40，分别为 53、63、74 和 88 个点数；住宅用地地价指数超过 200 的有 32 个城市，在 300 ~ 500 之间的有 7 个城市，其中宁波市住宅用地地价指数最高，为 724，较基期 2000 年增加了 6.24 倍（图 12）。

## 二、全国主要监测城市土地供应状况分析

### （一）主要监测城市一到四季度建设用地供应总量稳中趋升，商服用地和住宅用地供应均大幅增加

2013 年，全国 105 个主要监测城市建设用地供应总量为 31.69 万公顷，同比增加 12.34%，占全国供地总量的 43.05%，与 2012 年相比提高了 2.46 个百分点；从全国总体情况来看，建设用地供应总量小幅微涨，同比增加 5.8%。分季度来看，主要监测城市一到四季度建设用地供应总量分别为 5.65 万、6.09 万、7.25 万、10.37 万公顷，受供地节奏影响，第四季度供应量明显增加。总体来看，主要监测城市一至四季度供地总量稳中趋升，与全国供地节奏保持一致（图 13）。

主要监测城市和全国范围的房地产开发用地供应总量均大幅上升，分别较上年上涨了 32.69% 和 26.67%。

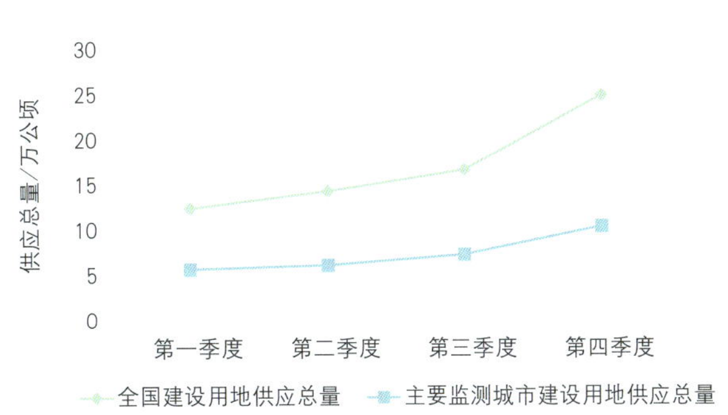


图13　2013年一至四季度全国与主要监测城市建设用地供应总量比较

2013 年主要监测城市房地产开发用地供应总量 10.03 万公顷，占全国房地产开发用地供地总量的 48.95%。其中商服用地供应 3.02 万公顷，较上年增长了 32.66%，与全国商服用地供应量 31.29% 的增长率相近；住宅用地供应量大幅增加，全年供地总量约 7.02 万公顷，同比增加 32.71%，增长幅度超过全国。住宅用地中，保障性住房用地供应量为 1.42 万公顷，较上年增长了 9.73%，占住宅用地供应总量的 20.25%，占全国保障性住房用地供应总量的 48.30%。

主要监测城市工矿仓储用地供应 8.99 万公顷，同比增加 5.57%，占全国工矿仓储用地供应总量的 42.37%；全国工矿仓储用地供应也有所增加，同比增加了 3.23%。除保障性住房用地外，2013 年主要监测城市与全国各用途供地增长率呈现同向变化趋势（图 14）。

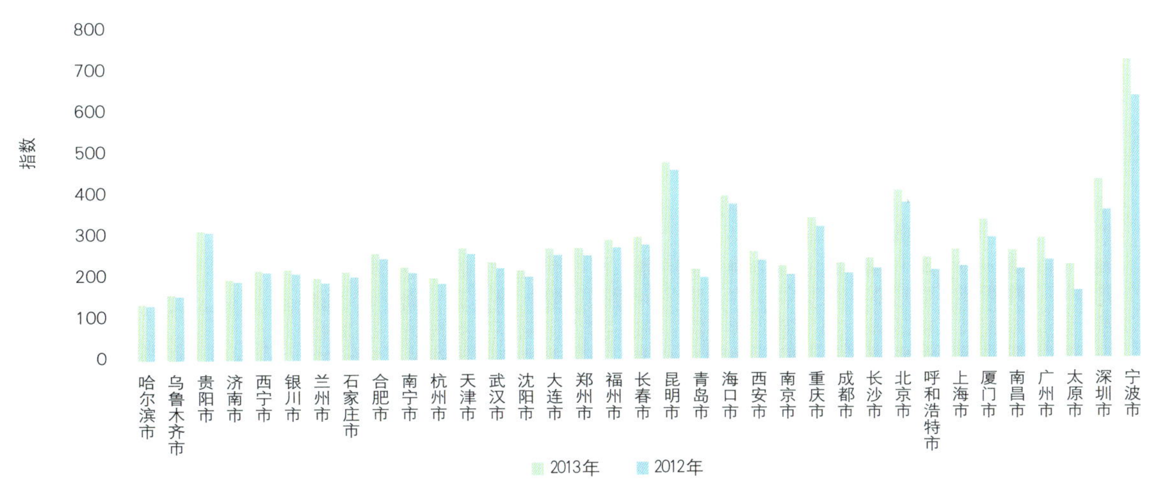


图12　2012—2013年重点监测城市住宅用地地价指数（按2013年住宅地价指数升序排序）

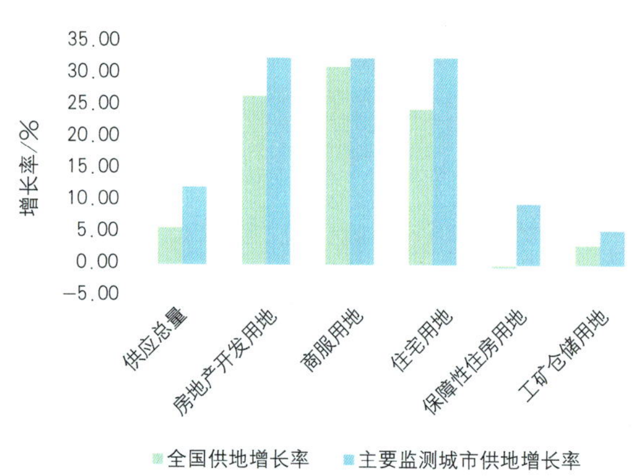


**图14　2013年全国与主要监测城市各用途供地增长率比较**

数据来源：国土资源部土地市场动态监测监管系统。

### （二）主要监测城市普通商品住宅用地供应量价齐升，两者变动趋势基本一致

2013 年，全国主要监测城市住宅用地供应量和住宅地价均有不同程度的上涨。全年住宅用地供应量为 7.02 万公顷，同比增加 32.71%；住宅地价增长率为 8.95%，较上年提高了 6.69 个百分点。总体来看，住宅地价增长率与住宅用地供应量增长率变动趋势基本一致，但后者变动幅度更大（图 15）。

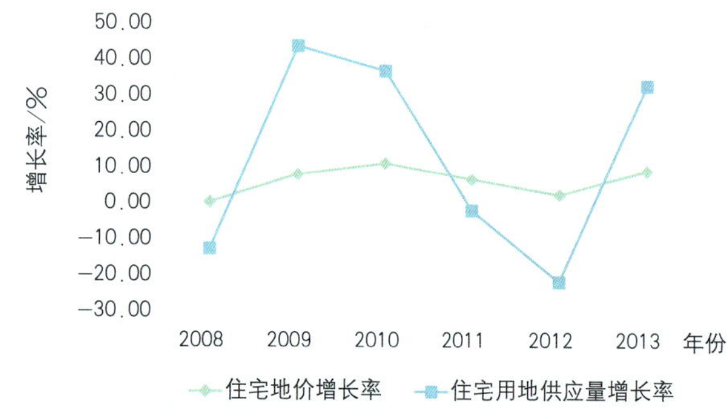


**图15　2008年以来全国主要监测城市住宅地价增长率与住宅用地供应量增长率比较**

数据来源：住宅地价增长率来自中国城市地价动态监测系统；住宅用地供应量增长率来自国土资源部土地市场动态监测监管系统。

### （三）主要监测城市商服用地供应大幅增加，商服地价也呈增长态势，但增幅小于前者

2013 年，全国主要监测城市商服地价增长率为 7.93%，保持较高位运行，商服用地供应量同比增加 32.66%，较上年提高了 27.22 个百分点。2008 年以来，商服地价增长率和商服用地供应量增长率均呈现出先升后降再升的态势，前者变动趋势不仅滞后于后者一年，而且变动幅度也小于后者（图 16）。

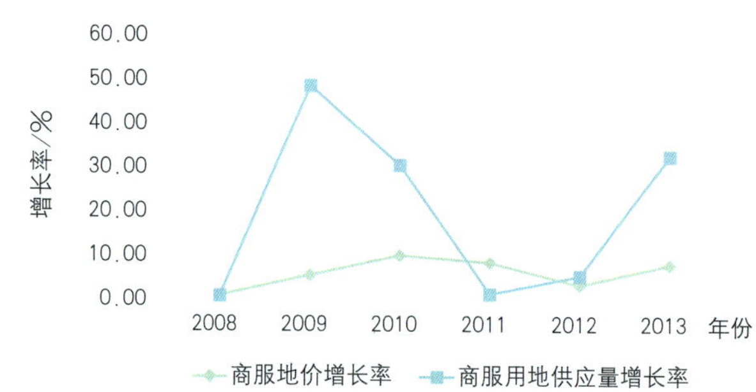


**图16　2008年以来全国主要监测城市商服地价增长率与商服用地供应量增长率比较**

数据来源：商服地价增长率来自中国城市地价动态监测系统；商服用地供应量增长率来自国土资源部土地市场动态监测监管系统。

## 三、地价与房地产市场关系分析

### （一）地价占房价比例略有上升，各重点监测城市住宅用地地价房价比存在较大差异

2013 年，35 个重点监测城市住宅用地地价房价比的中位数为 33.36%，较 2012 年的 29.83% 提高了 3.53 个百分点。其中，厦门市、宁波市、福州市、南京市、上海市、杭州市、昆明市、深圳市、天津市的住宅地价房价比值超过了 40%。而兰州市、呼和浩特市、海口市、重庆市、西宁市、太原市、乌鲁木齐市、南宁市、哈尔滨市的住宅地价房价比则低于 25%。最高值为厦门市的 70.19%，最低值为哈尔滨市的 15.70%，二者相差很大（图 17）。

### （二）房地产开发投资增长率小幅提升，与综合地价增速呈现较强的一致性，但后者变动幅度小于前者

2013 年，全国房地产开发投资总额为 86013 亿元，同比增长 19.8%，较上年提高了 3.6 个百分点。2013 年全国主要监测城市综合地价增长率为 7.02%，较上年提高了 4.41 个百分点。2008—2013 年，全国房地产开发投资总额和综合地价均保持持续上涨趋势，前者增速高于后者。从两者的增长率变动情况来看，2010—2013 年两者变动趋势完全一致，但后者变动幅度小于前者（图 18）。

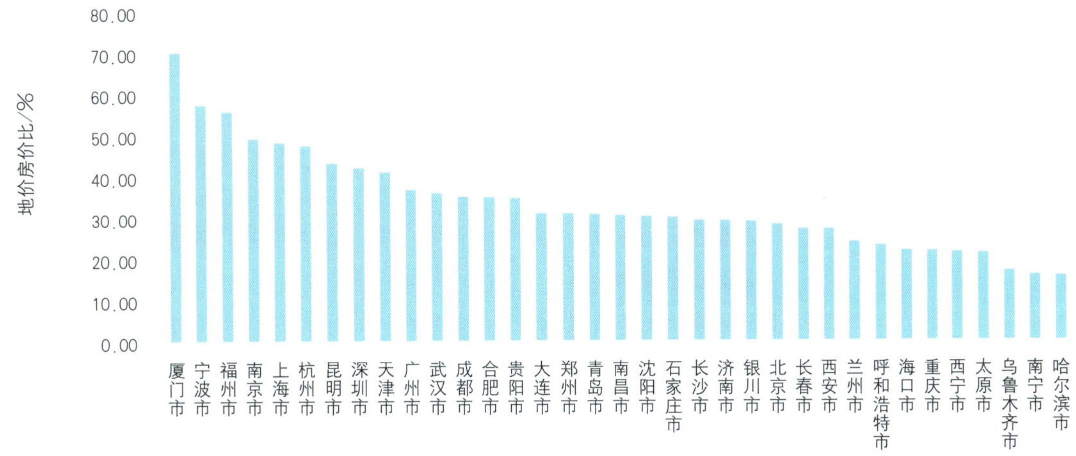


图17　2013年35个重点监测城市住宅用地地价房价比

图18　2008年以来全国主要监测城市综合地价增长率与房地产开发投资增长率比较

数据来源：综合地价增长率来自中国城市地价动态监测系统；2008—2012年房地产开发投资增长率来自《中国统计年鉴》，2013年房地产开发投资增长率来自国家统计局。

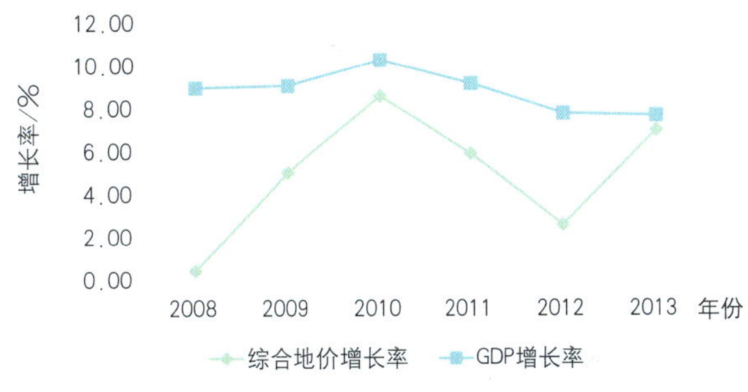


图19　2008年以来全国主要监测城市综合地价增长率与GDP增长率比较

数据来源：综合地价增长率来自中国城市地价动态监测系统；2008—2012年GDP增长率来自《中国统计年鉴》，2013年数据来自国家统计局。

## 四、地价变化与社会经济发展关系分析

### （一）2013 年综合地价增长率稍低于国内生产总值增长率

根据国家统计局发布的2013年经济运行数据，2013年全年国内生产总值为568845亿元，较上年增长7.7%，增速与上年基本持平。稳定的经济增长预期对2013年的地价增长产生一定影响，2013年综合地价增长率为7.02%，与上年相比有较大提高，综合地价增长率与GDP增长率之间差距大幅缩小（图19）。

### （二）受经济结构调整影响，固定资产投资增速继续放缓，但增速仍高于同期地价增速

2013年，全国城镇固定资产投资436528亿元，同比增长19.6%，高于同期综合地价增长率12.58个百分点。固定资产投资增速继续放缓，对今后进一步抑制土地开发投资投机性需求应产生积极作用（图20）。

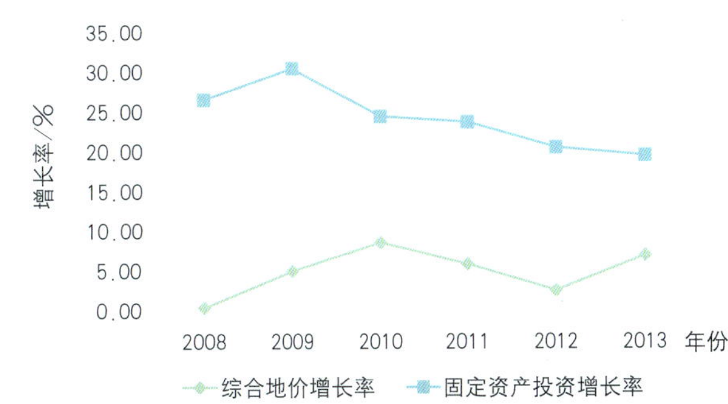


图20　2008年以来全国主要监测城市综合地价增长率与城镇固定资产投资增长率比较

数据来源：综合地价增长率来自中国城市地价动态监测系统；2008—2012年城镇固定资产投资增长率来自《中国统计年鉴》，2013年数据来自国家统计局。

**（三）城镇居民家庭人均可支配收入增长率高于同期综合地价增长率**

2013 年，全国城镇居民家庭人均可支配收入比上年名义增长 9.7%，连续 4 年保持 9% 以上的高位增长。2013 年可支配收入增长率较 2012 年略有下降，但仍高于综合地价增长率。综合来看，2008-2013 年城镇人均可支配收入基本维持快速增长态势，且增速始终高于同期综合地价增速（图 21）。

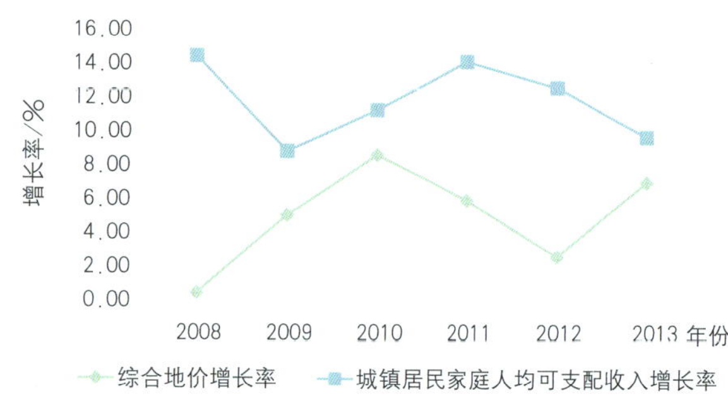


**图21　2008年以来全国主要监测城市综合地价增长率与城镇居民家庭人均可支配收入增长率比较**

数据来源：综合地价增长率来自中国城市地价动态监测系统；2008—2012年城镇居民家庭人均可支配收入增长率根据《中国统计年鉴》计算得出，2013年数据来自国家统计局。

## 五、影响地价变化的主要因素分析

**（一）宏观经济的稳定增长为地价上涨提供了内在支撑**

2013 年我国经济平稳增长，世界经济继续缓慢复苏，发达经济体的经济活性逐步增强，增长稳定。在此背景下，我国国内生产总值同比增长 7.7%，增速与上年基本持平，投资、消费和出口均保持温和扩张态势，居民消费价格比上年上涨 2.6%，全年物价涨幅远低于 3.5%的调控目标，通胀水平温和可控。总体来看，2013 年宏观经济运行较为平稳，稳中有进。宏观经济的稳定增长为地价上涨提供了内在支撑，一至四季度全国主要监测城市平均综合地价持续上涨，环比增速分别为 1.47%、1.62%、1.85% 和 2.06%，全年增长 7.02%，较 2012 年提高了 4.41 个百分点，涨幅较大。

**（二）房地产价格的上涨预期及市场相对充足的资金供给，为地价持续上涨提供了空间**

2013 年，我国继续实施稳健的货币政策，年末广义货币（M2）余额 110.65 万亿元，同比增长 13.6%，比上年末低 0.2 个百分点，增速虽有所回落，但仍比 GDP 增长率高 5.9 个百分点，继续保持适度增长的态势。全年社会融资规模 17.29 万亿元，比 2012 年增加 1.53 万亿元，为年度历史最高水平，货币流动性总体相对充足。从房地产市场来看，2013 年商品房销售呈现“量价齐涨”态势，全国商品房销售面积增长 17.3%，商品房销售额增长 26.3%，分别较 2012 年提高 15.5 和 16.3 个百分点，其中上半年商品房销售额累计增长率更是达到 43.2%。从 9 月起，北京市、上海市、广州市、深圳市 4 个一线城市新建商品住宅价格连续 4 个月同比上涨超 20%。据国家统计局数据，2013 年房地产开发投资逐月累计同比增速由 2012 年普遍低于 20% 回升至 20% 以上，结束了近两年增速下行的趋势，其中住宅开发投资增长幅度较大，由 2012 年 11% 左右的增长率上升至 20% 左右（图 22）。因此，房地产价格的上涨预期以及相对充足的资金进一步带动了土地市场的升温，为地价持续上涨提供了空间。

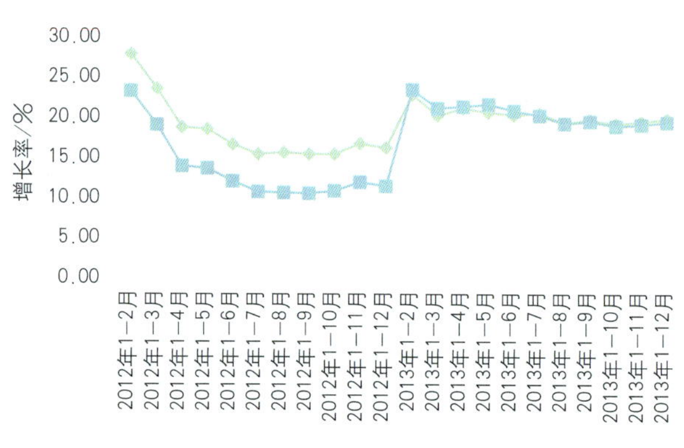


**图22　2012—2013年房地产开发投资和住宅开发投资逐月累计同比增长率**

数据来源：国家统计局。

**（三）国家持续加大房地产用地供应力度，部分地方债务压力较大，城市土地市场供需两旺**

国家为稳定房地产市场，从 2013 年年初的“国五条”开始，就明确要求增加普通商品住房及用地供应，特别是对住房供需矛盾突出、房价上涨压力较大的部分热点城市和区域中心城市，以及前两年住房用地供应计划完成率偏低的城市，进一步增加年度住房用地供应总量，提高其占年度土地供应计划的比例。在这一背景下，全年主要监测城市房地产开发用地供应总量10.03万公顷，住宅用地供应量大幅增加，全年供地总量约7.02万公顷，同比增加32.71%。另据审计署2013年12月30日全国政府性债务审计结果公告，地方政府性债务对土地出让收入的依赖程度较高。截至2012年底，全国11个省级、316个市级、1396个县级政府承诺以土地出让收入偿还的债务余额为34865.24亿元，占省、市、县三级政府负有偿还责任债务余额93624.66亿元的37.24%。地方政府性债务对土地出让收入依赖程度的提高无疑会助推地方政府加大土地供应力度。2013年，全国105个主要监测城市建设用地供应总量同比增长12.34%，较上年提高了17.45个百分点，其中房地产开发用地供应量显著增加，较上年提高了47.15个百分点，土地市场供需两旺的局面使得各类用地供应量价齐升。

## 六、2014年全国城市地价变化趋势分析

### （一）宏观经济平稳运行，住房保障政策得到不断完善，房地产市场调控长效机制的探索和逐步建立，将有利于城市土地市场的平稳运行

据国际货币基金组织（IMF）估计，2014年世界经济将增长3.6%，好于2013年。2013年12月中央经济工作会议指出，2014年要继续坚持“稳中求进”的工作总基调，把改革贯穿于经济社会发展各个环节的始终，加快经济结构调整优化，促进经济持续健康发展。会议同时提出了探索中国特色的住房模式，特别是加大保障性住房建设，要求“努力解决好住房问题，探索适合国情、符合发展阶段性特征的住房模式，加大廉租住房、公共租赁住房等保障性住房建设和供给，做好棚户区改造。特大城市要注重调整供地结构，提高住宅用地比例，提高土地容积率” 。习近平同志在中共中央政治局第十次集体学习时也强调，要加快推进住房保障和供应体系建设，构建以政府为主提供基本保障、以市场为主满足多层次需求的住房供应体系，千方百计增加住房供应。由此可以看出，保障性住房政策将得到进一步重视和完善，政府也将更加注重房地产市场调控长效机制的探索，即重点研究在推进新型城镇化的背景下，如何加强不动产统一登记，如何落实房地产税收和差别化信贷政策，如何以保障房建设促进供需结构调整，以有效平衡经济增长与抑制投资投机。综合来看，宏观经济的平稳运行，住房保障政策的不断完善，房地产市场调控长效机制的建立健全等，均将进一步影响土地市场的预期，有利于促进城市土地市场的平稳运行。

### （二）“以人为本”新型城镇化导向将有利于促进全国不同类型城市土地市场协调发展

2013年12月举行的中央城镇化工作会议强调，要以人为本，推进以人为核心的城镇化。会议提出，推进农业转移人口市民化，全面放开建制镇和小城市落户限制，有序放开中等城市落户限制，合理确定大城市落户条件，严格控制特大城市人口规模。各地方政府也在积极落实新型城镇化路径，尤其北京市、上海市等特大城市明确提出“控制人口规模”，陕西省提出，要全面开放县城和建制镇户籍限制，有序放开地级市城区落户限制，合理确定西安城区落户条件；福建省提出，将有序推进农业转移人口市民化。实施居住证制度，实行差别化落户政策，引导和鼓励农业转移人口优先向中小城市和建制镇转移。城市人口规模的合理控制将在一定程度上影响其城市土地和房地产需求，从而促进全国不同类型城市土地市场的协调发展。

### （三）稳定货币投放政策和差别化信贷政策的持续将有利于抑制房地产市场的投机投资性需求，加之2013年房地产企业土地储备量的增大，预计2014年土地市场将有所降温，地价增速将放缓

货币政策方面，2013年12月31日，央行表示2014年将继续实施稳健的货币政策，保持适度流动性，实现货币信贷及社会融资规模合理增长，改善和优化融资结构和信贷结构。而在2013年年中、年末两度发生“钱荒”以及美国启动退出量化宽松政策的大背景下，短期内信贷和社会融资仍将平稳增长，但利率市场化、汇率改革等金融改革也将稳步推进，中长期货币信贷环境或将不再宽松。同时，2014年央行将继续落实差别化住房信贷政策，加大对棚户区改造等保障性安居工程的金融支持。货币流动性变化和差别化信贷政策的持续将有利于抑制房地产市场的投机投资性需求。此外，据国家统计局数据，2013年房地产开发企业土地购置面积为38814万平方米，比2012年增长8.8%，增长率比2012年提高了28.3个百分点，房地产企业土地储备增长较大。综合以上因素，预计2014年土地市场将有所降温，地价增速将放缓。

**（四）不动产统一登记制度和房产税试点扩围将影响房地产市场预期，有利于土地市场的长期稳定发展**

2013年2月28日，国务院办公厅发布《关于实施<国务院机构改革和职能转变方案>任务分工的通知》国办发〔2013〕22号，要求出台并实施不动产统一登记制度，并提出在2014年6月底前出台不动产登记条例。11月20日，国务院总理李克强主持召开国务院常务会议，指出整合不动产登记职责、建立不动产统一登记制度，将分散在多个部门的不动产登记职责整合由一个部门承担，理顺部门职责关系，减少办证环节，减轻群众负担。2013年5月24日，国务院批转国家发展和改革委员会《关于2013年深化经济体制改革重点工作的意见》，提出扩大个人住房房产税改革试点范围。随着不动产统一登记和房产税改革试点扩围的逐步落实，对房地产市场预期将会产生一定的抑制作用，有利于促进土地市场的长期稳定发展。

# 地价实际增长率测算专题研究报告

## 一、研究背景

地价不仅是土地要素参与宏观调控的经济杠杆，也是观察宏观经济的重要指标。因此，科学地分析和研究地价变动规律具有十分重要的意义。然而，地价名义值的变动既受地价本身变化的影响，也受通货膨胀（通货紧缩）的影响。地价上升时可能是由于货币购买力降低了，地价下降时可能是由于货币购买力提高了。因此，客观分析地价的真实变动状况需要考虑扣除通货膨胀因素的影响。基于此，本文在分析价格指数作用的基础上，探讨通货膨胀对地价变化的影响及利用CPI测算地价实际增长率的方法，为获取真实的地价变化信息及科学分析地价提供依据。

## 二、价格指数的作用

价格指数是反映不同时期一组商品（服务项目）价格水平的变化方向、趋势和程度的经济指标，是经济指数的一种，通常以报告期和基期相对比的相对数来表示。目前我国编制的价格指数主要有居民消费价格指数、固定资产投资价格指数、工业生产者价格指数等。价格指数主要用来反映相应商品价格的变动状况，同时也能反映一定时期的通货膨胀状况，因此可以通过剔除价格指数分析相关经济指标的客观变动状况。

（1）分析研究价格变动。由于价格指数反映了不同时期一组商品（服务项目）的价格水平随时间变动的相对数，因此可以利用价格指数对相应指标的价格变动进行分析，如利用地价指数对地价变动进行分析。无论是在我国当前的地价动态监测中还是国外学者在计算地价指数时，当年的地价指数均等于当年的名义地价水平值与基期的名义地价水平值之比，由于名义地价水平值的变动受货币购买力的影响，因此地价指数所反映的地价变动规律既受地价本身变化的影响（如市场供求状况、区域社会经济条件等），也受通货膨胀的影响。

（2）剔除价格因素。由于GDP、固定资产投资、社会商品零售总额、工业增加值等总量指标是以货币表现的，因此其变动不仅包括交易量的变动，还包括交易价格的变动。当要研究这些指标中交易量的变动时，就需要利用价格指数来剔除价格变动因素，以反映这些总量指标的实际增长情况。此时不同的总量指标选择用于剔除价格变动因素的价格指数是不同的，如要消除按现价计算的固定资产投资指标中的价格变动因素，就应该使用能够反映固定资产投资及取费项目的价格变动趋势和程度的固定资产投资价格指数。

（3）衡量通货膨胀。一般来讲，物价全面地、持续地上涨就被认为是发生了通货膨胀，而整体物价通常用商品和服务水平的平均价格来衡量。在经济学中，一般用GDP平减指数和居民消费价格指数（CPI）来反映通货膨胀的程度。GDP平减指数是名义GDP与真实GDP的比率。由于名义GDP是按现期价格评价的现期产出，而真实GDP是按基年价格评价的现期产出，所以GDP平减指数反映了相对于基年物价水平的现期物价水平。CPI是反映城乡居民家庭购买并用于日常生活消费的一篮子商品和服务项目价格水平随时间而变动的相对数，通过该指数可以观察和分析消费品的零售价格和服务项目价格变动对城乡居民实际生活费支出的影响程度。我国目前CPI的调查内容包括食品、烟酒、衣着、家庭设备用品及维修服务、医疗保健和个人用品、交通和通信、娱乐教育文化用品及服务、居住8个大类。其中居住类主要包括：建房及装修材料、住房租金、自有住房、水电燃料。从范围上看，GDP 平减指数的计算基础比 CPI 广泛得多，GDP 平减指数反映的是国内生产的所有物品与劳务的价格，而 CPI 仅反映消费者购买的所有物品与劳务的价格。因此，GDP 平减指数比 CPI 能够更加准确地反映一般物价水平走向。但从影响普通消费者货币购买力的角度来看，笔者认为 CPI 比 GDP 平减指数更适合衡量通货膨胀。首先，GDP 平减指数中包含的某些物品与劳务，例如飞机，并不属于普通消费者购买的物品与劳务中的一部分，其价格的变动基本不会影响普通消费者的货币购买力；其次，GDP 平减指数并不能反映进口物品价格的变化，但这些物品又属于普通消费者一篮子物品中的一部分；最后，我国也并没有官方的 GDP 平减指数统计数据，因此，本文选用 CPI 来衡量通货膨胀。

## 三、通货膨胀对地价的影响

与其他一切以货币计值的价格一样，名义地价水平值和名义地价增长率并不能真实地反映地价本身的变化情况。当发生通货膨胀时，货币的购买力降低，此时名义地价将上升；当发生通货紧缩时，货币的购买力提高，此时名义地价将下降。因此，当名义地价发生变化时，并不一定是由地价本身变化所引起的，通货膨胀或者通货紧缩所导致的货币购买力的变动也对名义地价的变化产生影响。换言之，通货膨胀（通货紧缩）的存在使得名义地价无法真实地反映地价本身的变动规律。因此，需要从消除通货膨胀（通货紧缩）影响的角度出发考虑如何消除这种影响，以得到真实的地价变动信息。

由前文的分析可知，价格指数有衡量通货膨胀的作用，且与其他价格指数相比，CPI 较为充分地反映了通货膨胀的状况。因此，可以通过扣除 CPI 以消除通货膨胀对地价变化的影响。需要注意的是：本文提出的消除通货膨胀因素对地价变化的影响仅仅是从通货膨胀对货币购买力变动影响的角度出发。实际上，通货膨胀对地价的影响并不只表现在货币购买力变动上。通货膨胀本身就会对地价的变化产生各种影响，比如当社会通货膨胀率较高时，资产保值性需求增加，从而推动人们进入房地产市场，带动地价的增长。本文认为通货膨胀对地价变动的影响属于社会经济条件变化对地价产生的影响，其反映的是地价本身的变动，因此无须对其进行消除。

## 四、实证分析

### 1. 数据来源

本文以全国 105 个主要监测城市为例，对各用途平均地价增长率扣除 CPI 以计算实际增长率。其中，全国 105 个主要监测城市各用途地价增长率数据来源于中国城市地价动态监测系统；CPI 数据来源于国家统计局。

### 2. 扣除方法

由于要计算年度同比地价增长率的实际值，即以上一年为基期，本年度的地价实际增长率。因此可以利用年度环比 CPI 数据（$CPI_{上年=100}$）来进行计算。首先计算以上一年为基期，本年度的实际地价水平值，如式（1）所示，然后利用增长率计算公式和式（1）推导出实际地价增长率的公式，如式（2）所示。

$$实际地价水平值=名义地价水平值\div CPI_{上年=100} \quad (1)$$

$$实际地价增长率_{同比}=[（名义地价增长率_{同比}+100\%）\div CPI_{上年=100}-1]\times 100\% \quad (2)$$

其中，实际地价水平值是消除了通货膨胀影响的以上一年为基期的可比价格；实际地价增长率是消除了通货膨胀影响的年度同比增长率。

### 3. 实证结果分析

利用相关数据采用上述公式实证分析结果见表 1。从表 1 可以看出，当通货膨胀时，通过扣除 CPI 消除物价上涨的影响得到的实际增长率低于扣除前的名义增长率；当通货紧缩时（2009 年），扣除物价因素实际增长率高于名义增长率。

通过对比扣除 CPI 前后的名义增长率和实际增长率，可以发现各类用途地价扣除通货膨胀因素的实际增长率在 2008 年均为负值，即与消除通货膨胀影响之前相比，2008 年各用途地价不涨反跌。从表 1 还可以看出住宅地价在 2012 年的实际增长率也为负值，这说明金融危机和持续两年的严厉的房地产市场调控对住宅地价产生了重要的抑制作用；而各用途地价的名义增长率和实际增长率出现峰值的时间分别出现在 2010 年和 2009 年（商服用地实际增长率峰值出现在 2010 年，但与 2009 年相比增速变动不大），也说明了在用 CPI 扣除通货膨胀因素后

表1 2008—2013年全国主要监测城市各用途地价同比增长率

| 指标/% | 2008年 | 2009年 | 2010年 | 2011年 | 2012年 | 2013年 |
|---|---|---|---|---|---|---|
| CPI（上年=100） | 105.9 | 99.3 | 103.3 | 105.4 | 102.6 | 102.6 |
| 实际增长率（综） | −5.13 | 5.79 | 5.15 | 0.51 | 0.01 | 4.31 |
| 名义增长率（综） | 0.47 | 5.05 | 8.62 | 5.94 | 2.61 | 7.02 |
| 实际增长率（商） | −4.66 | 6.29 | 6.52 | 3.43 | 0.72 | 5.19 |
| 名义增长率（商） | 0.96 | 5.54 | 10.03 | 9.02 | 3.34 | 7.93 |
| 实际增长率（住） | −5.37 | 8.68 | 7.47 | 1.12 | −0.33 | 6.19 |
| 名义增长率（住） | 0.22 | 7.92 | 11.02 | 6.58 | 2.26 | 8.95 |
| 实际增长率（工） | −5.06 | 2.28 | 1.93 | −1.44 | 0.10 | 1.80 |
| 名义增长率（工） | 0.54 | 1.56 | 5.29 | 3.88 | 2.70 | 4.45 |

的结果更能反映房地产市场调控的效果。2013年虽然各用途地价名义增长率高于2009年水平，但扣除通货膨胀因素后，各用途实际地价增长率均低于2009年实际地价增长率，这说明2013年货币升值因素对名义地价上涨的影响较大。

## 五、结论与讨论

本文从价格指数的作用入手，分析了通货膨胀对地价变化的影响，探讨了利用CPI测算地价实际增长率的方法，并进行了实证分析。分析表明：使用CPI扣除通货膨胀因素计算实际地价水平值和实际地价增长率，能够更真实地反映地价本身的变动状况，能够更直接地显化宏观调控政策等因素对地价变化的影响。因此，在进行地价变化分析时可引入实际地价水平值与实际地价增长率，为客观分析地价变化奠定基础。需要注意的是：本文在进行实证分析时，是利用全国的CPI数据对105个监测城市进行扣除计算。实际上，在对各个城市和重点区域进行CPI扣除时如果使用相应城市和区域的CPI数据，其结果将更加准确，同时也能更好地对扣除CPI后的实际价格水平值和实际地价增长率进行城市间和区域间的对比分析。但区域的CPI是无法直接获得的，对各区域的CPI如何取值仍有待商榷。

# 02 部分 / 重点区域城市地价总体状况

2013 年，长江三角洲地区城市地价水平稳中有升，地价增速较 2012 年有所提高。各主要监测城市综合、商服和住宅地价水平值分化明显，工业地价在各城市间差异较小。各用途地价水平值均高于全国平均水平，地价增长率均低于全国平均水平和珠江三角洲地区，除商服用地外，其他各用途地价增长率均高于环渤海地区。2013 年长江三角洲地区各重点监测城市综合地价指数上涨幅度为近 5 年来最大。2013 年长三角洲地区住宅价格有所回升，房地产开发投资增长率、GDP 增长率均高于综合地价增长率。长江三角洲地区旺盛的房地产市场需求为地价增长提供了动力，同时当地政府通过实施差别化信贷政策和大力推进保障房建设，地价增速低于全国平均水平，而地方政府的土地供应政策及地方债务压力则对地价的温和上行产生一定作用。

预计 2014 年长江三角洲地区较强的经济增长动力将进一步促使区域内地价提升，而各城市政府不断探索调控措施，以土地供应平衡供求、加快保障房供应改善民生和改革财税体制为主的长效机制将有利于平抑地价快速上涨；在新型城镇化导向背景下，长江三角洲地区特大型城市采取的控制人口规模、严格确定城市边界等措施，将有利于盘活存量土地，提高土地利用效率，促进区域内土地市场健康发展。

# 2013年长江三角洲地区城市地价动态监测报告

2013年，长江三角洲地区作为全国经济最活跃的地区继续保持较高的经济增长速度，GDP总量超过7万亿元，增速为9.7%，高于全国同期GDP增速2个百分点。房地产开发投资增速微幅上扬，同比增加2.32个百分点。除温州市外，各主要监测城市的住宅价格均有不同程度的上涨。相应地，土地市场也呈现出结构性的变化，虽然建设用地供应总量、工矿仓储用地供应量和保障性住房用地供应量同比减小，但由于绝大部分城市贯彻落实了年初国务院常务会议确定的“增加普通商品住房用地供应”政策要求，使得商服用地、普通商品住房用地供应量同比增加，从而保证了长江三角洲地区综合地价维持在温和上行的状态。

## 一、长江三角洲地区地价状况分析

### （一）地价水平值分析

1. 各用途地价均高于全国平均水平，住宅用地价格略低于商服用地价格，工业用地价格与商服、住宅用地价格差异显著

2013年，长江三角洲地区主要城市[①]综合地价水平值为4901元／米$^2$，是全国平均水平的1.47倍，各用途地价水平值均高于全国平均水平。其中，商服用地价格最高，为8817元／米$^2$，较全国平均水平高2511元／米$^2$，是全国平均水平的1.40倍；工业地价最低，为884元／米$^2$，较全国平均水平高26.29%；住宅地价为8054元／米$^2$，与全国平均水平相差最大，比全国水平高60%，差距达3021元／米$^2$。商服地价、住宅地价和工业地价水平值之比为9.97 ：9.11 ：1（图1）。

2. 长江三角洲地区各用途地价均低于珠江三角洲地区，高于环渤海地区，其中商服地价仅为珠江三角洲地区的1/2

2013年，长江三角洲地区主要城市商服、住宅及工业地价水平均低于珠江三角洲地区

① 长江三角洲地区主要城市是指上海市、杭州市、南京市、宁波市、温州市、无锡市、徐州市、苏州市、南通市、常州市、扬州市、嘉兴市、湖州市；重点城市是指上海市、杭州市、南京市、宁波市；非重点城市是指温州市、无锡市、徐州市、苏州市、南通市、常州市、扬州市、嘉兴市、湖州市。

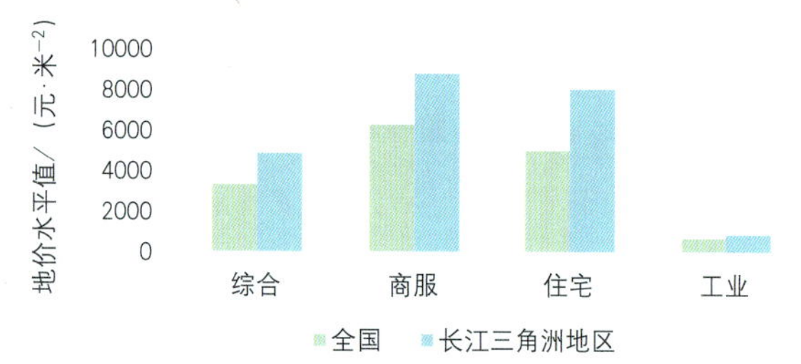


图1 长江三角洲地区与全国平均地价水平值比较

水平，高于环渤海地区水平。商服地价仅相当于珠江三角洲地区的1/2，较环渤海地区高33.96%；住宅地价较珠江三角洲地区低6.71%，较环渤海地区高42.83%；工业地价水平值略低于珠江三角洲地区，但较环渤海地区工业地价水平高出12.16%（图2）。

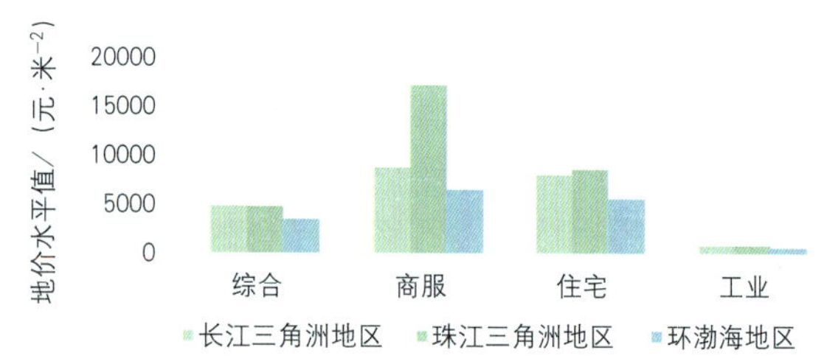


图2 长江三角洲地区与珠江三角洲和环渤海地区地价水平值比较

3. 各主要城市地价水平值分化明显，综合和住宅地价呈现三个层级，商服地价呈现四个层级，工业地价各城市间分化相对较小

从综合地价来看，上海市与杭州市两市均超过10000元/米$^2$；南京市、宁波市、温州市三市的综合地价处于5000～7500元/米$^2$的范围；其他城市则处于1000～3500元/米$^2$的范围。从商服地价来看，上海市、杭州市、南京市三市均在15000元/米$^2$以上，尤其是上海市，商服地价平均达到36713元/米$^2$；温州市和无锡市两市的商服地价也都超过10000元/米$^2$；宁波市和苏州市两市处于5000～10000元/米$^2$之间；其他城市商服地价均低于5000元/米$^2$。从住宅用地价格来看，只有上海市和杭州市两市超过了10000元/米$^2$；南京市、宁波市和温州市均在9000元/米$^2$左右；其他城市住宅用地价格均低于5000元/米$^2$。相对而言，工业用地价格各城市间分化相对较小，最高的上海市为1780元/米$^2$，是最低的徐州市271元/米$^2$的6.6倍（图3）。

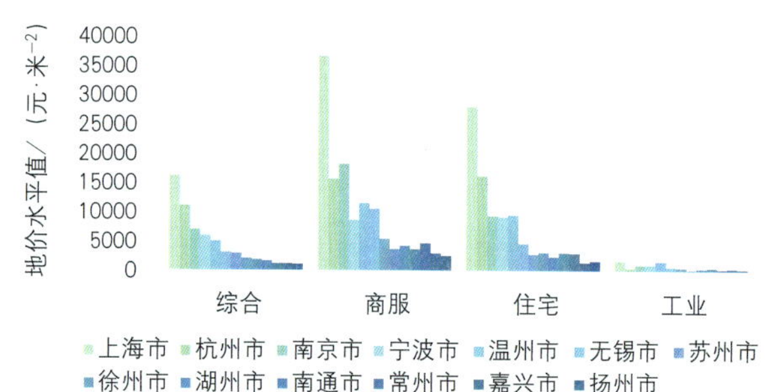


图3 2013年长江三角洲地区各主要监测城市各用途地价水平值比较

## （二）地价增长率分析

1. 综合地价和商服地价低速增长，住宅地价增长较快，工业地价平稳增长；各用途地价增长率均低于全国平均水平，明显低于珠江三角洲地区

2013年，长江三角洲地区主要城市综合地价和商业地价低速增长，增长率分别为5.14%、5.18%；住宅地价增长较快，增速为7.31%，比商服地价增长率高出2.13个百分点；工业地价平稳增长，增速为3.03%。各用途地价增长率均低于全国平均水平和珠江三角洲地区，尤其是住宅用地，其增速低于珠江三角洲地区10个百分点以上。除商服用地外，其他各用途地价增长率均高于环渤海地区（图4）。

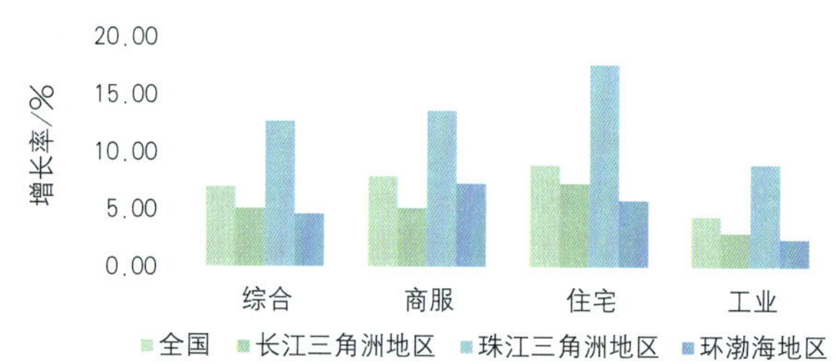


图4 长江三角洲地区与全国、珠江三角洲地区和环渤海地区地价增长率比较

2. 地价季度环比增长率低位波动，其中住宅地价增长率逐季小幅提高，商服地价环比第四季度放缓

2013年，长江三角洲地区主要监测城市各用途地价季度环比增长率低位波动。综合地价和住宅地价均保持逐季温和上行趋势，其中综合地价季度环比增长率在1%～1.5%之间波动，住宅地价环比增长率在1.5%～2%之间波动。商服地价在2013年前三季度均维持在低速增长状态，第四季度增速放缓，进入平

稳运行状态。与商服地价相反，工业地价在 2013 年前三季度均保持在平稳运行状态，于第四季度进入低速增长状态（图 5）。

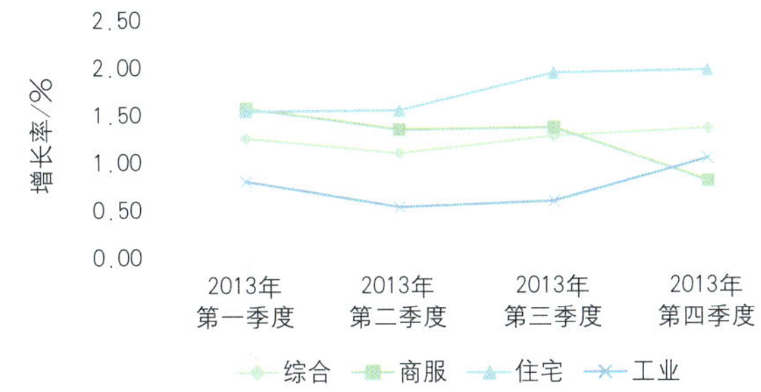


图5　2013年长江三角洲地区主要监测城市各用途地价季度环比增长率比较

3. 城市间地价增长率差异明显，其中四大重点城市综合地价和住宅地价增幅居前；温州市除工业地价增长率外，其他用途地价增长率继续保持负值

2013 年，受经济稳中向好、房地产开发商资金充裕、嘉兴市基准地价更新等因素影响，上海市、宁波市、嘉兴市、南京市、杭州市等五市住宅地价增速较快，除杭州市外，其他 4 个城市增长率均超过 10%；苏州市住宅地价增长率相对较低，徐州市、扬州市、常州市、湖州市、南通市、无锡市 6 个城市住宅地价增长率均不超过 4%，温州市住宅地价增长率继续为负值。综合地价在各主要监测城市中的变动规律分布状况与住宅地价基本一致。从商服地价来看，嘉兴市、南京市、上海市 3 个城市增速较快，尤其是嘉兴市，因基准地价更新，商服地价增长明显；宁波市和苏州市商服地价处于低速增长状态，其他 8 个城市除温州市继续下行外，均运行平稳。从工业地价来看，各城市均保持了增长态势，嘉兴市增速最快，为 12.41%；受全球经济复苏、规划政策利好等因素引起的工业用地需求增加，以及实际供地面积的下降均使得上海市和宁波市的工业地价增长较快；此外，湖州市由于征地补偿标准的调整和土地出让起始价的提高，使得其工业地价增长率处于较高水平（图 6 和图 7）。

4. 与 2012 年相比，2013 年各主要城市住宅地价增长率均有所提高，且住宅地价同比下跌城市个数从 9 个减至 1 个

与 2012 年相比，2013 年长江三角洲地区各主要监测城市住宅地价增长率均有所提高，上海市、宁波市、南京市和温州市的住宅地价增长率提升均在 10 个百分点以上；徐州市住宅地价增长率提升最小，为 1.88 个百分点。2013 年长江三角洲地区主要监测城市住宅地价同比下跌的城市个数由 2012 年的 9 个减少至温州市 1 个，8 个住宅地价增长率由负转正的城市分别为南京市、杭州市、无锡市、常州市、苏州市、南通市、扬州市和湖州市（图 8）。

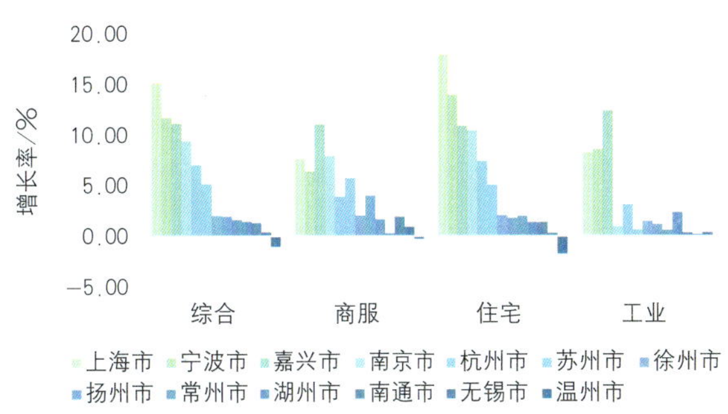


图6　2013年长江三角洲地区各主要监测城市地价增长率分用途比较

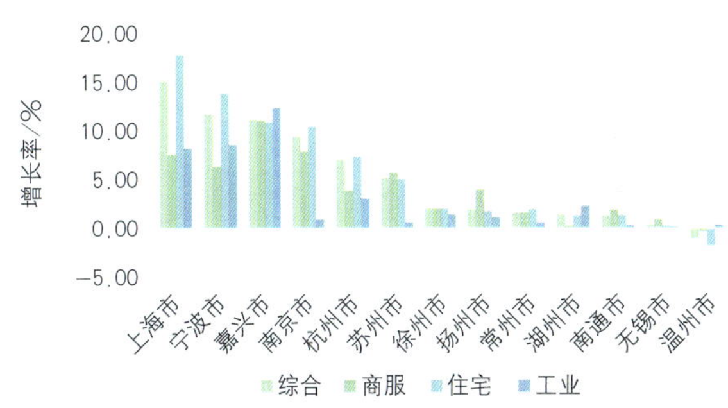


图7　2013年长江三角洲地区各用途地价增长率分城市比较

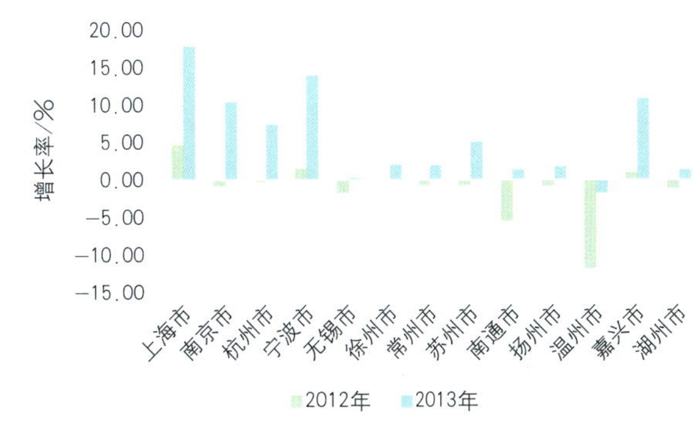


图8　长江三角洲地区主要监测城市2012年与2013年住宅地价增长率比较

### （三）地价指数变化分析

1.2013年各用途地价指数继续攀升，商服和住宅地价指数年内变动趋势和变动幅度基本一致，工业地价指数变动幅度相对较小

以2000年为基期，2013年长江三角洲地区综合、商服、住宅、工业地价指数分别为222、267、271和151。自2000年以来，长江三角洲地区的商服地价指数和住宅地价指数各年变动趋势和变动幅度基本一致，工业地价指数一直低于商服地价指数和住宅地价指数（图9）。

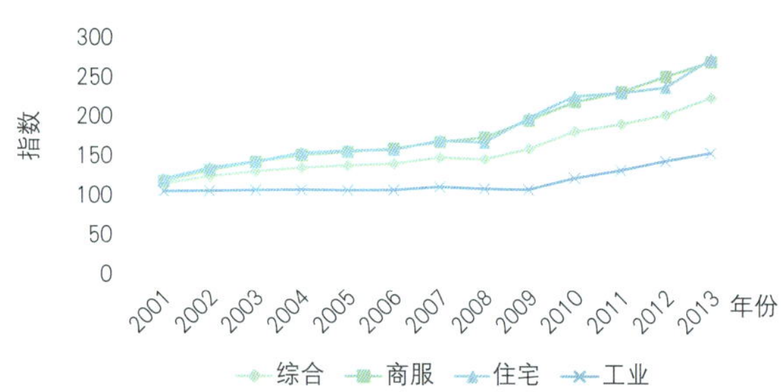


图9　2001—2013年长江三角洲地区各用途地价指数

2.2013年四大重点城市综合地价指数较上年变动值为近5年来最大；上海市、南京市、杭州市综合地价指数自2001年以来变动规律较为一致，其大小和波动幅度均明显低于宁波市

在长江三角洲地区的四个重点监测城市中，上海市、南京市、杭州市的综合地价指数变动规律较为一致，而宁波市的综合地价指数一直处于高位。2013年宁波市、上海市、南京市和杭州市的综合地价指数分别为432、228、194和181，与上年同期相比分别增加了45、30、17、12个点数（图10）。

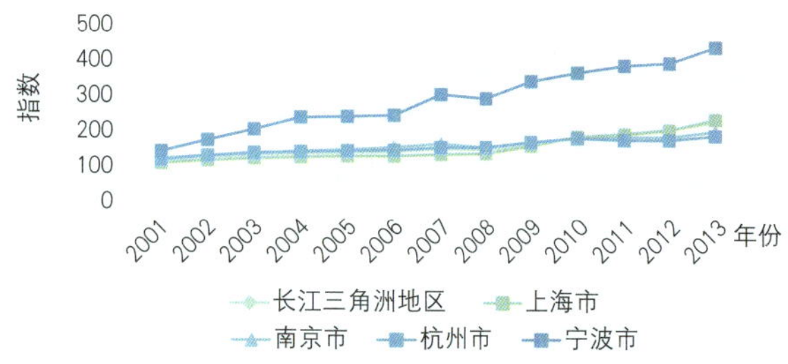


图10　2001—2013年长江三角洲地区各重点监测城市综合地价指数比较

3.2013年长江三角洲地区商服地价指数为三个重点地区中最高，住宅地价指数略低于环渤海地区，工业地价指数为三个重点区域中最低

2013年长江三角洲地区综合地价指数为222，略高于全国及珠江三角洲地区水平，较环渤海地区低16个点数；商服地价指数为267，为三个重点区域中最高，较全国、珠江三角洲地区及环渤海地区综合地价水平分别高出37、27和38个点数；住宅地价指数为271，低于环渤海地区，但高于全国及珠江三角洲地区；工业地价指数为三个重点区域中最低（图11）。

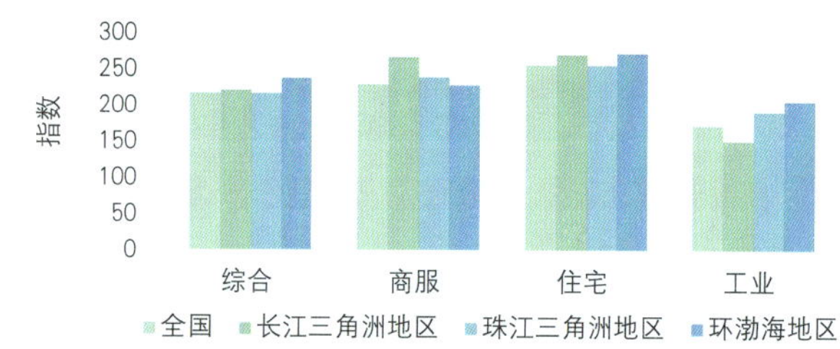


图11　2013年长江三角洲地区与珠江三角洲地区、环渤海地区及全国地价指数比较

## 二、长江三角洲地区地价变化与房地产市场关系分析

### （一）2013年，四大重点城市住宅价格止跌为涨，较上年同比增长了12.1%；住宅地价也由平稳波动转为快速增长

2013年，长江三角洲地区住宅价格止跌为涨，与2012年相比，同比增长了12.1%；住宅地价也由平稳波动进入快速增长状态，增长率达到15.37%，大于同期住宅价格增长率。从2008年以来的住宅价格增长率和住宅地价增长率走势来看，两者变动规律基本一致，且住宅价格增长率一直小于同期住宅地价增长率（图12）。

### （二）除温州市外，各主要城市住宅价格和住宅地价均有不同程度的上涨，且多数城市住宅价格变动幅度大于住宅地价变动幅度

2013年，除温州市外，长江三角洲地区各主要监测城市的住宅价格和住宅地价均有不同程度的上涨。受城市经济发展影响，上海市与南京市两市房地产市场预期较好，无论是住宅价格增长率还是住宅地价增长率，均超过10%；与上海市和南京市有相似宏观经济背景的宁波市

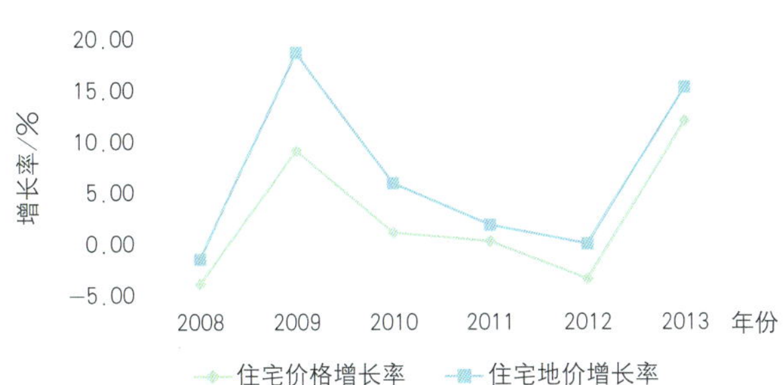


**图12　2008—2013年长江三角洲地区重点监测城市住宅价格增长率与住宅地价增长率变化**

数据来源：重点监测城市住宅价格增长率数据来源于国家统计局网站"70个大中城市住宅销售价格变动情况"数据。

因商品房库存量较大，住宅价格增长率略低，但因受土地供应量减少的影响，住宅地价增长率较快；主要监测城市中，徐州市、湖州市、嘉兴市、扬州市、苏州市、无锡市6市的住宅价格增长率均大于5%，且除嘉兴市外，住宅价格增长率均大于住宅地价增长率；温州市实体经济的疲软以及大量库存商品房的存在导致其住宅价格和住宅地价持续下行，且住宅价格下降幅度大于住宅用地价格下降幅度。总体来看，长江三角洲地区各主要监测城市中多数城市住宅价格增长率大于住宅地价增长率（图13）。

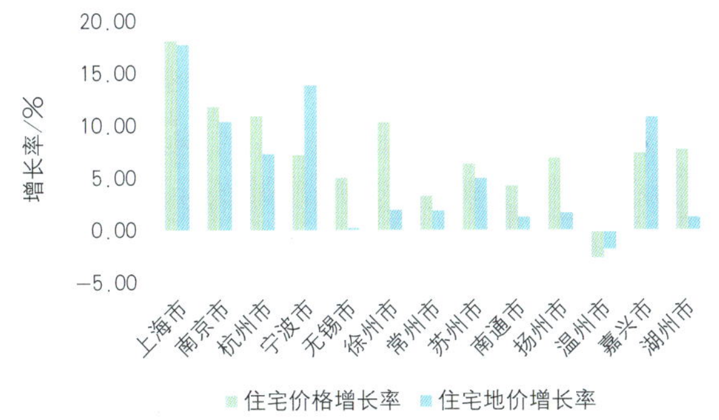


**图13　2013年长江三角洲地区各主要城市住宅价格增长率与住宅地价增长率比较**

数据来源：上海市、南京市、杭州市、宁波市、无锡市、徐州市、扬州市、温州市数据来源于国家统计局网站"70个大中城市住宅销售价格变动情况"数据；苏州市、南通市、嘉兴市、湖州市数据来源于中指数据库；常州市数据来源于常州市房管局公布的商品房成交均价增长率数据。

**（三）除上海市外，其他3个重点城市住宅用地地价房价比均高于商服用地地价房价比；宁波市商服及住宅用地的地价房价比最高，均超过50%**

2013年，长江三角洲地区重点监测城市商服用地地价房价比分别为：上海市48.83%，南京市43.66%，杭州市40.85%，宁波市55.66%；各城市住宅用地地价房价比分别为：上海市48.23%，南京市49.22%，杭州市47.47%，宁波市57.37%。除上海市外，其他重点监测城市的商服用地地价房价比均低于住宅用地地价房价比；4个城市中，宁波市商服及住宅用地的地价房价比最高，均超过50%（图14）。

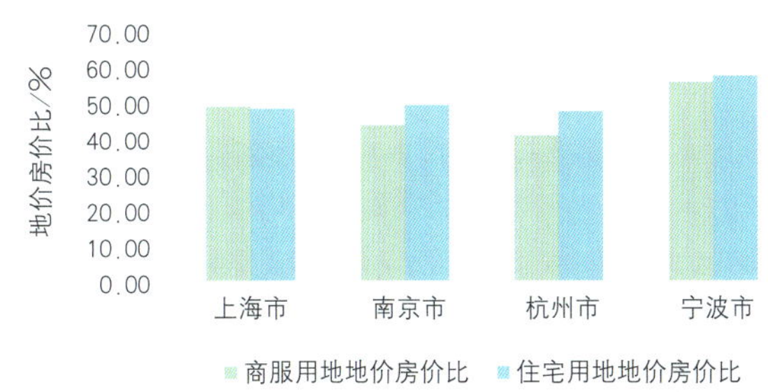


**图14　2013年长江三角洲地区各重点城市地价房价比**

**（四）2013年各主要城市房地产开发投资额与综合地价增长率正向变动，两者差距继续缩小**

自2009年以来，房地产开发投资额和综合地价均维持增长态势，但两者增长率及其波动相差较大。房地产开发投资增长率基本在10%以上，且波动较大；而综合地价增长率最高的年份也只有6.72%。

2013年，长江三角洲地区房地产开发投资增长率和综合地价增长率分别为16.27%和5.14%（图15）。从长江三角洲地区各主要监测城市来看，2013年各城市房地产开发投资额与综合地价同向变动，除南京市和湖州市外，各城市房地产开发投资增长率均大于综合地价增长率（图16）。

**图15　2008—2013年长江三角洲地区主要城市房地产开发投资增长率与综合地价增长率比较**

数据来源：长江三角洲地区各主要城市房地产开发投资增长率来源于各市统计信息网。

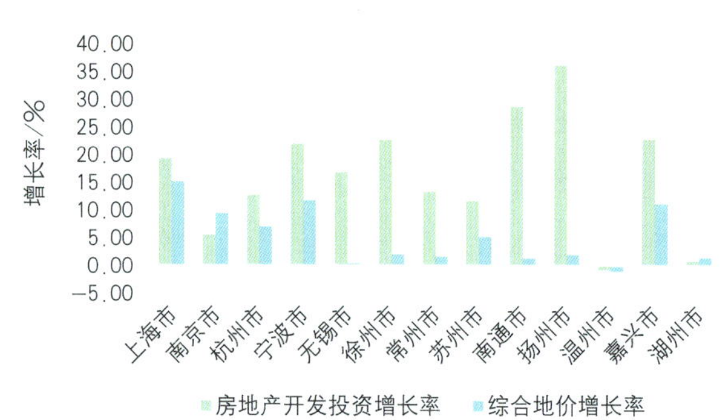


**图16　长江三角洲地区各主要城市房地产开发投资增长率与综合住宅地价增长率比较**

数据来源：长江三角洲地区各主要城市房地产开发投资增长率来源于各市统计信息网。

**（五）商服用地和普通商品住房用地供应量的增加促使综合地价维持温和上行；各城市间土地供应量存在一定分化，促使地价增速差异明显**

2013年，长江三角洲地区13个主要监测城市供地面积为48301公顷，较2012年减少3723公顷。其中商服用地和住宅用地供应面积均有较大增长，工矿仓储用地供应面积同比减少。住宅用地中，普通商品房用地供应面积增长率最大，为41.16%；中低价位、中小套型普通商品住宅用地同比增加19.40%；经济适用房、廉租房及公共租赁住房用地供应面积均同比减小，且后两者的减小幅度超过40%（图17）。虽然长江三角洲地区土地供应总量同比减少，但由于普通商品住房用地供应面积同比增加，充足的供应使该区域综合地价维持温和上行的态势。

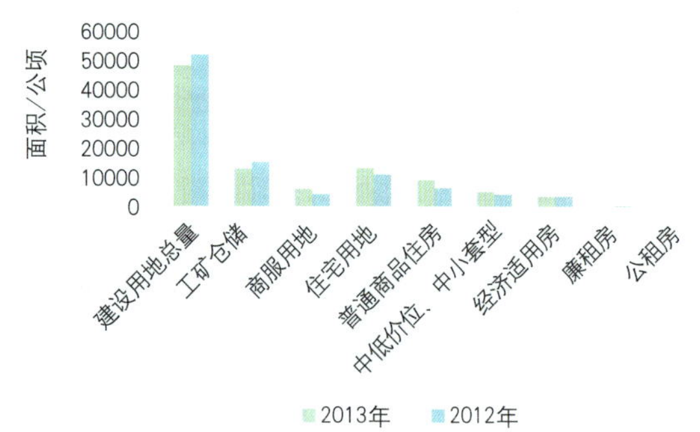


**图17　2012年与2013年长江三角洲地区主要监测城市土地供应情况比较**

数据来源：长江三角洲地区主要城市土地供应数据来源于国土资源部土地市场动态监测监管系统。

从2013年各季度来看，长江三角洲地区主要监测城市建设用地供应面积呈逐季大幅增加趋势，各季度建设用地供应面积分别为7740、8327、11366、16753公顷，而各季度综合地价环比增长率则维持在1%～1.5%之间。重点监测城市供地节奏与长江三角洲地区保持一致，逐季大幅增加，且第四季度涨幅最大。重点监测城市建设用地供应面积占长江三角洲地区建设用地供应面积的比例亦呈逐季度增加的趋势，由第一季度的25.6%增加到第四季度的41.0%，与此同时，重点监测城市综合地价增长率也逐季增加，且涨幅大于主要监测城市。这说明相比于其他主要监测城市，重点监测城市土地市场更为火热（图18）。

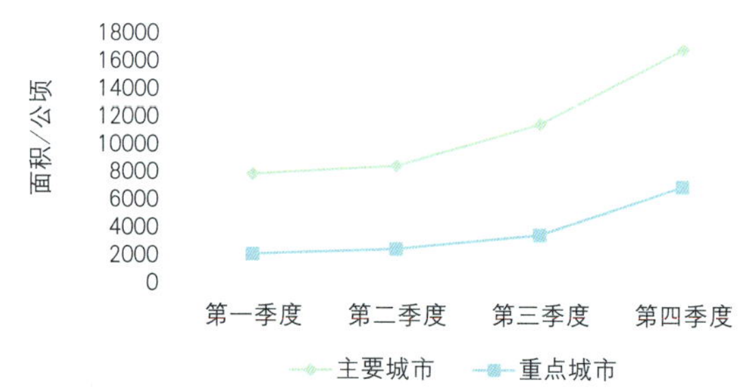


**图18　2013年第一至第四季度长江三角洲地区主要监测城市与重点监测城市建设用地供应量比较**

数据来源：长江三角洲地区主要城市土地供应数据来源于国土资源部土地市场动态监测监管系统。

分城市来看，各主要监测城市建设用地供应情况不同，上海市、宁波市、徐州市、常州市、嘉兴市的建设用地供应面积同比减少，其他城市同比增加。虽然各城市建设用地供应面积同比增减不一，但总体来说，各地基本保障了普通商品住房用地的供应，除上海市及扬州市外，其他主要监测城市的普通商品住房用地的供应面积均同比增加。南京市、杭州市、常州市等八个城市的保障性住房用地供应面积也同比增加。上海市除商服用地供应量略高于2012年外，其他各项用地供应量均同比减少，经济适用房及公租房等保障性住房用地供应面积减少幅度较大，土地供应结构和供应数量的变化或是影响上海市地价快速增长的重要原因之一。与上海市情况相似的还有宁波市，其建设用地供应面积及保障性住房供应量均同比减少，导致其综合地价增长率和住宅地价增长率均超过10%（图19）。

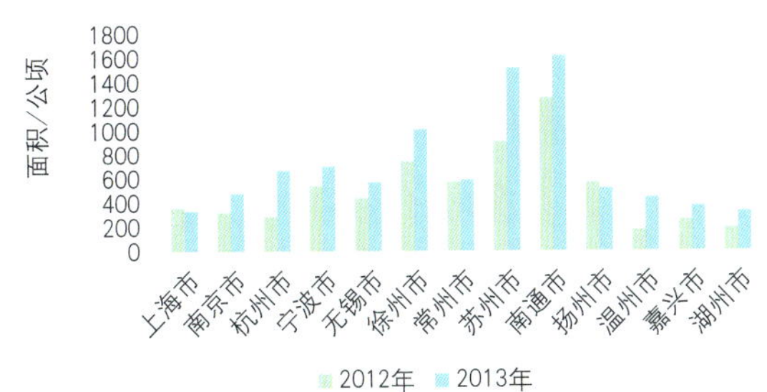


图19 长江三角洲地区各主要监测城市2012年与2013年普通商品房用地供应面积比较

数据来源：长江三角洲地区主要城市土地供应数据来源于国土资源部土地市场动态监测监管系统。

### （六）建设用地供应总量的变动对综合地价的变动产生一定的影响；住宅用地价格增长率与住宅用地供应增长率呈同步变化，但变动幅度小于住宅用地供应量增长率的变动幅度

近3年来，建设用地供应总量与综合地价基本呈反向变动关系，建设用地供应量减少时，综合地价上升；建设用地供应总量增加时，综合地价增幅减少。这说明建设用地供应总量的变化对地价的变化产生了一定的影响（图20）。从住宅用地供应量增长率的变化和住宅用地价格增长率的变化来看，两者基本呈同步变化，但住宅地价增长率的变动幅度小于住宅用地供应量增长率的变动幅度（图21），反映了住宅用地市场中供给调节效果不明显。

## 三、长江三角洲地区地价变化与社会经济发展关系分析

### （一）2013年GDP增长率平稳回落，综合地价增长率低位提高，两者差距为近5年最小

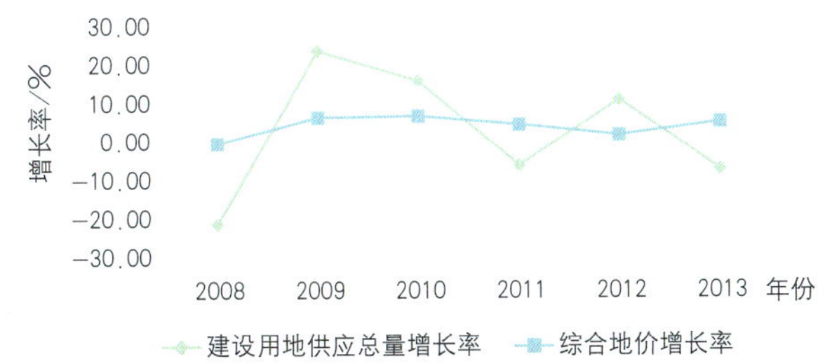


图20 2008—2013年长江三角洲地区建设用地供应量增长率与综合地价增长率比较

数据来源：长江三角洲地区主要城市土地供应数据来源于国土资源部土地市场动态监测监管系统。

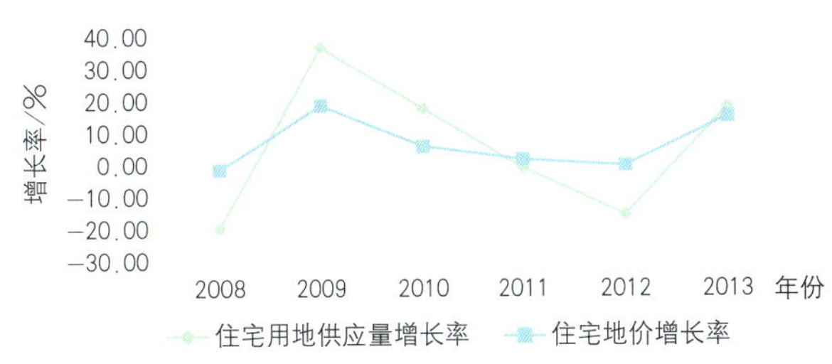


图21 2008—2013年长江三角洲地区住宅用地供应量增长率与住宅地价增长率比较

数据来源：长江三角洲地区主要城市土地供应数据来源于国土资源部土地市场动态监测监管系统。

2008年以来长江三角洲地区GDP增长率变化平稳，而综合地价增长率波动幅度较大。2013年长江三角洲地区GDP增长率为9.7%，自2010年开始，增速呈现平稳回落态势。2013年长江三角洲地区城市综合地价增长率首次改变自2010年开始的回落态势，较2012年上升了3.43个百分点。长江三角洲地区综合地价增长率始终低于GDP增长率，2013年由于GDP增长率回落、地价增长率上升，两者的差距为近5年最小（图22）。

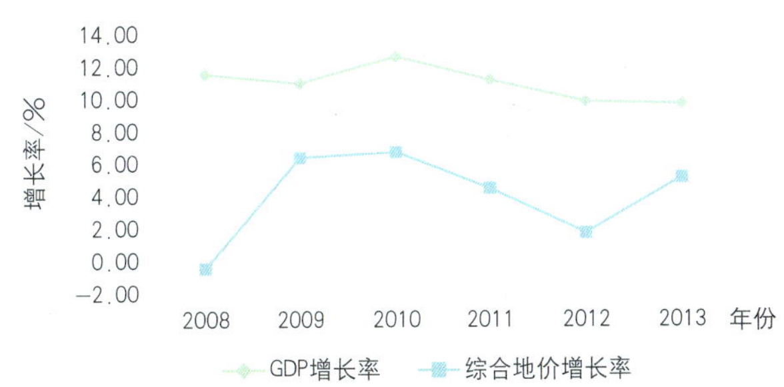


图22 长江三角洲地区主要城市GDP增长率与综合地价增长率比较

数据来源：GDP增长率由长江三角洲地区13个主要城市的GDP增长率求平均得到，城市GDP增长率来源于各市统计局。

### （二）除温州市外，其他城市综合地价与GDP呈同步变动关系，但两者变动幅度存在一定差异

2013年，长江三角洲地区各主要监测城市经济稳步增长，GDP增长率在7%～13%之间，除温州市外其他主要监测城市GDP增长率均高于全国平均水平。各主要监测城市综合地价与GDP基本呈同步变动关系，但两者增速存在一定差异。无锡市、徐州市、常州市等主要监测城市，虽然综合地价增长率均低于2%，但GDP增长率都在9%以上。而对于上海市、南京市、

宁波市、杭州市4个重点监测城市来说，虽然GDP增长率平均值小于其他主要监测城市平均值，但综合地价增长率平均值却远高于其他监测城市平均值。这主要是因为重点监测城市经济总量大，地区生产总值增速放缓，但基于人们对这些超大城市经济及房地产市场不断看涨的预期及人口集聚因素等影响，这些城市的土地市场繁荣，土地价格增速较快。而对于无锡市、徐州市、常州市等其他主要监测城市来说，其经济基础相对较弱，发展空间大，故而其GDP增速快，但因这些城市市域内存量房地产多，经济发展相对薄弱，人们对这些城市的经济及房地产市场发展预期相对较低，故而其土地市场温和上行或运行平稳（图23）。

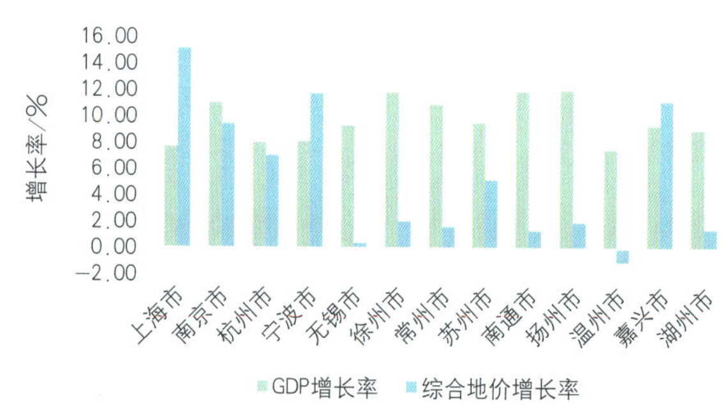


图23 长江三角洲地区主要城市GDP增长率与综合地价增长率比较

数据来源：GDP增长率来源于各市统计局。

**（三）固定资产投资与地价维持不同幅度的增长，前者增速大于后者**

2008年以来长江三角洲地区固定资产投资额和综合地价维持不同幅度的增长态势。固定资产投资增长率基本在15%以上，而综合地价增长率与之相差较大，最高的年份也未超过7%。2013年，长江三角洲地区固定资产投资增长率和综合地价增长率分别为16.25%和5.14%（图24）。除宁波市外，重点监测城市的固定资产投资增长率均小于全国平均水平及长三角地区绝大部分其他主要城市水平，但重点监测城市的综合地价增长率要高于全国及其他主要监测城市；徐州市、温州市2个城市固定资产投资增长率均超过20%，但这2个城市的综合地价增长率并不显著高于其他城市（图25）。

**（四）除上海市、宁波市、嘉兴市外，综合地价增长率均低于城镇居民人均可支配收入增长率**

长江三角洲地区主要城市平均城镇居民人均可支配收入增长率为9.45%，较综合地价增长率高4.36个百分点。各个城市的城镇居民人均可支配收入增长率较为相近，上海市及温州市最低，为8.5%；常州市最高，为10.3%。与之相比，长江三角洲地区各市综合地价增长率差异显著，介于−1.05%～15.12%之间。除上海市、宁波市、嘉兴市外，综合地价增长率均低于城镇居民人均可支配收入增长率（图26）。

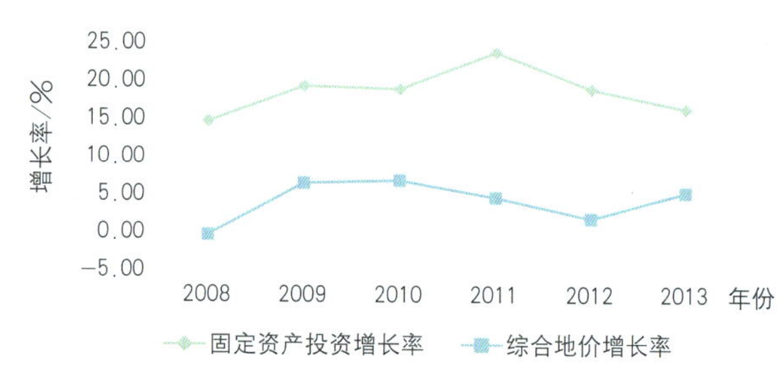


图24 长江三角洲地区主要城市固定资产投资增长率与综合地价增长率比较

数据来源：各城市固定资产投资增长率来源于各市统计局，其中长江三角洲地区固定资产投资增长率为13个城市固定资产投资增长率求平均得出。

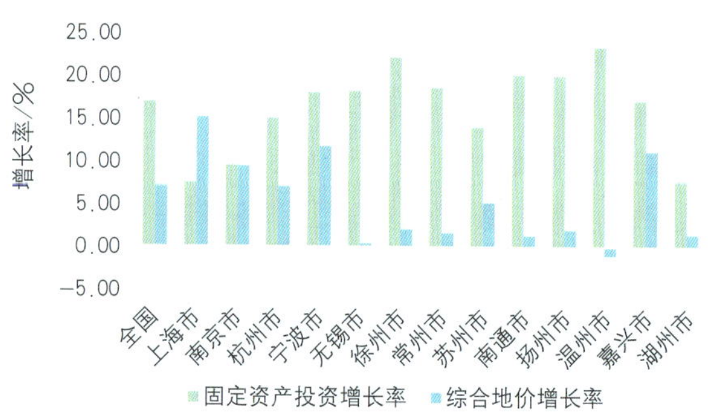


图25 长江三角洲地区主要城市固定资产投资额增长率与综合地价增长率比较

数据来源：固定资产投资额增长率来源于各市统计局。

## 四、影响长江三角洲地区城市地价变化的主要因素分析

**（一）长江三角洲地区作为全国经济发展最成熟的区域，较强劲的房地产市场需求是带动其地价增长的主要原因**

2013年，我国经济发展总体平稳，作为我国经济发展最成熟的区域和全国的经济中心，长江三角洲地区经济发展稳中快进，GDP总量超过7万亿元，增长率

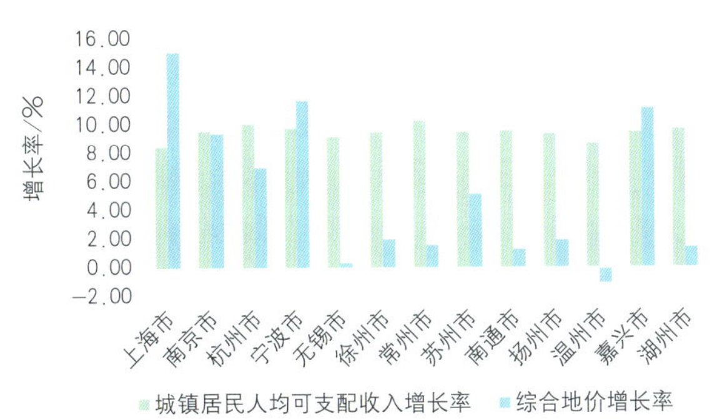


**图26　长江三角洲地区主要城市城镇居民人均可支配收入与综合地价增长率比较**

数据来源：长江三角洲地区主要城市城镇居民人均可支配收入源于各市统计局。

为9.7%，高于全国同期GDP增长率2个百分点。较好的经济发展基础和良好的经济发展势头为长江三角洲地区吸引了大量的人口和投资。近5年，仅长江三角洲地区4个重点监测城市的新增城镇人口数量就占了同期全国新增城镇人口总数的7.5%。人口的增加带来了大量的住房需求，进而带动了区域地价上涨。同时，由于上海市、南京市、杭州市、宁波市、苏州市等城市经济总量和房地产市场需求明显高于其他主要监测城市，导致其地价增长速度快于其他主要监测城市。

**（二）长江三角洲地区有效实施差别化信贷政策，大力推进多层次多元化住房保障体系建设，使得地价增长率低于全国平均水平**

2013年，长江三角洲地区各城市出台了多项差别化信贷政策及住房公积金政策。为保障首次购房者的刚性需求，常州市等城市执行首套房贷款利率优惠，加大对中低收入家庭购房融资支持。为抑制投资投机性需求，上海市提高二套房首付门槛，从6成上浮至6.5成，严禁发放第三套及以上购房贷款。苏州市、杭州市等城市收紧公积金政策，降低最高可贷款额度，上调公积金月缴存额度。在落实差别化信贷政策的同时，2013年长江三角洲地区各城市也积极推进保障房建设。各城市在保证保障房数量及质量达到计划要求的同时，积极创新保障性住房的管理制度，大力发展由廉租房、经济适用房、公租房、危改房、拆迁安置房等构成的多层次多元化住房保障体系。杭州市及常州市突破传统住房保障方式对户籍的限制，将创业人员和新就业大学生纳入公租房保障体系，重点解决了中等偏下收入者阶段性、过渡性的住房困难。差别化信贷政策的实施和保障房建设的推进对解决住房刚性需求，抑制投资投机性需求起到了一定的作用，并在一定程度上抑制了长江三角洲地区房价、地价的快速上涨，使得地价增长率低于全国平均水平。

**（三）地方政府的土地供应政策及地方债务压力直接推动城市土地市场供应量及价格温和上行**

2013年，长江三角洲地区建设用地供应总量同比减少3723公顷，商服用地和普通商品住宅用地供应面积同比分别增加1711.56公顷和2496.83公顷。虽然长江三角洲地区部分城市土地供应总量同比减少，但由于绝大部分城市贯彻落实了年初国务院常务会议确定的“增加普通商品住房用地供应”的政策，使得长江三角洲地区普通商品住房用地供应面积同比增加，从而保证了长江三角洲地区综合地价维持温和上行状态。此外，地方债务压力也是造成多地增加住宅用地和商服用地供应的原因。2013年前5个月，江苏省债务占据了全国地方债务增量的40%[①]。截至2013年6月末，南京地区发行的各类债务融资工具余额为1102.21亿元，比上年末增加397亿元，增幅达56.3%[②]。根据审计署发布的《全国地方政府性债务审计结果》，2011—2012年是我国地方政府债务集中到期的高峰时间段，但2011和2012年到期债务大部分将以再融资的方式周转到下一年度，这意味着2013年各地的地方债务压力进一步加大。为了缓解债务压力，地方政府加大住宅用地和商服用地供应力度，加之仍然存在着一定的投资性需求，进而引起住宅和商服用地市场量价齐升。

## 五、2014年长江三角洲地区城市地价变化趋势分析

**（一）作为全国经济前沿的长江三角洲地区，较强的经济增长动力或将促使区域地价稳步提升**

回顾2013年，虽然一些发达国家经济复苏困难，但是发展中国家的经济总体好于发达国家，增长速度较快，

① 信息来自于路透社《中国江苏将陷入债务噩梦？》。
② 信息来自于人民网。

世界经济整体呈现“复苏整固、力量调整”的特征。总体来看，世界经济增长“南高北低”的趋势没有改变，尤其新兴市场国家在全球经济增长中的力量上升势头仍在持续。受此影响，2014年世界经济预期将继续保持温和增长，长江三角洲地区作为我国综合实力最强的经济中心、亚太地区重要国际门户、全球重要的先进制造业基地、我国率先跻身世界级城市群的地区，其经济增长动力相对较强。同时，中央经济工作会议已经确定了2014年“维持经济中高速增长”的目标，坚持稳中求进、改革创新。长江三角洲地区作为我国最具活力的经济区之一，在全球经济复苏和国内经济稳增长的背景下，其经济增长也将获得较强的动力，或将进一步促使区域内地价的提升。

**（二）长江三角洲地区城市政府不断探索调控措施、尽力建立长效机制有利于平抑地价上涨，增速或将放缓**

随着中央经济工作会、城镇化工作会的召开，2014年国家房地产调控的思路逐渐清晰。十八届三中全会已经明确提出市场在配置资源中起决定作用的改革方向，房地产市场亦不例外，调控将更加重视发挥市场作用，政府转向履行保障房的建设和分配职能。长江三角洲地区坚决落实国家政策，上海市、南京市和杭州市分别于11月8日、11月25日和11月26日出台《进一步严格执行国家房地产市场调控政策相关措施》、《市政府关于进一步加强房地产调控措施的通知》和《关于进一步促进房地产市场平稳健康发展的通知》，以“从严落实差别化住房信贷”、“上调二套房首付”、“提高购房条件”、“严格执行商品住房明码标价制度”等措施打击投资性需求，抑制地价上涨。

此外，长江三角洲地区城市政府从加大土地供应平衡供求、加快保障房供应、改善民生和改革财税体制方面进行探索，以期建立市场调控的长效机制。在土地供应量方面，上海市、南京市和杭州市在2013年末分别提出：住宅用地供应规模在前5年平均供应量的基础上增加30%、20%和10%，增加的土地供应量将改善供求矛盾；在供应结构方面，上海市提出“以居住为主、以市民消费为主、以普通商品住房为主”，杭州市和宁波市提出进一步加大中低价位住房用地供应和中小户型住房用地供应规模，这将有效促进中低价位商品住宅的供给，调整目前房地产市场高价房占比过高的结构。在保障房建设方面，上海市2014年将新建筹措各类保障性住房和实施旧住房综合改造5.5万套，基本建成11万套；南京市将续建各类保障性住房800万平方米，新开工保障房300万平方米，竣工300万平方米；宁波市将新开工保障性安居工程209万平方米、2.7万套，完善保障性住房的周边公共配套和后续管理服务；扬州市将继续实施经济适用房货币化补贴、廉租房公租房并轨运行、保障房源社会化收储等改革。苏州市、常州市等城市也在政府工作报告中提出了继续加大保障房供应，完善住房保障体系等。作为改善民生的重大工程，保障性住房的大量供应，有利于抑制房价上涨，进而抑制地价上涨。在房产税方面，中央明确提出要加快房地产税立法并适时推进改革。上海市曾于2011年试点开征房产税，但由于仅对增量房超额部分征收、税率总体偏低等，尚未充分体现出对投机行为的抑制作用。2013年末，受中央层面财税体制改革的影响，上海市提出严格执行差别化住房税收政策，做好房地产开发企业土地增值税预征和清算管理以及存量房交易税收管理，继续稳步推进个人住房房产税试点工作；杭州市也提出强化部门间信息共享机制建设，做好房地产开发企业的土地增值税预征和清算管理，充分应用房地产价格评估技术加强存量房交易税收征管工作。房产税的征收将对持有多套房的业主产生影响，或将有利于逼出闲置空房重新进入市场，促进房地产市场理性回归，地价增速或将放缓。

**（三）新型城镇化建设背景下，控制城市人口规模、严格确定城市边界，有利于促进区域内土地市场协调发展**

中央城镇化工作会议提出，要优化布局，根据资源环境承载能力构建科学合理的城镇化宏观布局，科学设置开发强度，尽快把每个城市，特别是特大城市开发边界划定。上海市政府已明确提出，要严格落实以积分制为主体的居住证制度，严格控制人口规模。全国国土资源工作会也提出，从500万人口以上大城市周边开始划定永久基本农田，由大到小，逐步覆盖各类城市和小城镇，由近及远，从城市周边扩展到广大农村，尽快把城市发展边界确定下来。国家将严格控制城镇建设用地扩张，东部3大城市群发展要以盘活土地存量为主，今后将逐步调减东部地区新增建设用地供应，除生活用地外，原则上不再安排500万人口以上特大城市新增建设用地。上海市、南京市、杭州市、宁波市、无锡市、徐州市、苏州市、南通市、温州市均在此列。短期来看，特大城市土地市场收紧或将导致地价上涨，但长期来看，控制上海市等特大城市的人口规模有利于控制需求，将有助于提升长江三角洲地区中心城市、中等城市、中小城镇和新农村建设水平，同时有利于提高区域土地利用效率，盘活存量土地，促进长江三角洲地区不同类型城市的土地市场协调发展。

# 中国（上海）自由贸易试验区对长江三角洲地区土地市场格局影响分析

2013年9月29日，中国（上海）自由贸易试验区正式挂牌成立。中国（上海）自由贸易试验区的成立与发展，无论是对长江三角洲地区的产业布局、经贸物流市场，还是区域经济格局都将产生重大影响。这些影响进一步作用于长江三角洲地区土地市场的供求状况和土地价格，从而影响长江三角洲地区的土地市场格局。

## 一、中国（上海）自由贸易试验区对长江三角洲地区土地市场的影响

### 1. 自由贸易试验区有利于促进区域产业转型升级，对区域工业、商业地价格局将产生影响

由于中国（上海）自由贸易试验区内的金融自由化改革和投资自由化改革将加快整个长江三角洲地区产业价值链的创新和产业升级的步伐，受一系列利好措施的影响，更多高端制造、加工、贸易、仓储物流企业将在自由贸易试验区落户，工业用地需求将上涨，而试验区作为扩大服务业开放的试验田，也将成为写字楼等商业地产需求成长壮大的温床。因此，上海自由贸易试验区的成立对区域内工业、商业用地价格将有一定程度的影响。

在工业地产方面，据世邦魏理仕的监测数据①显示，2013年第三季度上海市外高桥地区仓储的日租金从0.5元/米$^2$上涨至1.5元/米$^2$，涨幅高达200%，这也是上海市仓储租金近2年以来最大的增幅。

在商业地产方面，世邦魏理仕的监测数据显示，2013年7月、8月份自由贸易试验区内写字楼的日平均租金报价为2.1元/米$^2$，而在9月底自由贸易试验区挂牌日前后和11月已经出现了两波大幅调租涨价。截至11月7日，自由贸易试验区内写字楼的日平均租金已升至4.2元/米$^2$。以外高桥自贸园区内写字楼——汤臣国际贸易大厦为例，9月份租金报价为每日3元/米$^2$，9月底受自由贸易试验区设立消息影响，日租金涨至4.5元/米$^2$，截至2013年底报价已升至9元/米$^2$，超过了上海市核心商务区的甲级写字楼的平均日租金（8.9元/米$^2$），空置率也从之前的30%降到8%。该地区另一写字楼——外高桥大厦2013年8月至2013年底的租金涨幅更大，其日租金报价从1.3元/米$^2$，上升到8元/米$^2$，涨幅高达515%。世邦魏理仕《全球优质写字楼租金成本排名》显示，截至2013年12月，上海市浦东区写字楼平均年租金达到119.5美元/平方英尺②，位居全球第十二位，仅次于伦敦市中心、法国巴黎和纽约曼哈顿。

对于整个长江三角洲地区域而言，由于中国（上海）自由贸易试验区内土地成本增加，很多原有的低端加工企业的生产线或将转移，如江苏省正在酝酿以苏州工业园综合保税区为试点开展自由贸易试验区，这对于长江

① 数据来源：搜房网。
② 1平方英尺=0.009290304平方米。

三角洲地区的土地价格和土地市场格局将产生一定的影响，区域内工业用地、商业用地价格存在一定的上涨压力。

### 2. 由贸易试验区的成立将形成一定的人口集聚，影响周边住宅用地价格

自由贸易试验区在吸引大量高端制造、贸易、仓储物流企业入户的同时，也吸引了大量的“人气”。产业、人口的集聚无疑会导致自由贸易试验区周边住宅需求的上涨，进而影响住宅用地价格。与中国（上海）自由贸易试验区直接相关联的是外高桥、临港新城、浦东川沙和祝桥四个板块，随着自由贸易试验区的影响进一步释放，相关板块楼市价格出现明显上涨。

以外高桥板块的仁恒森兰雅苑、森兰明佳，临港新城板块的丽都华庭和祝桥板块的朗诗未来树几个新盘项目为例，在2013年1—8月，这几个楼盘的新房均价基本保持平稳，变化不大。而从9月开始，受自由贸易试验区概念影响，房价出现明显上涨。由于只有外高桥处于外环线以内，因而位于外高桥板块的仁恒森兰雅苑，其房价水平增长最为明显，11月份房价最高达到49500元／米$^2$，较最低值4月份房价水平值32800元／米$^2$高出16700元／米$^2$，涨幅达50.9%（图1）。

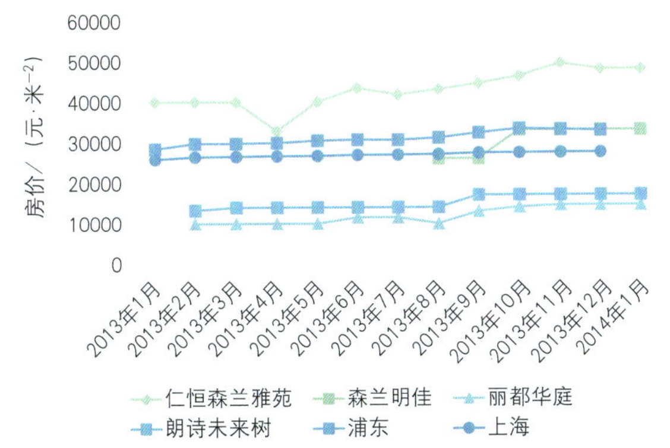


**图1 自由贸易试验区相关板块部分新盘项目2013年房价走势**

数据来源：搜房网、新浪乐居。

不仅新盘市场火热，二手房价格也明显攀升。以外高桥板块的潼港二村、仁恒家园、瑞禾明苑和千秋嘉苑几个二手房楼盘为例，2013年1—8月，上述楼盘房价水平小幅上涨，基本保持平稳，从9月开始，上涨趋势逐渐明显，同时带动了浦东地区二手房平均价格的上涨。截止到2014年1月，潼港二村项目的平均价格为22930元／米$^2$，同比增幅达45.48%，千秋嘉苑项目的平均价格为21497元／米$^2$，同比增幅达53.43%，瑞禾明苑项目的平均价格为32018元／米$^2$，同比增幅达63.23%，受自由贸易试验区概念影响，房地产市场升温迅速。与此同时，仁恒家园项目房价水平自2013年10月达到近6个月最高值后开始下降，2014年1月，仁恒家园项目的平均价格为25909元／米$^2$，同比增幅仅为3.58%，说明自由贸易试验区作为区域利好的概念，只是影响房价的部分因素，并且其作用效果和时间有待观察（图2）。

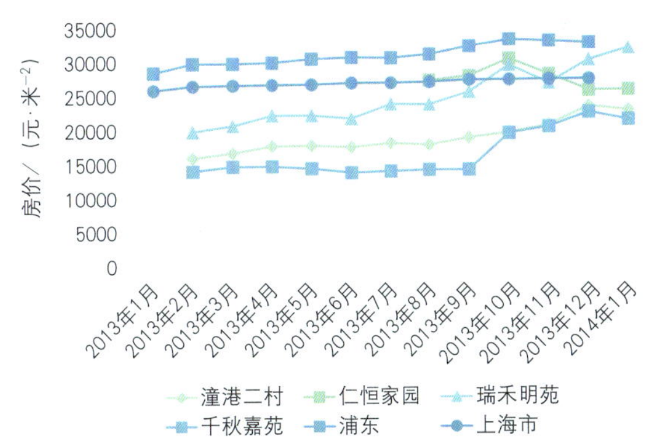


**图2 自由贸易试验区相关板块部分二手房楼盘项目2013年房价走势**

数据来源：搜房网、新浪乐居。

楼市价格的上涨也引发了土地市场的火热。搜房网数据显示，2013年12月，上海临港新城主城区推出7宗经营性用地（5宗为商住用地，两宗为办公楼用地），最终都以超高溢价率成交，溢价率最低为379%，最高达490%，刷新全年最高溢价率纪录。在上海市出让经

营性用地溢价排名前10的地块中，有50%的地块地处浦东，90%是住宅用地，100%为下半年出让，自由贸易试验区的影响力可见一斑。

对整个长江三角洲地区来说，随着宁杭高铁、杭甬高铁的正式开通，长江三角洲地区高铁三角网络正式形成，拉近了长江三角洲地区城市之间的距离，长江三角洲地区由此迈入经济生活同城圈。自由贸易试验区的“辐射效应”将极大地推动同城圈范围内市镇的发展进程，从而带动长江三角洲地区住宅用地价格的上涨。从季度同比增长率来看，2013年长江三角洲地区主要监测城市各季度的住宅用地价格与去年同期相比均有所增长，增长幅度不仅逐季增加，而且从第二季度开始高于商服用地和工业用地（图3）。

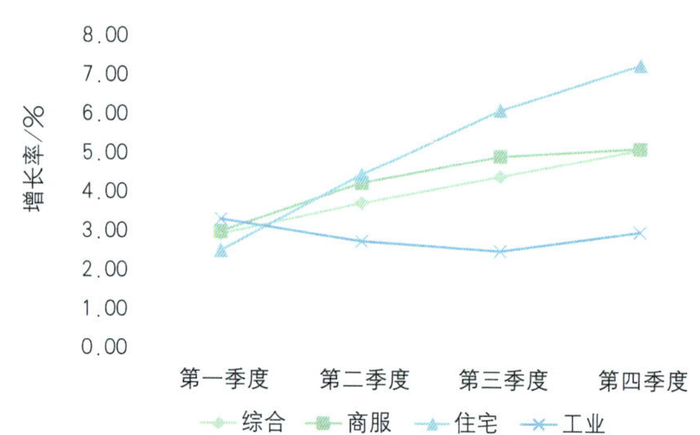


**图3 2013年长江三角洲地区主要监测城市各用途平均地价季度同比增长率**

从季度环比增长率来看，2013年长江三角洲地区主要监测城市的住宅用地价格逐季增长，第三季度和第四季度环比增长率分别为1.94%和1.97%。

### 3. 自由贸易试验区即将落实的金融创新试点政策将有利于土地及房地产市场融资环境更趋市场化

金融创新已明确在中国（上海）自由贸易试验区试点，如利率市场化、房企再融资、房地产信托投资基金(REITs)等，这将使整个土地及房地产市场融资环境愈加市场化。同时意味着逐步取消房地产融资的行政管制，而资金也会给予不同房地产企业不同的风险溢价，融资环境将更加宽松。

## 二、促进区域土地市场健康发展的建议

### 1. 需破解原有区块划分，解决土地供求矛盾

试验区原有土地规划是按功能区块划分，分为行政办公用地、商业金融业用地、研发生产用地等11个功能区块。但试验区挂牌后，欲在区内开展业务的国内外企业蜂拥而来，未来像产权交易所、贸易仲裁中心、税务管理机构，以至各方关注的离岸交易中心、跨境金融资产交易平台、知识产权及技术交易所等类型繁多的机构、公司，都将涌入这一区域。随着上海自由贸易试验区的发展，占比达80%的试验区工业用地如何转换为商业用地，已成为当务之急。未来，试验区土地供求矛盾将凸显。因此，破解试验区经济转型带来的用地格局调整问题亟待深入研究。国土资源部调研表示，当前，中国（上海）自由贸易试验区建设刚刚起步，相关规划还在制定中，土地政策对试验区建设发展的实质性影响将进一步显现，土地的真实需求还有待释放。国家土地督察上海局有关负责人表示，下一步将要努力把握中国（上海）自由贸易试验区设立给土地管理制度创新带来的机遇和挑战。

### 2. 应警惕过热的投资投机性需求，防止过度炒作土地现象

中国（上海）自由贸易试验区的设立无疑成为土地价格上涨的又一驱动力，开发商和业主已开始押注试验区周边的板块和物业。以临港新城为例，2013年12月份以来，临港新城土地市场较为火热。最新推出的临港新城七宗地块遭遇156家房企“围抢”，平均溢价率超过400%，平均约1.5万元/米$^2$的楼板价，已经超过周边平均房价，形成“面粉贵过面包”的扭曲局面[①]。如果继续上涨，其中蕴含的投资过热及过度投机的潜在风险将进一步扩大，必须密切关注并采取有效措施予以

① 数据来源：搜房网。

防范。否则土地要素价格一旦过高，必将影响区域经济的健康发展，甚至影响自由贸易试验区的健康发展。

3. 同步推进城镇化和工业化，努力实现“产城融合”

自由贸易试验区为各板块房地产市场带来房价上涨红利的同时，也会带来一定的风险。仍以临港新城为例，从市场成交量来看，2013 年 11 月商品住宅成交量仅为 15140 平方米，截至 12 月 24 日，12 月成交量为 12893 平方米，较 9 月和 10 月份的成交量 55413 平方米和 45800 平方米相比，市场成交量已开始下降，从成交价格来看，短期内个案房价已升至 2 万元／米$^2$以上，远超该板块的平均水平，含有一定虚高成分①。因为，产业新城建设的成功要求开发主体的专业化开发能力作为保障，从而实现前瞻性的规划、高水平开发、持续性发展，仅仅靠房地产市场发展难以为继。房价地价过快上涨还将提高产业导入、人口导入的门槛，不利于整个自由贸易试验区板块产城融合。因此，自由贸易试验区板块的城镇化和工业化必须同步推进，依靠产业发展支持自由贸易试验区城市的建设。

4. 金融创新背景下，需加强对房地产业境外融资活动的监测

在金融创新的探索中，不少国家都曾因房地产业过度依赖国际融资而发生影响经济社会正常发展的事例，这对自由贸易试验区应起到警示作用。不仅要监控境外热钱流入土地及房地产市场的规模和动态，还要密切关注一些越来越隐蔽的流入渠道；既要加强对住房市场境外投融资活动的监测，也不能忽视商业地产的国际资本投资动向。

① 数据来源：搜房网。

在楼市调控政策不放松、基础设施不断完善、保障性安居工程加快建设、住宅用地加大供应、“三旧”改造、产业升级、粤港澳合作不断紧密等因素影响下，2013年珠江三角洲地区各城市地价总体水平呈现上升态势，增长速度较去年显著加快。商服、住宅、工业地价水平值均居三大重点监测地区之首，且其地价增长率亦明显高于其他重点监测地区。在全国105个监测城市中，深圳市各用途地价水平值均为最高，珠江三角洲地区其他五市、区各用途地价水平值均排名靠前。

2014年，预计房地产调控将日益回归市场化，完善土地供应和房产税改革将成为房地产调控的主要手段。市场对于政府廉政举措的持续性呈现观望态势，如实现房产信息联网、出台合理的房产税征收政策并依据联网信息严格执行等推进不力，预计2014年珠江三角洲地区住宅地价将在楼市高位运行的拉动下继续增长；随着新增商业地产不断入市，受电子商务强劲发展势头的影响，批发商业地产将顺势而为逐渐改变布局，零售商业地产的发展也将出现分化，预计2014年商服地价增速将有所放缓；珠江三角洲地区“三旧”改造及产业升级持续实施，农村集体经营性建设用地合法入市的预期增强，但生产经营性企业景气状况尚未形成明显向好趋势，在上述因素综合影响下，预计2014年工业地价有望实现平稳增长。

此外，本报告结合广州市近10年社会经济发展和地价水平值状况，运用模糊综合评判法，构建地价合理性评判指标体系，对广州市近10年地价水平合理性评判专题进行了研究，以期为政府宏观管理决策提供参考。

# 2013年珠江三角洲地区城市地价动态监测报告

## 一、2013年珠江三角洲地区城市地价总体情况

### （一）地价水平值状况

1. 商服、住宅、工业地价水平值均高居各重点监测区域之首

2013年，珠江三角洲地区综合地价水平值为4864元／米$^2$，商服、住宅、工业三类地价水平值分别为17214元／米$^2$、8633元／米$^2$、906元／米$^2$，三类地价水平值之比为19∶9.53∶1。

2013年，珠江三角洲地区综合地价水平值比全国平均地价水平值高45%，比环渤海地区高37%，比长江三角洲地区略低1%。

2009—2012年间，珠江三角洲地区住宅、工业地价水平值一直低于长江三角洲地区，商服地价水平值则一直高居各重点监测地区之首。与此不同的是，2013年珠江三角洲地区商服、住宅、工业地价水平值均高居各重点监测地区之首，其中，商服地价水平值是全国平均地价水平值的2.73倍，分别是环渤海地区、长江三角洲地区的2.62倍、1.95倍；住宅及工业地价水平值分别是长江三角洲地区的1.07倍、1.02倍，首次超过长江三角洲地区（图1）。

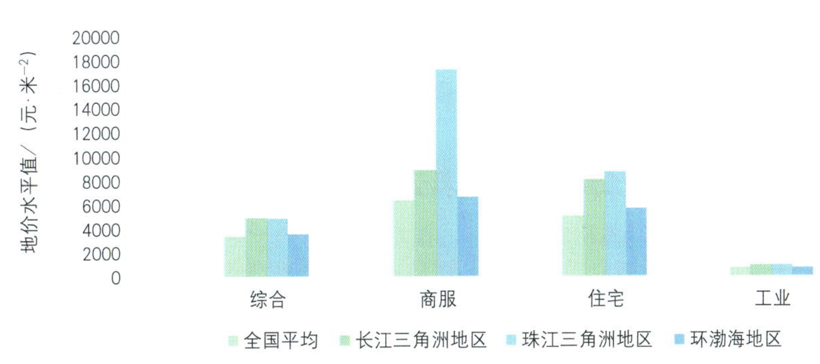


图1 2013年珠江三角洲地区各用途地价水平值与全国及其他重点区域对比图

2. 地区各市、区地价水平值仍呈阶梯分布状态，一线城市与三线城市商服、住宅地价水平值差距有所扩大

从2013年各市、区地价水平值来看，珠江三角洲地区6市、区地价水平值差异显著。商服、住宅地价水平值呈三级分布，第一级为深圳市，第二级为广州市，第三级为珠海市、佛山市顺德区、东莞市以及中山市；工业地价呈二级分布，深圳市最高，其他各市、区水平较接近。深圳市工业地价水平值分别是广州市、珠海市、佛山市顺德区、东莞市、中山市的4.40倍、4.67倍、4.19倍、3.87倍、4.31倍。

2013年，珠江三角洲地区广州市、深圳市2个一线城市与珠江三角洲地区其他4个三线城市的商服、住宅地价水平值相差较大，且其差距愈加拉大。以商服、住宅地价水平值最低的中山市为例，2013年深圳市商服、住宅地价水平值分别为中山市的6.36倍、20.99倍，而2012年分别为中山市的5.9倍、19.3倍；2013年广州市与中山市的住宅地价水平值倍数从上年度的13.0倍增长为14.32倍，商服地价水平值的倍数则比上年略降（图2）。

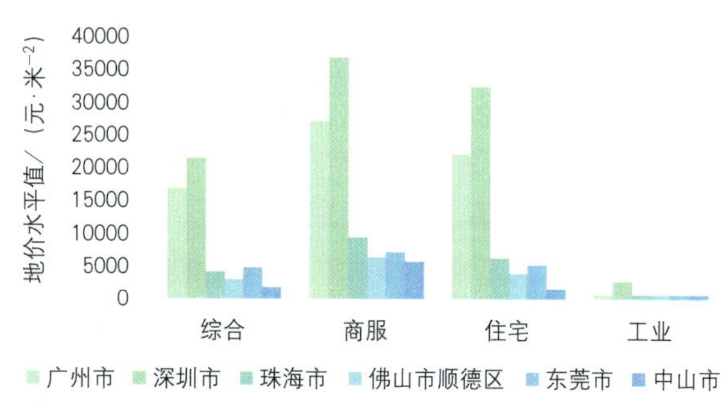


图2 2013年珠江三角洲地区各市、区各用途地价水平值

3. 在全国105个监测城市中，深圳市各用途地价水平值均居榜首，珠江三角洲地区其他5市、区各用途地价水平值排名均较靠前

在全国重点监测的4个一线城市中，深圳市各用途地价水平值均列最高，广州市综合地价水平值排名第二，商服、住宅地价水平值高于上海市位列第三，工业地价水平值居末位（图3）。

在全国重点监测的105个城市中，从综合地价水平值排名来看，广州市位列第3，仅次于深圳市、厦门市；东莞市、珠海市、佛山市顺德区排名前30；中山市位列第47位。从商服地价水平值排名来看，广州市位列第4，仅次于深圳市、上海市、厦门市；其他城市均位列前30。从住宅地价水平值来看，广州市位列第3，仅次于深圳市、上海市；珠海市、东莞市、佛山市顺德区均位列前30；中山市位列第71位。从工业地价水平值来看，东莞市位列18，佛山市顺德区、中山市、广州市、珠海市分别位列30名左右。

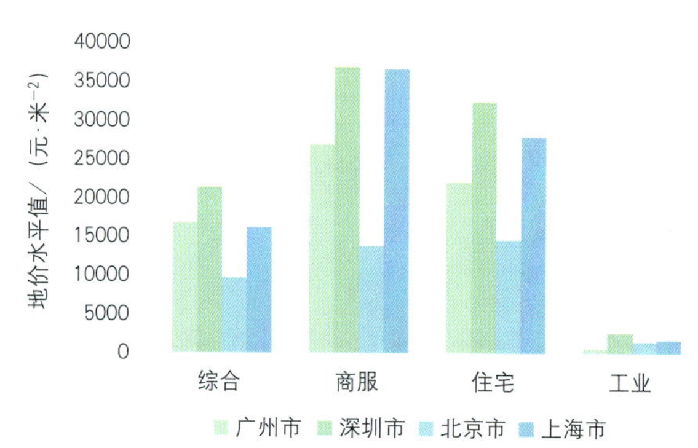


图3 2013年广州市、深圳市、北京市、上海市各用途地价水平值比较

## （二）地价增长率变化情况

1. 各用途地价增长率均显著高于全国平均及其他重点监测地区

2013年，珠江三角洲地区综合、商服、住宅、工业地价增长率分别为12.75%、13.67%、17.68%、9.03%，均显著高于全国平均及其他重点监测地区水平（图4）。

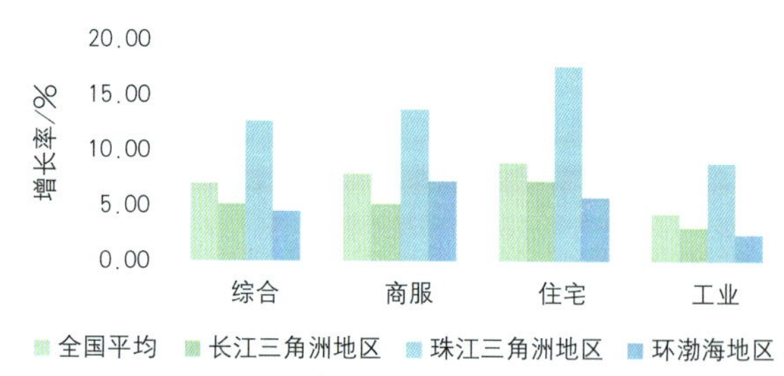


图4 2013年珠江三角洲地区各用途地价增长率与全国及其他地区对比图

2. 各用途地价季度增长率基本呈现环比先升后降、同比逐季上升的趋势，且各季度住宅地价同比、环比增长率基本高于其他用途地价同比、环比增长率

从环比来看，除工业用途外，2013年珠江三角洲

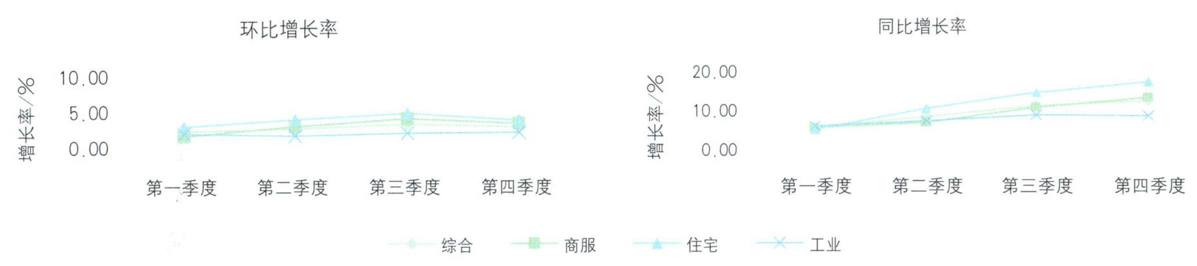


图5 2013年珠江三角洲地区各季度各用途地价环比、同比增长率比较

地区各用途地价季度环比增长率呈现先升后降的趋势，但各用途地价第四季度的环比增长率均高于第一季度。且各季度住宅地价环比增长率均高于其他用途地价环比增长率（图5）。

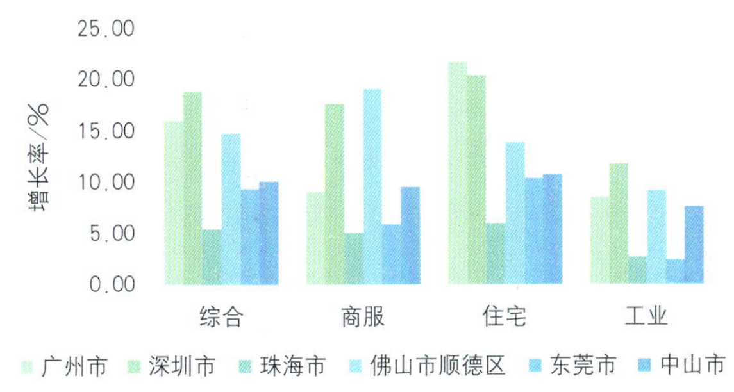


图6 2013年珠江三角洲地区各市、区各用途地价增长率

从同比来看，2013年珠江三角洲地区各用途地价季度同比增长率呈现逐季上升的趋势，不同用途间地价同比增长率差距也逐季增大。第二、三、四季度，住宅地价同比增长率均高于其他用途地价同比增长率（图5）。

3. 各城市各用途地价呈现增长趋势，且增长速度较2012年显著加快；工业地价增长率较以往变动幅度明显

从各城市间比较来看，深圳市、广州市、佛山市顺德区各用途地价增长明显，珠海市各用途地价增长相对较慢。从各用途来看，工业地价增长速度虽相对慢于其他用途，但较以往工业地价的平稳波动，9.03%的工业地价增长率已远超预期。除了珠海市、东莞市工业地价增长率未超过3%，其他城市工业地价增长率均在7%以上（图6）。

与2012年相比，除珠海市工业地价增长率略微下降外，2013年珠江三角洲地区其他5市、区各用途地价增长率均有所上升，其中广州市、深圳市、佛山市顺德区3个市、区的综合、商服、住宅地价增长率上升显著，其综合地价增长率分别比2012年上升13.11、14.86和14.21个百分点；商服地价增长率则分别上升5.30、17.41和16.81个百分点；住宅地价增长率分别上升19.49、14.09和14.12个百分点。

4. 各城市分用途地价季度同比增长率基本呈逐季上升趋势，环比增长率无明显规律

同比来看，2013年除珠海市第一季度住宅地价同比增长率为负值外，其他均为正值。2013年珠江三角洲地区各城市各用途地价季度同比增长率基本呈逐季上升趋势（图7）。

环比来看，2013年除深圳市第二季度工业地价环比增长率为负值外，其他均为正值。2013年深圳市、佛山市顺德区各用途地价季度环比增长率波动较大。整体来看，季度环比增长率未表现出明显变动规律（图8）。

### （三）地价指数变化状况

1. 与2012年各类地价指数增长放缓不同，2013年珠江三角洲地区各类地价指数呈现强劲上升态势

以2000年地价水平值为定基指数，2013年珠江三角洲地区综合地价指数为217，商服、住宅、工业地价指数分别为240、256、192，各类地价指数均呈现出较快的增长趋势。

商服地价指数在2002—2009年期间一直低于住宅、工业地价指数，2008年商服地价指数跌幅大于综合、住宅和工业地价指数；2009—2011年商服地价指数大幅提升，并于2010年、2011年先后超过了工业、住宅地价指数，2012年商服地价指数涨幅开始放缓并与住宅地价指数持平，2013年商服地价指数涨幅较大但小于

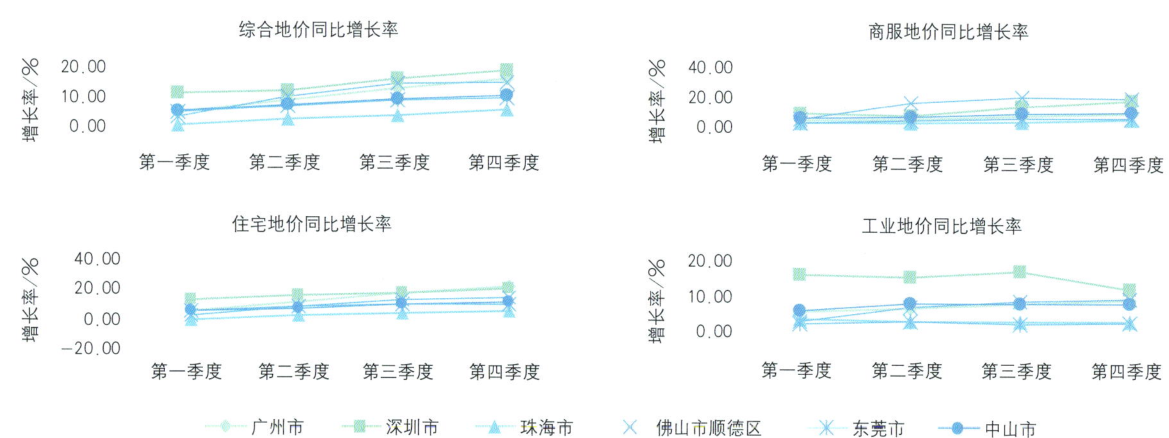


图7 2013年珠江三角洲地区各市、区各季度各用途地价同比增长率比较

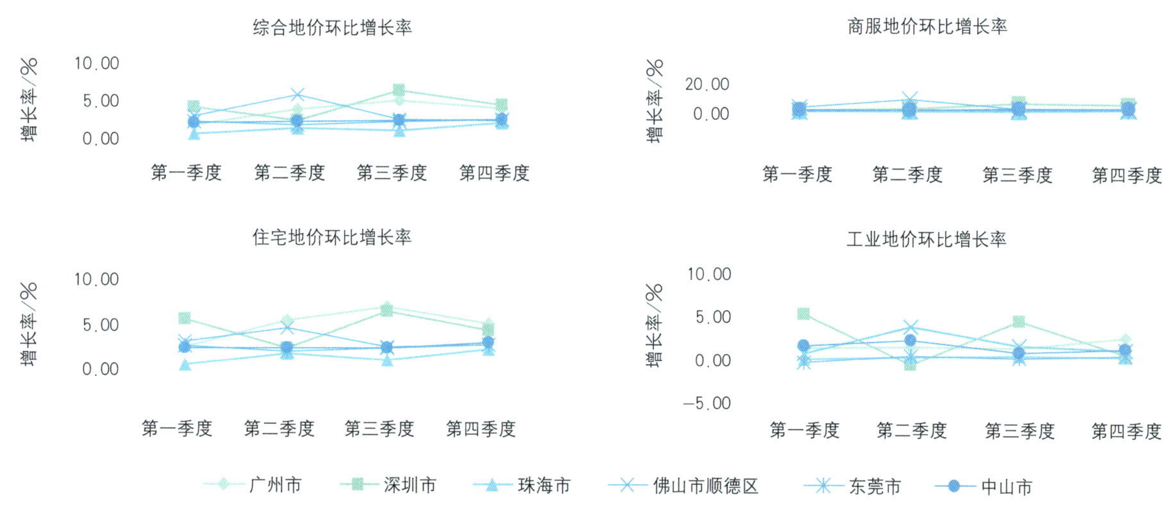


图8 2013年珠江三角洲地区各市、区各季度各用途地价环比增长率比较

住宅地价指数涨幅。住宅地价指数和工业地价指数在2001—2008年几乎同步增长，2009—2013年住宅地价指数快速增长，工业地价指数则始终保持较为平稳的增长态势（图9）。

2. 相对于全国平均和另外两大重点监测地区，2013年珠江三角洲地区综合、住宅地价指数最低，商服、工业地价指数居中

2013年，珠江三角洲地区综合和住宅地价指数均低于全国平均及长江三角洲地区、环渤海地区，珠江三角洲综合、住宅地价指数比排名第一的环渤海地区分别低21个点、16个点；商服地价指数比长江三角

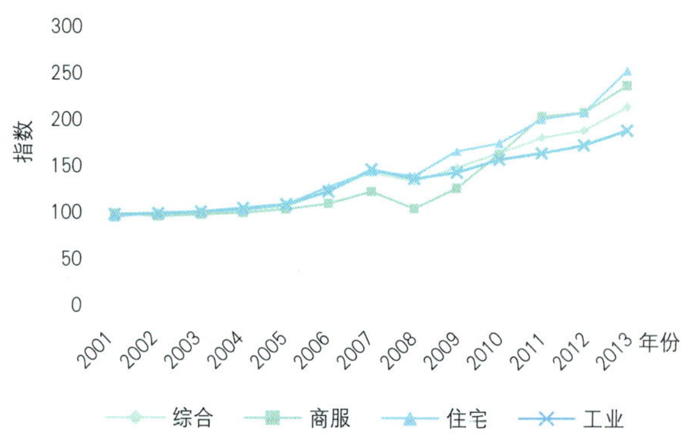


图9 2001—2013年珠江三角洲地区各用途地价指数

洲地区低 28 个点，分别高于全国平均及环渤海地区 10 个点、11 个点；工业地价指数比环渤海地区低 15 个点，比全国平均及长江三角洲地区分别高出 19 个点、41 个点（图 10）。

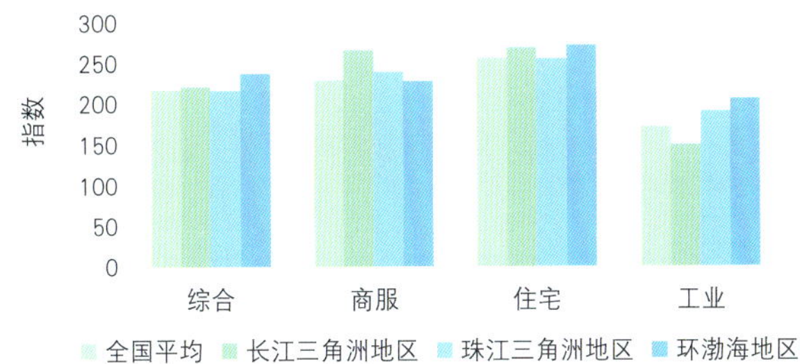


图10　2013年珠江三角洲地区与全国及其他地区地价指数比较

3. 珠江三角洲地区一线城市中，广州市的综合地价指数保持稳定的增长势头，深圳市则出现较大波动；且 2008 年后两市的综合地价指数分离趋势愈加显化

广州市、深圳市两市综合地价指数 2001—2005 年走势均较为平稳，且地价指数增长幅度不大，自 2006 年开始，两者出现分化态势。广州市的综合地价指数在 2006—2013 年保持平稳增长的同时，其增长幅度也有所增大。而深圳市则在 2006 年出现抬头趋势为 137，经过 2007—2008 年 306 到 209 的大起大落后，2009—2013 年则一直保持较高的增长速度。自 2008 年以来，深圳市的综合地价指数一直远超过广州市，且差距越来越大，2013 年两者相差 241 点（图 11）。

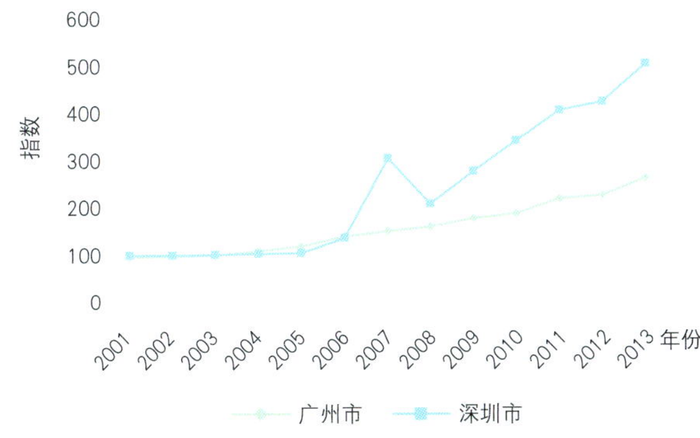


图11　2001—2013年广州市、深圳市综合地价指数趋势

4. 2013 年深圳市各类地价指数水平差距显著，且综合、商服地价指数明显高于其他一线城市的同类地价指数

2013 年，深圳市商服地价指数分别比住宅、工业地价指数高 198 点、381 点。与深圳市相比，广州市、北京市、上海市各用途之间的地价指数水平差距不大。

深圳市 2013 年各类地价指数均高于其他一线城市的同类地价指数，特别是商服和综合地价指数。深圳市商服地价指数分别比广州市、北京市、上海市高出 398 点、380 点、371 点；综合地价指数分别比广州市、北京市、上海市高出 241 点、206 点、277 点（图 12）。

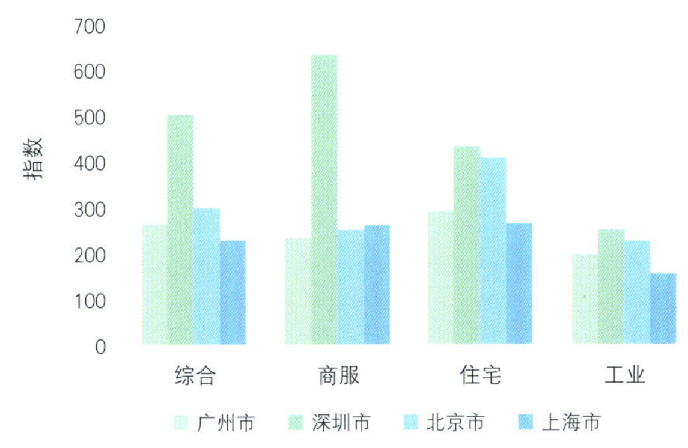


图12　2013年广州市、深圳市、北京市、上海市各用途地价指数比较

## 二、2013 年珠江三角洲地区城市地价与房地产市场关系分析

### （一）深圳市商服、住宅用途地价房价比在 35 个重点城市中排名处于中上水平，广州市商服地价房价比低于 35 个重点城市平均值，深圳市商服地产市场较广州活跃

2013 年，深圳市商服地价房价比为 45.67%，在 35 个重点城市中位列第 7，比位列第 1 的厦门市低 37.93 个百分点，比上海市低 3.16 个百分点，比北京市高 11.49 个百分点；广州市商服地价房价比为 26.03%，在 35 个重点城市中位列第 25，比 35 个重点城市的平均值低 8.18 个百分点。

2013 年，深圳市住宅地价房价比为 42.14%，在 35 个重点城市中位列第 8，比位列第 1 的厦门市低 28.05 个百分点，比上海市低 6.09 个百分点，比北京市高 13.84 个百分点；广州市住宅地价房价比为 36.80%，在35个重点城市中位列第10，比35个重点城市平均值高3.44个百分点。

一般情况下，社会经济活动活跃的地方，相关地产物业的需求较多，相应的地价房价比较高。从2013年广州市、深圳市的地价房价比可以看出，深圳市商服及住宅市场均较广州市活跃，用地集约度更高。广州市住宅市场相对其商服市场来说活跃度更高（图13）。

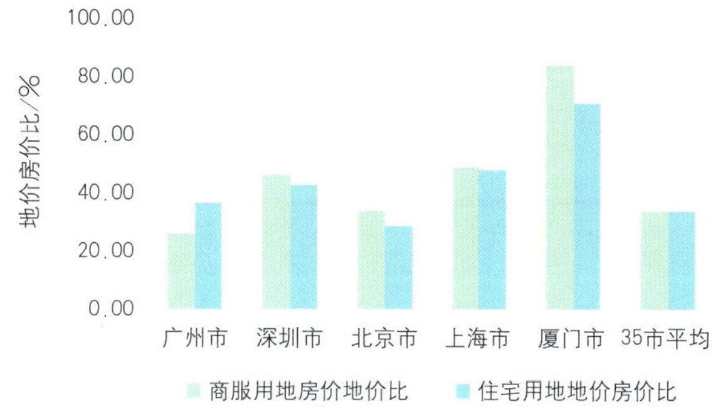


图13　2013年全国部分城市及35市平均地价房价比

**（二）住宅地价和新建商品住宅销售价格持续上涨，2013年底一线城市新建商品住宅成交价格出现下降趋势，但存量住宅价格走势依然强劲①**

2013年，珠江三角洲地区一线城市广州市、深圳市的住宅地价和新建商品住宅销售价格都处于快速增长、高位运行状态，其住宅地价增长率和新建商品住宅销售价格增长率均大于珠江三角洲地区其他4个三线城市的相应增长率。珠海市的住宅地价增长率和新建商品住宅销售价格增长率相对较低。除珠海市外，2013年珠江三角洲地区城市新建商品住宅销售价格增长率低于住宅地价增长率（图14）。

2013年底，广州市政府办公厅下发了《关于进一步做好房地产市场调控工作的意见》，抑制不合理的住房需求，同时，银行将二套房首付比例由6成提至7成。2013年11月广州市10区新建商品住宅网上签约均价同比增长率为–5.52%，12月广州市（包括市辖10区、从化和增城2县级市）新建商品住宅网上签约均价为11513元/米$^2$，同比下降12.9%。深圳市的调控政策使新房成

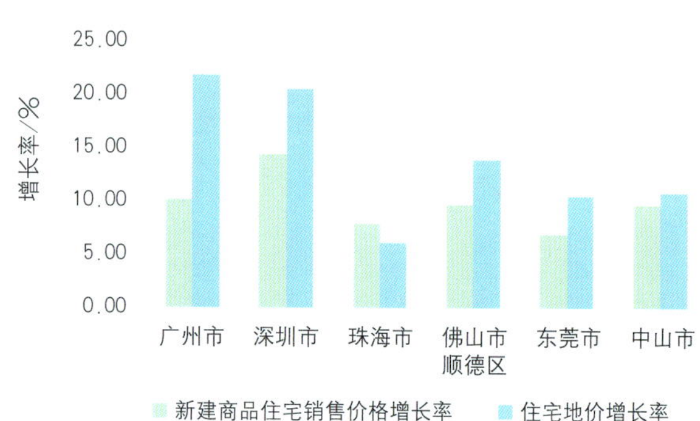


图14　2013年珠江三角洲城市住宅地价增长率与新建商品住宅销售价格增长率

交连续6个月下跌，12月再度出现量价齐跌。根据深圳市规划和国土资源委员会网站数据显示，2013年12月深圳市新建住宅成交均价为20695元/米$^2$，环比下跌近5个百分点，但同比仍上涨13.9%。

二手住宅市场与新建商品房市场走势分化，广州市10区存量住宅12月成交价格同比增长17.52%，深圳市二手住宅挂牌均价12月再创新高，环比上涨0.4%，同比上涨29.2%。

**（三）各市、区房地产开发投资增减不一，而综合地价增长率均有不同程度的提升②**

2013年，东莞市房地产开发投资增长率为31.9%，同比2012年提升30.8个百分点；而佛山市顺德区房地产开发投资增长率为–5.5%，同比2012年下降2.5个百分点。珠海市在西区房地产投资增势强劲的带动下，房地产开发投资增速回升，全年完成投资额272.58亿元，同比增长12.6%，增长率比2012年提升了17.9个百分点。2013年深圳市房地产开发投资增长率为20.5%，比2012年下降22.6个百分点。

2013年，珠江三角洲地区各市、区除了珠海市、东莞市综合地价增长率低于10%以外，其他市、区均处于快速增长状态。与2012年相比，珠江三角洲地区各市、区2013年综合地价增长率均有不同程度的提升，仅广州市和佛山市顺德区的综合地价增长率高于房地产开发投资增长率（图15）。

① 数据来源：珠江三角洲地区城市商品住宅销售价格增长率数据来自各市、区国土部门、住房和城乡建设部门网站。其中广州市、珠海市（香洲区）是1—11月份数据同比，深圳市、东莞市、佛山市顺德区、中山市是年度数据同比。

② 数据来源：房地产开发投资增长率数据来源于广东省统计信息网。

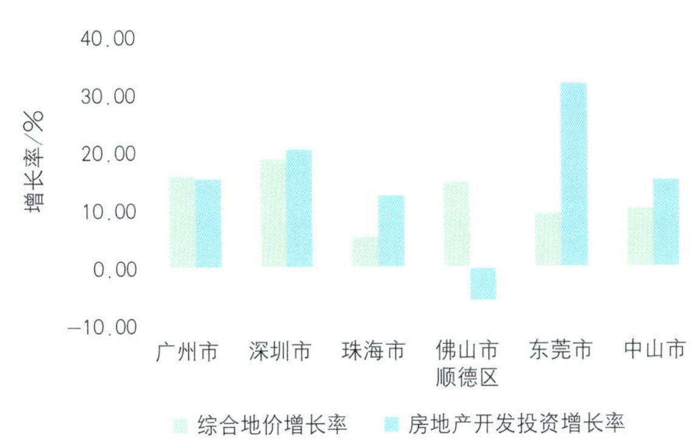


图15　2013年珠江三角洲地区各市、区综合地价增长率与房地产开发投资增长率比较

## 三、2013 年珠江三角洲地区城市地价与社会经济发展关系分析[①]

### （一）各市、区 GDP 持续较快增长，地区经济的持续较快发展为地价增长创造了条件

2013 年，广州市、深圳市、珠海市、佛山市顺德区、东莞市和中山市各市的 GDP 增长率分别为 11.6%、10.5%、10.5%、11.3%[②]、9.8% 和 10%，与各市综合地价增长率相比，除珠海市、东莞市外，其他 4 市、区综合地价增长率均高于 GDP 增长率。地区经济的持续较快发展为地价增长创造了条件（图 16）。

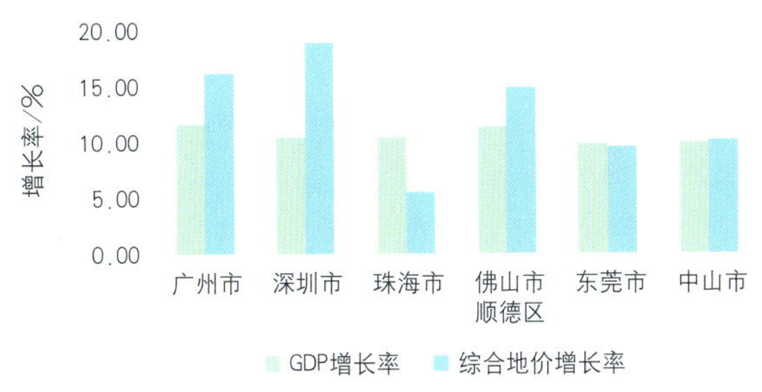


图16　2013年珠江三角洲地区各市、区综合地价增长率与GDP增长率比较

### （二）除深圳市、佛山市顺德区外，其他 4 市的固定资产投资增长率均高于综合地价增长率，二者具有一定的关联性

2013 年，珠江三角洲地区各市的固定资产投资增长率均超过 14%，珠海市最高。除了深圳市、佛山市顺德区外，其他 4 市固定资产投资增长率均高于综合地价增长率。

在高栏港石化、燃气、热电和交通基础设施等建设项目的带动下，珠海市 2013 年固定资产投资保持快速增长，全年完成固定资产投资额 960.89 亿元，同比增长 23.0%，增速连续 3 年居珠江三角洲地区首位。相较于其他市、区，珠海市固定资产投资增长率最高，但综合地价增长率却最低，也验证了以往相关经验，即基础设施建设会带来地价增长，而在建设期间地价将维持较低水平甚至下降，这种关系在大规模、持续时间长的基础设施建设中表现更为明显（图 17）。

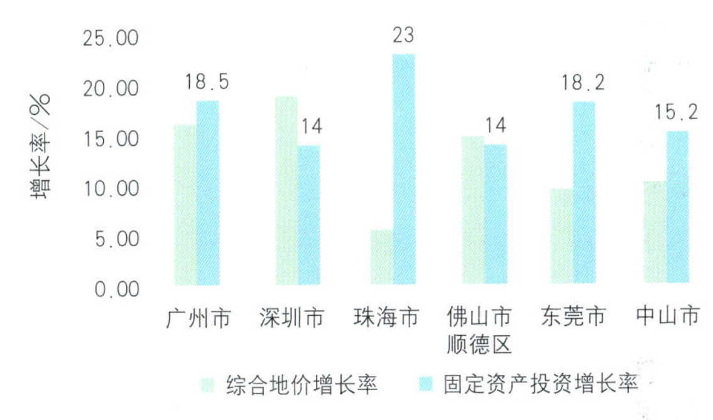


图17　2013年珠江三角洲地区各市、区综合地价增长率与固定资产投资增长率比较

### （三）各市、区 CPI 增长幅度较均衡，综合地价增长率与 CPI 增长率相互联系不显著

2013 年，广州市、深圳市、珠海市、佛山市顺德区 4 市、区的 CPI 增长率均未超过 3%，而东莞市、中山市的 CPI 增长率则维持在 2% 以下。总体而言，CPI 增长率均明显低于综合地价增长率（图 18）。

珠江三角洲地区各市、区的 CPI 增长率较为均衡，而综合地价增长率悬殊较大，一定程度上说明地价与 CPI 之间相互关联度不明显。

## 四、2013 年珠江三角洲地区城市地价的主要影响因素分析[③]

在 2013 年房地产调控政策未放松的大背景下，保

① 本节数据来源：广东省统计信息网和各市、区统计局网站。
② 佛山市顺德区的 GDP 数据暂缺，11.3% 是全社会工业总产值增长率。
③ 数据来源：2012 年的土地供应数据为土地市场监管系统提取。

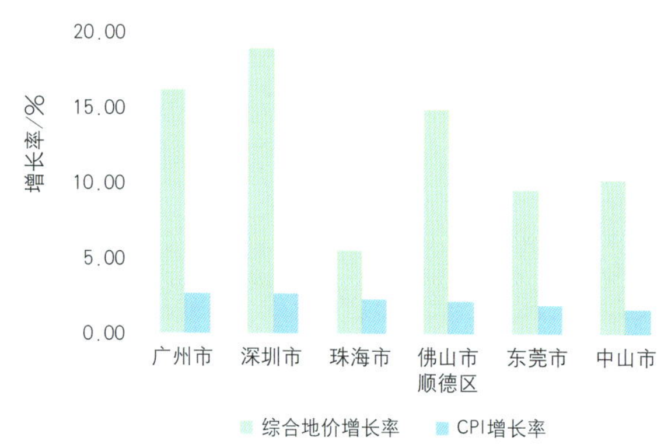


图18 2013年珠江三角洲地区各市、区综合地价增长率与CPI增长率比较

障性安居工程的加快推进以及住宅用地加大供应都在一定程度上缓解了因供需失衡导致的价格高企压力，而另一方面基础设施不断完善、“三旧”改造、产业升级、粤港澳合作不断紧密等因素却在提高土地内生价值方面起到了不容忽视的作用。在上述各方面因素的共同作用下，2013 年珠江三角洲地区综合、商服、住宅地价呈现快速增长态势，工业地价亦增长较快。

**（一）房地产政策调控依然是影响楼市及商、住用地市场的主导性因素**

1．“新国五条”及实施细则对楼市产生了短暂而强烈的影响，随后楼市上涨预期增强，地方政府调控政策加码，地产市场增速减缓

（1）年初“新国五条”及实施细则先后出台，珠江三角洲地区房价出现短暂回落

2013 年初，房地产市场延续 2012 年下半年的活跃态势，2 月“新国五条”及实施细则先后出台，继续从限购、限贷、二手房交易按差价 20% 严征个税、制定房价控制目标等方面对房地产市场进行调控。市场对按差价 20% 征税反映强烈，一度引发恐慌性交易和观望。地方政府虽然跟进出台细则，却均未严格要求执行个税政策，市场逐渐回复平稳。根据广州市国土资源和房地产管理局阳光家缘网统计数据，广州市 4 月份新建商品住宅交易登记面积环比减少 32%，成交均价环比下降 3%，而存量商品住宅交易面积环比增加 31%，成交均价环比下降 8%。但珠江三角洲地区每年新增年轻人口多，居民投资意识日益增强，使得开发商对后市预期依然乐观，5 月份土地市场升温，广州市出现了高价地。根据深圳市房地产信息网的监测，2013 年上半年深圳市住宅预售面积 253.82 万平方米，同比增加 65.5%，住宅预售套数 27079 套，同比增加 62.4%。

（2）2013 年中，地方公积金政策和普通住房标准的调整促进刚需入市，市场需求增长、交易活跃

2013 年中，珠江三角洲地区“地方差异化”调控措施促进了刚需入市，拉动房地产市场需求增长。4 月，中山市发布公积金新规定，首套房贷可用父母公积金；6 月，佛山市公积金贷款最高额度提至 30 万，首次确认差别化额度；7 月，珠海市住房公积金缴存下限从 116 元提高到 138 元；9 月，深圳市出台商业房贷可转公积金贷款规定。8 月，深圳市又出台通告规定，享受优惠政策普通住房标准的单价核算方式将调整为单套住房总价核算方式。此前，深圳市普通住宅优惠价格标准按照单价计算，新标准实施后，根据深圳市各区情况，总价标准介于 160 万～390 万元之间。普通住房价格标准的调整，使普通住宅的范围有所扩大。9 月东莞市调整普通住房价格标准，享受优惠政策的普通住房实际成交价格标准均有一定提高。

2013 年 1—11 月份，广州市 10 区新建商品住宅网上签约均价为 13188 元／米$^2$，与去年同期相比上升了 10.1%；成交总面积为 682.57 万平方米，与去年同期相比增长幅度达到 12.94%①。同期，深圳市新建商品房的销售面积为 485.45 万平方米，同比增长 37.9%；二手商品房交易面积为 786.47 万平方米，同比增长 47.1%②。

（3）2013 年末，珠江三角洲地区一线城市楼市调控加码，市场增速减缓

10 月，深圳市召开房地产宏观调控领导小组联席会议，提出 8 条房地产市场调控政策，内容包括继续严格执行住房限购限贷政策、加大普通住房用地供应、加强差别化信贷政策执行力度、抓紧研究调整第二套住房贷款的首付比例和利率、加大安居型商品房和保障性住房供应的力度等，被称为“深八条”。11 月，广州市政

① 数据来源：2013 年广州市地价状况分析报告。
② 数据来源：2013 年深圳市地价状况分析报告。

府办公厅下发了《关于进一步做好房地产市场调控工作的意见》，被称为“穗六条”，其中要求抑制不合理住房需求，自意见发布之日起，暂定对能提供购房之日前5年内在本市连续缴纳3年以上个人所得税缴纳证明或社会保险缴纳证明的非本市户籍居民家庭，限购1套住房（含新建商品住房和二手住房）。

深圳市各大银行于2013年10月取消首套房按揭利率优惠，同时首套房按揭利率上浮5%～10%，二套房利率上浮10%～20%。11月，深圳市、广州市二套房首付上调，由6成提至7成。年底调控政策的加码，抑制了部分楼市投机行为。根据深圳市规划和国土资源委员会网站数据，深圳市12月份共成交新建商品住房3427套，环比大跌近三成，同比下跌26.3%。

上述对于楼市的种种政策调控，都在很大程度上影响着住宅用地市场的供求及价格变化。2013年前三季度，珠江三角洲地区住宅地价稳步增长，季度环比增长率分别为3.20%、4.21%、5.08%；但在年末楼市调控加码后，土地市场增速减缓，第四季度珠江三角洲住宅地价环比增长率下降为4.09%。

2. 住宅限购导致的投资资金转向以及城市规划的调整有力促进了珠江三角洲地区城市商业地产规模的快速扩张，商服地价水平值增长较快

近年来，住宅限购政策持续，而投资渠道的短缺及对通货膨胀的担忧使得大量的资金涌入商业房地产，加上城市发展规划的影响，商业地产规模得以快速扩张。广州市南沙区及白云空港被纳入广东自由贸易区概念、广州国际金融城建设规划带动了广州市商服用地地价水平的持续增长。佛山市实施住房限购措施以来，以商铺、写字楼和商用公寓为代表的商用物业成交量上升，价格上涨，2012年以来顺德区城市升级有力推动2013年商服地价增长率高达19.21%，居珠江三角洲地区6市、区之首。深圳市2013年17.77%的商服地价增长率，得益于政策空间、城市规划，以及2013年市场对商业物业按评估价征税政策消化之后普遍出现补涨等利好因素影响（图19）。

**（二）保障性安居工程建设的大力推进、住宅用地加大供应虽然在一定程度上缓解市场供需失衡的矛盾，但受房价上涨的强烈预期和个人财产保值增值需求激增的影响，住宅地价快速增长**

2013年，珠江三角洲地区加快建设保障性安居工程。深圳市新安排保障性安居工程用地15公顷，并通过城市更新配建、产业用地配套、拆迁安置及企业自有用地建设等多渠道安排建设保障性安居工程。2013年珠海超额完成住房保障目标任务，新开工保障房3219套、基本建成5944套，发放廉租房补贴271.3万元。中山市住房建设局通报显示，截至2013年9月底，中山市新开工建设保障性住房2968套，达年度目标任务

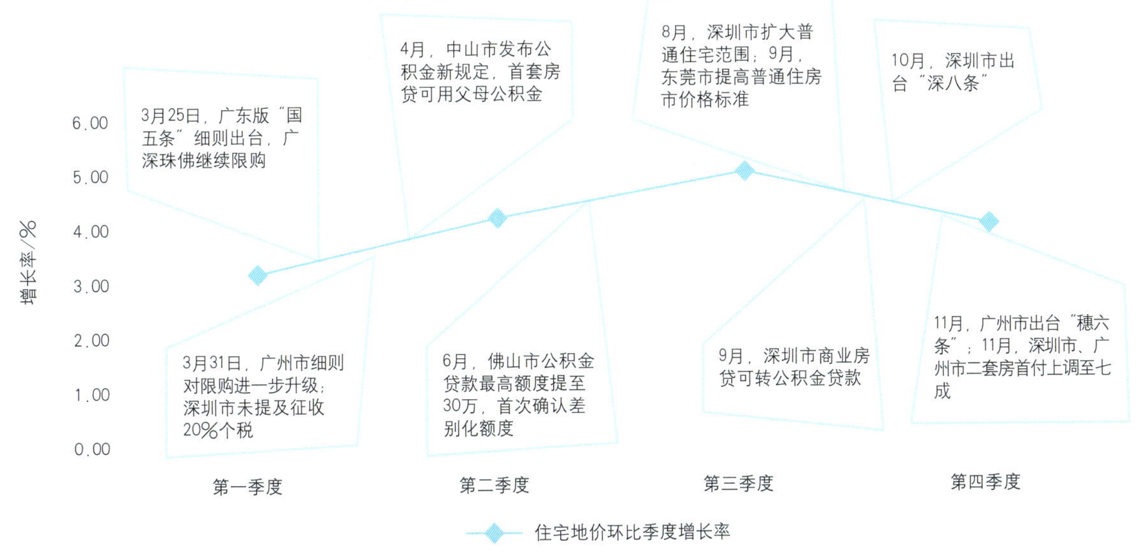


图19　2013年珠江三角洲地区主要房地产调控政策与住宅地价环比季度增长率比较

的 110%；新增发放租赁补贴 549 户，达年度目标任务的 109.8%；基本建成保障性住房 3705 套，达年度目标任务的 123.5%。[①]提前超额完成中山市 2013 年度的工作任务。

此外，在建设用地供应总面积有所减少的情况下，珠江三角洲地区城市仍纷纷增加住宅用地供应。2013 年，除深圳市、东莞市外，珠江三角洲地区其他城市建设用地供应总面积（不含代征）比 2012 年均有所减少。2013 年，除中山市外，珠江三角洲地区其他城市住宅用地供应面积比 2012 年均有所增加，广州市、深圳市、珠海市、佛山市、东莞市住宅用地供应面积增长率分别为 65.36%、197.66%、87.43%、55.56%、220.81%。

随着人民收入的增长、个人财产的积累，房地产市场的刚性需求类型逐渐转变为对生活条件有较高追求的改善型需求，人们普遍倾向于居住在生活配套设施较为完善，或有发展潜力的区域，导致中心城区和相关区域房价、地价持续快速上涨。目前的保障性住房多远离中心城区，或地属中心城区却缺乏良好的居住条件和生活环境，因此，保障性住房建设虽在一定程度上有助于解决市场供需矛盾，却未能针对改善型的刚性需求起到"对症下药"的作用。此外，较高的通货膨胀使民众的资产保值增值需求旺盛，各种投资渠道风险及限制不断加大，而以往房地产价格的居高不下使得其成为抵御通货膨胀的投资首选，于是普遍产生了强烈的房价上涨预期，并推动了住宅地价持续快速上涨。

**（三）珠江三角洲地区基础设施进一步完善、城市更新、三旧改造、粤港澳合作的不断紧密等因素都有力地促进了土地价值的提升**

1. 珠江三角洲地区基础设施进一步完善，珠三角一体化区域大交通格局形成，带动沿线土地价值提升

作为全国的经济核心之一，珠江三角洲地区的铁路建设一直相对落后，武广、京广、厦深高铁的通车，使广东省不仅实现了北上对接，而且正在东进延伸，利于珠江三角洲地区对外扩展，以求更大的发展空间。

在区域内部，截至 2012 年底，广州市、深圳市、佛山市三市共开通 13 条地铁线，运营里程 414 千米，较 2010 年度增长 31.8%。东莞市首条地铁线计划 2015 年底开通。纵贯延伸的广珠城轨，也正在改变珠江三角洲地区传统的交通格局，目前还有穗莞深、莞惠和广佛肇等城轨在建。在高速公路建设方面，2013 年底梅观高速扩建完工通车，广深沿江高速全线贯通。经过 4 年努力，珠江三角洲地区先后打通了莞深三期、惠深沿海高速惠州段、广肇高速二期、G324 广州龙洞段等国省干线"瓶颈路"的改造，使得珠江三角洲地区高速公路的内通外联得以有效提升。

2013 年广州市、深圳市、珠海市、佛山市、东莞市公共管理与公共服务、交通运输用地供应总面积占建设用地供应总面积（不含代征）的比例分别为 39.42%、40.51%、44.56%、36.80%、57.18%。珠江三角洲地区近年来城市公共管理与公共服务、交通运输用地供应总面积占建设用地供应总面积（不含代征）的比例较大，城市基础设施尤其是交通条件的不断完善带动了沿线土地价格上涨。

2. 粤港澳合作的不断紧密有利于区域产业结构调整，提升区域土地使用价值

广州市南沙区、深圳市前海区、珠海市横琴区三个新区都是广东省着力打造的推动粤港澳服务贸易自由化的示范区，将成为推动粤港澳三地服务贸易自由化的重要引擎。在政策方面，三大新区享受着特别的优待。经国务院批准，前海区被赋予 6 个方面共 22 条先行先试政策；为配套国家对南沙新区的扶持政策，广东省政府已向南沙下放 40 余项省级管理权限。2013 年 8 月，《广东省人民政府关于支持前海加快开发开放的若干意见》出台 36 项措施支持前海开发开放；11 月，中国人民银行广州分行与珠海市人民政府签署合作框架协议，深入推进横琴金融创新试验区建设。多家省内金融机构也同时签下与支持横琴金融创新相关的合作协议。以上种种举措，都有利于三个新区的快速发展。

近年来，三大粤港澳合作平台投资规模逐步扩大，建设进展顺利。2013 年，广州南沙区完成投资 252.99 亿元，增长 62.5%，高于全省平均水平 44.2 个百分点。投资主要集中在制造业和房地产业中，分别完成 80.22 亿元

① 数据来源：2013 年中山市地价状况分析报告。

和 100.45 亿元。新区基础设施建设也驶入快车道，完成投资 57.08 亿元，增长 124.9%，发展环境不断改善。珠海横琴新区完成投资 208.77 亿元，增长 24.0%，增速比前三季度提高 16.0 个百分点。投资主要集中在水利环境和公共设施管理业、住宿和餐饮业中，分别完成投资 91.29 亿元和 21.21 亿元。新区本年投产项目 15 个，新增固定资产 104.20 亿元，为珠海横琴发展创造了良好条件。深圳前海完成投资 84.41 亿元，受同期基数较低及 2013 年卓越前海项目的带动，投资同比大幅增长 365.4%，建设深港现代服务业合作区的步伐加快。

粤港澳合作不断紧密，三大新区的大力投资与建设有利于区域产业结构调整，提升区域土地使用价值。2013 年，在深港前海合作区开发的带动下，商业性办公用地出让量显著增加，深圳市共成交 7 块商业性办公用地，其中 5 块宗地在前海区，2013 年商业性办公用地面积 194444 平方米，同比增加 5.7 倍，楼面地价 18199 元／米$^2$，同比上涨近 9 倍，由于 2012 年成交的 1 块商业性办公用地属定向转让，楼面地价仅为 1841 元／米$^2$，导致 2013 年商业性办公用地楼面地价同比大涨[①]。2013 年，南沙片区工业地价增长率最高达到 16.45%[②]，横琴土地出让总价款占珠海的 69.7%[③]。

3. 城市产业升级和“三旧”改造政策的实施，促进珠江三角洲地区工业用地价值快速提升

广东省积极推进“三旧”改造及产业升级政策，通过旧厂房综合整治改造释放产业空间，促进产业升级，进一步提升土地节约和集约化利用水平，提升工业土地价值。2013 年，珠江三角洲地区的工业地价增长率达 9.03%，比长江三角洲地区、环渤海地区分别高 6 个百分点、6.54 个百分点。

（1）深圳市 1+6 文件及城市更新政策的实施促进了工业用地价值大幅提升。深圳市为推进城市空间资源优化配置，促进产业转型升级，针对产业用地、用房，工业楼宇制定了《深圳市人民政府关于优化空间资源配置促进产业转型升级的意见》及 6 个配套文件（以下简称“1+6 文件”），“1+6 文件”的出台是为了实现充分挖掘土地资源潜力、通过空间资源的再配置、再优化达到促进产业转型升级、提升城市土地质量的目标。目前深圳市新增可建设用地、存量土地极为有限，到 2020 年，可供新增建设用地只有 59 平方千米，且地块零星、分散，重大项目、公共设施落地势必面临土地空间的制约，产业转型、城市发展也受到土地匮乏的制约。此外，深圳市近年来一直实施城市更新政策，《2013 年深圳市城市更新单元计划第一批计划》和《2013 年深圳市城市更新单元计划第二批计划（草案）》，共确定了 30 个城市更新单元。2013 年，深圳城市更新改造投资占固定资产投资比例达 14.3%[④]。城市更新范围内的土地因政策优惠和产业升级而吸引投资，地价增长。2013 年深圳市工业地价增长率达 11.87%，高于珠江三角洲地区其他 5 市、区，在全国排名第 4，亦高于前两年深圳市的工业地价增长率。

（2）珠江三角洲其他城市受“三旧”改造及产业升级政策的影响，工业用地价值提升。2013 年，广州市区产业“退二进三”、“三旧”改造等工程逐步推进，土地节约集约利用效率得到有效改善。为了推动产业升级和产业结构的调整，鼓励人们更多地投入工业地产，助力“三旧”改造进度，顺德区 7 月出台《工业用地建设履约金管理暂行办法（修订）》，8 月出台《顺德区国有建设用地使用权租赁和弹性出让暂行办法》，一系列政策促进了工业地产以及工业城配套设施的发展。9 月，中山市国土资源局发布《中山市“三旧”改造实施细则（修订稿）》，纳入中山市鼓励“三旧”改造的项目的范围有所扩大，明确对旧村庄、城中村改造、政府主导或社会资金参与的成片改造项目实行“一案一策”。 2009 年至今，一大批“三旧”改造项目在缓解中山城区供地需求的同时提升了土地价值。2013 年，广州市、佛山市顺德区、中山市三市、区的工业地价提升较多，增长率分别为 8.67%、9.29%、7.74%。

## 五、珠江三角洲地区 2014 年城市地价走势分析

2013 年 11 月 12 日，十八届三中全会公报中重点

① 数据来源：深圳房地产信息网。
② 数据来源：2013 年广州市地价状况分析报告。
③ 数据来源：根据珠海市国土资源局和珠海市公共资源交易中心公布的数据计算。
④ 数据来源：深圳统计局网站。

强调了市场的决定性作用；15日，《中央关于全面深化改革若干重大问题的决定》提出加快房地产税立法并适时推进改革，确定建立城乡统一的建设用地市场的土地制度改革方向。2014年房地产调控将回归市场化，完善土地供应和房产税改革将成为房地产调控的主要手段。

市场对于政府廉政举措的持续性呈现观望态势，如实现房产信息联网、出台合理的房产税征收政策并依据联网信息严格执行等推进不力，预计2014年珠江三角洲地区住宅地价将在楼市高位运行的拉动下继续增长；随着新增商业地产的不断入市，受电子商务强劲发展势头的影响，批发商业地产将顺势而为逐渐改变布局，零售商业地产的发展也将出现分化，预计2014年商服地价增速放缓；珠江三角洲地区"三旧"改造及产业升级持续实施，农村集体经营性建设用地合法入市的预期增强，但生产经营性企业景气状况尚未形成明显向好趋势，预计2014年工业地价有望实现平稳增长。

**（一）2014年预期房地产调控将逐步回归市场化，以长效机制建立来代替行政调控的改革举措将对市场预期产生影响，限购措施短期内难以取消**

2013年，中央对于房地产调控的表态由"继续坚持房地产市场调控政策不动摇"转变为强调"发挥市场在资源配置中的决定作用"。2—3月，"新国五条"及细则强调坚决抑制投机投资性购房及限购措施。7月，中央政治局会议提出"促进房地产市场平稳发展"，已不再提及"房地产调控"。11月12日，十八届三中全会公报中重点强调了市场的决定性作用；15日，《中央关于全面深化改革若干重大问题的决定》提出加快房地产税立法并适时推进改革，确定建立城乡统一的建设用地市场的土地制度改革方向。12月13日，中央经济工作会议没有明确提到商品房和房地产调控工作的内容。以上种种迹象表明2014年房地产政策调控有望逐步淡出，将通过长效机制的建立使其重新回归市场化，预期完善土地供应和房产税改革将成为主要途径。

从2011年开始，广州市、深圳市和珠海市限购限价，佛山市限购、中山市限价，这些限购限价政策抑制了珠江三角洲地区的购房需求，一定程度上控制了房价快速、大幅上升势头。十八届三中全会提出"加快房地产税立法，并适时推进改革"，结合中央政府一系列廉政、反腐举措，平抑房地产价格增长势头的预期将有所增强，但由于投资渠道狭窄，以及房地产价格近10年持续快速上涨造成的心理影响，民众对生活条件有所追求的刚性需求和投资性需求依然十分强烈，但鉴于广州市、深圳市的土地市场严重供需失衡的现实，预期短期内限购限价措施仍然会延续实行。

**（二）2014年保障性住房建设和加大住宅用地供应仍是重要调控措施，完善市场运行体制，促进存量空置房高效利用将是缓解供需失衡的有效途径**

2013年11月，"穗六条"明确要加快中低价位商品住房供应，增加住宅用地供应，确保2014年住宅用地计划供应量不低于2013年计划供应量。由于珠江三角洲地区城市新增可建设用地有限，2014年将继续推进"三旧"改造项目，挖掘存量用地来增加住宅用地供应，缓解供需矛盾，预计深圳市今后两年来源于城市更新项目的土地供应量占总供应量的比例将大幅增长。

2013年12月13日闭幕的中央经济工作会议明确要求要努力解决好住房问题，加大廉租住房、公共租赁住房等保障性住房建设和供给。鉴于保障性住房建设对弱化商品房价格上涨预期的作用有限，且地方财政支持也有一定困难，建议政府总结经验教训，创新思维，以保护租户基本居住权为出发点，抓紧出台房产税政策，并配套制订相关制度，严格执行，减少房屋空置带来的资源浪费，出台优惠措施大力培育房屋租赁市场的同时，通过提高空置成本来将部分闲置住房逼入市场，加大有效房屋供应，使社会资本在生产、服务等各领域间流动起来，创造真实的、有价值的效益。

**（三）珠江三角洲地区近年商业地产规模扩张较快已呈现局部饱和状态，加之电子商务强劲发展势头影响，商服地价增速预期将放缓**

近年来，商业地产由于不限购、不限贷吸引了大量投资资金，珠江三角洲地区商业物业呈现供需两旺局面。据不完全统计，目前广州市在运营的主要商业体已超过40个，预计2014年在建或将建的综合体及商业项目还将超过20个，商业地产竞争将更为激烈。2010年和2011年，广州市商服地价增长率分别为48.43%和27.48%。虽然2012年商服地价增长率显著下降，但2013年深圳商服地价增长率上升至17.77%，佛山市顺德区达到19.21%，广州市为9.19%。随着商业地产供应规模的扩大，近期及将来电子商务强劲发展的持续影响，商业地产经营压力将逐渐加大。预计 2014 年商业地价的快速上涨势头难以延续，批发商业地产将顺势而为逐渐改变布局，零售商业地产的发展也将出现分化。

**（四）产业结构转型发展规划、农村集体经营性建设用地合法入市的预期将促进 2014 年工业地价稳步增长**

1. 三大平台引领珠江三角洲地区产业结构的调整升级，挖掘土地资源更大价值

被写入国家“十二五”规划纲要的南沙区、前海区、横琴区已成为粤港澳合作的重点项目，“现代服务业”、“先进制造业”频频出现在规划中，南沙区、前海区、横琴区三个新区各自承担的是多重角色：深圳市前海区将被打造成粤港现代服务业创新合作示范区，到 2020 年建成亚太地区重要的生产性服务业中心；广州市南沙区被打造成服务内地、连接港澳的商业服务中心、科技创新中心和教育培训基地，建设临港产业配套服务合作区；珠海市横琴区逐步建设成为探索粤港澳合作新模式的示范区、促进珠江口西岸产业升级的新平台。广东省通过积极推进产业集群建设，努力打造承接重大项目建设的重大平台，将制造和研发有机结合，提升了广东省创新和研发能力，促进了经济增长模式转变，必将有力地推动广东省产业转型升级。而这三大国家级平台，背靠珠三角腹地，面向港澳，令珠江三角洲地区通过粤港澳合作带动经济转型升级有了更为广阔的舞台和想象空间，土地资源也将体现出更高的价值。

2. 深圳市促进原农村集体经济组织工业用地进入市场流通，将增强产业空间的土地供给能力

中共十八届三中全会通过了《中共中央关于全面深化改革若干重大问题的决定》（以下简称《决定》）并于 2013 年 11 月 15 日公布。《决定》提出，在符合规划和用途管制前提下，允许农村集体经营性建设用地出让、租赁、入股，实行与国有土地同等入市、同权同价。事实上，早在 2005 年，广东省就已出台《广东省集体建设用地使用权流转管理办法》，规定兴办各类工商企业均可使用集体建设用地，流转方式包括出让、作价入股（出资）、出租、转让、转租和抵押等。

2013 年 1 月 7 日，深圳市人民政府发布了《深圳市完善产业用地供应机制拓展产业用地空间办法（试行）》，规定对于尚未完善征（转）地补偿手续且符合规划的工业用地，原农村集体经济组织继受单位在先行理清土地经济利益关系，完成青苗、建筑物及附着物的清理、补偿和拆除后，可申请以挂牌方式公开出（转）让土地使用权。政府鼓励原农村集体经济组织继受单位尚未进行开发建设的、符合规划的合法工业用地进入市场。12 月 20 日，深圳市方格精密器件有限公司以 1.16 亿元的起拍价竞得 A217-0315 宗地，是深圳市成功入市的首例原农村集体工业用地。深圳市目前存在大量的该类地块，若能促使其入市，将大大增强深圳市产业空间的土地供给能力，有利于平抑国有土地价格，实现工业地价的平稳增长。

# 广州市近十年城市地价合理性评判

随着社会经济快速发展和城市化进程不断推进，城市地价在社会经济发展中发挥着重要作用，投机引发的价格波动扰乱土地市场现象时有出现。如何判断地价增长是否与城市社会经济、产业布局、公共服务等相协调、幅度是否合理仍有待进一步研究与探索。本文以广州市为例来研究城市地价增长的合理性，以期在广州市地价体系完善、土地市场建设及政府调控决策等方面提供理论探索和建议。

## 一、近十年广州市经济发展水平分析

### （一）广州市经济发展水平分析

近10年，广州市国民生产总值持续稳定增长，但增长速度明显放缓并趋于稳定；固定资产投资增长速度波动较大，2008—2010年间处于顶峰；房地产投资增长速度在10%上下波动，只有3年增长速度在5%左右，更多年份的增长速度超过了当年的GDP增长速度；城市人均可支配收入和人均消费性收入均呈阶梯状上涨趋势（图1）。

### （二）广州市城市地价水平分析

近10年，广州市地价水平逐年增长，综合地价增长率波动较大，总体呈增长趋势（图2），2006年、2011年增长率较高。2003—2006年为快速增长期，2007—2010年较为平稳，在经过2011年较快增长后，2012年综合地价增长较小。

## 二、基于模糊综合评判的广州市地价合理性评判

### （一）模糊综合评判方法

模糊综合评判方法是一种以模糊推理为主的定性与

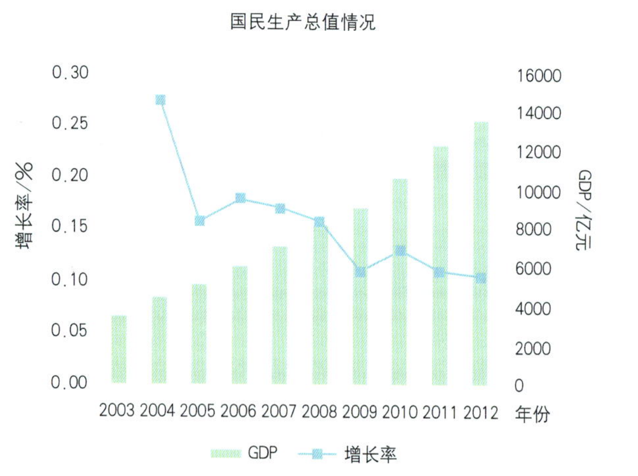


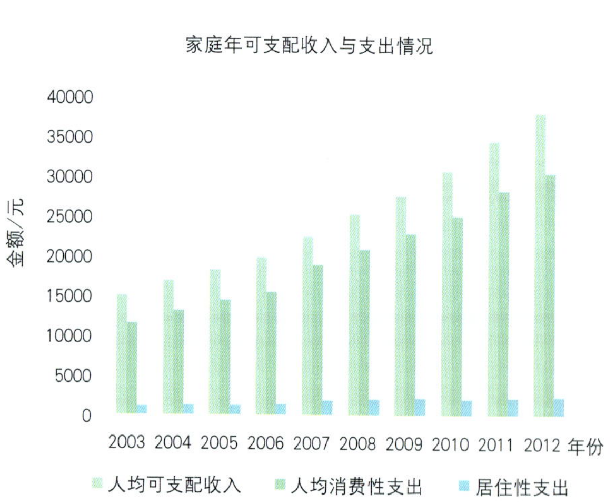


**图1 近10年广州市经济发展状况**

注：数据来源于广州统计年鉴（2004—2013）。

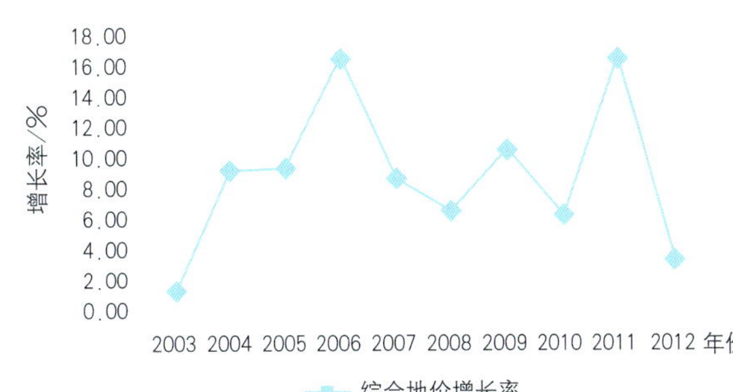


图2　广州市城市地价增长率

数据来源：中国城市地价动态监测www.landvalue.com.cn。

定量相结合、精确与非精确相统一的分析评判方法。应用模糊交换原理和最大隶属度原则，考虑与被评价事物相关的各个因素，对其所作的综合评价。通过对若干对象，按一定意义进行排序，从中挑出最优或最劣对象。进行综合评判一般应具备三个条件：因子集、评判的等级、每个单因子的模糊权重集。

### （二）广州市地价合理性指标体系构建

本文在基于影响地价的一般、区域和个别因素的基础上，充分结合广州市城市经济发展、产业规划、城市功能等方面选取了城市经济发展水平、城市产业发展水平、城市用地潜力水平、城市基础设施建设水平4类一级指标，选取人均GDP等17个二级指标，具体指标及说明如表1所示。

结合近10年广州市城市地价合理性评判各项指标数据与相应年份的综合地价做相关性分析，结果显示相关性较为显著，因此表明该指标体系基本上能反映出城市地价水平，能够进行城市地价合理性分析。

### （三）基于模糊层次分析法获取权重

1．模糊层次分析法。模糊层次分析法（FAHP）是通过构造模糊一致矩阵，对AHP中的诸如判断一致性与矩阵一致性相异、一致性检验困难与缺乏科学性等问题进行改进，并可以提高决策的可靠性。

2．各指标权重。根据模糊层次分析法的原理（FAHP），构建广州市城市地价合理性评判层次结构，先确定第一层影响因素权重，再求取第二层影响因素权重。各层指标权重值如表2：

表1　广州市城市地价合理性指标体系

| 一级指标 | 二级指标 | 指标说明 |
|---|---|---|
| 经济发展水平（$X_1$） | $X_{11}$：人均GDP | 经济发展水平 |
| | $X_{12}$：人均可支配收入 | 人均可支配收入水平 |
| | $X_{13}$：人均消费品零售额 | 通货膨胀水平 |
| | $X_{14}$：人均固定资产投资 | 投资水平 |
| 产业发展水平（$X_2$） | $X_{21}$：第三产业占GDP比重 | 产业结构水平 |
| | $X_{22}$：第三产业从业人数比例 | 就业结构水平 |
| | $X_{23}$：房地产开发投资额 | 房地产投资状况 |
| | $X_{24}$：总货运量 | 交通状况 |
| 用地潜力水平（$X_3$） | $X_{31}$：地均GDP | 土地利用效率 |
| | $X_{32}$：人均道路面积 | 交通设施水平 |
| | $X_{33}$：人口密度 | 人口聚集度 |
| | $X_{34}$：人均居住面积 | 居住状况 |
| 基础设施水平（$X_4$） | $X_{41}$：人均公共绿地面积 | 公共绿化状况 |
| | $X_{42}$：人均邮电业务量 | 通讯设施状况 |
| | $X_{43}$：万元GDP能耗 | 环境设施状况 |
| | $X_{44}$：万人拥有汽车 | 交通便捷度 |
| | $X_{45}$：万人拥有病床位 | 医疗设施水平 |

### （四）计算广州市地价综合分值

首先对广州市近10年的各项指标进行无量纲化，再运用模糊综合评判法计算综合指标值。

综合评价层的功能分：

$$E^{(2)}=W\cdot X^{(2)}$$
$$=\{0.522\quad 0.626\quad 0.605\quad 0.643\quad 0.703\quad 0.739\quad 0.779\quad 0.843\quad 0.909\quad 0.979\}$$

### （五）广州市地价合理性评判

城市地价合理性评判的常规方法只是从某一方面或某些角度来判断，对于地价增长的合理性如何、真实地价与合理性地价相差多少等都无法定量地、准确地反映出城市合理地价水平。本文运用模糊综合评判模型，克

**表2　影响城市地价各因素权重值**

| 综合评价层($X_i$) | 权重（$W_i$） | 项目评价层($X_{ij}$) | 权重（$W_{ij}$） |
|---|---|---|---|
| 经济发展水平（$X_1$） | 0.34 | $X_{11}$：人均GDP | 0.33 |
| | | $X_{12}$：人均可支配收入 | 0.18 |
| | | $X_{13}$：人均消费品零售额 | 0.21 |
| | | $X_{14}$：人均固定资产投资 | 0.28 |
| 产业发展水平（$X_2$） | 0.32 | $X_{21}$：第三产业占GDP比重 | 0.33 |
| | | $X_{22}$：第三产业从业人数比例 | 0.23 |
| | | $X_{23}$：房地产开发投资额 | 0.28 |
| | | $X_{24}$：总货运量 | 0.17 |
| 用地潜力水平（$X_3$） | 0.16 | $X_{31}$：地均GDP | 0.36 |
| | | $X_{32}$：人均道路面积 | 0.20 |
| | | $X_{33}$：人口密度 | 0.26 |
| | | $X_{34}$：人均居住面积 | 0.18 |
| 基础设施水平（$X_4$） | 0.18 | $X_{41}$：人均公共绿地面积 | 0.22 |
| | | $X_{42}$：人均邮电业务量 | 0.18 |
| | | $X_{43}$：万元GDP能耗 | 0.21 |
| | | $X_{44}$：万人拥有汽车 | 0.18 |
| | | $X_{45}$：万人拥有病床位 | 0.21 |

服常规方法的弊端，定量化地确定和评判广州市历年城市综合地价。

根据已经计算出的广州市历年城市综合分值，通过相关计算得出城市理论综合地价。再结合我国评估行业要求的标准，实际地价在理论地价上下变动10%的范围内可以视为合理性地价，其结果如表3所示：

近10年广州市城市地价稳步提升，并总体呈现三个阶段（图3）：

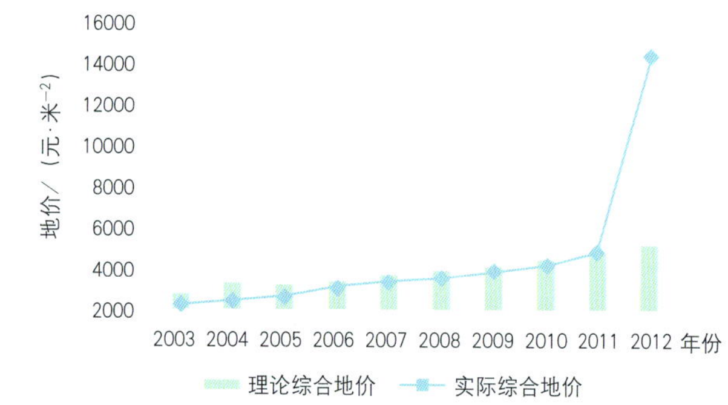


**图3　近十年广州市城市综合地价合理性比较**

注：2012年由于广州市地价监测范围及区段有所调整，其实际综合地价与之前的价格存在一定的衔接问题，导致数据异常。

第一阶段（2003—2005年），城市实际综合地价略低于理论综合地价。自2001年起，广州市城市基础设施不断完善，整体综合地价也稳步上升。

第二阶段（2006—2009年），城市实际综合地价与理论综合地价基本持平。在2006年房地产市场调控政策在强大的市场需求以及政策的相对滞后性影响下，广州市城市地价仍然不断上涨。

第三阶段（2010—2012年），城市实际综合地价逐步高于理论综合地价。随着广州市不断提升市内交通便捷度和对外交通通达度，增强了城市经济辐射力，同时也促使土地市场越来越活跃，地价不断攀升。

综上，2005年之前广州城市实际综合地价稍微偏低，2005年以后（包含2005年）实际综合地价在经过4年的平稳期后于2010年高于理论综合地价；

**表3　广州市近10年城市合理性综合地价水平**

| 年份 | 2003 | 2004 | 2005 | 2006 | 2007 | 2008 | 2009 | 2010 | 2011 | 2012 |
|---|---|---|---|---|---|---|---|---|---|---|
| 综合分值 | 0.522 | 0.626 | 0.605 | 0.643 | 0.703 | 0.739 | 0.779 | 0.843 | 0.909 | 0.979 |
| 实际综合地价 | 2240 | 2442 | 2666 | 3110 | 3374 | 3583 | 3957 | 4191 | 4890 | 14521 |
| 标准综合地价 | 4291 | 3901 | 4407 | 4837 | 4799 | 4848 | 5080 | 4972 | 5380 | 14832 |
| 理论综合地价 | 2520 | 3022 | 2920 | 3104 | 3393 | 3567 | 3760 | 4069 | 4388 | 4725 |
| 合理性综合地价 | 2268~2772 | 2719~3324 | 2628~3212 | 2793~3414 | 3054~3733 | 3210~3924 | 3384~4136 | 3662~4476 | 3949~4826 | 4253~5198 |

结合理论综合地价10%范围内属于合理地价的考虑，2003—2009年城市实际综合地价均处于合理性综合地价范围内，2010—2012年城市综合地价处于非合理性范围内。

## 三、结论及建议

### （一）结论

本文在上述研究基础上评判广州市城市地价合理性，其主要结论如下：

(1) 近10年广州市国民经济水平快速提高、人均可支配收入稳定增长，城市地价水平逐年上升。

(2) 通过相关分析法对各指标及各年度综合地价进行分析比较，除人均道路面积、万元GDP能耗与综合地价呈负相关，其他指标与综合地价相关性显著，因此可以用来评判地价合理性。

(3) 通过定量化得出城市理论地价，并选定实际地价在理论地价上下10%阈值内的可视为合理性地价范围，得出结论，2009年之前广州市实际地价处于合理范围，但2010年后实际综合地价高于合理性地价。

### （二）建议

1. 进一步研究地价合理性评判指标体系，建立地价变化预警机制。结合广州市经济发展状况、城市发展功能定位的具体实际，进一步研究优化适合于广州市的地价合理性评判指标体系，并抽取相关性较强的因素形成全国主要城市的指标判定体系，通过多城市数据模拟评判，构建全国性的地价合理性评判及预警机制。

2. 通过地价合理性评判，有助于把握政府运用调控来弥补市场失灵的有效时机。进一步深入研究地价合理性评判，形成更加科学严谨的评判机制，有助于把握运用政府调控来弥补市场失灵的有效时机，保持土地市场的平稳运行，促进地价合理性增长。

2013年，随着房地产市场的回暖，环渤海地区综合、各用途地价低速增长，温和上行，地价增长率较2012年度有所回升。环渤海地区综合及商服、住宅地价水平值均高于全国平均水平，工业地价水平值与全国平均水平持平。在三大重点监测地区中，环渤海地区综合及各用途地价水平值均为最低，商服地价差距最为显著。从地价增长率季度环比来看，综合、工业地价增长率呈现波动微升走势，商服及住宅地价增长率则表现出先升后降的态势。在环渤海地区各城市间综合地价增长率比较中，三线城市潍坊市地价增长率最高，北京市地价增长率与上年度相比有较大幅度提高，二线城市中的大连市、天津市增长率较高，其他三、四线城市均有一定增长。近10年环渤海地区各项地价指数呈连续上升态势，其中住宅地价指数增长最为明显，其次为商服地价指数，工业地价指数增长相对缓慢。

2013年，楼市对土地市场存在较大影响。环渤海地区多数城市的住宅地价增长率与新建住宅价格增长率呈同向变动趋势。环渤海地区城市商品房的地价占房价比普遍低于全国平均水平，但总体差距不大。另外，与综合地价增长率回升态势相反，2013年度环渤海地区重点监测城市房地产开发投资增长率呈现下降态势 ，但多数城市仍高于综合地价增长率。

2013年，受宏观经济增速处于缓慢复苏态势的影响，环渤海地区各监测城市综合地价增长率变化呈现出显著的区域性差异。在此基础上，结合土地市场供求、房地产市场形势、国内外经济形势、国家宏观调控政策等一系列因素，预计2014年环渤海地区土地市场价格将总体上扬，地价增速将有所放缓。

# 2013 年环渤海地区城市地价动态监测报告

## 一、2013 年环渤海地区地价总体情况分析

2013 年度环渤海地区综合及各用途地价水平值均高于全国平均水平，但在三大重点监测地区中均为最低，商服地价差距最为明显。与上年度相比，2013 年度环渤海地区综合及各用途地价增长率有所回升，其中商服及住宅地价增幅明显，除商服地价增长率高于长江三角洲地区外，其他地价增长率均低于全国平均水平及其他两大重点监测地区。

全国 35 个重点监测城市中，环渤海地区综合、住宅、工业地价指数位居全国及三大重点监测地区之首，商服地价指数为三大重点监测地区最低。

### （一）地价水平值分析

1.2013 年度环渤海地区综合地价及商服、住宅地价水平值均高于全国平均水平，工业地价水平值与全国平均水平持平

2013 年环渤海综合地价水平值为 3553 元／米 $^2$，其中商服、住宅、工业的地价水平值分别为 6582 元／米 $^2$、5639 元／米 $^2$、699 元／米 $^2$，三类地价水平值之比为 9.4：8.1：1。

与全国主要城市平均水平相比，环渤海地区综合地价及商服、住宅地价水平均高于全国平均水平，工业地价水平与全国平均水平大体持平（图 1）。

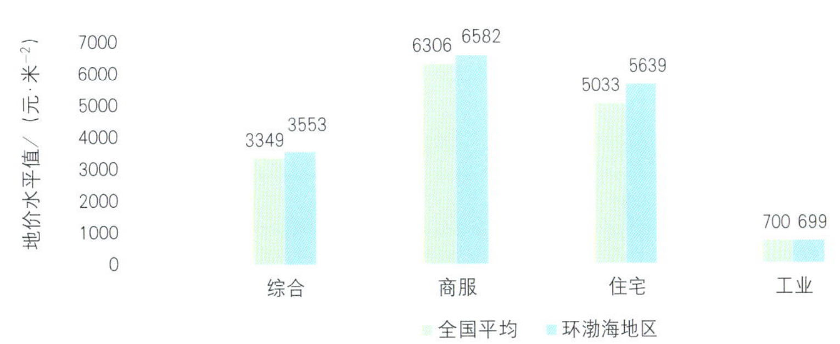


图1　2013年环渤海地区综合地价及各用途地价水平值与全国平均水平比较

### 2.2013 年度环渤海地区综合及各用途地价水平值均为三大重点监测地区最低，商服和住宅地价水平值与其他两大重点监测地区差距明显，工业地价水平相差不大

从综合地价水平值来看，环渤海地区比长江三角洲地区低 37.94%，比珠江三角洲地区低 36.90%，差距较为明显（图 2）。

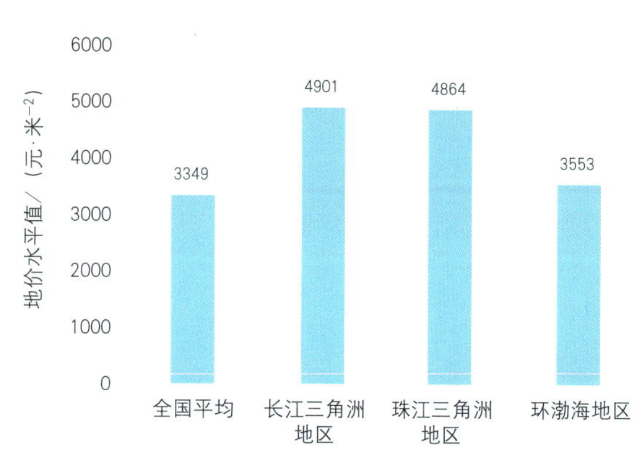


图2 2013年全国及三大重点监测地区综合地价水平值比较

在各用途地价水平值比较中，环渤海地区均为三大重点监测地区最低。与各用途地价水平值均为最高的珠江三角洲地区相比，环渤海地区的商服、住宅、工业地价水平值分别为珠江三角洲地区的 38%、65%、77%。对比可见，2013 年环渤海地区商服和住宅地价水平和其他两大重点监测地区差距明显，而工业地价水平相差不大（图 3）。

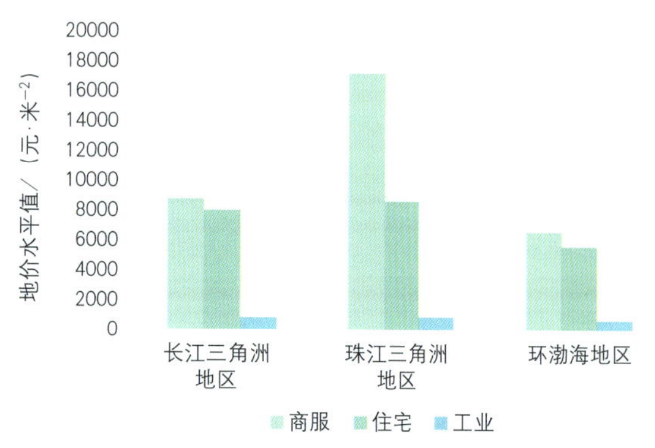


图3 2013年三大重点监测地区各用途地价水平值比较

### 3. 环渤海地区各城市综合地价水平差异显著，京、津两市明显高于地区内其他城市，城市间住宅地价阶梯分布均匀程度更高

2013 年，环渤海地区 12 个地价监测城市中，综合及各用途地价水平值差距较大，其中以住宅地价水平值差距最为明显（图 4）。

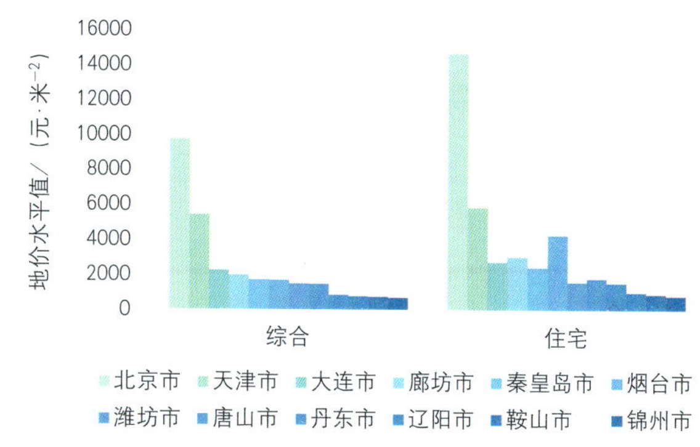


图4 2013年环渤海地区各城市综合及住宅地价水平值比较

环渤海地区内综合地价水平城市间差距显著，北京市和天津市的综合地价水平值分别为 9771 元／米 $^2$、5443 元／米 $^2$，明显高于其他城市；丹东市，辽阳市、鞍山市、锦州市，地价水平值不足 900 元／米 $^2$；其他 6 个监测城市的地价水平在 1400 ～ 2300 元／米 $^2$ 之间，综合地价水平值在城市间呈现阶梯状分布。

住宅地价水平的城市间差异也较为明显，但梯度分布均匀程度更高。北京市住宅地价水平值最高，达到了 14688 元／米 $^2$，是天津市的 2.5 倍，锦州市的 17.6 倍；而在第二阶梯的城市，天津市为 5443 元／米 $^2$，廊坊市和烟台市，分别为 3059 元／米 $^2$、4295 元／米 $^2$；鞍山市和锦州市的住宅地价水平值不足 1000 元／米 $^2$，为监测城市中较低的 2 个城市；其余 8 个城市的住宅价格水平值在 1000 ～ 3000 元／米 $^2$ 之间。

商服地价水平值的城市间差异和综合地价水平值基本一致。工业地价水平值的城市间差异较小，除北京市达到 1623 元／米 $^2$，其余城市的工业地价水平值均在 1000 元／米 $^2$ 以下。

城市间地价水平的差异与地域分布及经济发展水平紧密相关。京、津两地经济实力雄厚，与其他城市相比优势明显。大连市、烟台市等依靠地理优势及便利条件发展海港经济，整体经济水平较高，锦州市、鞍山市等

地价水平较低的城市受首都经济圈辐射的影响较小，资源型城市如鞍山市同时面临资源枯竭的威胁，经济发展环境受限。

### （二）地价增长率变化分析

**1.2013 年环渤海地区地价增长率较上年稳步回升，从各季度环比变化来看，综合、工业地价增长率呈现波动微升走势，商服及住宅地价增长率则表现出先升后降的态势**

2013 年环渤海地区综合地价增长率为 4.66%，商服、住宅、工业地价增长率分别为 7.29%、5.85%、2.49%。与 2012 年相比，综合及各用途地价增长率均呈稳步回升态势，商服及住宅地价增长率上升幅度明显，分别为 5.05 个百分点和 3.86 个百分点，工业地价增长率同比上升 0.62 个百分点。纵观近 5 年综合及分用途地价增长率变化，2013 年地价增长率已大体回升至 2011 年水平，综合地价增长率与 2011 年基本持平，商服和住宅地价增长率略高于 2011 年，工业地价增长率低于 2011 年 1.16 个百分点（图 5）。

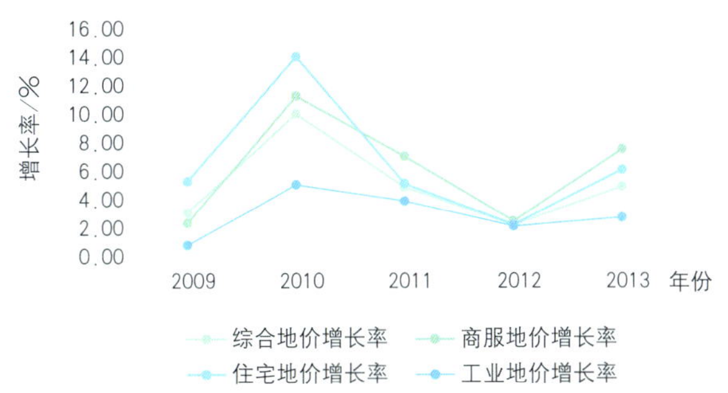


图5 2009—2013年环渤海地区综合及各用途地价增长率

从环比来看，2013 年环渤海地区综合地价增长率呈现波动增长的态势，第一季度略有上升，第二季度随即下降，第三季度回升，第四季度再次回落。各用途地价增长率中，商服地价增长率变动幅度显著，一、二季度大幅上升，三、四季度有所回落。住宅地价增长率季度间呈现先降后升态势、四季度增幅有所放缓；工业地价增长率整体走势与综合地价增长率类似（图 6）。

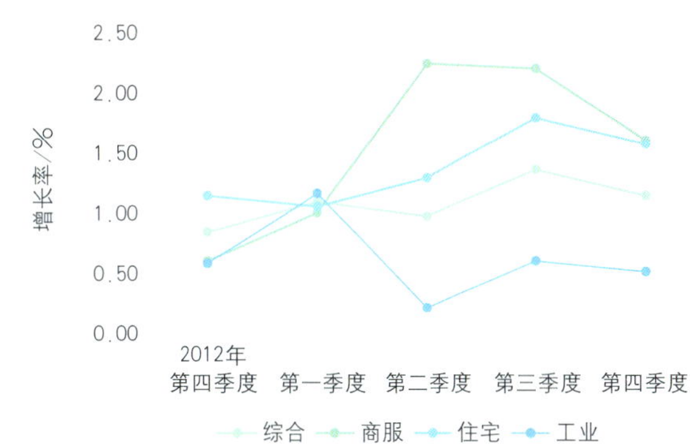


图6 2013年环渤海地区各季度综合及各用途地价增长率比较（环比）

**2.2013 年度环渤海地区综合及各用途地价增长率均低于全国平均水平，在三大重点监测地区中，综合、住宅及工业地价增长率均低于其他两大重点监测地区**

2013 年环渤海地区综合地价增长率低于全国平均水平 2.36 个百分点，商服、住宅、工业地价增长率分别低于全国平均水平 0.64、3.1、1.96 个百分点。

环渤海地区商服地价增长率低于珠江三角洲地区 6.38 个百分点，高于长江三角洲地区 2.11 个百分点，综合、住宅、工业地价增长率均远低于珠江三角洲地区，略低于长江三角洲地区（图 7）。

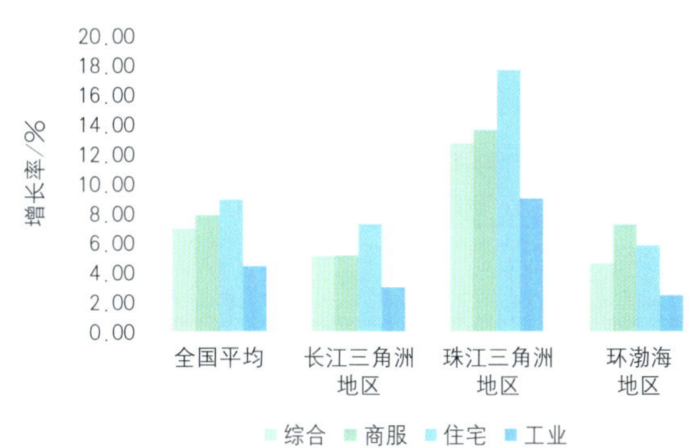


图7 2013年度三大重点监测地区综合及各用途地价增长率比较

**3. 在环渤海地区各城市综合地价增长率比较中，潍坊市和北京市综合及住宅地价增长率明显高于其他城市，辽阳市综合、商服及住宅增长率最低、鞍山工业出现负增长**

2013 年度环渤海地区 12 个监测城市综合地价增长率水平由高到低依次为潍坊市 12.34%，北京市 7.61%，大连市 4.99%，鞍山市 4.76%，天津市 4.57%，烟台市 4.42%，丹东市 3.08%，秦皇岛市 2.95%，锦州市 2.68%，唐山市 2.18%，廊坊市 2.08%，辽阳市 0.6%（图 8）。

对比可见，2013 年环渤海地区各城市综合地价增长率差异明显，与 2012 年度相比总体有所提升。一线

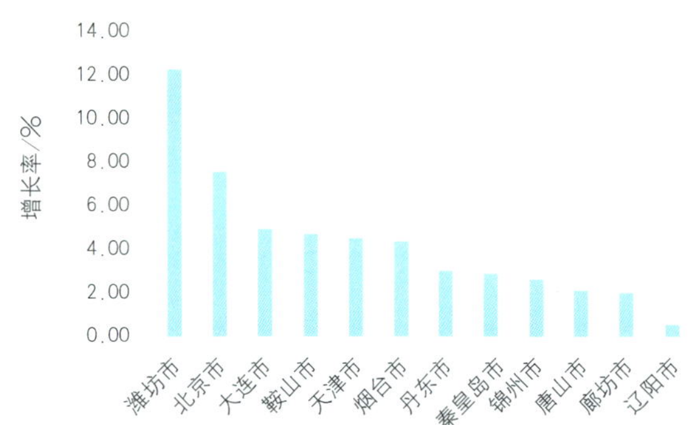


图8　2013年度环渤海地区各城市综合地价增长率比较

城市北京市地价增长率在上年度低位增长的基础上有较为明显的上升，提高了6.56个百分点。二线城市中天津市地价增长率上升0.74个百分点，大连市与上年度相比则下降0.67个百分点。三、四线城市中潍坊市地价增长率持续上升，比上年度提高8个百分点，烟台市与廊坊市与上年度负增长相比也有较大幅度上升，分别提高5.74和3.93个百分点，其他城市的地价增长率比较平稳，未出现负增长现象。

在环渤海地区城市各用途地价增长率比较中，商服地价增长率差距最大，其次是住宅地价增长率，三线城市中潍坊市的商服和住宅地价增长率均排在首位，比排在末位的辽阳市分别高出15.93和9.54个百分点。工业地价增长率各城市差距不大，鞍山市出现了负增长（图9）。

潍坊市地价涨幅最高，主要是由于2013年开始执行新的征地区片价标准，征地成本有所提高，土地取得成本上涨，使得地价增长率增长明显。

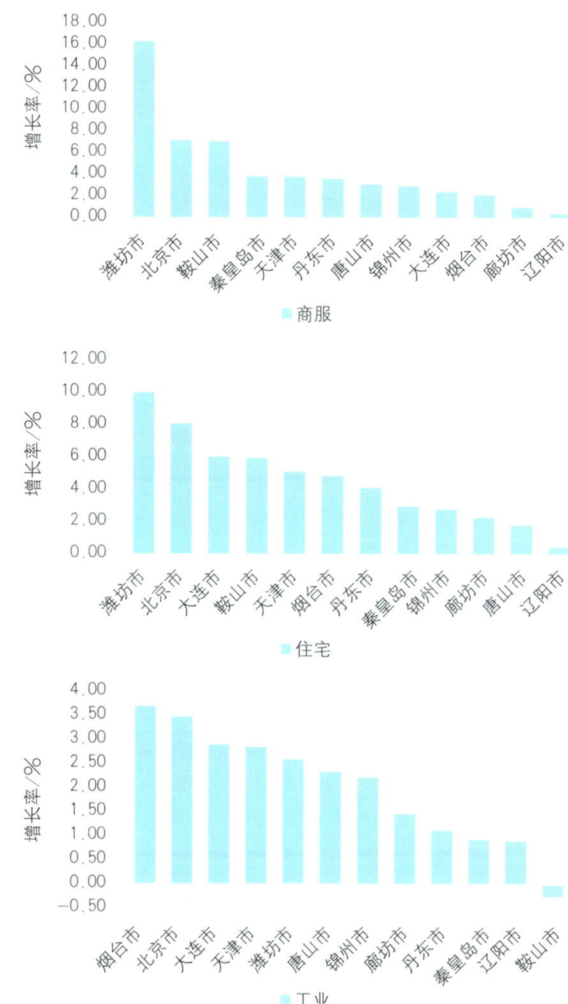


图9　2013年环渤海地区各城市各用途地价增长率比较

### （三）地价指数变化分析①

#### 1.2013年环渤海地区重点监测城市除商服地价指数低于另外两大重点监测地区，并与全国平均水平持平，其他各项指数均高于全国平均水平和其他两大重点监测地区

2013年环渤海地区重点监测城市综合地价指数为238，高于全国平均水平，位居三大重点监测地区之首；商服地价指数为229，与全国平均水平基本持平，低于长江三角洲地区和珠江三角洲地区；住宅地价指数和工业地价指数各为273、207，均高于全国平均水平和其他两大重点监测地区（图10）。

#### 2.环渤海地区重点监测城市间一线城市地价指数明显高于二线城市，住宅指数差异最大

2013年环渤海地区内重点监测城市中，北京市综合及各用途地价指数均为最高，其次分别为天津市，大连市（图11）。北京市、天津市、大连市综合地价指数分别为299、221、217。各用途地价指数比较中，北京市住宅地价指数分别比天津市和大连市高出137、139，差距最大，北京市商服地价指数和工业地价指数比最低的大连市

① 本部分分析的指数均指以2000年地价水平为基数的定基指数。

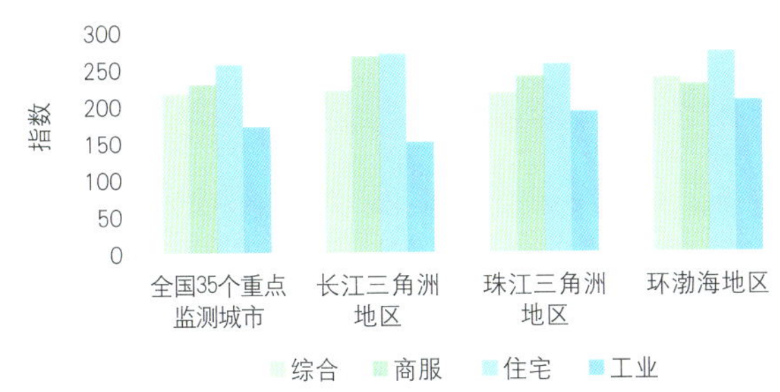


图10　2013年全国及三大重点区域地价指数比较

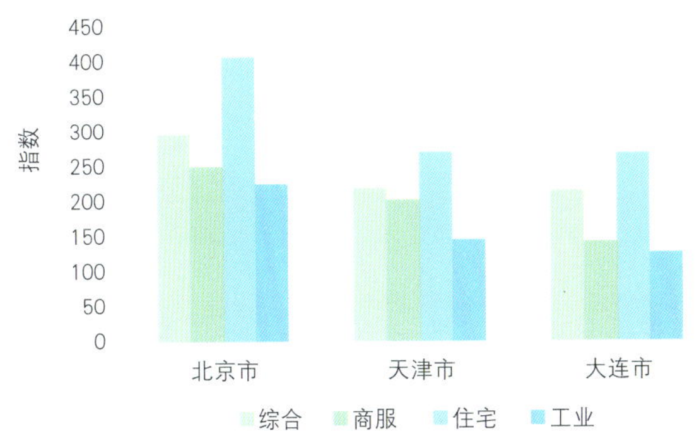


图11　2013年环渤海地区重点监测城市综合及各用途地价指数比较

分别高出108、99。对比可见，环渤海地区内各重点监测城市间地价指数存在明显差异，一线城市高于二线城市。

3. 近10年环渤海地区各项地价指数呈连续上升态势，其中住宅地价指数增长最为明显，其次为商服地价指数，工业地价指数变动相对缓慢

纵观2004—2013年，环渤海地区综合地价指数持续增长，2010—2012年间有放缓趋势，2013年增速有所回升（图12）。各用途地价指数中，住宅地价指数攀升最为明显，10年内指数增长147，商服地价指数和工业地价指数在10年内分别增长111和99。

## 二、2013年环渤海地区地价变化与房地产市场关系分析

### （一）环渤海地区多数城市的新建住宅销售价格指数（同比）普遍为正，与住宅地价增长率变动规律一致[①]

根据国家统计局公布的12月份全国70个大中城市

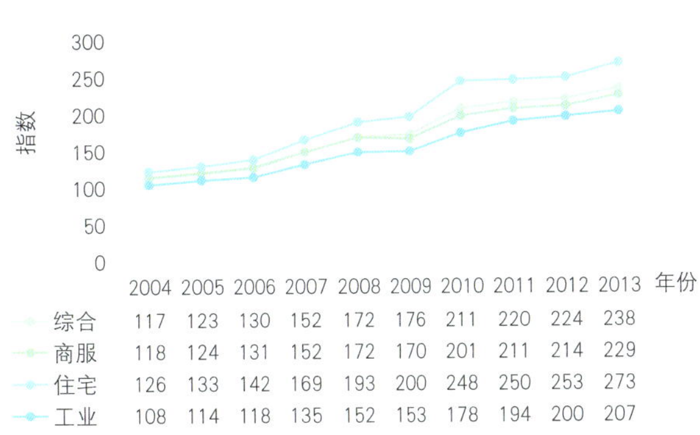


| | 2004 | 2005 | 2006 | 2007 | 2008 | 2009 | 2010 | 2011 | 2012 | 2013 |
|---|---|---|---|---|---|---|---|---|---|---|
| 综合 | 117 | 123 | 130 | 152 | 172 | 176 | 211 | 220 | 224 | 238 |
| 商服 | 118 | 124 | 131 | 152 | 172 | 170 | 201 | 211 | 214 | 229 |
| 住宅 | 126 | 133 | 142 | 169 | 193 | 200 | 248 | 250 | 253 | 273 |
| 工业 | 108 | 114 | 118 | 135 | 152 | 153 | 178 | 194 | 200 | 207 |

图12　2004—2013年环渤海地区地价指数增长趋势

新建住宅销售价格指数（上年=100）显示，2013年环渤海地区8个城市新增住宅销售价格增长率普遍为正，其中北京市最高，达到16%，唐山市最低，为1.6%。通过对上述城市的新建住宅销售价格增长率及住宅地价增长率的分析（图13），表现出如下特点：

二者变动完全同向。2013年，全国70个大中城市调查数据显示，环渤海地区主要城市住宅地价增长率和新建住宅销售价格增长率普遍为正。究其原因，2013年以来国内多数城市虽仍受房地产调控政策影响，但部分市场低迷状况出现转变，楼市的持续活跃带动了土地需求的增大，因此表现为二者的同向变动态势。

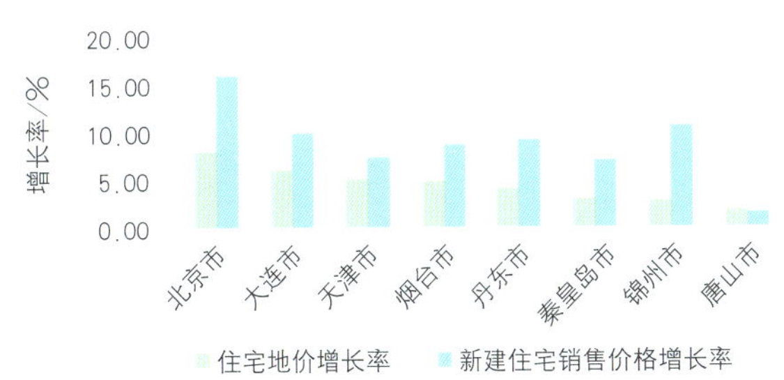


图13　2013年环渤海地区部分城市住宅地价增长率与新建住宅销售价格增长率比较

### （二）环渤海地区一、二线城市新建住宅销售价格指数（环比）在年内波动幅度较住宅地价增长率更为明显，且显示了向地价传导的态势

从新建住宅销售价格指数环比变化情况来看，据国

① 数据来源：中国国家统计局70个大中城市新建住宅价格指数2013年数据。

家统计局公布的1—12月份全国70个大中城市新建住宅销售价格指数（上月=100）显示①，北京市、天津市和大连市全年新建住宅销售价格指数变动均处于正增长态势。通过对比上述3市的住宅地价增长率年内4个季度的环比变化，可以发现如下特点：

一是新建住宅销售价格指数（环比）在年内波动幅度较住宅地价增长率更为明显。分析认为，一方面是由于房价相较于地价，对于市场运行态势的反映更为及时灵敏，另一方面是由于季度性的住宅地价增长率在一定程度上将月度的变化情况模糊化，不如月度的新建住宅销售价格反映得更为直观。

二是北京市、天津市的新建住宅销售价格指数（环比）在年内波动走势与住宅地价增长率呈同向变动，也显示出一定的传导态势。北京市1—3月新建住宅销售价格指数出现波动，北京住宅地价增长率在二季度也出现了类似的波动；天津市3—7月新建住宅销售价格指数出现波动，天津市住宅地价增长率在二、三季度也出现了类似的波动。大连市则未表现出明显的规律（图14、图15）。

图14 2013年北京市、天津市、大连市新建住宅销售价格指数变动情况

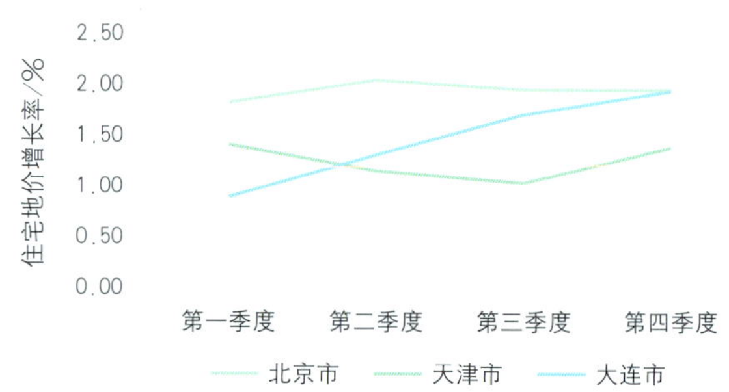


图15 2013年北京市、天津市、大连市地价增长率变动情况

**（三）在环渤海地区重点监测城市中，北京市、大连市住宅、商服地价占房价比低于全国水平，但差距不大**

2013年全国35个监测城市中，住宅用地地价占房价比平均为33.57%。 从具体城市来看，2013年环渤海地区北京市、天津市和大连市的住宅地价占房价比分别为28.29%、41.09%、31.01%，其中天津市高于全国平均水平，北京市、大连市低于全国平均水平（图16）。滨海新区的快速发展有力带动了天津市土地价值的提升。但是在国家限购、限贷等政策的调控作用下，住宅需求受到一定抑制，房价上升速度相对放缓，从而导致住宅地价占房价比相对较高。

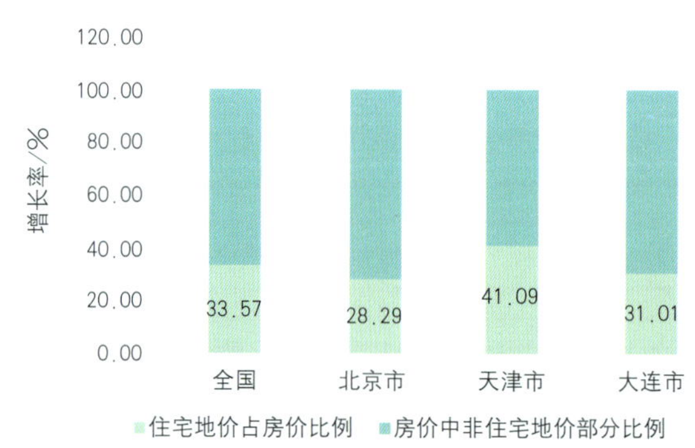


图16 2013年环渤海地区重点监测城市住宅地价占房价比

2013年全国35个重点监测城市中，商服用地地价占房价比平均为34.53%，环渤海地区中北京市、天津市和大连市的商服地价占房价分别为34.18%、35.77%、31.88%，其中北京市、大连市低于全国平均水平，天津市超过全国平均水平1.24个百分点。大连市商服用地地价占房价比相较去年上升6.06个百分点，得益于大连的城市规划中的区域性金融中心的功能定位，有力推动了商服土地市场的需求，而商服市场的表现相对平稳，从而导致地价占房价比的上升（图17）。

① 数据来源：中国国家统计局70个大中城市新建住宅价格指数2013年1—12月数据。

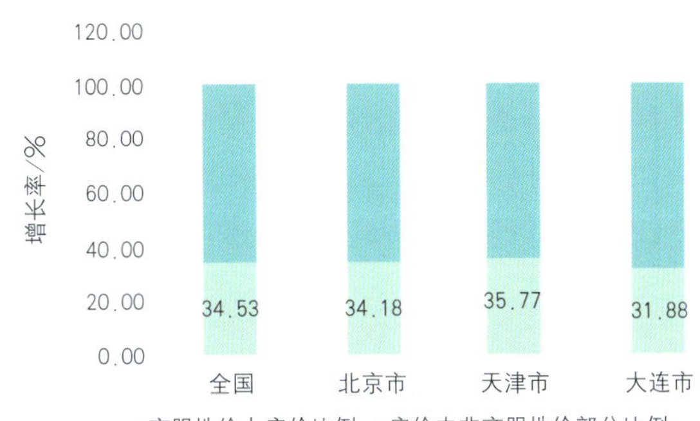


图17 2013年环渤海地区重点监测城市商服地价占房价比

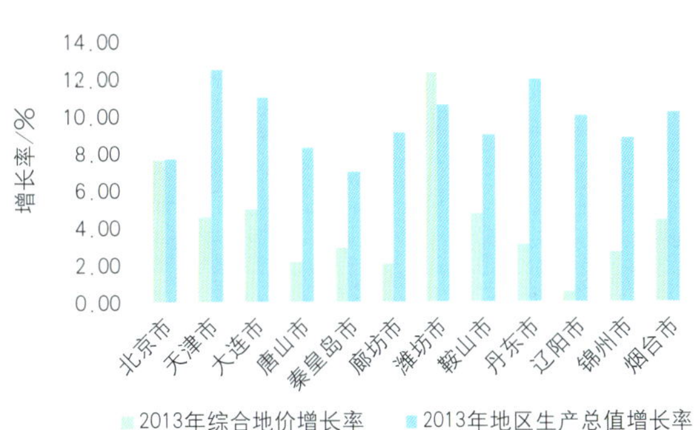


图18 2013年环渤海地区12个监测城市地区生产总值增长率和综合地价增长率的比较

## 三、2013 年环渤海地区地价与社会经济发展关系分析①

### （一）2013 年环渤海地区经济增长普遍处于缓慢复苏态势，除潍坊市外的各监测城市生产总值增长率普遍低于综合地价增长率

2013 年环渤海地区各监测城市经济增长速度普遍处于缓慢复苏态势，其中北京市、潍坊市、烟台市 3 市与 2012 年基本持平，在经济增速下降的城市中，锦州市降幅最大，达 5.3 个百分点；丹东市降幅位居第二，达 2.3 个百分点。

除大连市、秦皇岛市、辽阳市外，其他监测城市综合地价增长率均有不同幅度的上升。除潍坊市外的各监测城市生产总值增长率普遍高于综合地价增长率。地价增长率虽受宏观经济运行的影响，但未表现出明显的相关性关系。

宏观经济对于综合地价增长率的影响呈现出一定的区域性差异。从地理区位上看，处于渤海西部及南部的北京市、潍坊市、廊坊市、天津市等市的综合地价增长率多数较高，而处于渤海东部及北部的大连市、唐山市、秦皇岛市、鞍山市、锦州市、辽阳市等市的综合地价增长率多数较低（图 18）。

### （二）2013 年环渤海地区监测城市固定资产投资增长率普遍降低，但综合地价增长率受其影响不大

2013 年上半年，受市场需求疲软、产能过剩、流动性偏紧、地方债务风险等因素的影响，民间固定资产投资低位运行。随着下半年基础设施投资增加、简政放权、破除市场垄断等一系列稳定增长的政策出台，固定资产投资有所回升。2013 年，全国固定资产投资增长率为 19.9%，11 年来首次跌破 20%。

在此背景下，环渤海地区 12 个监测城市的固定投资增长率均出现了不同程度的降低。其中秦皇岛市、锦州市、天津市的降幅最为显著，分别达到了 10.1、6.5 和 4 个百分点。而上述各城市的综合地价增长率却显示为正，且较去年有较大的增幅。初步分析认为，固定资产投资对于地区综合地价的变化的影响不大（图 19）。

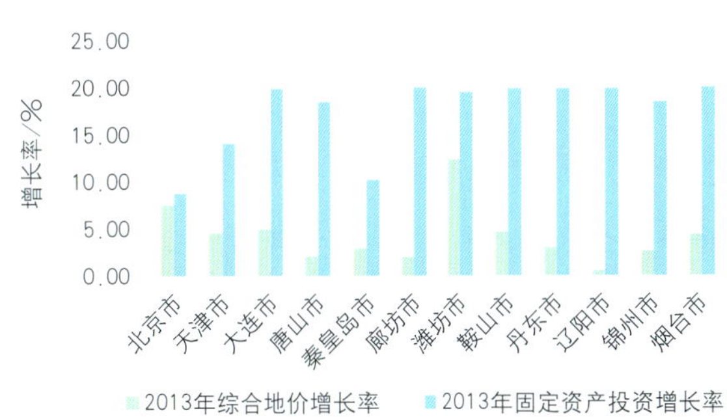


图19 2013年环渤海地区12个监测城市固定资产投资增长率和综合地价增长率的比较

### （三）2013 年环渤海地区各监测城市城镇居民人均可支配收入增速明显放缓，但仍高于综合地价增长率

受到全球经济低迷及中国经济增速处于缓慢复苏

① 数据来源：各城市 2014 年政府工作报告、统计局网站。

的态势的影响，2013年环渤海地区大部分监测城市的城镇人均可支配收入增长率出现了明显的下降。除了天津市微幅上涨外，其他城市的城镇居民可支配收入增长率均有一定程度的下降。廊坊市、秦皇岛市、丹东市的降幅最为显著，分别达到了8.2、6.7和4.6个百分点，鞍山市的降幅最小为1.6个百分点。虽然城镇居民可支配收入增长率普遍下降，但除了北京市、潍坊市，其他城市的城镇居民可支配收入增长率仍普遍高于当地的综合地价增长率（图20）。

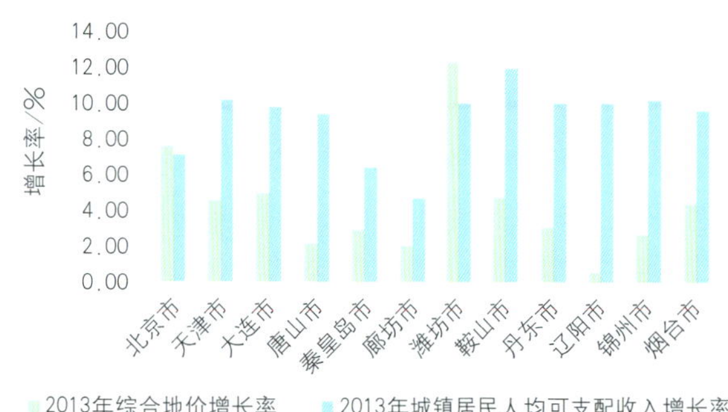


图20　2013年环渤海地区各监测城市城镇居民可支配收入增长率和综合地价增长率的比较

## 四、2013年环渤海地区地价变化的影响因素分析

**（一）2013年环渤海地区楼市的“量价齐升”，不仅为开发商回笼了大量资金，也增强了其对后市发展的乐观预期，积极储地意愿强烈，土地需求有力推动了土地价格的上涨**

由于受限购、限价、限贷等宏观调控政策的影响，环渤海地区重点监测城市商品房销售面积经历了2010—2011年低迷的市场表现历程。但是随着房地产宏观调控政策影响力的逐渐递减和消费者观望态度的松动，2013年下半年环渤海地区商品房销售面积出现反弹式增长。而从价格来看，根据国家统计局公布的数据显示，环渤海地区大部分城市新建住宅价格指数连续11月都出现不同程度的同比上涨情况，商品房市场呈现“量价齐涨”的局面。而楼市的活跃有力地促进了开发商大量资金的回笼，使得开发商具备充足的资金用于购置土地。另一方面，随着商品房销售面积的消化，开发商库存减少，对后市较为乐观的预期以及未来发展的需要，土地购置意愿强烈，拿地态度积极，尤其在北京市、天津市等一、二线城市表现明显，优质地块的竞争较为激烈，竞价轮次及溢价率居高不下，年度高价地创造新的历史成交记录。土地需求的旺盛也带动政府供地的积极性，土地市场呈现供销两旺态势，土地价格也随之水涨船高（图21）。

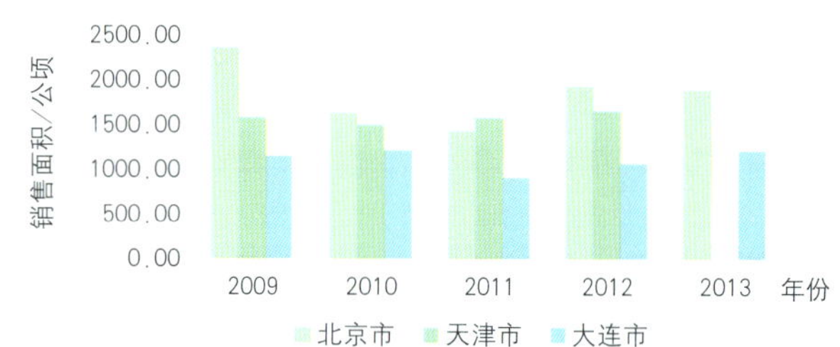


图21　2009—2013年环渤海地区重点监测城市商品房销售面积年度变化

数据来源：国家统计局。天津市2013年数据尚未公布。

**（二）2013年环渤海地区土地供应总量较上一年度有所增加，住宅用地的供地力度有所加大，土地供给对于地价的影响机制受限于其他因素仅在一定程度上起到平抑作用**

2013年环渤海地区大部分监测城市建设用地供地总量均较上年有所增加，仅天津市、大连市、辽阳市的建设用地供地总量较上年有所减少。2013年环渤海地区综合地价增长率排名前两位的潍坊市、北京市，其建设用地供地总量分别比2012年增长了24%、21%；排名第三的大连市，建设用地供地总量分别比2012年减少了2%；而2013年建设用地供地总量较2012年增长最多的秦皇岛市、廊坊市、锦州市3市，其供地总量增长率分别达230%、116%、112%，其综合地价增长率均未超过3%。由上述对比分析可见，土地供给对于地价的影响机制受限于其他因素仅在一定程度上起到平抑作用，当土地供给总量增加到一定程度时，对于非热点城市的地价上涨的平抑作用较为显著（图22，图23）。

从住宅用地的供应情况来看，除天津市、大连市、丹东市外的环渤海地区其他监测城市的住宅用地供应总量均比2012年有所增长，住宅用地的供给力度有所加大。住宅用地供给增长率与住宅地价增长率的变动规律，也呈现出与建设用地供给总量增长率与综合地价增长率基本类似的情况。

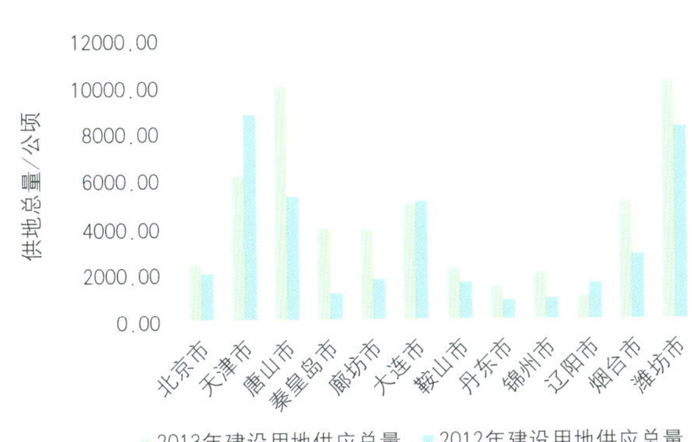


图22　2012—2013环渤海地区各城市建设用地供应总量变动情况

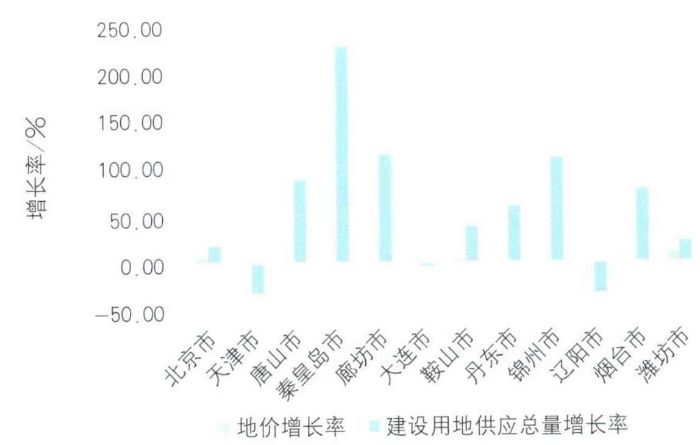


图23　2013环渤海地区各城市建设用地供应总量增长率与综合地价增长率对比情况

**（三）新一届政府对于房地产调控的淡化，使得地方性调控政策成为影响地价变化的重要因素，房地产调控长效机制的建立将有助于对市场预期的引导**

总体看来，2013年初房地产市场的调控政策是延续2011年以来针对住宅市场的紧缩性调控，而新一届政府上台后，对于房地产调控则表现出淡化态度，对于年初各地“国五条”落地细则的宽严不一也未有明确态度，而后的多次重要会议均未提及“房地产调控”问题。中央对于房地产调控问题的淡化，也被媒体、学界、市场多方解读，相对以往的各种调控政策“加码”引发的种种诟病，这种遵循市场规律的改革思路得到了一定的肯定。

中央对于房地产调控的淡化态度是逐步得到确认的，而纵观全年的土地市场变化，可以看出地方性调控政策仍然是影响房地产市场以及地价变动的重要因素。以北京市为例，2013年2月20日国务院出台的“新国五条”以及3月1日出台的“新国五条”细则，相较于大部分城市出台的细则多是简单重申或是重点模糊，北京市则是对其进行了深化，要求京籍单身人士限购一套住房；对于满五年唯一家庭住房免收20%所得税，其余条件允许下均从严征收20%交易所得税；实施差别化信贷政策，二套房首付比例提至7成；通过限房价、竞地价等方式增加自住型、改善型住房的土地供应；新建楼盘报价不能明显高于该楼盘此前的成交价，也不能明显高于周边楼盘价格。京版“国五条”细则的出台，使得北京市3、4月份新建商品住宅价格上涨明显，而二手房价格也有所上扬，房屋成交数量激增。政策的出台未能起到平抑房地产市场效果，反而助推了楼市的火爆。楼市的活跃在随后的“政策空窗期”愈演愈烈，也带动了土地市场需求的上扬，持续向好的预期提高了对于地价上涨的承受力，也使得地价呈现温和上行态势。

10月23日，北京市住房和城乡建设委员会等5部门下发《关于加快中低价位自住型改善型商品住房建设的意见》，明确北京市今后将加快发展自住型商品住房，通过采取“限房价、竞地价”等方式供地，建设套型建筑面积90平方米以下的住房，销售均价比同地段、同品质商品住房低30%左右。年底前将完成2万套供应，预计明年5万套的自住型商品住房的供应将占全部新增供应的50%以上。自住型商品住房由于准入门槛明显低于经济适用房，且供应量巨大，数量明确，对于北京市快速上涨的房地产价格将起到一定的平抑作用，但由于此类房源限价明显，如何确保分配公正以及房源质量将成为未来监管的难题。此外，2013年北京市多宗土地出让采取的“限地价、竞配建”的供地方式，也在一定程度上拉低了土地的成交价格，但是是否能够对于房价起到平抑作用，还需结合市场情况进行判断。

自住型商品住房的加快推进以及供地方式的探索，都将在一定程度上消解北京市未来土地价格的上涨动力。而不动产统一登记制度的出台、房产税等房地产长效机制的逐步推进落实，将有利于引导民众对于房地产价格持续上涨的预期的改观。

## 五、2014年环渤海地区城市地价变化趋势分析

**（一）房地产调控政策思路的转变，将对土地市场的未来发展产生深远的影响。预期地价增速将会放缓，较2013年有所回落**

2013年的中央经济工作会议，对于房地产的调控将一改往年“坚持房地产市场调控”的表述和对房价的关注，转而强调探索中国特色的住房模式，特别是加大保障性住房建设。会议要求，努力解决好住房问题，探索适合国情、符合发展阶段性特征的住房模式，加大廉租住房、公共租赁住房等保障性住房建设和供给，做好棚户区改造。特大城市要注重调整供地结构，提高住宅用地比例，提高土地容积率。这意味着房地产调控和思路转变，即由解决“房价上涨过快”的具体问题，转变为“住房供应体系建设”的系统问题，进而把房地产业融入整个经济结构调整和改革的体系之中。

而房地产调控思路的转变对于土地市场的未来发展将产生深远的影响。在强调保障性住房建设的基础上，更多的是减少行政政策对于市场的干预，遵循市场运行规律，发挥市场自发调节机制。未来的房地产管理将更多依赖于长效机制的制度制约，实现“标本兼治”而非“头痛医头”的片面压制。长效机制的建立并非一蹴而就，短期内可能效果并不明显，并且其目的并非仅为控制房价、地价，而是从制度层面配合国家将要进行的一系列深化改革的举措，保证市场经济的平稳健康运行发展。

因此，对于当前及今后一段时期，政策调控的干预将逐渐淡出，市场规律将起主导作用。随着“住房供应体系建设”政策落实的逐步深化，将在一定程度上缓解目前房地产市场上部分供需失衡的问题，从供给角度对于住房价格和土地价格的过快上涨起到一定的抑制作用。因此，预计2014年地价增速将会有所减缓，较2013年有所回落。

**（二）住宅用地供应量加大，将有助于缓解供需失衡的矛盾，有利于住宅地价的稳定；商服用地供应平稳，且需求增加将推动商服用地价格的平稳上涨；工业地价将更加市场化，预计将平稳波动**

2013年，环渤海地区土地市场住宅用地供应量加大，成交的住宅用地配建条件多样化，保障房用地供应量增加，尤其是北京市自住型商品房的推出，对于抑制居住用地价格的过快上涨将起到一定的作用。未来一段时期内，住宅市场上新房供应将以保障房、自住型商品房为主流，侧重于满足中低端群体的购房需求。预计后期住宅地价将得以保持平稳。

商业、办公类用地土地供应较平稳，成交均价也相对稳定，随着北京市、天津市等规划新城的不断开发建设，对于商服配套类用地的需求也随之增加，新区的土地价格预计将保持平稳上涨趋势。

《中共中央关于全面深化改革若干重大问题的决定》明确提出：建立有效调节工业用地和居住用地合理比价机制，提高工业用地价格。而随着工业用地成交市场化的不断推进，各园区道路体系、基础设施日渐完善，征地成本不断上涨，以及用地企业增加，可利用土地资源减少，供给与需求之间矛盾加剧，将刺激工业用地价格继续小幅上涨。

**（三）2014年环渤海地区城市间土地市场分化预计将愈加显著，一、二线城市土地市场供不应求的客观现实仍然存在，预期地价走势总体向上；三、四线城市土地市场供求关系相对稳定，预期地价走势相对平稳**

2013年的房地产市场延续了2012年下半年以来的火爆程度，“量价齐涨”的现象与2010年的市场非常类似。房地产企业通过前期运营积累的大量备用资本，为积极储地提供了有力的资金支持。此外，环渤海地区一、二线城市高度集聚的优质资源以及良好可期的发展前景也吸引了大量南方的房地产企业涌入环渤海经济圈，争夺核心城市的优质地块资源。核心城市土地市场供不应求的客观现实仍然存在，为2014年地价走势的总体向上奠定了基础。

三、四线城市的整体经济规模相对较小，房地产需求相对处于成长发展期，吸引的投机性需求不多，市场更是以刚需为主导，加之保障性安居工程的不断推进，库存压力较大，在一定程度上抑制了楼市价格的上涨动力，因此土地市场发展也相对平稳，价格也将平稳波动。

# 环渤海地区典型城市工业地产发展分析
## ——以北京市为例

本专题通过对北京市工业地产的发展概况作深入分析，分析工业用地及工业园区土地市场表现及影响因素，总结环渤海地区工业地产发展过程中遇到的类似性问题，并以此为突破口对环渤海地区整体工业地产的发展提供可行性建议。

### 一、北京市工业地产发展概况

近年来，北京工业地产处于飞跃发展的阶段，主要以开发区为主导模式。截至2012年底，北京市共有19个市级及国家级开发区，其中市级开发区16个，国家级开发区3个。北京市工业地产发展以国家级开发区为主，市级开发区为辅，国家级开发区规划面积占总量的77%；从已开发程度来看，市级开发区的发展程度快于国家级开发区，市级开发区累计土地完工面积已接近规划面积的5成以上，而国际级开发区则还不到总规划面积的1/3（表1）。

作为全国的政治和经济中心，北京市工业地产能够吸引各类企业、高端人才、资金等生产要素，具备得天独厚的发展优势。其发展特点可总结如下：

（1）开发区占工业总产值比重较大。2012年北京市开发区工业总产值占全市工业总产值的50%；

（3）多为高端产业集群。以中关村科技园为例，已经形成了集电子信息产业、新材料、生物医药、节能环保、文化创意、信息服务等高端产业集群发展的格局。

（3）品牌效应明显。经过多年开发实践，中关村国家自主创新示范区、亦庄开发区、天竺空港经济开发区等地已经形成了巨大的品牌效应，其对国内外资本具有十分强大的吸引力，对周边的带动作用明显。

（4）集约节约利用措施强硬。北京市委市政府对于开发区土地集约节约利用采取了强硬的措施：一是严格条件，防止圈地炒地行为；二是全程监管，构建共同责任机制；三是加强领导，建立联席会议制度。

表1 北京市各类开发区土地开发情况

| 项目 | 单位 | 合计 | 国家级 | 市级 |
|---|---|---|---|---|
| 开发区个数 | 个 | 19 | 3 | 16 |
| 区规划总面积 | 平方千米 | 393.12 | 305.50 | 87.62 |
| 累计实际征用土地面积 | 平方千米 | 185.52 | 123.39 | 62.13 |
| 累计土地开发施工面积 | 平方千米 | 144.47 | 95.46 | 49.01 |
| 累计土地开发完工面积 | 平方千米 | 127.62 | 83.38 | 44.24 |

### 二、北京市工业用地出让情况分析

通过对北京市工业用地出让情况的分析，总结出以下特点：

（1）近5年工业用地出让面积变化幅度较大，前两年同比大幅上涨，后三年同比下降明显。其中，2009年、2010年两年土地出让面积同比增长率分别为38%和75%，增长较快。

（2）近5年工业用地出让占建设用地出让总量的比重呈现持续上涨趋势

近5年工业用地出让占建设用地出让总量的比重呈现持续上涨态势，2012年工业用地出让面积更是首次超过经营性用地的出让面积。

(3) 工业用地出让价格变化明显，经过2010年、2013年两次价格陡增，目前接近1000元／米$^2$。2009年北京市工业用地出让价格为589元／米$^2$，2010年陡增至739元／米$^2$，而2013年又同比增长41%，出让价格高达985元／米$^2$。

(4) 近郊区是工业用地出让的主要区域，约占出让总面积的77%。从区域分布来看，近郊区是工业用地出让的主要区域，占工业用地出让总面积的77%。

(5) 工业用地出让价格从城区向郊区呈现递减规律

工业用地出让价格呈现从城区向郊区递减的规律。按照出让价格，可划分为4个档次：

600元／米$^2$以下：包括通州区、平谷区、密云县，其中平谷区、密云县位于远郊区，距离市中心较远、交通便捷度及区位条件相对较差，所以出让价格水平最低；而通州区虽然位于近郊区，但由于通州区多数出让用地为生产型用地和工业厂房等，需求有限，所以出让价格水平最低；

600～1000元／米$^2$：包括大兴区、房山区。区位和基础设施配套优势居中，土地成交价格也处于中等水平；

1000～2000元／米$^2$：包括昌平区和顺义区。从区位上来看，昌平区是距离市中心相对较近的近郊区，基础设施配套完善，人才资源充足，工业用地吸引力较强，所以出让价格较高；而顺义区位于首都机场附近，交通配套优势明显，所以出让价格较高；

2000元／米$^2$以上：海淀区。海淀区邻近市中心，交通便利，区位条件好，配套设施齐全，所以出让价格水平最高。

## 三、北京市工业园区土地市场分析

(1) 近5年工业园区土地出让面积波动较大，同比增长率处于下降态势。除2012年园区土地出让面积同比增长率为15%，其他年份均逐年递减。2013年工业园区土地出让面积下降到仅有151公顷，为五年内最低。

(2) 近5年工业园区工业用地出让占工业用地出让的比例有上升的趋势，逐渐成为工业用地出让的主导。2009年和2012年工业园区工业用地出让占比均超过了50%。

(3) 近5年工业园区工业用地出让价格逐年上升，反映北京市工业园区的土地需求旺盛；工业园区工业用地出让均价低于工业用地整体出让均价，工业园区用地成本相对较低。2013年工业园区工业用地出让价格高达815元／米$^2$。另一方面，除2012年外，北京市工业园区工业用地出让均价低于工业用地整体出让均价，反映了工业园区用地成本相对较低的情况，企业享受一定的地价优惠政策，有利于规模效益的实现。

(4) 国家级工业园区成为园区工业用地成交的主要区域，约占园区工业用地成交总量的63%。2009—2013年北京市工业用地出让遍布14个工业园区。其中，国家级工业园区是工业用地出让的主要区域，共207宗，出让面积约为1156公顷，占工业用地出让总面积的63%，其中北京经济技术开发区和中关村科技园区出让宗地最多。

(5) 工业园区工业用地出让价格呈现阶梯式变化。

工业园区工业用地出让价格呈现阶梯式变化。按照出让价格，可划分为3个档次：

1000元／米$^2$以上：天竺出口加工区和天竺空港经济开发区。这2个工业园区位于首都机场附近，入园门槛较高，配套更加完善，吸引力更强，定位更加高端，因此价格较高。

600～1000元／米$^2$：北京经济技术开发区、中关村科技园区、石龙经济开发区、兴谷开发区、雁栖经济开发区、密云经济开发区。这些园区区位基本属于近郊区，配套相对完善，价格适中。

600元／米$^2$以下：房山工业园、通州经济开发区、永乐经济开发区、采育经济开发区、大兴经济开发区、马坊工业园。这些园区大部分属于远郊区，配套相对落后，定位也较低端，吸引力不够，价格也最低。

## 四、北京工业地产工业地价的影响因素分析

(1) 招商投资规模的扩大支撑了工业园区的用地需求，助推工业地价逐年升高。自2005年起，北京市工业园区的招商投资规模在逐年扩大，反映工业园区的需求在逐年增加，需求的增加促使工业园区的土地价格逐

年升高。

(2) 工业用地采取招拍挂方式出让的市场方式以及供地逐渐减少的现状促使其熟地价水平持续上涨。从出让方式看，2006年国家出台了规定，明确要求工业用地必须采用招标拍卖挂牌方式出让。工业用地的熟地价继续上涨主要原因在于：一方面，随着北京市开发区大量削减，园区用地需求十分旺盛。成熟园区已呈现供不应求的发展态势；另一方面，由于工业用地出让将采用"招拍挂"方式公开出让，在市场机制作用下，工业用地的价值将得到体现，其价格自然会有所上升。

(3) 高新技术产业发展的政策扶持和高科技园区的政策优惠吸引了大批的投资者入园投资，促使高新技术园区工业地价相对较高。几年来，北京市加大对高新技术产业的政策扶持力度，并从科研研究、产业融资、基础设施配套、人才引进等多方面给予这些园区全方位的优惠政策。

## 五、环渤海地区工业地产的发展建议

通过对环渤海地区天津市、沈阳市、大连市等多个城市工业地产发展情况的走访调研发现，环渤海地区工业地产发展过程中主要存在区域产业结构趋同、园区经济实力强弱不均、工业用地出让方式与用地特点相悖、行政体系阻碍区域交流等问题。为了解决上述问题并促进环渤海地区工业的整体发展，建议各城市政府应转变区域发展政策，实行走出去、多交流、共合作、大繁荣的宗旨，使环渤海地区的产业园区成为中国真正意义的经济第三增长极。具体来说有以下几个方面的建议：

(1) 强化与引导产业集群内的专业化分工。专业化分工是产业集群形成的重要力量。专业化分工的理念传递与现实的利益将促使各企业自主寻求更大的专业化利润路径，产业专业化有望形成。

(2) 以技术创新增强产业集群的整体实力。技术创新是产业集群具备持续竞争优势的关键。应加快环渤海区域产业集群中传统优势产业的升级换代进程，通过开展高校、企业联合创新策略、实施技术研发系统建设策略、实施信息化带动策略，不断提高生产效率和经济效益，增强集群的核心竞争力。

(3) 进一步完善工业用地出让制度，强化批后使用监管力度。研究完善工业用地的"招拍挂"制度，使其更好地与工业用地的使用特点相匹配，发挥市场对于资源的有效配置，促进土地的节约集约使用。此外还应强化对于工业用地批后使用的监管，建立工业用地的动态监管信息系统，对工业项目实施进展情况进行及时动态监察，加大对土地利用违约责任的追究力度，出台土地收回的相关管理办法和操作细则，使有限的土地资源发挥其最佳功能。

(4) 充分发挥政府的引导和扶持作用，为环渤海经济圈产业集群发展营造良好的外部环境。通过实施产业政策导向引领集群发展、优化基础设施环境、强化市场环境、构建公共培训平台，创造良好的环境和提供优质的服务，为产业集群发展的提供重要保障。

2013年是“十二五”规划期的承上启下之年，我国宏观经济总体上运行基本平稳。上半年，国务院出台“新国五条”，随后各地纷纷出台调控细则，但是执行力度尚未达到预期；下半年，十八届三中全会将政府工作重心明确为全面深化改革，继续推进不动产登记、保障房建设等长效机制工作，年底继深圳市、北京市、上海市等一线城市出台楼市调控新政后，越来越多的二、三线城市陆续跟进，“加码”楼市调控。总体上，房地产市场持续升温，尤其是一、二线城市刚性和改善性需求释放，房价增速较快，房地产市场的升温引致土地需求，一些城市土地需求较强劲。

2013年，长江沿线经济带城市中，上海市、南京市等一、二线城市的房地产市场成交量和成交价明显高于2012年，三、四线城市中的部分城市如宜宾市、宜昌市等新建住宅价格增长率较高，房地产市场升温，而另外一些城市如常州市、扬州市等由于商品房库存较多，供过于求，房地产市场发展趋缓，但土地市场整体量价齐升，长江沿线经济带城市监测地价水平呈温和上升态势。除芜湖市外，其他城市各用途地价均有提高，增速较2012年有所加快，尤其是住宅地价增长率显著提升。另外，区域间地价水平差异显著，下游地区明显高于上中游地区，总体呈现多中心、梯度扩散规律。

总体来看，2013年长江沿线经济带城市地价变化主要受区域经济发展、宏观调控以及区域发展规划和发展差异等因素的影响。住宅地价增长率、新建住宅价格增长率和住宅房地产开发投资增长率较高，重点监测城市住宅地价房价比差距缩小；城市地价增长率与社会经济发展指标基本协调。在经济缓中企稳、住房刚性和改善性需求释放的背景下，预计2014年长江沿线经济带一、二线城市地价将继续上涨，但趋于稳定，三、四线城市地价变动区域差异明显。

# 2013 年长江沿线经济带城市地价动态监测报告

## 一、长江沿线经济带城市地价状况分析

### （一）2013 年地价水平值分析

1. 地价水平值有所提升，各用途地价水平均高于全国平均值

2013 年长江沿线经济带城市综合地价水平值为 5045 元／米$^2$，比 2012 年提高了 6.01%。其中商服地价水平值为 8385 元／米$^2$，住宅地价水平值为 7590 元／米$^2$，工业地价水平值为 847 元／米$^2$。综合地价水平值较全国平均水平高出 50.64%，各用途地价水平亦均高于全国平均水平，商服地价、住宅地价和工业地价水平值较全国平均水平值分别高出 32.97%、50.80% 和 21%（图 1）。

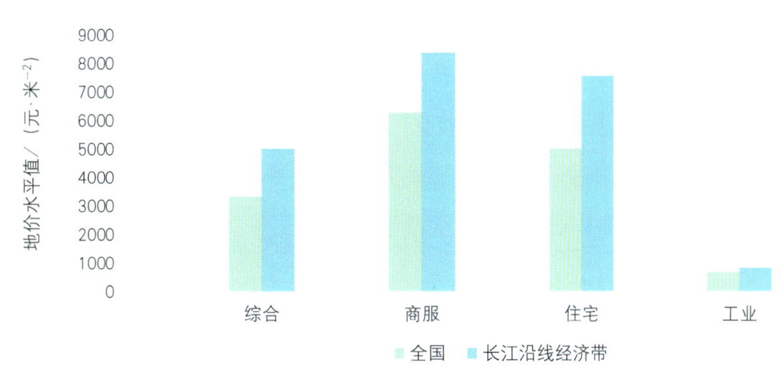


图1　2013年长江沿线经济带城市地价水平与全国平均水平比较

数据来源：中国城市地价动态监测系统。

2. 区域间地价水平差异显著，下游地区地价水平明显高于上、中游地区

2013 年长江沿线经济带上游、中游和下游地区综合地价平均值分别为 2380 元／米$^2$、1825 元／米$^2$ 和 4873 元／米$^2$，下游地区地价水平明显高于上、中游地区；商服和住宅地

价水平表现出相同的分布规律，下游地区商服地价平均值较上游、中游地区分别高出175.12%、223.62%；住宅地价平均值较上游、中游地区分别高出218.27%、224.68%；工业地价平均值则是上游地区最低、中游地区次之、下游地区最高，分别为384元／米$^2$、473元／米$^2$和757元／米$^2$。区域间地价水平差异显著主要是由经济发展水平和城市规模等因素所致，下游地区城市经济水平发达、城市规模较大，而上、中游地区近年来虽然经济增速较快，但整体经济水平依然低于下游地区。四大重点城市中[①]，下游地区的上海市和南京市地价水平远高于其他城市，从整体上拉高了下游地区的地价水平，上游地区的重庆市和中游地区的武汉市地价水平虽然相对处于高位，但远低于南京市和上海市，四大重点城市以外的其他城市地价水平差异较小，因此沿线区域间地价水平表现出下游地区明显高于上、中游地区的特征（图2）。

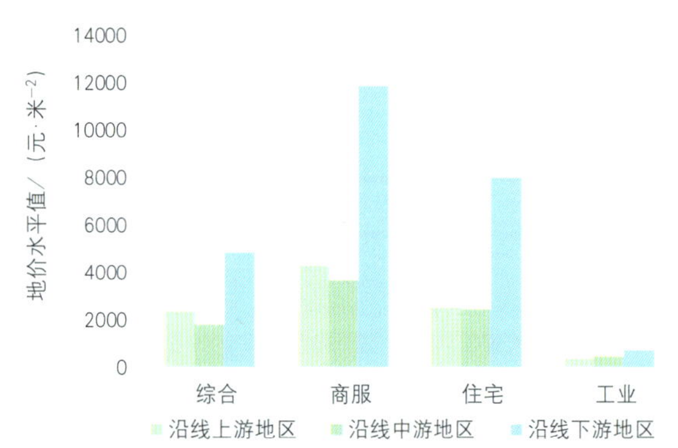


**图2　2013年长江沿线经济带上、中、下游地区各用途地价水平值比较**

数据来源：中国城市地价动态监测系统。

3. 城市间综合地价水平差异明显，总体呈现多中心、梯度扩散规律

2013年，长江沿线经济带各城市间综合地价水平差异明显，上海市最高，为16246元／米$^2$，黄石市最低，为659元／米$^2$，仅上海市和南京市的综合地价水平值高于长江沿线经济带平均水平。城市综合地价水平总体呈现多中心、梯度扩散规律。其中，上游地区城市[②]，以重庆市为中心，综合地价为4029元／米$^2$；中游地区城市[③]，以武汉市为中心，综合地价为4220元／米$^2$；下游地区城市[④]，以上海市和南京市为中心，综合地价远高于周边其他城市，分别为16246元／米$^2$、7078元／米$^2$（图3）。

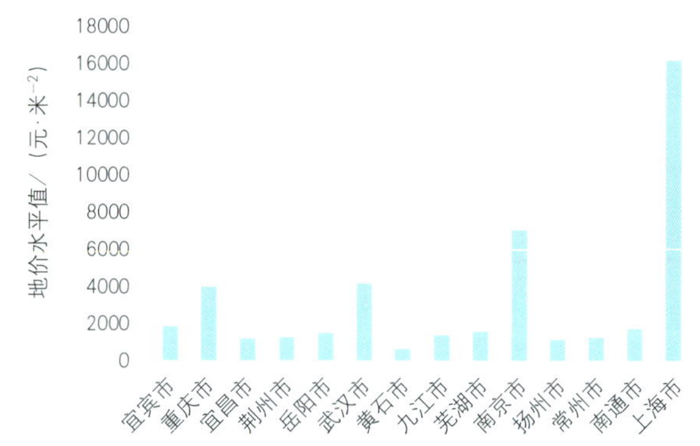


**图3　2013年长江沿线经济带各城市综合地价水平值比较**

数据来源：中国城市地价动态监测系统。

### （二）地价增长率变化分析

1. 年度综合地价增长率小幅上升，其中住宅地价增长率提升最大，商服地价次之，而工业地价增长率微幅下降

2013年，长江沿线经济带综合地价增长率为6.01%，比全国平均增长率低1.01个百分点，但是较2012年提高了3.20个百分点；商服地价增长率为5.47%，比全国平均水平低2.46个百分点，较2012年小幅上升，提高了0.85个百分点；住宅地价增长率为8.41%，比全国平均水平低0.54个百分点，较2012年提高了7个百分点，是继2010年起连续3年下降后首次回升；工业地价增长率为3.35%，高出全国平均水平1.1个百分点，但是较2012年却下降了0.46个百分点。

从长江沿线经济带区域间比较来看，上游地区综合地价增长率平均值最高，为7.98%，分别高出中游和下游地区1.24和3.11个百分点；住宅用地地价增

① 长江沿线经济带四大重点监测城市为上海市、南京市、武汉市和重庆市。
② 长江沿线经济带上游城市包括：宜宾市、重庆市和宜昌市。
③ 长江沿线经济带中游城市包括：荆州市、岳阳市、武汉市、黄石市和九江市。
④ 长江沿线经济带下游城市包括：芜湖市、南京市、扬州市、常州市、南通市和上海市。

长率表现出相同的规律，上游地区住宅地价增长率平均值最高，为9.09%，分别高出中游和下游地区1.22和3.63个百分点；商服用地地价增长率平均值则是中游地区最高，为6.88%，分别高于上游和下游地区0.77和2.98个百分点；工业地价增长率平均值却是上游地区最低，中游地区最高，下游地区次之，分别为1.27%、2.22%、1.97%（图4）。

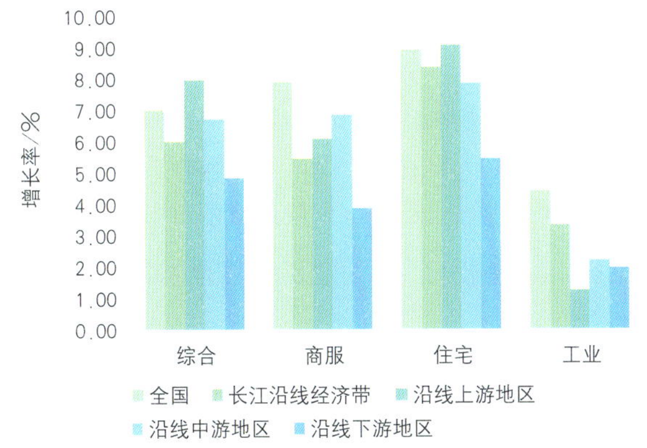


**图4 长江沿线经济带上、中、下游地区地价增长率比较**

数据来源：中国城市地价动态监测系统。

2. 年内综合地价增长率逐季上升，商服、住宅地价增长率先升后降，而工业地价增长率先降后升

2013年，四个季度长江沿线经济带综合地价环比增长率平稳上升，第三季度与第四季度增长率持平，较第一季度环比增长率高0.4个百分点；商服地价和住宅地价的环比增长率全年走势大致相同，第一季度和第二季度低速上涨，第三季度地价环比增长率达到最高，分别为1.59%和2.54%，第四季度地价环比增长率较第三季度有所回落，分别为1.37%、2.20%；工业地价环比增长率先降后升，全年波动幅度较小。结合2013年各季度商服和住宅地价环比增长率走势和2013年房地产市场宏观调控情况来看，2013年第一季度受2012年调控政策的影响，商服和住宅地价低速增长，第二至第三季度鲜少出台相关调控政策，土地市场相对宽松，使得二、三季度地价逐步上升，直至第四季度房地产调控政策进一步升级，各大城市纷纷出台调控细则，商服、住宅地价增长率与三季度相比有所回落（图5）。

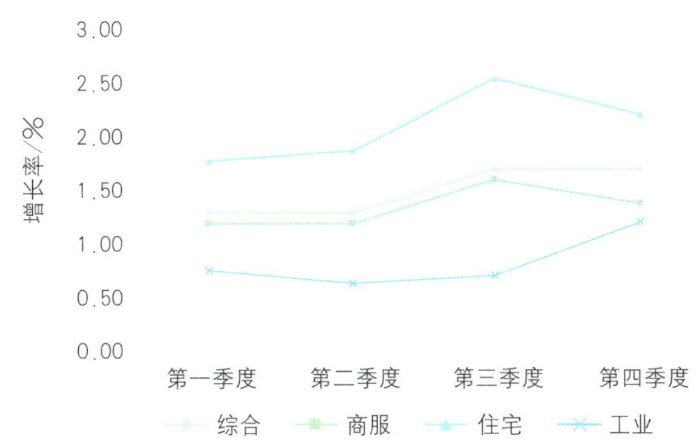


**图5 2013年长江沿线经济带城市各季度各用途地价环比增长率**

数据来源：中国城市地价动态监测系统。

3. 除荆州市外，其他城市综合地价增长率较2012年上升；城市间各用途地价增长率差异显著；大部分城市住宅地价增长率高于商服地价增长率

2013年，长江沿线经济带各城市中只有荆州市的综合地价增长率较2012年下降了8.4个百分点，其他城市均有所上升，其中上海市和南京市的地价增长率较2012年上升较多。各用途地价增长率在城市间差异显著，尤其是住宅地价增长率，最高的上海市和最低的芜湖市相差18.50个百分点，商服地价增长率最高的黄石市和最低的常州市相差8.68个百分点，工业地价增长率最高的上海市和最低的宜宾市相差8.24个百分点。除武汉市、南通市、扬州市和芜湖市外，其他城市住宅地价增长率均高于商服地价增长率，这主要是由于2012年房地产调控以及一系列的货币、信贷、税收等调控政策主要针对住宅房地产市场，整体住宅需求受压制，而2013年尤其是前三季度房地产调控力度逐渐减弱，期间市场调节起主要作用，刚性、改善性需求以及部分投资需求释放，导致长江沿线经济带大部分城市住宅地价普遍上升，增长率高于商服地价增长率（图6）。

4. 四大重点城市住宅和工业地价增长率差异较大，商服地价增长率差异较小

四大重点城市的住宅和工业地价增长率差异较大，上海市的住宅和工业地价增长率最高，因此带动了综合地价增长率的提高，武汉市和南京市分别为住宅和工业地价增长率最低的城市。与长江沿线经济带平均水平相比，上海市各用途地价增长率均高于长江沿线经济带平均水平，重庆市各用途地价增长率均低于长江沿线经济带平均水平（图7）。

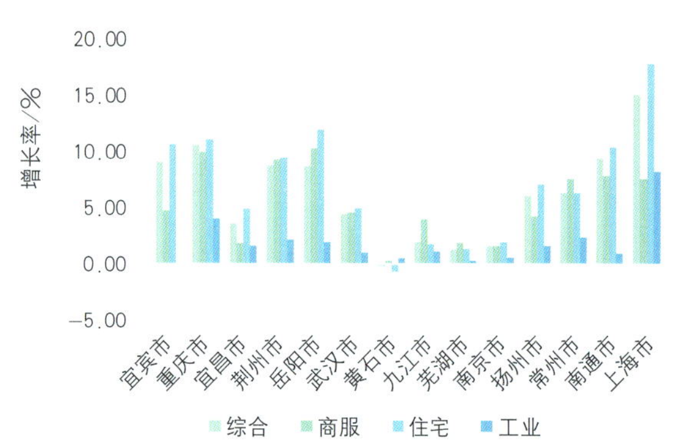


图6　2013年长江沿线经济带城市各用途地价增长率

数据来源：中国城市地价动态监测系统。

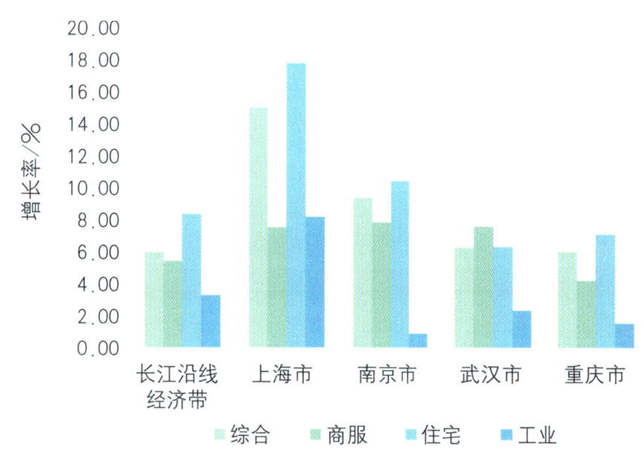


图7　2013年长江沿线经济带四大重点城市各用途地价增长率

数据来源：中国城市地价动态监测系统。

与2012年相比，长江沿线经济带4个重点城市的各用途地价都呈现不同程度的增长态势。上海市的商服和工业地价增长率较2012年有所下降，分别下降了2.88和2.17个百分点，但是上海市的住宅地价增长率却是上升最大的，较2012年增长率提高了13.21个百分点。其他城市的各用途地价增长率都呈现上升态势，其中，南京市综合、商服、住宅和工业地价增长率较2012年分别提高了9.90、7.38、11.30和0.04个百分点；武汉市综合、商服、住宅和工业地价增长率分别提高了5.05、5.29、5.44和2.01个百分点；重庆市综合、商服、住宅和工业地价增长率分别提高了5.51、4.21、6.36和1.62个百分点。

**（三）四大重点城市地价指数变化分析**

1.2013年四大城市综合地价指数均有所提高，其中重庆市最高，上海市提升最大

以2000年地价水平为基数，2001—2007年长江沿线经济带四大重点城市地价指数保持平稳增长，2008年由于受到国际金融危机的影响，四大城市地价指数整体有所下跌，2009—2010年经济刺激等原因导致房地产市场持续升温，地价指数保持较快增长速度，从2011年起，国家实施了严厉的房地产调控政策，当年地价指数增长速度开始回落，至2012年，地价指数增长速度已明显趋缓，2013年国家对房地产市场的调控力度有所减弱，地价指数增长速度开始加快，上海市、南京市、武汉市和重庆市综合地价指数分别为228、194、225、265，其中重庆市地价指数最高，同比增加15个点数，上海市地价指数提升最大，提高了30个点数，南京市和武汉市同比分别增加17、13个点数（图8）。

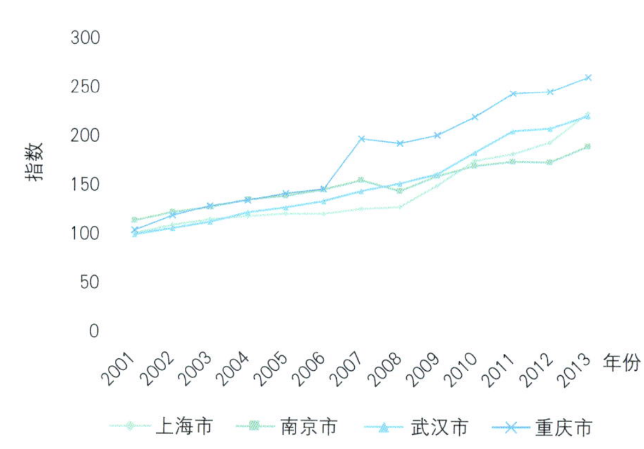


图8　2001—2013年长江沿线重点监测城市综合地价指数比较

数据来源：中国城市地价动态监测系统。

2.分用途来看，上海市商服地价指数最高，重庆市住宅地价指数最高，各城市工业地价指数较为接近

2013年，南京市和武汉市商服地价指数与全国平均水平较为接近，四大重点城市中，上海市的商服地价指数最高，为261，重庆市最低，为162；住宅地价指数重庆市最高，为343，南京市最低，为226；各城市工业地价指数较为接近，南京市最低。总体而言，重庆市住宅地价指数历年来保持较高水平，从整体上拉动了综合地价指数的增长；上海市和武汉市各用途地价指数与全国平均水平差异较小，故综合地价指数与全国平均水平较为接近；南京市各用途地价指数均低于全国平均水平，因此综合地价指数处于较低水平（图9）。

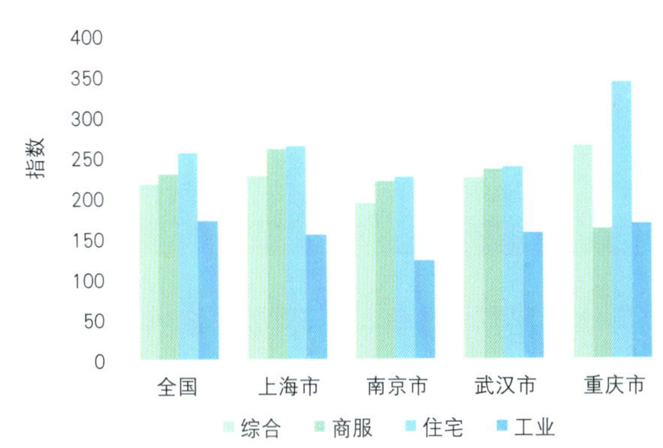


图9 2013年长江沿线经济带四大重点城市各用途地价指数

数据来源：中国城市地价动态监测系统。

## 二、长江沿线经济带城市地价与房地产市场关系分析

### （一）住宅地价增长率和新建住宅价格增长率整体同向变动，上、中游地区高于下游地区；下游地区上海市和南京市地价、房价凸显，增速较快

2013年，长江沿线经济带城市住宅地价增长率为8.41%，14个重点监测城市除芜湖市住宅地价继续小幅回落外，其他城市地价均有所提升，其中宜宾市、岳阳市、黄石市、南京市及上海市的住宅地价涨幅较大，均超过10%。与2012年相比，长江沿线经济带城市住宅地价增长速度整体加快，仅荆州市地价增长速度放缓，宜宾市、南京市、黄石市及上海市住宅地价增长率提高了10个百分点以上；城市新建住宅价格同样呈现上涨态势，仅下游的常州市略有下降，上、中游地区城市新建住宅价格涨幅明显，下游地区的两个重点城市上海市、南京市新建住宅价格和住宅地价凸显，增速较快。

从整体来看，长江沿线经济带城市住宅地价增长率和新建住宅价格增长率呈同向变动态势，并且表现出相同的区域差异，上、中游地区较下游地区涨幅明显，而下游地区两个重点城市上海市、南京市的地价和房价增长率远高于下游地区其他城市，增长速度较2012年提高10个百分点以上。上、中游地区近年来经济发展迅速，城镇化水平提升明显，旧城区改造和城乡结合部建设引致住宅用地需求增加，住宅房地产市场持续活跃，住宅地价和房价继续保持上涨势头，且涨幅明显；而下游地区上海市、南京市等一、二线城市由于供需矛盾并没有得到有效解决，虽然国家实施了严厉的房地产调控措施，但刚性需求仍然很大，因此2013年房地产市场仍呈现出量价齐升的局面（图10）。

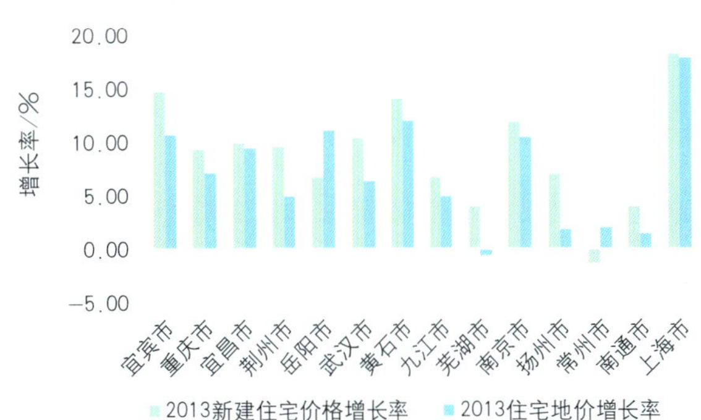


图10 2013年长江沿线经济带城市住宅地价增长率与新建住宅价格增长率比较

数据来源：住宅地价增长率来源于中国城市地价动态监测系统，新建住宅价格增长率来源于国家统计局网站和地方政府网站等。

### （二）四大重点城市住宅地价房价比差距缩小，上海市、南京市在35个重点城市中排名居前

2013年，全国35个重点监测城市的住宅用地地价房价比平均为33.36%，长江沿线经济带四大重点城市上海市、南京市、武汉市和重庆市的住宅用地地价房价比分别为48.23%、49.22%、36.00%和21.77%，在全国35个重点监测城市中分别排名5、4、11和30。与2012年相比，四大重点监测城市的住宅地价房价比最高的城市和最低的城市间的差距缩小了4.55个百分点，上海市住宅地价占房价比略有下降，其他3个城市都明显提高，其中上海市和南京市排名基本保持稳定，依然居前，武汉市、重庆市排名有所提升（图11）。

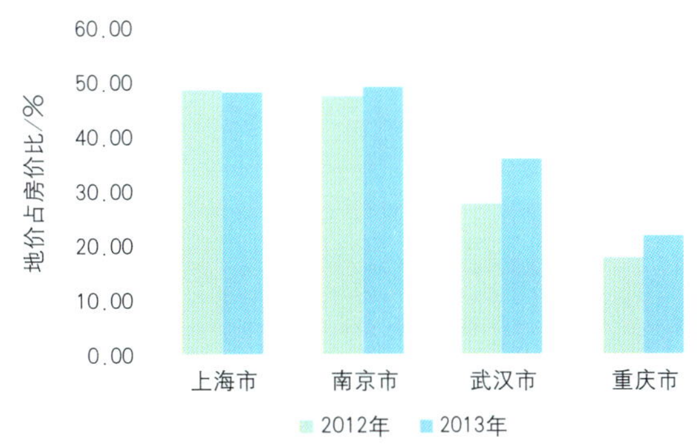


图11 2012与2013年长江沿线经济带四个重点城市住宅用地地价占房价比值

数据来源：《2013年我国城市地价与房价关系专题报告》。

地价占房价比主要反映了一个时期该城市社会经济的发展程度与土地市场的活跃程度，上海市和南京市属于长江下游地区，社会经济发达，土地市场活跃，地价在房价中所占比重较武汉市、重庆市更为突出，同时由于2013年上海市、南京市住宅价格和住宅地价增幅相近，而武汉市、重庆市住宅地价增幅高于住宅价格增幅，因此4个重点城市地价房价比较2012年差距缩小。

**（三）四大重点城市住宅地价增长率和住宅房地产开发投资额增长率整体正向变动，武汉市、重庆市两者差距较大**

2013年，4个重点城市住宅地价增长率和住宅房地产开发投资额增长率整体同向变动，呈现上升态势，其中上海市、南京市住宅地价增长率和住宅房地产开发投资额增长率较为接近，而武汉市、重庆市住宅地价增长率与住宅房地产开发投资额增长率相比分别低20.68和12.99个百分点，这主要是由于上海市、南京市土地稀缺，同时受居民预期乐观、刚需和改善型需求旺盛等因素的影响，房地产市场表现活跃，房地产投资的增加引致土地需求增加，进而在一定程度上带动住宅地价的上涨。而武汉市、重庆市2013年房地产市场虽然同样表现活跃，但由于土地供应量较大，能满足房地产市场的开发需求，因此住宅房地产开发投资额对住宅地价影响较弱，住宅房地产开发投资额增长率远高于住宅地价增长率，但两者整体依然保持正向增长变化态势（图12）。

## 三、2013年长江沿线经济带城市地价与社会经济发展关系分析

**（一）GDP稳步增长，综合地价增速加快，四大重点城市综合地价增长率超过GDP增长率**

2013年，国民经济保持稳步增长，长江沿线经济带各城市的GDP增长率介于7.70%～29.00%之间，城市间差异明显，增长率最高的是武汉市，最低的是上海市。而长江沿线经济带城市综合地价增长率介于−0.64%～17.86%之间，城市间差距也较大，上海市最高，芜湖市最低；各城市中只有荆州市的综合地价增长率较2012年有所下降，其他城市均呈现综合地价增速加快态势。从GDP增长率和综合地价增长率数据对比来看，宜宾市、岳阳市、黄石市和上海市的城市综合地价增长率超过GDP增长率，其他城市综合地价增长率均低于GDP增长率（图13）。

与2012年相比，长江沿线经济带大部分城市GDP增长率有所回落，主要是由于2013年一、三产业稳定，

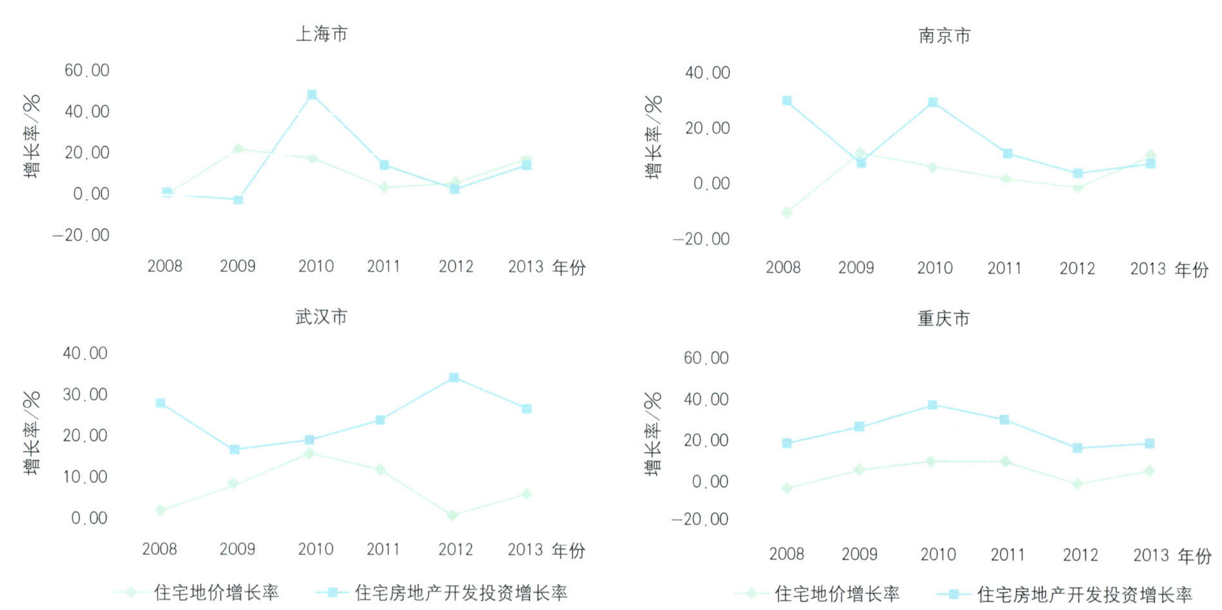


**图12　2013年长江沿线经济带四大重点城市住宅地价增长率和住宅房地产开发投资额增长率比较**

数据来源：住宅地价增长率来源于中国城市地价动态监测系统，住宅房地产开发投资增长率来源于地方政府网站和统计局网站等。

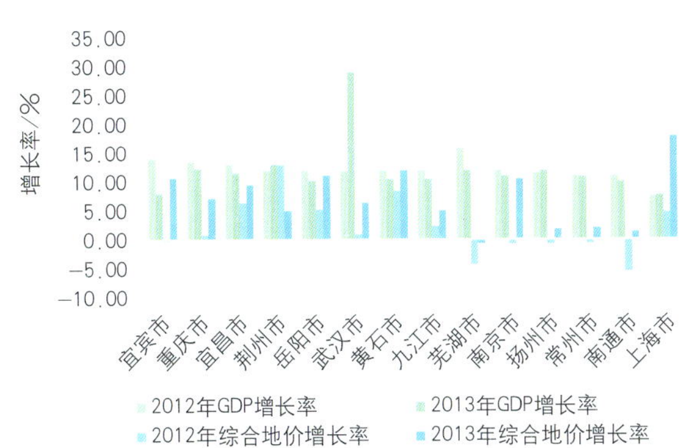


**图13 2012—2013年长江沿线经济带城市综合地价增长率与GDP增长率比较**

数据来源：综合地价增长率数据来源于中国城市地价动态监测系统，GDP增长率数据来源于政府工作报告和地方统计局网站等。

第二实体产业相对停滞，而综合地价增长率提高较多，主要是住宅地价增长率的上涨，带动综合地价增长率的上涨。这说明综合地价的变化除受GDP影响外，还受其他诸多因素的影响。

**（二）固定资产投资额增长率继续小幅回落，但依然明显高于综合地价增长率，总体均呈现上、中游地区高于下游地区态势**

2013年，长江沿线经济带城市固定资产投资增长率依然保持较高水平，平均值为21.02%，但与2012年相比继续小幅回落，与综合地价增长率变动呈相反态势。长江沿线经济带上游、中游和下游地区城市综合地价增长率平均值分别为7.98%、6.74%和4.87%，固定资产投资增长率平均值分别为24.83%、26.38%和14.64%，城市综合地价增长率和固定资产投资额增长率均呈现上、中游地区高于下游地区的态势，这主要是由于上、中游地区近年来实施“西部大开发”和“中部崛起”战略，经济发展健康有力，投资增势平稳，同时综合地价增长率由于2013年房地产市场活跃，依然保持上升势头；下游地区房地产市场较为成熟，政策敏感性强，在房地产宏观调控背景下，固定资产投资增长率有所放缓，虽然上海市、南京市综合地价增速的明显加快有效地提升了下游地区的整体地价增长率，与上、中游地区的差距大幅缩小，但依然低于这两个地区。

除上海市外，其他城市综合地价增长率均低于固定资产投资额增长率，且差距明显，差额最大的为荆州市，综合地价增长率较固定资产投资增长率低26.06个百分点，差额最小的为南京市，综合地价增长率较固定资产投资额增长率低1.54个百分点。与2012年相比，综合地价增长率变动值介于−8.03%～13.21%之间，固定资产投资额增长率变动值介于−15.00%～3.8%之间。固定资产投资的增加，在一定程度上拉动了土地需求，有利于带动地价的上涨，但固定资产投资属长线投资，在短期内对地价的直接影响作用并不明显，而地价由于受到房地产调控政策及购房者心理预期等其他因素的影响，在短期内其增速与固定资产投资增速可能存在较大偏离，甚至出现负向变化趋势（图14）。

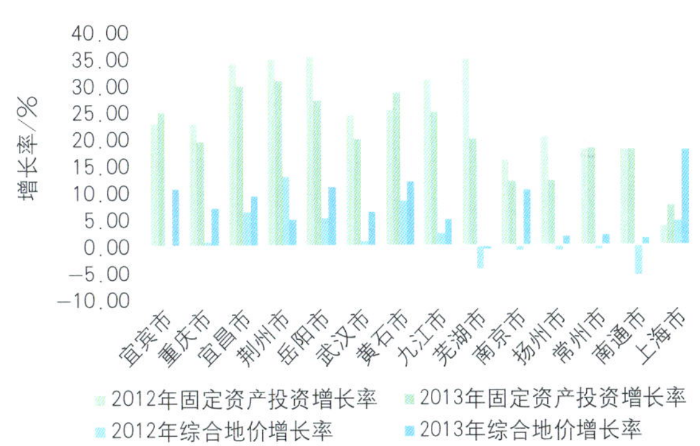


**图14 2012—2013年长江沿线经济带城市综合地价增长率与固定资产投资额增长率比较**

数据来源：综合地价增长率数据来源于中国城市地价动态监测系统，固定资产投资额增长率数据来源于政府工作报告和地方统计局网站等。

**（三）城镇人均可支配收入增长率较高但有所放缓，综合地价增速加快，两者差距缩小**

2013年，长江沿线经济带城市城镇人均可支配收入平均增长率为10.30%，城市间差异较小，最高的荆州市和最低的上海市仅相差2.90个百分点。与2012年相比，城镇人均可支配收入平均增长率小幅回落，下降了3.16个百分点，而综合地价增长率提升明显，较2012年提高了5.02个百分点，除宜宾市、黄石市、岳阳市、南京市和上海市外，其他城市的综合地价增长率依然低于城镇人均可支配收入增长率，但两者之间的差距明显缩小（图15）。

虽然城镇人均可支配收入增速有所放缓，但依然较快，城镇人均可支配收入的增长相应带动了居民消费和购房能力的增强，且随着2013年房地产市场的回暖，居民对房地产市场的乐观预期也加大了住宅用地和商服用地的需求，从而导致城市综合地价的快速上升。

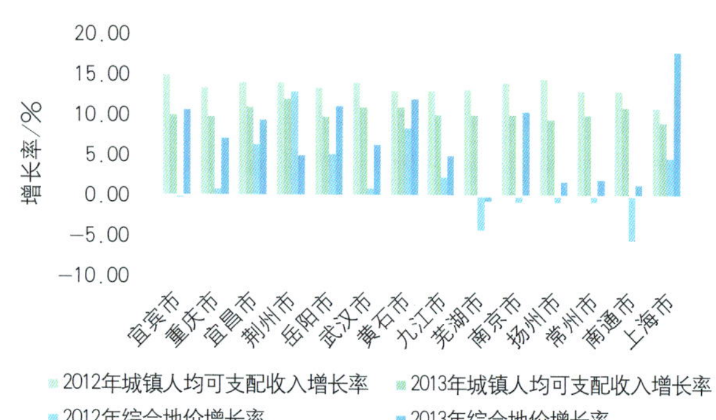


图15　2013年长江沿线经济带城镇人均可支配收入增长率与综合地价增长率比较

数据来源：综合地价增长率数据来源于中国城市地价动态监测系统，城镇人均可支配收入增长率数据来源于政府工作报告和地方统计局网站等。

### （四）四大重点城市城镇化水平提升与综合地价增长基本协调

2009 年以来，长江沿线经济带四大重点城市上海市、南京市、武汉市、重庆市城镇化水平每年提高 0.5 ~ 2.0 个百分点，城镇化水平保持稳定提升，而四大重点城市综合地价增长率由于宏观经济形势和房地产调控措施等因素影响波动幅度较大。四大重点城市综合地价增长率大多数年份均明显高于城镇化率增幅①，主要因为虽然近年来城镇化进程加快，但城市建设周期较长，四大重点城市年度城镇化率增幅一般不超过 2 个百分点，而 2009—2013 年房地产市场总体较为活跃，大多数城市综合地价增长率均在 2% 以上。2013 年四大重点城市综合地价增长率均明显高于城镇化率增幅，这主要是由于 2013 年各城市城镇化率增幅与 2012 年基本持平，而综合地价增长率提高明显。

城镇化作为经济发展的重要引擎和扩大内需的巨大潜力，既可以拉动投资又可以拉动消费，城镇化进程加大了城镇基础设施建设，推动了城镇人口和产业的集聚，造成土地需求上升加快，因此城镇化水平的提升对地价的上涨有一定的促进作用。从整体来看，综合地价增长与城镇化水平提升基本协调（图 16）。

## 四、2013 年长江沿线经济带城市地价影响因素分析

### （一）区域宏观经济平稳增长和城镇化快速发展，促使城市土地价格平稳上升

2013 年，区域宏观经济平稳增长推动了长江沿

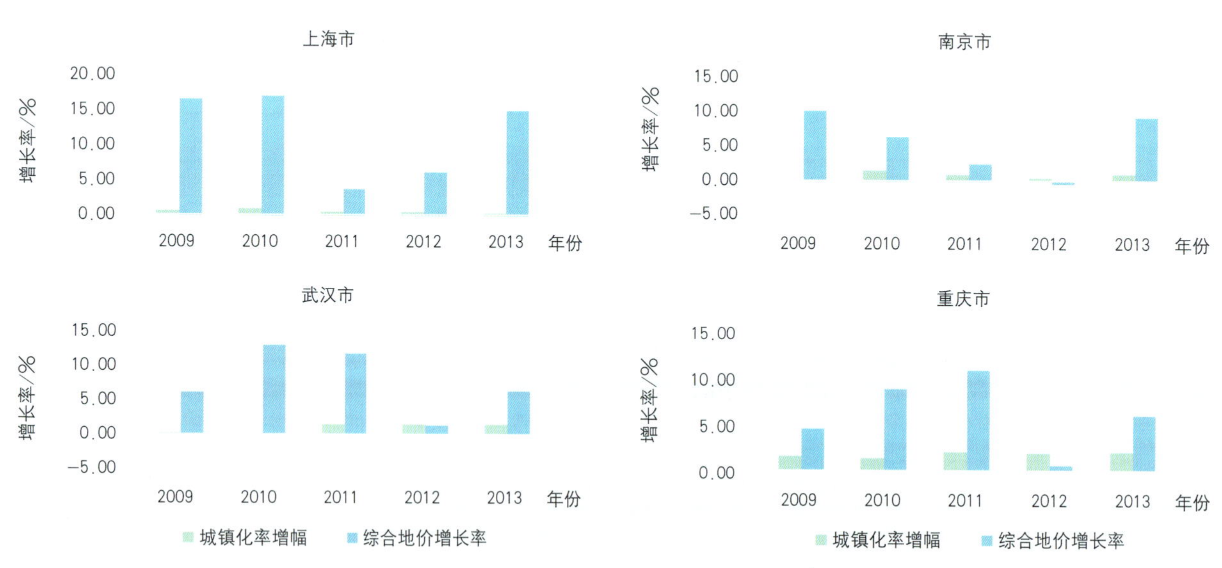


图16　2013年四大重点城市城镇化率增幅与综合地价增长率比较

数据来源：综合地价增长率数据来源于中国城市地价动态监测系统，城镇化率数据来源于各城市统计局网站。

① 城镇化率增幅是指本年度城镇化率减去上一年度城镇化率。

线经济带城市土地价格稳定上升。在“稳增长、调结构、促改革”的宏观经济政策的指引下，中国经济平稳运行。2013年长江沿线经济带城市GDP增长率平均为12.04%[①]，与2012年基本持平，同时第三产业发展较快。经济平稳增长，推动土地需求的抬升、土地价格的稳定上升。

城镇化的快速发展亦是土地价格上涨的主要因素。在城镇化发展过程中，城镇内部拆迁改造量增大，以及城镇建成区的迅速扩张，大量农村人口涌入城市，增加了房地产消费需求，同时城镇居民人均可支配收入持续增长，2013年长江沿线经济带城镇居民人均可支配收入快速增长，介于9.1%～12.0%之间。随着城镇化水平的提高，居民可支配收入的快速增加，购买力的增强，住宅用地需求不断增加，住宅地价平稳上升。

**（二）房地产调控弱化行政干预，一、二线城市房地产市场升温，带动住宅地价较快增长**

在房地产限购限贷调控政策实施1年多、房价缓慢上涨后，2013年房地产调控弱化行政干预，市场力量占据主导，房价预期看涨，自住型购房者集中入市，导致房地产市场供求进一步失衡。此外，随着国际金价大跌，股市、外汇、金融市场的不景气，越来越多的投资者把资金转移到国内房地产上来，同时货币贬值、物价上涨，房地产投资成为货币保值增值的首选途径。2013年长江沿线经济带一、二线城市中，房价上升较快，其中上海市和南京市房价增长尤为明显。

长江沿线经济带城市中，一、二线城市上海市、南京市、武汉市和重庆市四个城市，主要为国内的直辖市、省级城市和副省级城市，能提供优质的资源和优质的公共服务，土地需求旺盛，且土地供给的有限性导致这些城市资源的稀缺，进而导致城市房价和地价的上涨，同时2013年地方性债务压力和流动性充裕并存，土地市场供需两旺。2013年四大重点城市的住宅地价平均增长10.24%，综合地价增长7.88%。其中，上海市和南京市的住宅地价增长均在10%以上，综合地价增长在9%以上。

**（三）三、四线城市的房地产开发企业商品房库存较多，房价增长总体呈现回落态势，加之区域发展差异导致房地产市场分异，城市间地价涨幅不平衡**

三、四线城市的房地产开发企业以中小企业为主，且商品房库存较多，资金实力不强，开发商预期分化，大部分三、四线城市房价平稳甚至有所回落。因此，总体上来看，2013年长江沿线经济带三、四线城市地价增长慢于一、二线城市。但由于长江沿线经济带地域辽阔，区域发展差异使得长江沿线经济带城市三、四线城市房地产市场出现分异，地价涨幅不平衡。

位于下游地区的常州市、南通市和扬州市地价增长较为缓慢，其综合地价和住宅地价增长率均在2%以下，而位于上、中游地区的城市不论是综合地价还是住宅地价增长率均在3%以上，其中黄石市、岳阳市和宜宾市3市综合地价增长率在8%以上，住宅地价增长率在10%以上。下游的常州市、南通市和扬州市表现出典型的三、四线城市的特点，这些城市已进入工业化、城市化中后期，房地产市场趋于饱和，城市房产库存加大，去库存化压力日益显现，导致房价和地价增长较为缓慢。上、中游地区的三、四线城市则出现了异化，城市多处于工业化、城市化快速推进阶段，随着西部大开发战略、中部崛起战略的不断实施，内需的扩大和要素、资源价格的上升，更有利于上、中游地区发挥资源禀赋优势，加快发展，经济增长快于下游地区，城市房地产市场发展迅速，房价和地价增长速度亦明显快于下游地区。

**（四）住宅用地供应面积占比小以及保障性住房供应面积占比减少，一定程度上推动了住宅地价的上涨**

从2013年建设用地供应情况来看，一、二、三、四季度住宅用地供应面积占建设用地供应总面积的比例分别为24.92%、26.08%、23.44%和21.60%，而工矿仓储用地供应面积占建设用地供应总面积的比例分别为37.01%、34.29%、24.52%和24.63%。与工矿仓储用地供应面积占比相比，住宅用地供应面积占比小，而各城市对住宅用地的需求又较多，尤其是2013年各地住

① 长江沿线经济带城市GDP增长率为14个主要监测城市GDP增长率的平均值。

房刚性、改善性需求释放，多数城市出现供不应求的情况，一定程度上推动住宅用地价格的上涨。

另外2013年度，长江沿线经济带城市保障性住房（经济适用房、廉租房和公共租赁住房）用地供应面积占住宅用地供应面积的比例为22.78%，与2012年相比，下降了3.29个百分点，保障性住房用地供应面积占住宅用地供应总面积的比例减少，对住宅用地价格的上涨产生了一定的影响。

**（五）年末房地产调控加码，四季度住宅地价增长率回落**

2013年年底为了遏制房价的快速增长，继深圳市、北京市、上海市等一线城市出台楼市调控新政后，越来越多的二、三线城市陆续跟进，“加码”楼市调控，内容涉及二套房首付比例提高，增加住宅用地供应等措施，短期内对遏制房价和地价的快速增长起了一定作用。

长江沿线经济带贯穿我国东西，沿线城市房地产市场“冷暖”不均，各地年底调控政策亦有差异。其中，上海市11月8日出台“沪七条”，提出落实房价调控目标、增加住房供给、提高二套房首付比例和提高非户籍居民家庭购房门槛等7条措施。武汉市11月18日出台“汉八条”，规定外地户籍居民家庭申请购房，必须在汉缴税或缴纳社会保险年限，由之前的1年调整为2年，并仅限购1套住房。南京市11月25日出台“宁八条”，其核心内容是将南京市二套房首付比例提高到7成。常州市11月13日出台《常州市市区公共租赁住房管理办法》，完善住房保障体系，促进房价的平稳发展。重庆市11月22日出台《重庆市公共租赁住房换租操作办法（试行）》，积极推进公租房建设，建立打破城乡、地域和户籍差别的住房保障制度，保障对象扩大到既享受不到廉租房保障又暂时买不起商品房的“夹心层”群体。以上各城市调控政策虽有差异，但总体上促进了长江沿线经济带城市楼市的平稳发展，并促使地价增长率回落，整体上住宅地价增长率由3季度的2.54%回落至2.20%，下降了0.34个百分点。

## 五、2014年长江沿线经济带城市地价状况预测

**（一）长江经济带规划启动编制，部分城市地价水平将稳步提升**

2013年9月23日，国家发改委会同交通运输部在北京启动《依托长江建设中国经济新支撑带指导意见》（以下简称《指导意见》）研究起草工作。此举将是带动长江沿线上、中、下游地区整盘复兴的全局战略，长江经济带有望真正成为“中国经济脊梁”。经过近30年的蓄势和呼吁，长江经济带的开发构想终于升级为国家战略。

长江经济带的发展战略定位主要包括4个方面：一是依托长江三角洲地区城市群、长江中游城市群、成渝城市群；二是做大上海市、武汉市、重庆市三大航运中心；三是推进长江中上游腹地开发；四是促进“两头”开发开放，即上海及中巴（巴基斯坦）、中印缅经济走廊。依托这4个定位，最终拓展中国经济发展空间，形成转型升级新支撑带。《指导意见》将从综合交通、产业转型、新型城镇化、对外开放、生态廊道和机制体制创新等6个方面，升级、再造长江经济带。

长江经济带规划的启动，将进一步推动长江沿线经济带城市的工业化和城镇化的进程，不断完善长江沿线城市的基础设施建设，特别是交通设施建设，带动长江沿线部分城市地价持续、稳步上升。

**（二）一、二线城市地价增长将趋于稳定**

2013年年底长江沿线经济带房价上涨较快的一、二线城市进一步加大了房地产市场调控力度，提高了二套房交易成本，增加了保障性住房供应，并强调增加土地和普通住宅供应，通过改善供需来平稳房价。另外国务院常务会议决定整合不动产登记职责、建立不动产统一登记制度，以及启动城乡统一建设用地市场等多项改革措施有助于稳定2014年房地产市场预期，市场需求将有所降温。但由于城镇化的持续推进和居民收入的稳定增长，一、二线城市在人口集中、收入增加及投资渠道单一的共同作用下，刚性需求依然强劲，因此一、二线城市仍然存在房价上涨压力，地价亦有不断上涨的风险。

**（三）三、四线城市地价变动持续分化**

目前长江沿线经济带三、四线城市房地产市场地区差异较为明显，其中位于下游地区的常州市、扬州市和南通市三市房产市场供过于求，商品房库存压力大，房价上涨速度趋缓，甚至常州市房价开始下跌，部分企业和项目融资难度较大，资金支持较为紧张，房地产投资呈放缓态势。因此，2014年长江沿线经济带下游地区城市房价将出现调整，有下行风险，地价亦会相应变动。而上、中游地区城市随着中西部发展战略的不断实施，特别是《湖北

长江经济带“十二五”规划》的实施，将带动湖北长江沿线城市交通基础设施建设，尤其是港口航运建设，长江干线航道的通航能力将大幅提升，干支直达的水运网络将不断完善。不断协调推进“以港兴城”战略，着力提升沿江地区城镇化水平与城镇综合实力，并加强与上、中、下游省市联合与合作，联合湖南省岳阳市、江西省九江市打造长江中游地区港口群，建立与江苏省沿江开发、安徽省皖江开发联动机制。以上开发建设将带动长江沿线经济带上、中游地区城市地价的稳定上升。

**（四）工业用地价格将持续上涨**

长江沿线经济带城市工业发展较快，工业用地需求量较大，而近年来工业用地取得成本不断增加，这势必影响其工业地价的变化。十八届三中全会提出“建立有效调节工业用地和居住用地合理比价机制，提高工业用地价格”，国土资源部将探索实行“租让结合、先租后让”的工业用地供应制度，积极推行工业用地出让弹性年期制，并且未来工业用地的出让价将根据真实的市场定价来确定，这意味着工业用地价格将有所抬升。同时，为了促进土地集约化利用，2014 年 1 月 10 日全国国土资源工作会议上提出，包含长江三角洲地区的东部三大城市群发展要以盘活土地存量为主，将逐步调减东部地区新增建设用地供应，除生活用地外，原则上不再安排人口 500 万以上的特大城市新增建设用地。这表明，未来长江沿线经济带城市工业地价将有所抬升，尤其是下游地区对工业用地出让的限制，将导致工业用地价格的不断提升。

此外，长江沿线经济带城市的工业经济发展也是工业地价增长的有力支撑。2013 年，上海市全年规模以上工业总产值 32088.88 亿元，同比增长 4.4%；南京市规模以上工业企业全年完成工业总产值 12647.14 亿元，同比增长 10.3%；武汉市 1—11 月规模以上工业总产值 9382.57 亿元，同比增长 18.4%；重庆市全年规模以上工业总产值 15824.86 亿元，同比增长 14.5%[①]。2014 年长江沿线经济带城市工业经济将延续 2013 年的企业效益向好态势继续稳定发展。

综上，2014 年长江沿线经济带城市工业地价将持续上涨。

① 数据来源：上海统计局、南京市统计局、武汉统计信息网和重庆统计信息网。

# 基于面板数据的长江沿线经济带城市地价与城市化水平关系研究

城市化也叫城镇化，是一个国家或地区实现人口集聚、财富集聚、技术集聚和服务集聚的过程。随着城市化的不断发展，引发的各种问题也得到关注，尤其是对土地价格的影响，城市的快速发展导致城市地价加速上升。本研究拟通过面板数据研究城市化水平与地价之间的关系，通过相关性分析研究影响地价变动的重要的城市化因子以及这些因子对地价的影响程度。

## 一、城市化指标体系构建

本研究根据系统性原则、具有代表性原则、准确性原则以及可操作性原则，选择人口城市化、经济城市化、土地城市化、基础设施城市化和生活方式城市化等5个方面来构建城市化指标体系，并通过10个指标来反映（表1）。

表1　城市化指标体系

| 一级指标 | 二级指标 |
|---|---|
| 人口城市化（A） | 非农业人口占总人口比重（$X_1$）<br>人口密度（$X_2$） |
| 经济城市化（B） | 非农产值比例（$X_3$）<br>城镇居民人均可支配收入（$X_4$） |
| 土地城市化（C） | 区域建设用地占比（$X_5$） |
| 基础设施城市化（D） | 人均道路面积（$X_6$）<br>建成区绿化覆盖率（$X_7$） |
| 生活方式城市化（E） | 万人拥有高校教师数（$X_8$）<br>人均社会消费品零售额（$X_9$）<br>万人拥有医生数（$X_{10}$） |

## 二、数据来源和分析方法

### 1. 数据来源

本研究选取的截面数据为长江沿线经济带14个主要监测城市。由于2006—2008年为我国地价剧烈变动期，2008年国家开始实施各种宏观调控政策，地价逐渐趋于稳定，根据数据的可采集性，将本研究的时间维度设定为2008—2011年。本研究的样本总量为56个，数据主要来源于《中国城市统计年鉴》(2009—2012年)、各地方统计年鉴和中国城市地价动态监测网等。

### 2. 分析方法

单方程面板数据的一般模型：

$$y_{it}=\alpha_i+x_{it}\beta_i+\varepsilon_{it}\quad(i=1\cdots n\ ;\ t=1\cdots T)$$

式中，$y_{it}$ 为城市综合地价水平值；$x_{it}$ 为与综合地价值相对应的城市化水平分类因子，即影响因素；$\varepsilon_{it}$ 为随机干扰项；$\alpha_i$ 是反映个体差异变量的影响，在模型中可能是随机或者固定的。将上式进一步具体化，可得城市地价水平的面板数据模型：

$$DJ(\text{综合地价})_{it}=(X_{1it}+X_{2it}+X_{3it}+X_{4it}+X_{5it}+X_{6it}+X_{7it}+X_{8it}+X_{9it}+X_{10it})\beta_i+\alpha_i+\varepsilon_{it}。$$

## 三、模型构建与分析

本研究将长江沿线经济带14个主要监测城市的综合地价与城市化各因子进行回归分析。通过Hausman检验对随机效应模型和固定效应模型进行筛选，运用STATA8.0软件检验结果显示，Prob>chi2=0.0561 ≠ 0，即表明研究数据更适合采用随机效应模型进行估计分析，估计方法为最小二乘法，得到回归方程为：

$$DJ=52.9823X_1+0.3070X_2-20.1834X_3+0.2065X_4+41.4282X_5-149.9936X_6-0.5627X_7+9.4023X_8-0.0209X_9+6.7701X_{10}-1064.181。$$

从随机效应模型分析结果可知，Wald chi2(10)=117.47，Prob>chi2=0.0000，表明模型本身较为显著，回归方程有效。

分析结果表明，非农业产值占比、人均道路面积、建成区绿化覆盖率和人均社会消费品零售额与综合地价之间都呈负向显著相关。非农业产值占比与地价呈负相关，这与常识不符，可能的解释是，本指标采用的数据是为市辖区的数据，各个城市市辖区的非农业产值比例都很高，城市之间的差异较小，甚至一些城市地价较低而城区的非农产值却较高；人均道路面积与地价呈负相关，主要是因为人均道路面积越低体现城市人口密度越大，而人口密度大会增加对土地的需求，使得土地价格提升，国际上一些大城市如上海、香港、东京等的人均道路面积很低，但是其土地价格却很高；人均社会消费品零售额高导致人们对房地产的投资减少，使得对土地的需求减少，从而地价下降；建成区绿化覆盖率与综合地价呈负相关是与长江沿线经济带中西部城市山区较多，绿化覆盖率高的特色有关。其他因子与综合地价呈正向显著相关，其中非农业人口增多，大量的农村人口涌入城市，城市人口密度也随之增加，会使得对土地的需求增多，促进地价上涨；建设用地占比增多表明土地利用程度提高，城市建设用地需求不断增加，土地供需矛盾日趋紧张；其他城市化因子如城镇居民人均可支配收入和万人拥有教师数和医生数的提高能反映公用设施等条件的不断完善，一定程度上提升城市功能，提高地价。

此外，本研究采用同样的分析方法对商业、住宅和工业地价与城市化水平之间的关系进行分析。由于本研究构建的城市化指标体系为二级指标体系，为了更好地解释城市化总体水平与地价之间的关系，通过加权赋值计算的方法，计算城市化水平的弹性系数，计算公式为

$$D_i=\frac{|C_i|}{\sum_{i=1}^{n}|C_i|}\times 100\%$$

式中，$D_i$为弹性系数，$C_i$为回归分析的估计系数①，计算结果如表2：

表2　城市化水平对各用途地价的弹性系数

| 用途 | 商业 | 住宅 | 工业 | 综合 |
|---|---|---|---|---|
| 弹性系数 | 147.65 | 85.93 | 0.29 | 55.87 |

从表2可以看出，城市化与各用途地价都有显著的相关关系，其中商业弹性系数最高、住宅和综合次之，工业最低。这主要是因为各地正在努力发展新型服务型城市，不断降低第二产业的比重，并且很多城市都实行“退二进三”政策，商业服务业用地等第三产业用地大量增加形成产业集聚，而工业企业逐渐远离城区，使得城市功能日趋合理。种种现象表明，目前各个城市发展的阶段性规律，使得工业用地价格受城市化水平的影响最低。

## 四、研究结论与建议

### 1. 研究结论

（1）通过随机效应模型分析发现，城市化水平与综合地价之间存在显著的相关关系。城市化各因子中，非农业人口比重、人口密度、人均可支配收入、城区建设用地占比、万人拥有教师数和医生数都对城市综合地价呈显著的正相关关系。

（2）城市化与各用途地价都有显著的相关关系，但是由于城市发展的规律使得商业和住宅地价受城市化影响较大，工业地价受城市化影响较小。

### 2. 建议

随着城市化水平的不断提高，社会经济的不断发展，城市地价水平的提高已成为必然，政府和公众应该理性对待地价上涨的问题。政府应该加大对城市郊区及边缘地区的发展力度，完善其相关的配套设施等以减少区域差异，防止大量的人口涌入城区，造成地价暴涨，应该合理控制城区人口规模。此外，在发展经济的同时，要控制城市的用地扩张，注重提高土地利用效率和内部挖潜。

① 魏静等．征地片区综合地价影响因素的相关分析——以河北省冀州市为例．中国土地科学，2007.21（4）：49～54。

# 03 部分 / 重点城市地价整体状况

# 2013年 北京市地价整体状况

## 一、地价整体水平

2013年，北京市城市地价综合水平值为9771元/米$^2$。其中，商服地价水平值为13878元/米$^2$，住宅地价水平值为14688元/米$^2$，工业地价水平值为1623元/米$^2$。住宅地价高于商服地价，工业地价水平也较高，水平值之比为1：1.06：0.12。住宅地价最高，工业地价最低，见图1。

## 二、地价整体增长率

与2012年相比，2013年北京市城市地价总体呈明显上升趋势，地价综合增长率（平均值）为7.61%。其中，商服地价平均增长率为7.22%，住宅地价平均增长率为8.10%，工业地价平均增长率为3.44%。住宅地价增长率较大，商服地价增长率次之，工业地价增长率最小，见图2。

北京市地价整体增长率历年状况如表1。

## 三、城市地价指数

2013年，北京市城市综合地价指数为299，比2012年增加21个点数；商服地价指数为252，比2012年增加18个点数；住宅地价指数为409，比2012年增加30个点数；

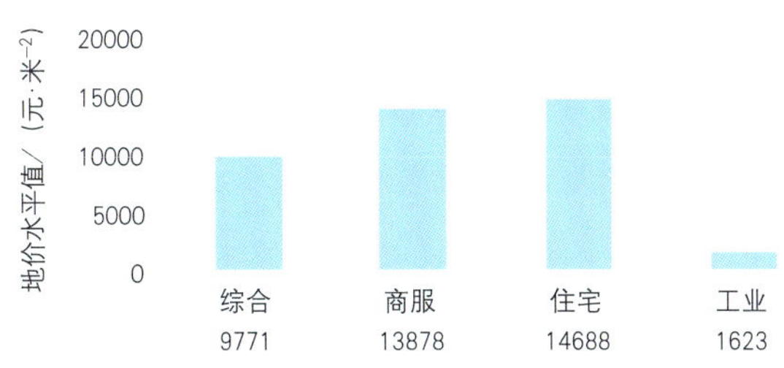


图1　北京市地价整体水平值

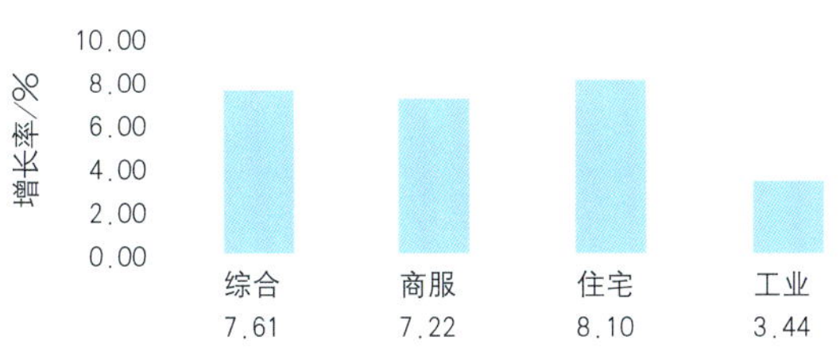


图2　北京市地价整体增长率

表1　北京市地价整体增长率历年状况

单位：%

| 年份 | 综合 | 商服 | 住宅 | 工业 |
|---|---|---|---|---|
| 2009 | 2.58 | -0.83 | 3.84 | 0.93 |
| 2010 | 22.19 | 18.33 | 23.85 | 16.61 |
| 2011 | 2.17 | 4.75 | 0.87 | 8.80 |
| 2012 | 1.05 | 1.23 | 0.85 | 3.22 |
| 2013 | 7.61 | 7.22 | 8.10 | 3.44 |

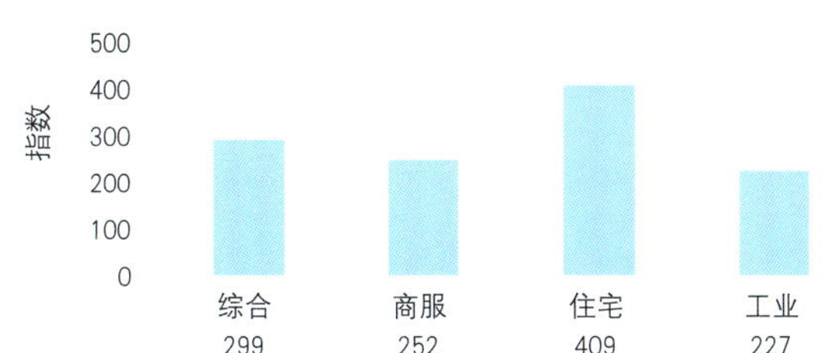


图3　北京市地价整体指数

表2　北京市地价整体指数历年状况

| 年份 | 综合 | 商服 | 住宅 | 工业 |
|---|---|---|---|---|
| 2009 | 220 | 187 | 301 | 168 |
| 2010 | 269 | 221 | 373 | 196 |
| 2011 | 275 | 232 | 376 | 213 |
| 2012 | 278 | 234 | 379 | 220 |
| 2013 | 299 | 252 | 409 | 227 |

工业地价指数为227，比2012年增加7个点数。其中，住宅地价指数较高，商服地价指数次之，工业地价指数最低。见图3。

北京市地价整体指数历年状况如表2。

## 四、住宅地价与相关经济指标协调状况①

与2012年相比，2013年北京市地区生产总值增长率为7.7%，全社会固定资产投资增长率为8.8%，商品住宅销售价格增长率为7.86%。住宅地价增长率为8.10%，比地区生产总值增长率高0.4个百分点，比全社会固定资产投资增长率低0.7个百分点，比商品住宅销售价格增长率高0.24个百分点，住宅用地地价房价比为28.29%。北京市住宅地价增长率与地区生产总值、全社会固定资产投资及商品住宅销售价格增长率比较，见图4。

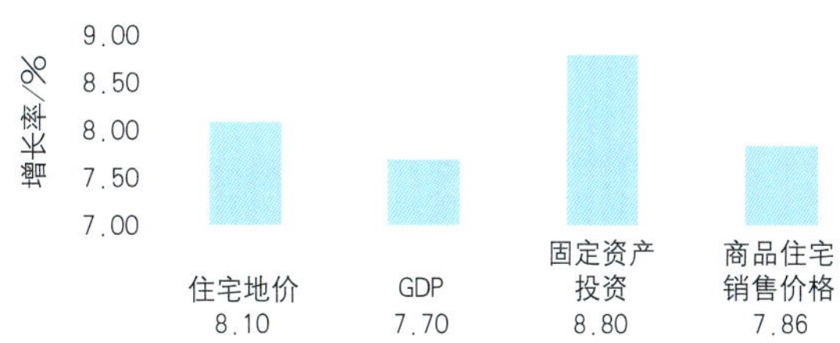


图4　北京市住宅地价与相关经济指标增长率比较

① 数据来源：北京统计信息网、中国城市地价动态监测系统、《中国统计年鉴》、中国房地产指数系统数据库。

# 2013 年 天津市地价整体状况

## 一、地价整体水平

2013 年，天津市城市地价综合水平值为 5443 元／米$^2$。其中，商服地价水平值为 8580 元／米$^2$，住宅地价水平值为 5862 元／米$^2$，工业地价水平值为 802 元／米$^2$。商服地价、住宅地价、工业地价水平呈梯状排列，水平值之比为 1∶0.68∶0.09。商服地价最高，工业地价最低。见图 1。

## 二、地价整体增长率

与 2012 年相比，2013 年天津市城市地价总体呈上升趋势，地价综合增长率（平均值）为 4.57%。其中，商服地价平均增长率为 3.84%，住宅地价平均增长率为 5.15%，工业地价平均增长率为 2.82%。住宅地价增长率最大，商服地价增长率次之，工业地价增长率较小。见图 2。

天津市地价整体增长率历年状况如表 1。

## 三、城市地价指数

2013 年天津市城市综合地价指数为 221，比 2012 年增加 10 个点数；商服地价指数为 204，比 2012 年增加 7 个点数；住宅地价指数为 272，比 2012 年增加 14 个点数；

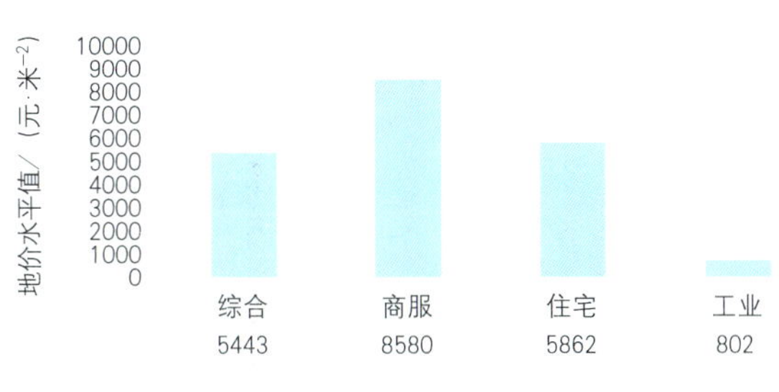


图1　天津市地价整体水平值

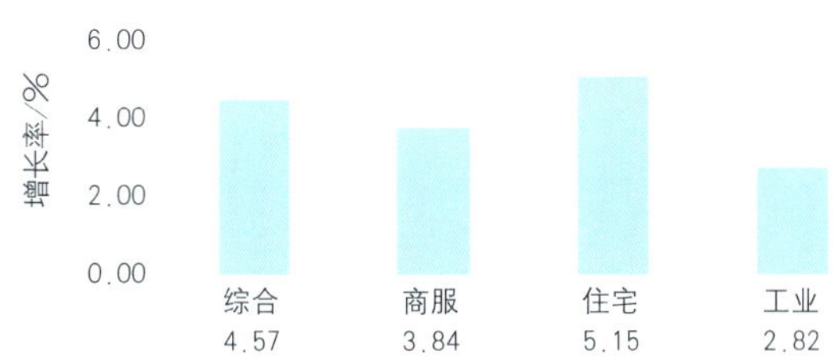


图2　天津市地价整体增长率

表1　天津市地价整体增长率历年状况

单位：%

| 年份 | 综合 | 商服 | 住宅 | 工业 |
|---|---|---|---|---|
| 2009 | 6.92 | 4.15 | 9.31 | 2.59 |
| 2010 | 13.63 | 9.23 | 17.26 | 6.03 |
| 2011 | 3.49 | 0.67 | 5.45 | 1.59 |
| 2012 | 3.83 | 5.05 | 3.20 | 1.56 |
| 2013 | 4.57 | 3.84 | 5.15 | 2.82 |

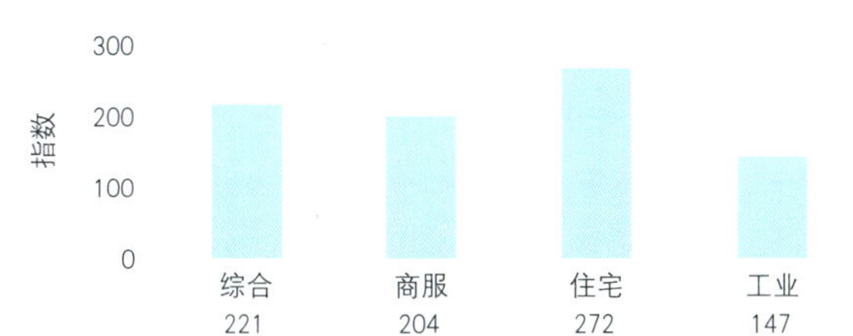


图3　天津市地价整体指数

表2　天津市地价整体指数历年状况

| 年份 | 综合 | 商服 | 住宅 | 工业 |
|---|---|---|---|---|
| 2009 | 173 | 170 | 203 | 131 |
| 2010 | 197 | 186 | 238 | 139 |
| 2011 | 204 | 187 | 250 | 141 |
| 2012 | 211 | 197 | 258 | 143 |
| 2013 | 221 | 204 | 272 | 147 |

工业地价指数为147，比2012年增加4个点数。其中，住宅地价指数较高，商服地价指数次之，工业地价指数最低。见图3。

天津市地价整体指数历年状况如表2。

## 四、住宅地价与相关经济指标协调状况①

与2012年相比，2013年天津市地区生产总值增长率为12.5%，全社会固定资产投资增长率为14.1%，商品住宅销售价格增长率为4.74%。住宅地价增长率为5.15%，比全市生产总值增长率低7.35个百分点，比全社会固定资产投资增长率低8.95个百分点，比商品住宅销售价格增长率高0.41个百分点，住宅用地地价房价比为41.09%。天津市住宅地价增长率与地区生产总值、全社会固定资产投资及商品住宅销售价格增长率比较，见图4。

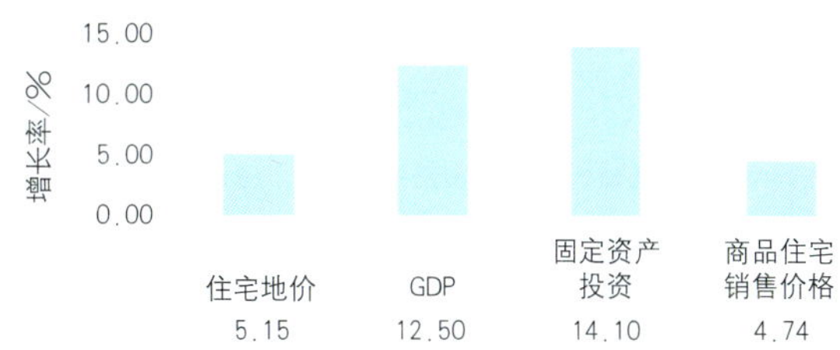


图4　天津市住宅地价与相关经济指标增长率比较

① 数据来源：天津统计信息网、中国城市地价动态监测系统、《中国统计年鉴》、中国房地产指数系统数据库。

# 2013年 石家庄市地价整体状况

## 一、地价整体水平

2013年，石家庄市城市地价综合水平值为1954元/米$^2$。其中，商服地价水平值为2626元/米$^2$，住宅地价水平值为2245 /米$^2$，工业地价水平值为672元/米$^2$。商服地价、住宅地价、工业地价水平呈梯状排列，水平值之比为1：0.85：0.26。商服地价最高，工业地价最低。见图1。

## 二、地价整体增长率

与2012年相比，2013年石家庄市城市地价总体呈上升趋势，地价综合增长率（平均值）为5.25%。其中，商服地价平均增长率为5.46%，住宅地价平均增长率为5.88%，工业地价平均增长率为0.19%。住宅地价增长率最大，商服地价增长率次之，工业地价增长率最小。见图2。

石家庄市地价整体增长率历年状况如表1。

## 三、城市地价指数

2013年，石家庄市城市综合地价指数为186，比2012年增加9个点数；商服地价指数为180，比2012年增加9个点数；住宅地价指数为215，比2012年增加12个点数；

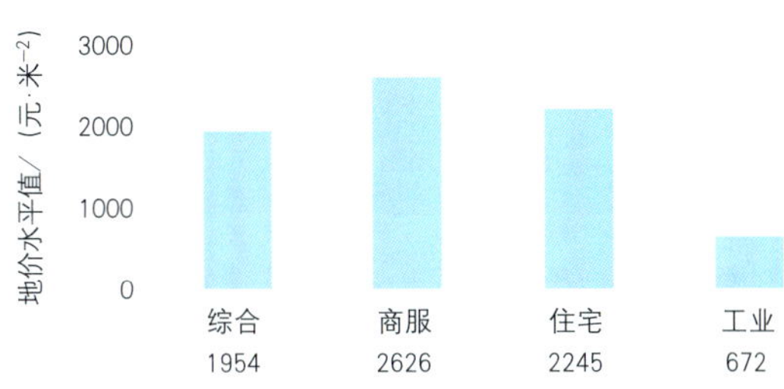


图1 石家庄市地价整体水平值

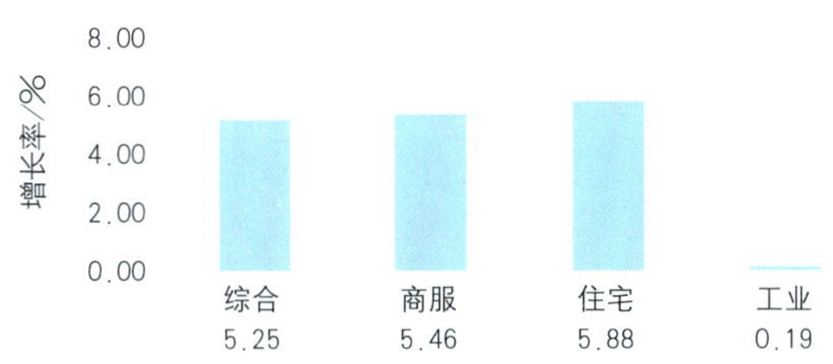


图2 石家庄市地价整体增长率

表1 石家庄市地价整体增长率历年状况

单位：%

| 年份 | 综合 | 商服 | 住宅 | 工业 |
|---|---|---|---|---|
| 2009 | 0.12 | 0.12 | 0.14 | 0.05 |
| 2010 | 18.40 | 14.77 | 23.29 | 0.20 |
| 2011 | 14.68 | 13.64 | 17.85 | 0.17 |
| 2012 | 8.70 | 9.33 | 9.77 | 0.17 |
| 2013 | 5.25 | 5.46 | 5.88 | 0.19 |

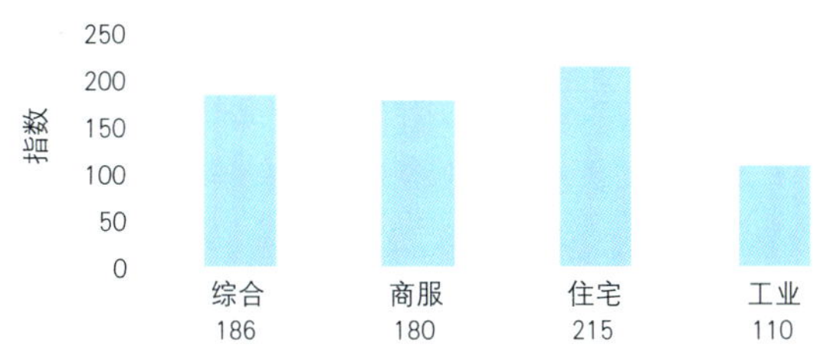


图3 石家庄市地价整体指数

表2 石家庄市地价整体指数历年状况

| 年份 | 综合 | 商服 | 住宅 | 工业 |
|---|---|---|---|---|
| 2009 | 120 | 120 | 127 | 110 |
| 2010 | 143 | 137 | 157 | 110 |
| 2011 | 163 | 156 | 185 | 110 |
| 2012 | 177 | 171 | 203 | 110 |
| 2013 | 186 | 180 | 215 | 110 |

工业地价指数为110，与2012年持平。其中，住宅地价指数较高，商服地价指数次之，工业地价指数最低。见图3。

石家庄市地价整体指数历年状况如表2。

## 四、住宅地价与相关经济指标协调状况①

与2012年相比，2013年石家庄市地区生产总值增长率为9.5%，固定资产投资增长率为20%，商品住宅销售价格增长率为4.86%。住宅地价增长率为5.88%，比地区生产总值增长率低3.62个百分点，比固定资产投资增长率低14.12个百分点，比商品住宅销售价格增长率高1.02个百分点，住宅用地地价房价比为30.07%。石家庄市住宅地价增长率与地区生产总值、固定资产投资及商品住宅销售价格增长率比较，见图4。

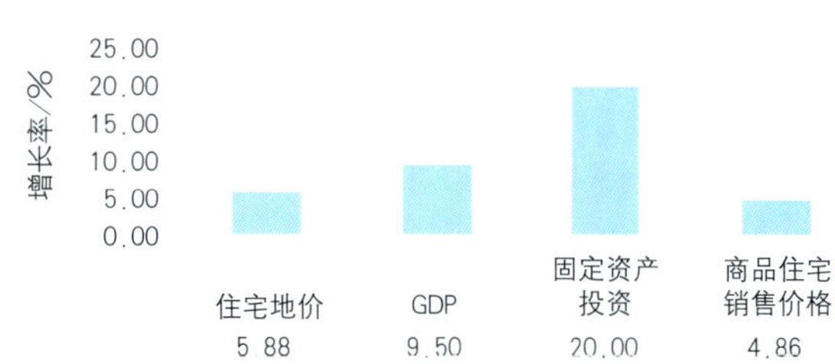


图4 石家庄市住宅地价与相关经济指标增长率比较

① 数据来源：石家庄市政府信息公开平台、中国城市地价动态监测系统、《中国统计年鉴》、中国房地产指数系统数据库。

# 2013 年
# 太原市地价整体状况

## 一、地价整体水平

2013 年，太原市城市地价综合水平值为 1745 元／米 $^2$。其中，商服地价水平值为 2877 元／米 $^2$，住宅地价水平值为 2049 元／米 $^2$，工业地价水平值为 804 元／米 $^2$。商服地价、住宅地价、工业地价水平呈梯状排列，水平值之比为 1：0.71：0.28。商服地价最高，工业地价最低。见图 1。

## 二、地价整体增长率

与 2012 年相比，2013 年，太原市城市地价总体呈大幅上升趋势，地价综合增长率（平均值）为 40.95%。其中，商服地价平均增长率为 45.38%，住宅地价平均增长率为 37.98%，工业地价平均增长率为 18.24%。商服地价增长率较大，住宅地价增长率次之，工业地价增长率最小。见图 2。

太原市地价整体增长率历年状况如表 1。

## 三、城市地价指数

2013 年，太原市城市综合地价指数为 230，比 2012 年增加 67 个点数；商服地价指数为 244，比 2012 年增加 76 个点数；住宅地价指数为 228，比 2012 年增加 63 个点数；工

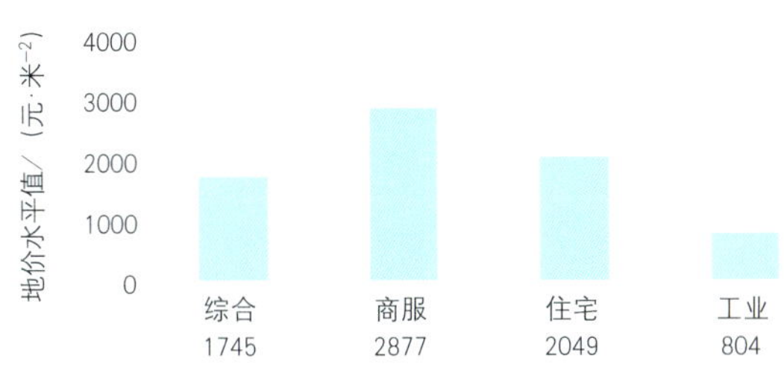


图1 太原市地价整体水平值

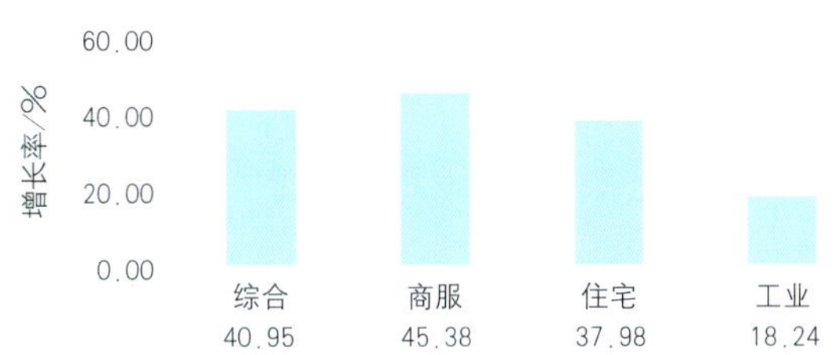


图2 太原市地价整体增长率

表1 太原市地价整体增长率历年状况

单位：%

| 年份 | 综合 | 商服 | 住宅 | 工业 |
|---|---|---|---|---|
| 2009 | 2.09 | 0.60 | 4.01 | 2.71 |
| 2010 | 7.68 | 5.74 | 10.57 | 7.38 |
| 2011 | 4.60 | 4.42 | 4.63 | 5.24 |
| 2012 | 6.59 | 6.06 | 7.69 | 5.75 |
| 2013 | 40.95 | 45.38 | 37.98 | 18.24 |

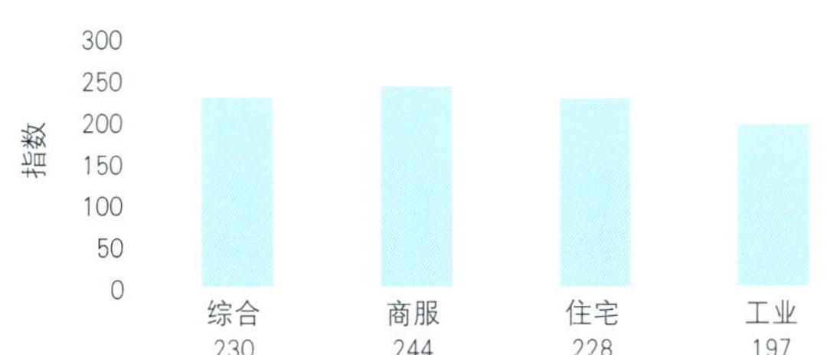


图3 太原市地价整体指数

表2 太原市地价整体指数历年状况

| 年份 | 综合 | 商服 | 住宅 | 工业 |
|---|---|---|---|---|
| 2009 | 135 | 143 | 133 | 139 |
| 2010 | 146 | 151 | 147 | 149 |
| 2011 | 153 | 158 | 154 | 157 |
| 2012 | 163 | 168 | 165 | 166 |
| 2013 | 230 | 244 | 228 | 197 |

业地价指数为197，比2012年增加31个点数。其中，商服地价指数较高，住宅地价指数次之，工业地价指数最低。见图3。

太原市地价整体指数历年状况如表2。

## 四、住宅地价与相关经济指标协调状况①

与2012年相比，2013年太原市地区生产总值增长率为8.1%，全市固定资产投资增长率为26.5%，商品住宅销售价格增长率为4.11%。住宅地价增长率为37.98%，比地区生产总值增长率高29.88个百分点，比全市固定资产投资增长率高11.48个百分点，比商品住宅销售价格增长率高33.87个百分点，住宅用地地价房价比为21.22%。太原市住宅地价增长率与地区生产总值、全市固定资产投资及商品住宅销售价格增长率比较，见图4。

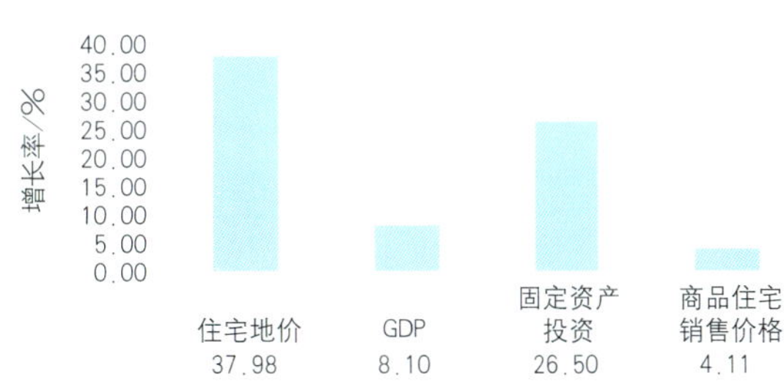


图4 太原市住宅地价与相关经济指标增长率比较

① 数据来源：太原市统计信息网、中国城市地价动态监测系统、《中国统计年鉴》、中国房地产指数系统数据库。

# 2013年 呼和浩特市地价整体状况

## 一、地价整体水平

2013年，呼和浩特市城市地价综合水平值为2974元/米²。其中，商服地价水平值为4204元/米²，住宅地价水平值为3291元/米²，工业地价水平值为503元/米²。商服地价、住宅地价、工业地价水平呈梯状排列，水平值之比为1∶0.78∶0.12。商服地价最高，工业地价最低。见图1。

## 二、地价整体增长率

与2012年相比，2013年呼和浩特市城市地价总体呈大幅上升趋势，地价综合增长率（平均值）为14.43%。其中，商服地价平均增长率为15.87%，住宅地价平均增长率为14.34%，工业地价平均增长率为9.64%。商服地价增长率较大，住宅地价增长率次之，工业地价增长率最小。见图2。

呼和浩特市地价整体增长率历年状况如表1。

## 三、城市地价指数

2013年，呼和浩特市城市综合地价指数为256，比2012年增加32个点数；商服地价指数为311，比2012年增加43个点数；住宅地价指数为246，比2012年增加31个

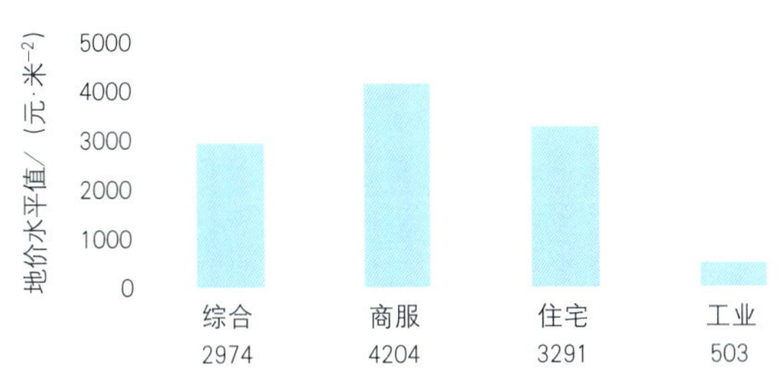


图1 呼和浩特市地价整体水平值

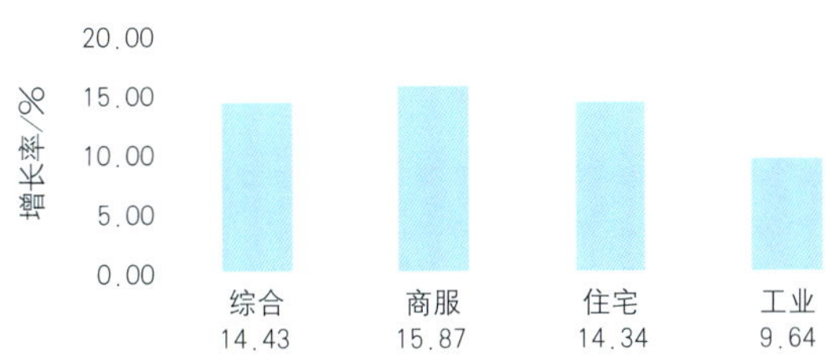


图2 呼和浩特市地价整体增长率

表1 呼和浩特市地价整体增长率历年状况

单位：%

| 年份 | 综合 | 商服 | 住宅 | 工业 |
|---|---|---|---|---|
| 2009 | 7.16 | 8.21 | 5.42 | 4.79 |
| 2010 | 14.86 | 14.20 | 16.23 | 15.24 |
| 2011 | 14.40 | 16.20 | 10.84 | 12.68 |
| 2012 | 13.00 | 14.55 | 12.93 | 9.88 |
| 2013 | 14.43 | 15.87 | 14.34 | 9.64 |

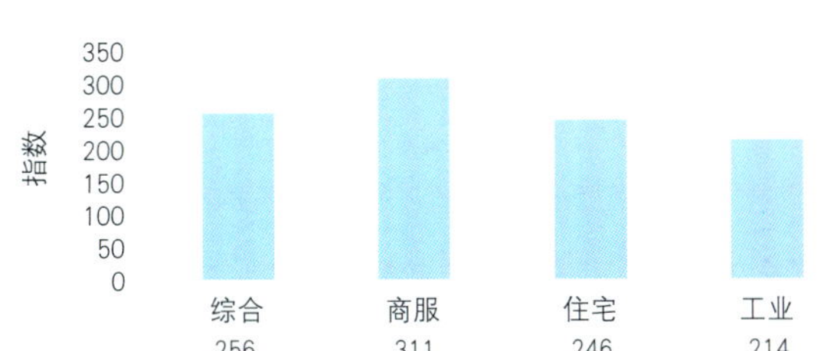


图3 呼和浩特市地价整体指数

表2 呼和浩特市地价整体指数历年状况

| 年份 | 综合 | 商服 | 住宅 | 工业 |
|---|---|---|---|---|
| 2009 | 151 | 176 | 148 | 137 |
| 2010 | 173 | 201 | 172 | 158 |
| 2011 | 198 | 234 | 191 | 178 |
| 2012 | 224 | 268 | 215 | 195 |
| 2013 | 256 | 311 | 246 | 214 |

点数；工业地价指数为214，比2012年增加19个点数。其中，商服地价指数较高，住宅地价指数次之，工业地价指数最低。见图3。

呼和浩特市地价整体指数历年状况如表2。

## 四、住宅地价与相关经济指标协调状况①

与2012年相比，2013年呼和浩特市地区生产总值增长率为10.0%，全市固定资产投资增长率为15.6%，商品住宅销售价格增长率为–3.48%。住宅地价增长率为14.34%，比地区生产总值增长率高4.34个百分点，比固定资产投资增长率低1.26个百分点，比商品住宅销售价格增长率高17.82个百分点，住宅用地地价房价比为23.11%。呼和浩特市住宅地价增长率与地区生产总值、全市固定资产投资及商品住宅销售价格增长率比较，见图4。

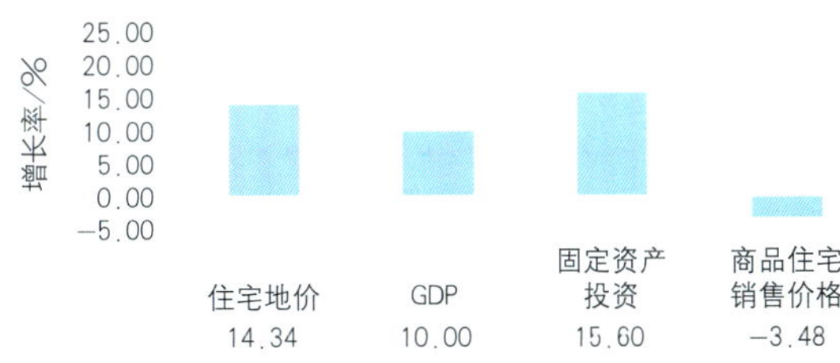


图4 呼和浩特市住宅地价与相关经济指标增长率比较

① 数据来源：2014年呼和浩特市政府工作报告、中国城市地价动态监测系统、《中国统计年鉴》、中国房地产指数系统数据库。

# 2013年
# 沈阳市地价整体状况

## 一、地价整体水平

2013年，沈阳市城市地价综合水平值为2304元/米$^2$。其中，商服地价水平值为3033元/米$^2$，住宅地价水平值为2645元/米$^2$，工业地价水平值为662元/米$^2$。商服地价、住宅地价、工业地价水平呈梯状排列，水平值之比为1：0.87：0.22。商服地价最高，工业地价最低。见图1。

## 二、地价整体增长率

与2012年相比，2013年沈阳市城市地价总体呈明显上升趋势，地价综合增长率（平均值）为7.71%。其中，商服地价平均增长率为8.59%，住宅地价平均增长率为7.61%，工业地价平均增长率为5.41%。商服地价增长率较大，住宅地价增长率次之，工业地价增长率最小。见图2。

沈阳市地价整体增长率历年状况如表1。

## 三、城市地价指数

2013年，沈阳市城市综合地价指数为201，比2012年增加14个点数；商服地价指数为223，比2012年增加18个点数；住宅地价指数为218，比2012年增加16个点

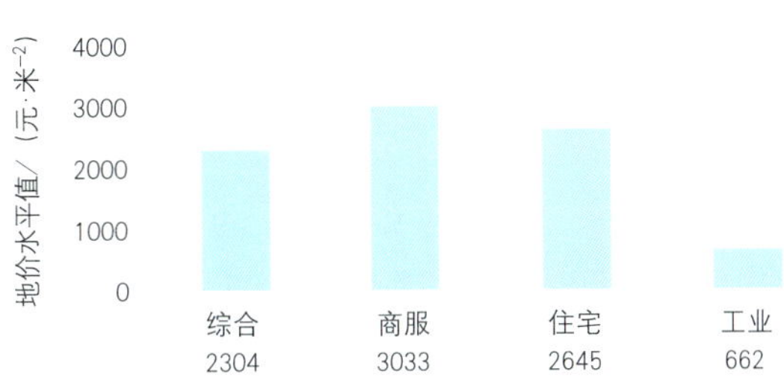


图1　沈阳市地价整体水平值

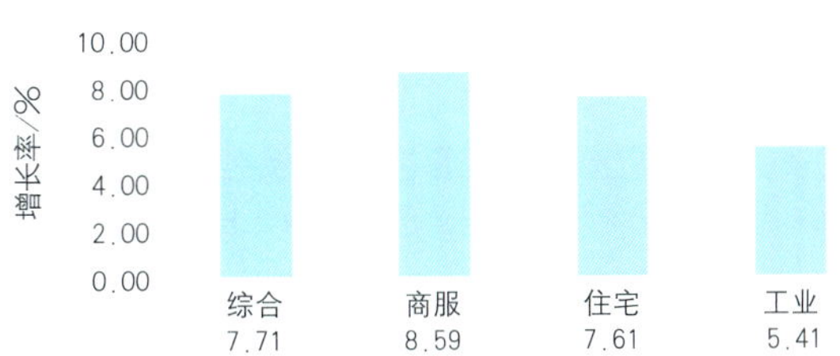


图2　沈阳市地价整体增长率

表1　沈阳市地价整体增长率历年状况

单位：%

| 年份 | 综合 | 商服 | 住宅 | 工业 |
|---|---|---|---|---|
| 2009 | 2.57 | 2.64 | 2.05 | 1.75 |
| 2010 | 6.77 | 6.90 | 7.18 | 1.89 |
| 2011 | 6.64 | 6.76 | 6.74 | 5.39 |
| 2012 | 0.14 | −0.04 | 0.16 | 0.32 |
| 2013 | 7.71 | 8.59 | 7.61 | 5.41 |

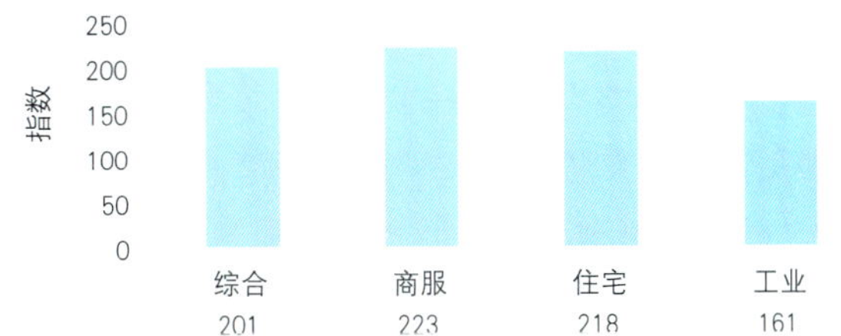


图3　沈阳市地价整体指数

表2　沈阳市地价整体指数历年状况

| 年份 | 综合 | 商服 | 住宅 | 工业 |
|---|---|---|---|---|
| 2009 | 164 | 180 | 176 | 142 |
| 2010 | 175 | 192 | 189 | 144 |
| 2011 | 187 | 205 | 202 | 152 |
| 2012 | 187 | 205 | 202 | 152 |
| 2013 | 201 | 223 | 218 | 161 |

数；工业地价指数为161；比2012年增加9个点数。其中，商服地价指数较高，住宅地价指数次之，工业地价指数最低。见图3。

沈阳市地价整体指数历年状况如表2。

## 四、住宅地价与相关经济指标协调状况[①]

与2012年相比，2013年沈阳市地区生产总值增长率为10%，固定资产投资增长率为15%，商品住宅销售价格增长率为1.42%。住宅地价增长率为7.61%，比地区生产总值增长率低2.39个百分点，比固定资产投资增长率低7.39个百分点，比商品住宅销售价格增长率高6.19个百分点，住宅用地地价房价比为30.28%。沈阳市住宅地价增长率与地区生产总值、固定资产投资及商品住宅销售价格增长率比较，见图4。

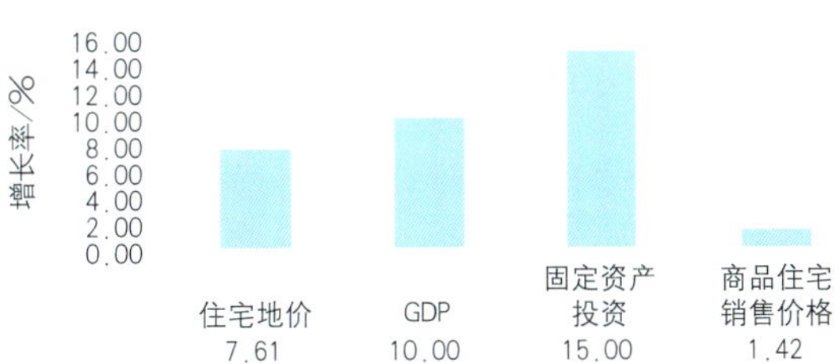


图4　沈阳市住宅地价与相关经济指标增长率比较

① 数据来源：2014年沈阳市政府工作报告、中国城市地价动态监测系统、《中国统计年鉴》、中国房地产指数系统数据库。

# 2013 年 大连市地价整体状况

## 一、地价整体水平

2013 年，大连市城市地价综合水平值为 2274 元 / 米 $^2$。其中，商服地价水平值为 4892 元 / 米 $^2$，住宅地价水平值为 2763 元 / 米 $^2$，工业地价水平值为 718 / 米 $^2$。商服地价、住宅地价、工业地价水平呈梯状排列，水平值之比为 1：0.56：0.15。商服地价最高，工业地价最低。见图 1。

## 二、地价整体增长率

与 2012 年相比，2013 年大连市城市地价总体呈上升趋势，地价综合增长率（平均值）为 4.99%。其中，商服地价平均增长率为 2.49%，住宅地价平均增长率为 6.07%，工业地价平均增长率为 2.87%。住宅地价增长率较大，工业地价增长率次之，商服地价增长率最小。见图 2。

大连市地价整体增长率历年状况如表 1。

## 三、城市地价指数

2013 年，大连市城市综合地价指数为 217，比 2012 年增加 10 个点数；商服地价指数为 144，比 2012 年增加 3 个点数；住宅地价指数为 270，比 2012 年增加 16 个点数；

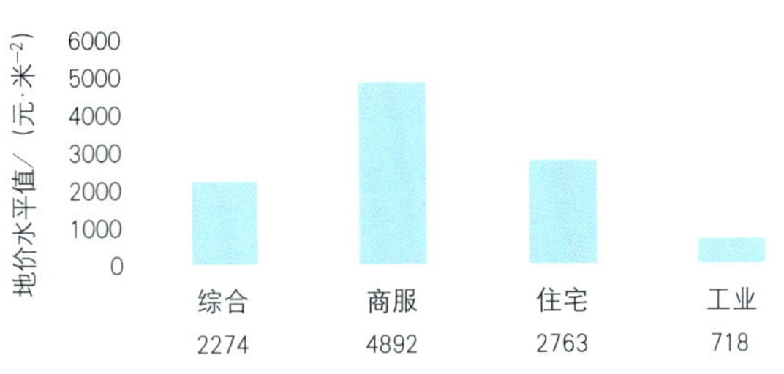


图1　大连市地价整体水平值

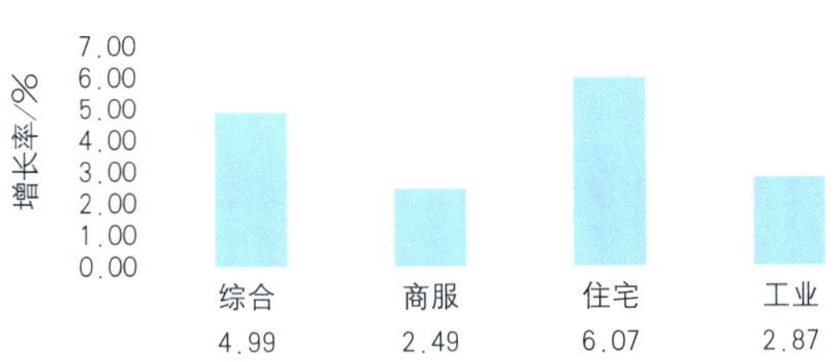


图2　大连市地价整体增长率

表1　大连市地价整体增长率历年状况

单位：%

| 年份 | 综合 | 商服 | 住宅 | 工业 |
|---|---|---|---|---|
| 2009 | 4.89 | 2.27 | 6.57 | 0.49 |
| 2010 | 8.20 | 2.94 | 10.84 | 3.39 |
| 2011 | 6.44 | 6.32 | 6.83 | 4.38 |
| 2012 | 5.66 | 5.16 | 6.02 | 4.49 |
| 2013 | 4.99 | 2.49 | 6.07 | 2.87 |

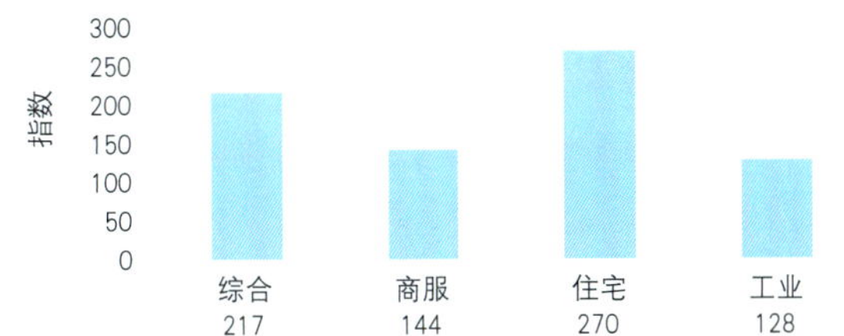


图3　大连市地价整体指数

表2　大连市地价整体指数历年状况

| 年份 | 综合 | 商服 | 住宅 | 工业 |
|---|---|---|---|---|
| 2009 | 170 | 122 | 203 | 111 |
| 2010 | 184 | 126 | 225 | 115 |
| 2011 | 195 | 134 | 240 | 120 |
| 2012 | 207 | 141 | 254 | 125 |
| 2013 | 217 | 144 | 270 | 128 |

工业地价指数为128，比2012年增加3个点数。其中，住宅地价指数较高，商服地价指数次之，工业地价指数最低。见图3。

大连市地价整体指数历年状况如表2。

## 四、住宅地价与相关经济指标协调状况①

与2012年相比，2013年大连市地区生产总值增长率为11%，固定资产投资增长率为20%，商品住宅销售价格增长率为3.63%。住宅地价增长率为6.07%，比地区生产总值增长率低4.93个百分点，比固定资产投资增长率低13.93个百分点，比商品住宅销售价格增长率高2.44个百分点，住宅用地地价房价比为31.01%。大连市住宅地价增长率与地区生产总值、固定资产投资及商品住宅销售价格增长率比较，见图4。

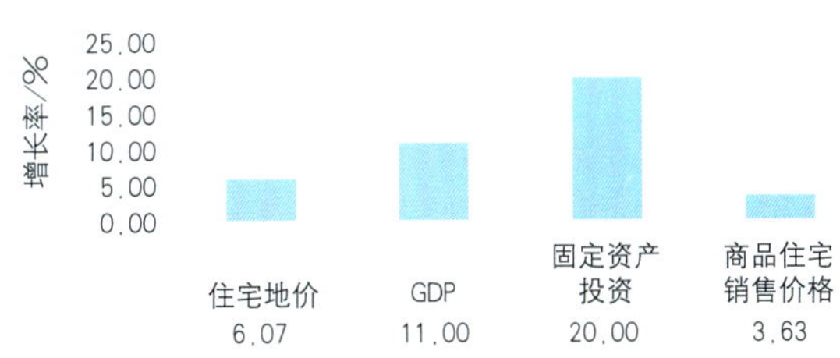


图4　大连市住宅地价与相关经济指标增长率比较

① 数据来源：2014年大连市政府工作报告、中国城市地价动态监测系统、《中国统计年鉴》、中国房地产指数系统数据库。

# 2013年 长春市地价整体状况

## 一、地价整体水平

2013年，长春市城市地价综合水平值为2217元/米²。其中，商服地价水平值为4267元/米²，住宅地价水平值为2675元/米²，工业地价水平值为387元/米²。商服地价、住宅地价、工业地价水平呈梯状排列，水平值之比为1：0.63：0.09。商服地价最高，工业地价最低。见图1。

## 二、地价整体增长率

与2012年相比，2013年长春市城市地价总体呈上升趋势，地价综合增长率（平均值）为6.08%。其中，商服地价平均增长率为6.54%，住宅地价平均增长率为6.57%，工业地价平均增长率为0。其中，住宅地价增长率较大，商服地价增长率次之，工业地价与2012年持平。见图2。

长春市地价整体增长率历年状况如表1。

## 三、城市地价指数

2013年，长春市城市综合地价指数为287，比2012年增加27个点数；商服地价指数为245，比2012年增加15个点数；住宅地价指数为297，比2012年增加19个点数；

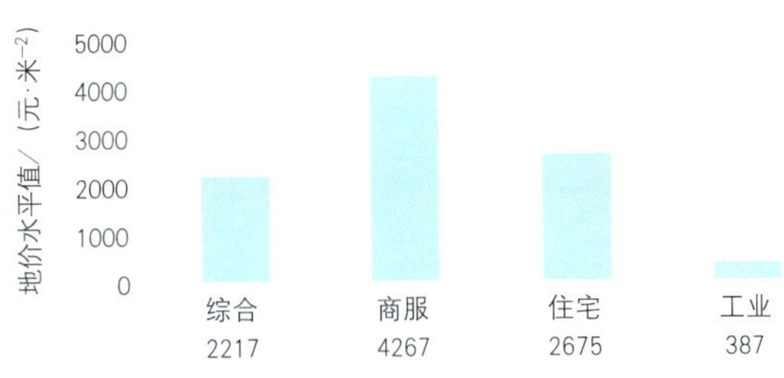


图1 长春市地价整体水平值

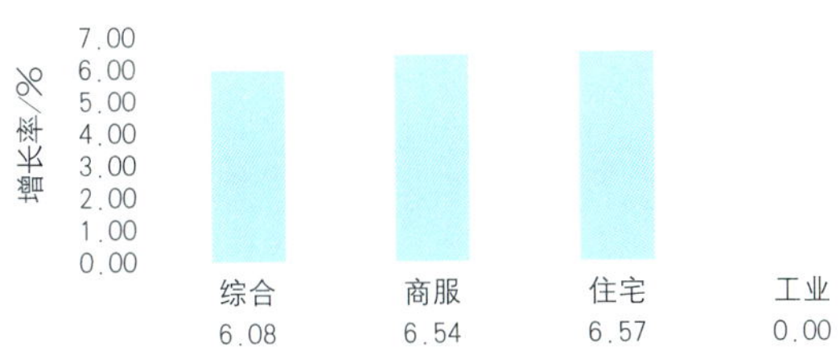


图2 长春市地价整体增长率

表1 长春市地价整体增长率历年状况

单位：%

| 年份 | 综合 | 商服 | 住宅 | 工业 |
|---|---|---|---|---|
| 2009 | 7.45 | 8.30 | 8.15 | 0.00 |
| 2010 | 9.66 | 10.30 | 12.54 | 0.51 |
| 2011 | 6.27 | 6.24 | 5.74 | 0.00 |
| 2012 | 2.61 | 2.60 | 2.99 | 0.00 |
| 2013 | 6.08 | 6.54 | 6.57 | 0.00 |

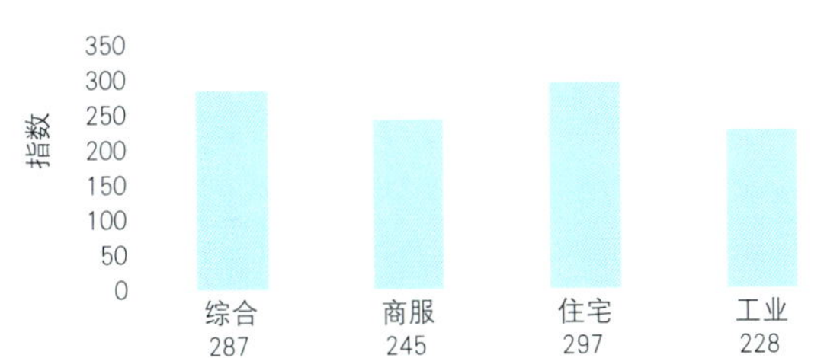


图3 长春市地价整体指数

表2 长春市地价整体指数历年状况

| 年份 | 综合 | 商服 | 住宅 | 工业 |
|---|---|---|---|---|
| 2009 | 217 | 191 | 227 | 227 |
| 2010 | 238 | 211 | 255 | 228 |
| 2011 | 253 | 224 | 270 | 228 |
| 2012 | 260 | 230 | 278 | 228 |
| 2013 | 287 | 245 | 297 | 228 |

工业地价指数为228，与2012年持平。其中，住宅地价指数较高，商服地价指数次之，工业地价指数最低。见图3。

长春市地价整体指数历年状况如表2。

## 四、住宅地价与相关经济指标协调状况①

与2012年相比，2013年长春市地区生产总值增长率为9%，全社会固定资产投资增长率为21%，商品住宅销售价格增长率为8.65%。住宅地价增长率为6.57%，比地区生产总值增长率低2.43个百分点，比全社会固定资产投资增长率低14.43个百分点，比商品住宅销售价格增长率低2.08个百分点，住宅用地地价房价比为27.13%。长春市住宅地价增长率与地区生产总值、全社会固定资产投资及商品住宅销售价格增长率比较，见图4。

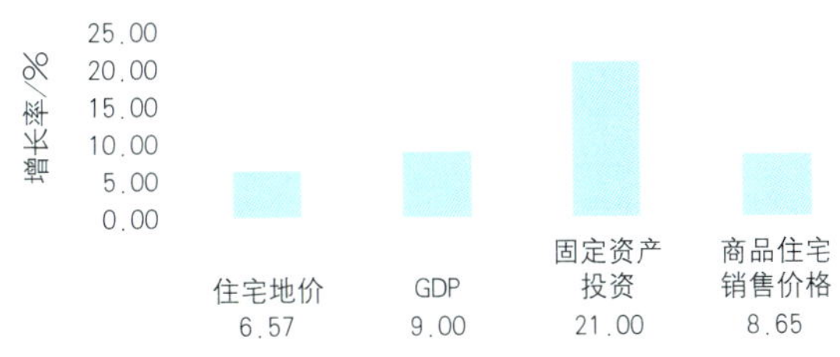


图4 长春市住宅地价与相关经济指标增长率比较

① 数据来源：2014年长春市政府工作报告、中国城市地价动态监测系统、《中国统计年鉴》、中国房地产指数系统数据库。

# 2013年 哈尔滨市地价整体状况

## 一、地价整体水平

2013年，哈尔滨市城市地价综合水平值为2332元/米$^2$。其中，商服地价水平值为6342元/米$^2$，住宅地价水平值为2527元/米$^2$，工业地价水平值为436元/米$^2$。商服地价、住宅地价、工业地价水平呈梯状排列，水平值之比为1：0.40：0.07。商服地价最高，工业地价最低。见图1。

## 二、地价整体增长率

与2012年相比，2013年哈尔滨市城市地价总体呈微幅上升趋势，地价综合增长率（平均值）为0.60%。其中，商服地价平均增长率为0.43%，住宅地价平均增长率为1.04，工业地价平均增长率为0.23%。住宅地价增长率较大，商服地价增长率次之，工业地价增长率最小。见图2。

哈尔滨市地价整体增长率历年状况如表1。

## 三、城市地价指数

2013年，哈尔滨市城市综合地价指数为133，与2012年持平；商服地价指数为130，比2012年增加1个点数；住宅地价指数为137，比2012年增加2个点数；

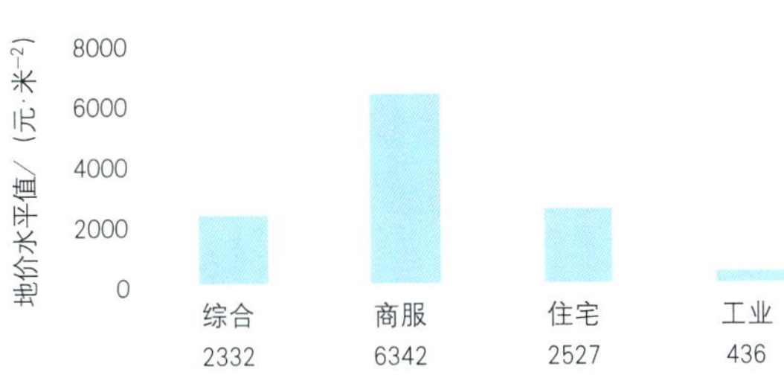


图1　哈尔滨市地价整体水平值

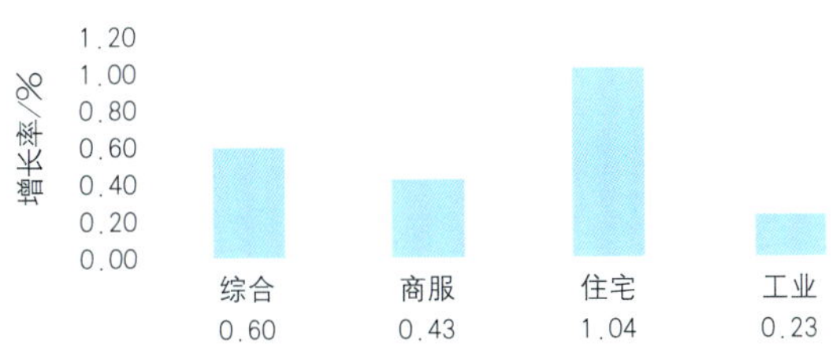


图2　哈尔滨市地价整体增长率

表1　哈尔滨市地价整体增长率历年状况

单位：%

| 年份 | 综合 | 商服 | 住宅 | 工业 |
|---|---|---|---|---|
| 2009 | 2.86 | 1.97 | 4.12 | 7.75 |
| 2010 | 2.47 | 2.42 | 1.66 | 12.42 |
| 2011 | 0.09 | 0.35 | −0.64 | 2.13 |
| 2012 | 0.18 | 0.26 | 0.00 | 0.19 |
| 2013 | 0.60 | 0.43 | 1.04 | 0.23 |

表2　哈尔滨市地价整体指数历年状况

| 年份 | 综合 | 商服 | 住宅 | 工业 |
|---|---|---|---|---|
| 2009 | 129 | 126 | 134 | 131 |
| 2010 | 132 | 129 | 136 | 147 |
| 2011 | 132 | 129 | 135 | 150 |
| 2012 | 133 | 129 | 135 | 150 |
| 2013 | 133 | 130 | 137 | 151 |

工业地价指数为151，比2012年增加1个点数。其中，工业地价指数较高，住宅地价指数次之，商服地价指数最低。见图3。

哈尔滨市地价整体指数历年状况如表2。

## 四、住宅地价与相关经济指标协调状况[①]

与2012年相比，2013年哈尔滨市地区生产总值增长率为9%，固定资产投资增长率为32%，商品住宅销售价格增长率为15.08%。住宅地价增长率为1.04%，比地区生产总值增长率低7.96个百分点，比固定资产投资增长率低30.96个百分点，比商品住宅销售价格增长率低14.04个百分点，住宅用地地价房价比为15.70%。哈尔滨市住宅地价增长率与地区生产总值、固定资产投资及商品住宅销售价格增长率比较，见图4。

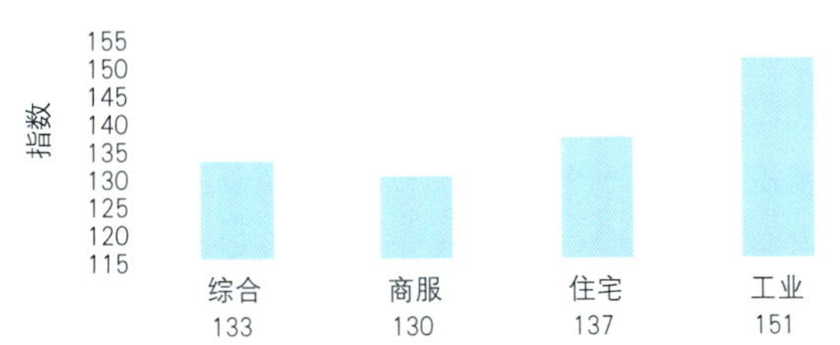


图3　哈尔滨市地价整体指数

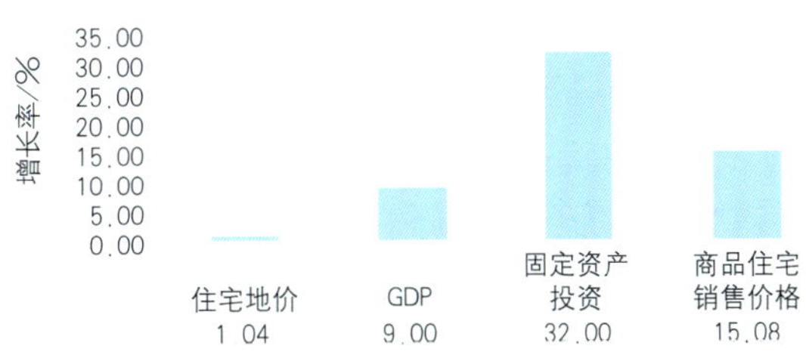


图4　哈尔滨市住宅地价与相关经济指标增长率比较

① 数据来源：2014年哈尔滨市政府工作报告、中国城市地价动态监测系统、《中国统计年鉴》、中国房地产指数系统数据库。

# 2013 年 上海市地价整体状况

## 一、地价整体水平

2013 年，上海市城市地价综合水平值为 16246 元／米 $^2$。其中，商服地价水平值为 36713 元／米 $^2$，住宅地价水平值为 28066 元／米 $^2$，工业地价水平值为 1780 元／米 $^2$。商服地价、住宅地价、工业地价水平呈梯状排列，水平值之比为 1∶0.76∶0.05。商服地价最高，工业地价最低。见图 1。

## 二、地价整体增长率

与 2012 年相比，2013 年上海市城市地价总体呈大幅上升趋势，地价综合增长率（平均值）为 15.12%。其中，商服地价平均增长率为 7.61%，住宅地价平均增长率为 17.86%，工业地价平均增长率为 8.24%。住宅地价增长率较大，工业地价增长率次之，商服地价增长率较小。见图 2。

上海市地价整体增长率历年状况如表 1。

## 三、城市地价指数

2013 年，上海市城市综合地价指数为 228，比 2012 年增加 30 个点数；商服地价指数为 261，比 2012 年增加 19 个点数；住宅地价指数为 264，比 2012 年增加 40 个点数；

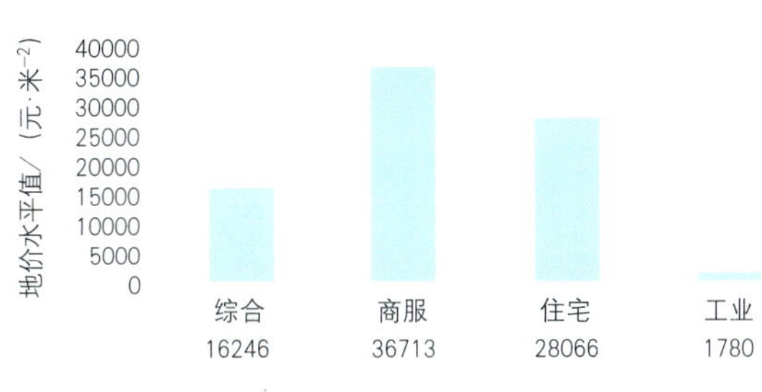


图1　上海市地价整体水平值

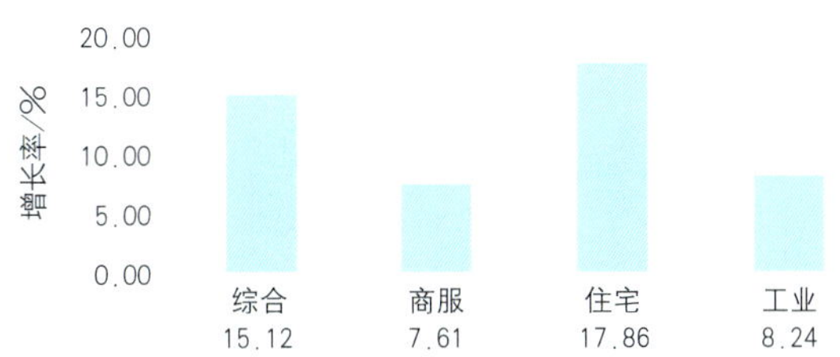


图2　上海市地价整体增长率

表1　上海市地价整体增长率历年状况

单位：%

| 年份 | 综合 | 商服 | 住宅 | 工业 |
|---|---|---|---|---|
| 2009 | 16.75 | 13.70 | 21.90 | −1.07 |
| 2010 | 17.11 | 16.17 | 17.86 | 12.93 |
| 2011 | 3.81 | 6.54 | 2.67 | 9.53 |
| 2012 | 6.17 | 10.48 | 4.65 | 10.41 |
| 2013 | 15.12 | 7.61 | 17.86 | 8.24 |

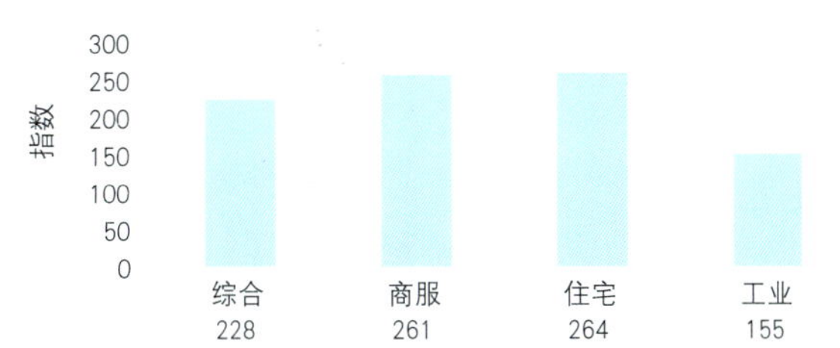


图3　上海市地价整体指数

表2　上海市地价整体指数历年状况

| 年份 | 综合 | 商服 | 住宅 | 工业 |
|---|---|---|---|---|
| 2009 | 153 | 178 | 177 | 104 |
| 2010 | 179 | 206 | 209 | 119 |
| 2011 | 186 | 219 | 214 | 130 |
| 2012 | 198 | 242 | 224 | 143 |
| 2013 | 228 | 261 | 264 | 155 |

工业地价指数为155，比2012年增加12个点数。其中，住宅地价指数较高，商服地价指数次之，工业地价指数最低。见图3。

上海市地价整体指数历年状况如表2。

## 四、住宅地价与相关经济指标协调状况[①]

与2012年相比，2013年上海市地区生产总值增长率为7.7%，全社会固定资产投资增长率为7.5%，商品住宅销售价格增长率为16.74%。住宅地价增长率为17.86%，比地区生产总值增长率高10.16个百分点，比全社会固定资产投资增长率高10.36个百分点，比商品住宅销售价格增长率高1.12个百分点，住宅用地地价房价比为48.23%。上海市住宅地价增长率与地区生产总值、全社会固定资产投资及商品住宅销售价格增长率比较，见图4。

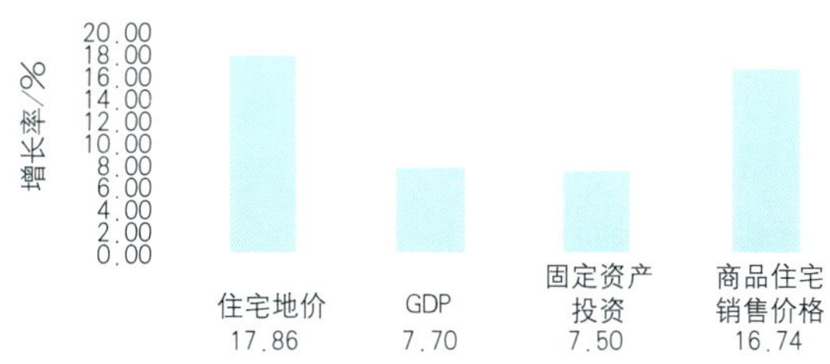


图4　上海市住宅地价与相关经济指标增长率比较

① 数据来源：上海统计局、中国城市地价动态监测系统、《中国统计年鉴》、中国房地产指数系统数据库。

# 2013年
# 南京市地价整体状况

## 一、地价整体水平

2013年，南京市城市地价综合水平值为7078元/米$^2$。其中，商服地价水平值为18285元/米$^2$，住宅地价水平值为9422元/米$^2$，工业地价水平值为1078元/米$^2$。商服地价、住宅地价、工业地价水平呈梯状排列，水平值之比为1∶0.52∶0.06。商服地价最高，工业地价最低。见图1。

## 二、地价整体增长率

与2012年相比，2013年南京市城市地价总体呈明显上升趋势，地价综合增长率（平均值）为9.42%。其中，商服地价平均增长率为7.89%，住宅地价平均增长率为10.46%，工业地价平均增长率为0.95%。住宅地价上升幅度较大，商服地价上升幅度次之，工业地价增长率较小。见图2。

南京市地价整体增长率历年状况如表1。

## 三、城市地价指数

2013年，南京市城市综合地价指数为194，比2012年增加17个点数；商服地价指数为221，比2012年增加16个点数；住宅地价指数为226，比2012年增加21个点数；

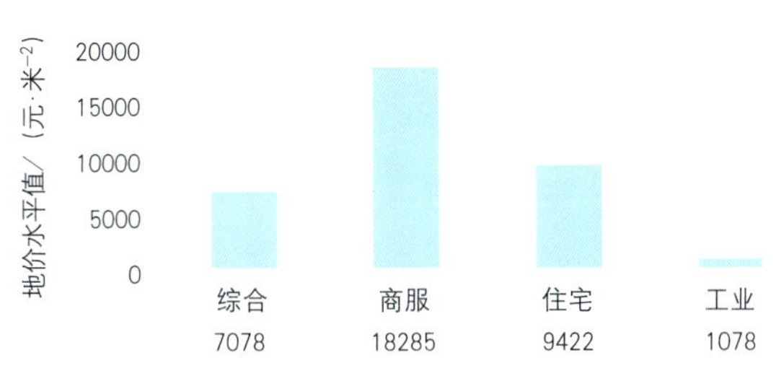


图1 南京市地价整体水平值

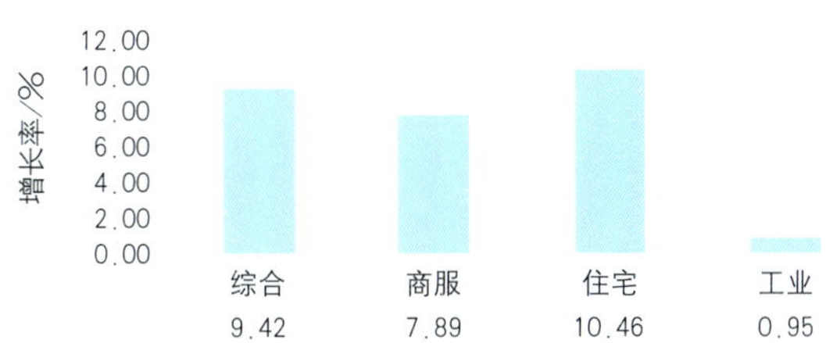


图2 南京市地价整体增长率

表1 南京市地价整体增长率历年状况

单位：%

| 年份 | 综合 | 商服 | 住宅 | 工业 |
|---|---|---|---|---|
| 2009 | −6.99 | −4.37 | −10.74 | −1.20 |
| 2010 | 10.40 | 6.80 | 12.13 | 0.76 |
| 2011 | 6.57 | 8.92 | 6.50 | 0.83 |
| 2012 | −0.48 | 0.51 | −0.84 | 0.91 |
| 2013 | 9.42 | 7.89 | 10.46 | 0.95 |

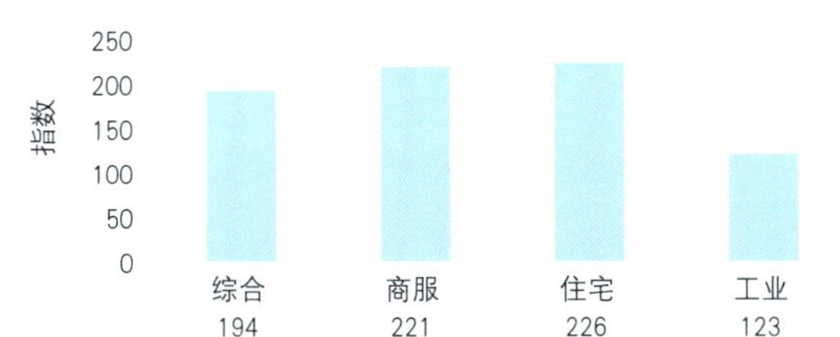


图3 南京市地价整体指数

表2 南京市地价整体指数历年状况

| 年份 | 综合 | 商服 | 住宅 | 工业 |
|---|---|---|---|---|
| 2009 | 163 | 175 | 191 | 117 |
| 2010 | 174 | 191 | 203 | 118 |
| 2011 | 178 | 204 | 207 | 121 |
| 2012 | 177 | 205 | 205 | 122 |
| 2013 | 194 | 221 | 226 | 123 |

工业地价指数为123，比2012年增加1个点数。其中，住宅地价指数较高，商服地价指数次之，工业地价指数最低。见图3。

南京市地价整体指数历年状况如表2。

## 四、住宅地价与相关经济指标协调状况①

与2012年相比，2013年南京市地区生产总值增长率为11%，全社会固定资产投资增长率为12%，商品住宅销售价格增长率为14.5%。住宅地价增长率为10.46%，比地区生产总值增长率低0.54个百分点，比全社会固定资产投资增长率低1.54个百分点，比商品住宅销售价格增长率低4.04个百分点，住宅用地地价房价比为49.22%。南京市住宅地价增长率与地区生产总值、全社会固定资产投资及商品住宅销售价格增长率比较，见图4。

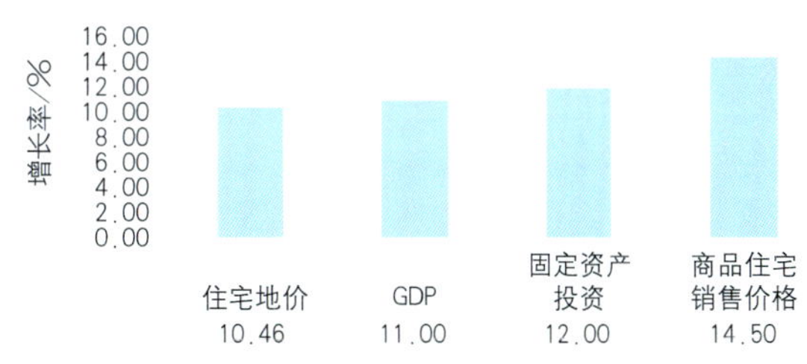


图4 南京市住宅地价与相关经济指标增长率比较

① 数据来源：2014年南京市政府工作报告、中国城市地价动态监测系统、《中国统计年鉴》、中国房地产指数系统数据库。

# 2013 年
# 杭州市地价整体状况

## 一、地价整体水平

2013 年，杭州市城市地价综合水平值为 11181 元 / 米 $^2$。其中，商服地价水平值为 15782 元 / 米 $^2$，住宅地价水平值为 16226 元 / 米 $^2$，工业地价水平值为 535 元 / 米 $^2$。住宅地价高于商服地价水平，商服地价、住宅地价、工业地价水平值之比为 1∶1.03∶0.03。住宅地价最高，工业地价最低。见图 1。

## 二、地价整体增长率

与 2012 年相比，2013 年杭州市城市地价总体呈明显上升趋势，地价综合增长率（平均值）为 7.02%。其中，商服地价平均增长率为 3.89%，住宅地价平均增长率为 7.39%，工业地价平均增长率为 3.11。住宅地价增长率较大，商服地价上升幅度次之，工业地价增长率较小。见图 2。

杭州市地价整体增长率历年状况如表 1。

## 三、城市地价指数

2013 年，杭州市城市综合地价指数为 181，比 2012 年增加 12 个点数；商服地价指数为 221，比 2012 年增加 8 个点数；住宅地价指数为 200，比 2012 年增加 14 个点数；

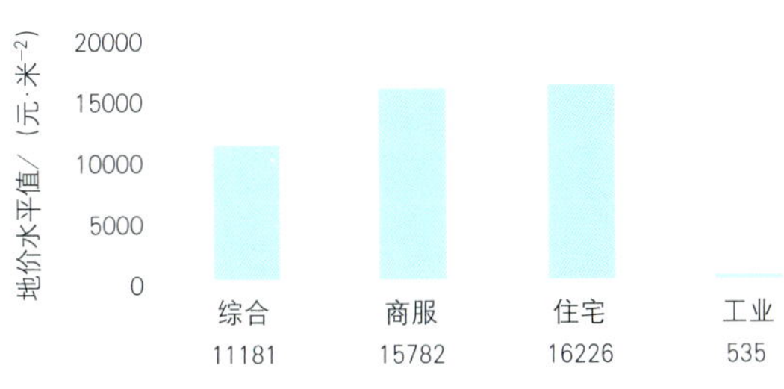


图1 杭州市地价整体水平值

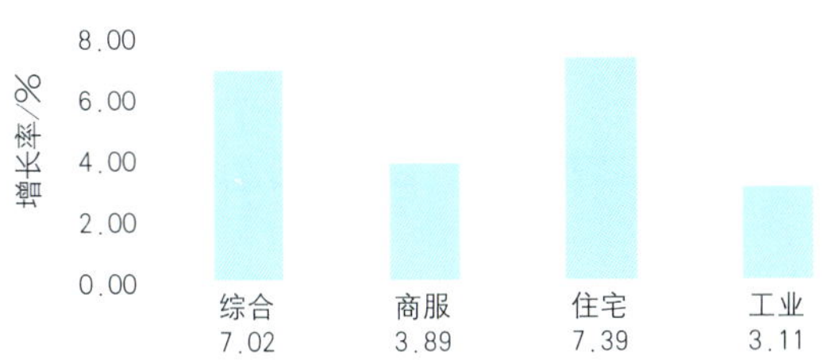


图2 杭州市地价整体增长率

表1 杭州市地价整体增长率历年状况

单位：%

| 年份 | 综合 | 商服 | 住宅 | 工业 |
|---|---|---|---|---|
| 2009 | 9.49 | 8.58 | 9.65 | 0.00 |
| 2010 | 6.67 | 10.74 | 6.04 | 0.00 |
| 2011 | −2.68 | −1.47 | −2.87 | 3.47 |
| 2012 | −0.18 | 0.75 | −0.31 | 2.31 |
| 2013 | 7.02 | 3.89 | 7.39 | 3.11 |

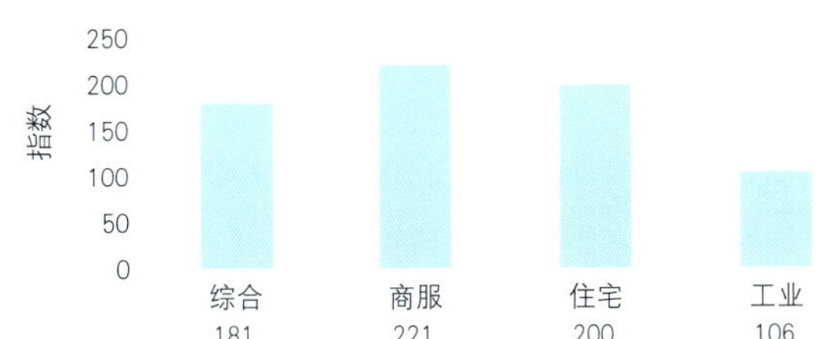


图3 杭州市地价整体指数

表2 杭州市地价整体指数历年状况

| 年份 | 综合 | 商服 | 住宅 | 工业 |
|---|---|---|---|---|
| 2009 | 163 | 193 | 182 | 98 |
| 2010 | 174 | 214 | 193 | 98 |
| 2011 | 169 | 211 | 187 | 101 |
| 2012 | 169 | 213 | 186 | 103 |
| 2013 | 181 | 221 | 200 | 106 |

工业地价指数为106，比2012年增加3个点数。其中，商服地价指数较高，住宅地价指数次之，工业地价指数最低。见图3。

杭州市地价整体指数历年状况如表2。

## 四、住宅地价与相关经济指标协调状况①

与2012年相比，2013年杭州市地区生产总值增长率为8%，固定资产投资增长率为14.5%，商品住宅销售价格增长率为10.43%。住宅地价增长率为7.39%，比地区生产总值增长率低0.61个百分点，比固定资产投资增长率低7.11个百分点，比商品住宅销售价格增长率低3.04个百分点，住宅用地地价房价比为47.47%。杭州市住宅地价增长率与地区生产总值、固定资产投资及商品住宅销售价格增长率比较，见图4。

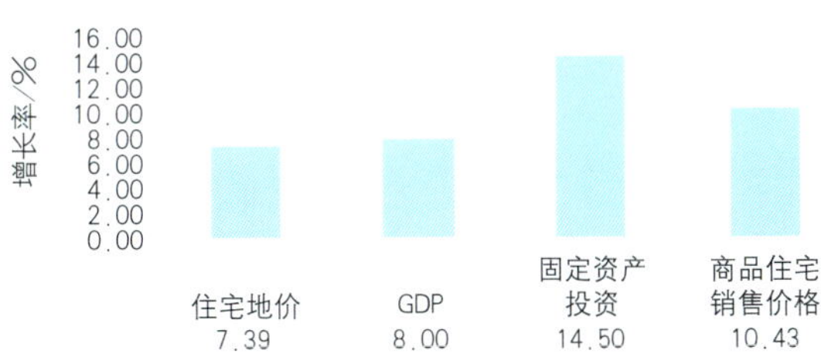


图4 杭州市住宅地价与相关经济指标增长率比较

① 数据来源：杭州统计调查信息网、中国城市地价动态监测系统、《中国统计年鉴》、中国房地产指数系统数据库。

# 2013年 宁波市地价整体状况

## 一、地价整体水平

2013年，宁波市城市地价综合水平值为6077元/米$^2$。其中，商服地价水平值为8706元/米$^2$，住宅地价水平值为9253元/米$^2$，工业地价水平值为1125元/米$^2$。住宅地价水平高于商服地价，商服地价、住宅地价、工业地价水平值之比为1∶1.06∶0.13。住宅地价最高，工业地价最低。见图1。

## 二、地价整体增长率

与2012年相比，2013年宁波市城市地价总体呈大幅上升趋势，地价综合增长率（平均值）为11.73%。其中，商服地价平均增长率为6.37%，住宅地价平均增长率为13.94%，工业地价平均增长率为8.59%。住宅地价增长率最大，工业地价增长率次之，商服地价增长率较小。见图2。

宁波市地价整体增长率历年状况如表1。

## 三、城市地价指数

2013年，宁波市城市综合地价指数为432，比2012年增加45个点数；商服地价指数为416，比2012年增加25个点数；住宅地价指数为724，比2012年增加88个点数；

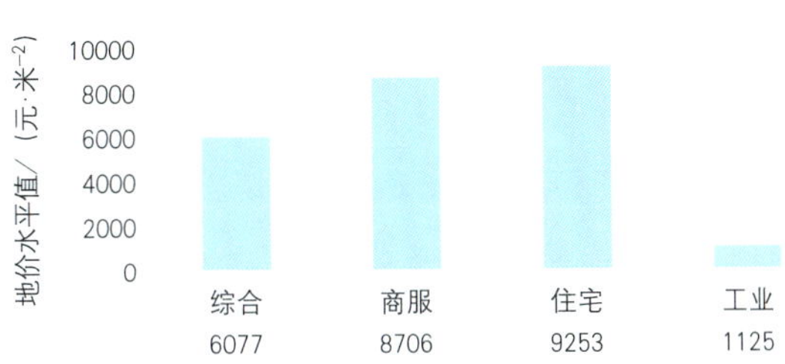


图1　宁波市地价整体水平值

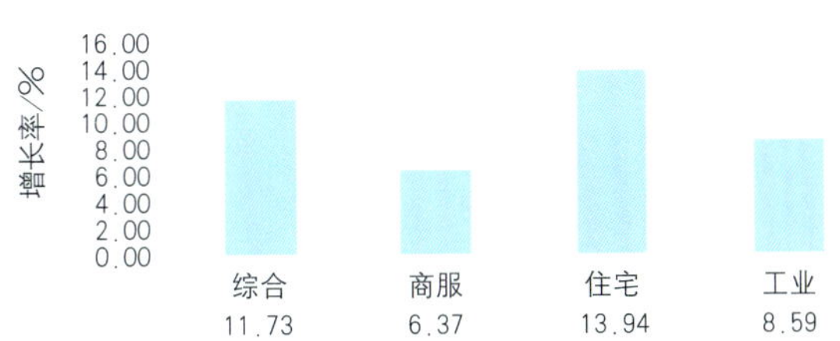


图2　宁波市地价整体增长率

表1　宁波市地价整体增长率历年状况

单位：%

| 年份 | 综合 | 商服 | 住宅 | 工业 |
|---|---|---|---|---|
| 2009 | 16.56 | 4.87 | 22.41 | 4.11 |
| 2010 | 7.65 | 6.02 | 8.85 | 0.86 |
| 2011 | 5.57 | 11.59 | 2.41 | 19.68 |
| 2012 | 1.76 | 1.32 | 1.50 | 5.82 |
| 2013 | 11.73 | 6.37 | 13.94 | 8.59 |

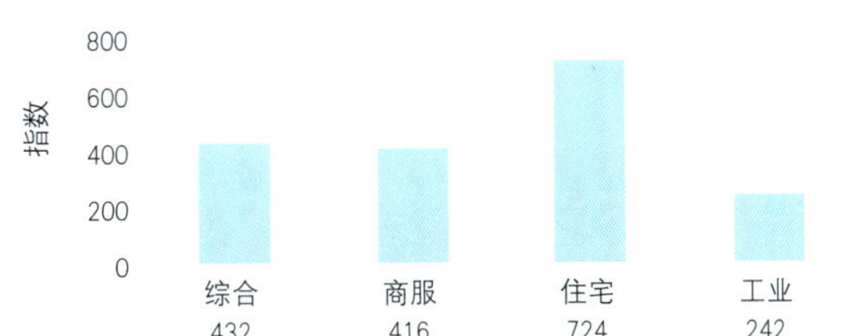


图3　宁波市地价整体指数

表2　宁波市地价整体指数历年状况

| 年份 | 综合 | 商服 | 住宅 | 工业 |
|---|---|---|---|---|
| 2009 | 335 | 327 | 562 | 175 |
| 2010 | 360 | 346 | 612 | 176 |
| 2011 | 380 | 386 | 626 | 211 |
| 2012 | 387 | 391 | 636 | 223 |
| 2013 | 432 | 416 | 724 | 242 |

工业地价指数为242，比2012年上升19个点数。其中，住宅地价指数最高，商服地价指数次之，工业地价指数较低。见图3。

宁波市地价整体指数历年状况如表2。

## 四、住宅地价与相关经济指标协调状况①

与2012年相比，2013年宁波市地区生产总值增长率为8.1%，固定资产投资增长率为18%，商品住宅销售价格增长率为10.43%。住宅地价增长率为13.94%，比地区生产总值增长率高5.84个百分点，比固定资产投资增长率低4.06个百分点，比商品住宅销售价格增长率高3.51个百分点，住宅用地地价房价比为57.37%。宁波市住宅地价增长率与地区生产总值、固定资产投资及商品住宅销售价格增长率比较，见图4。

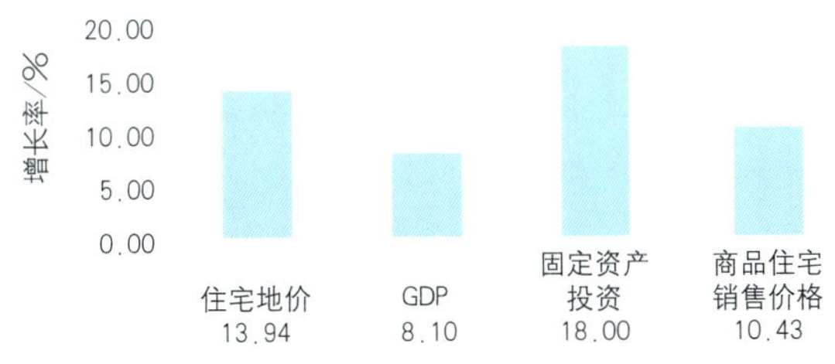


图4　宁波市住宅地价与相关经济指标增长率比较

① 数据来源：2013年宁波市统计公报、中国城市地价动态监测系统、《中国统计年鉴》、中国房地产指数系统数据库。

# 2013年 合肥市地价整体状况

## 一、地价整体水平

2013年，合肥市城市地价综合水平值为2541元／米$^2$。其中，商服地价水平值为5468元／米$^2$，住宅地价水平值为3573元／米$^2$，工业地价水平值为408元／米$^2$。商服地价、住宅地价、工业地价水平呈梯状排列，水平值之比为1∶0.65∶0.07。商服地价最高，工业地价最低。见图1。

## 二、地价整体增长率

与2012年相比，2013年合肥市城市地价总体呈上升趋势，地价综合增长率（平均值）为4.18%。其中，商服地价平均增长率为2.78%，住宅地价平均增长率为4.78%，工业地价平均增长率为0。其中，住宅地价增长率较大，商服地价增长率较小，工业地价与2012年持平。见图2。

合肥市地价整体增长率历年状况如表1。

## 三、城市地价指数

2013年，合肥市城市综合地价指数为210，比2012年增加8个点数；商服地价指数为184，比2012年增加5个点数；住宅地价指数为259，比2012年增加12个点数；

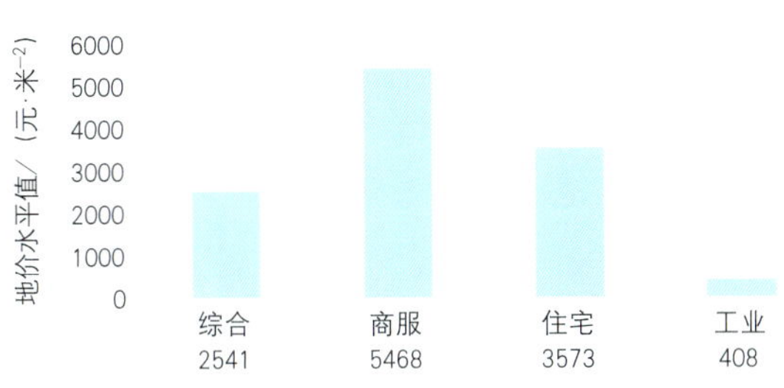


图1 合肥市地价整体水平值

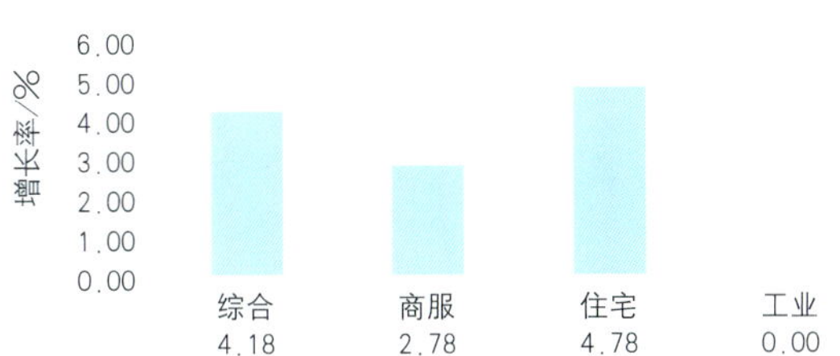


图2 合肥市地价整体增长率

表1 合肥市地价整体增长率历年状况

单位：%

| 年份 | 综合 | 商服 | 住宅 | 工业 |
|---|---|---|---|---|
| 2009 | 4.02 | 6.51 | 3.93 | 0.00 |
| 2010 | 3.91 | 3.65 | 4.28 | 0.00 |
| 2011 | 0.59 | 4.61 | −0.09 | 0.00 |
| 2012 | 2.48 | 0.68 | 3.02 | 0.00 |
| 2013 | 4.18 | 2.78 | 4.78 | 0.00 |

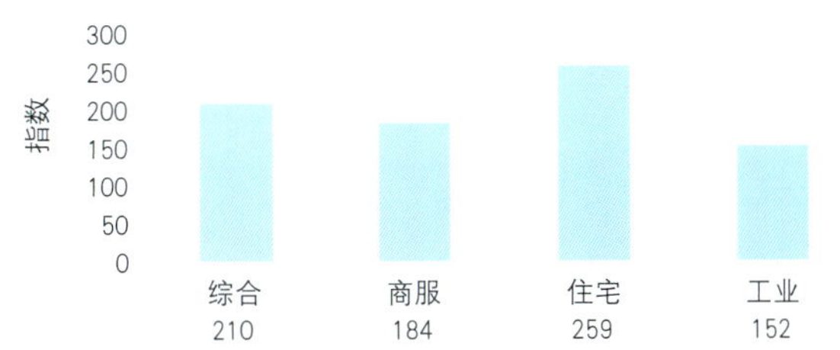


图3 合肥市地价整体指数

表2 合肥市地价整体指数历年状况

| 年份 | 综合 | 商服 | 住宅 | 工业 |
|---|---|---|---|---|
| 2009 | 189 | 164 | 230 | 152 |
| 2010 | 196 | 170 | 240 | 152 |
| 2011 | 197 | 178 | 240 | 152 |
| 2012 | 202 | 179 | 247 | 152 |
| 2013 | 210 | 184 | 259 | 152 |

工业地价指数为152，与2012年相同。其中，住宅地价指数较高，商服地价指数次之，工业地价指数最低。见图3。

合肥市地价整体指数历年状况如表3−14−2。

## 四、住宅地价与相关经济指标协调状况①

与2012年相比，2013年合肥市地区生产总值增长率为11.5%，全社会固定资产投资增长率为23.1%，商品住宅销售价格增长率为5.74%。住宅地价增长率为4.78%，比地区生产总值增长率低6.72个百分点，比全社会固定资产投资增长率低18.32个百分点，比商品住宅销售价格增长率低0.96个百分点，住宅用地地价房价比为34.95%。合肥市住宅地价增长率与地区生产总值、全社会固定资产投资及商品住宅销售价格增长率比较，见图4。

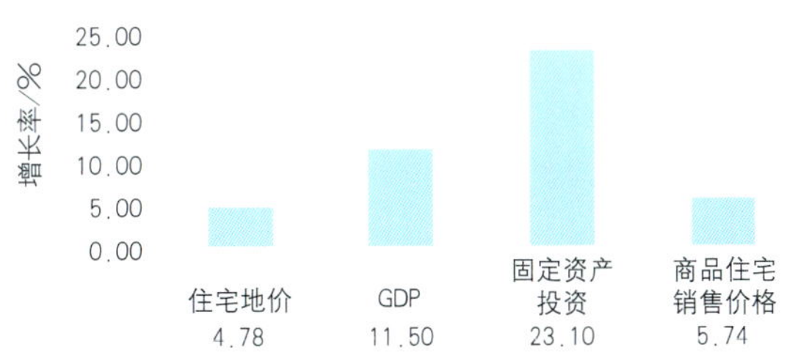


图4 合肥市住宅地价与相关经济指标增长率比较

① 数据来源：2014年合肥市政府工作报告、中国城市地价动态监测系统、《中国统计年鉴》、中国房地产指数系统数据库。

# 2013 年
# 福州市地价整体状况

## 一、地价整体水平

2013 年，福州市城市地价综合水平值为 10100 元／米$^2$。其中，商服地价水平值为 17080 元／米$^2$，住宅地价水平值为 11092 元／米$^2$，工业地价水平值为 592 元／米$^2$。商服地价、住宅地价、工业地价水平呈梯状排列，水平值之比为 1∶0.65∶0.03。商服地价最高，工业地价最低。见图 1。

## 二、地价整体增长率

与 2012 年相比，2013 年福州市城市地价总体呈上升趋势，地价综合增长率（平均值）为 6.27%。其中，商服地价平均增长率为 6.17%，住宅地价平均增长率为 6.36%，工业地价平均增长率为 3.14%。住宅地价上升幅度较大，商服地价上升幅度次之，工业地价上升幅度较小。见图 2。

福州市地价整体增长率历年状况如表 1。

## 三、城市地价指数

2013 年，福州市城市综合地价指数为 225，比 2012 年增加 13 个点数；商服地价指数为 201，比 2012 年增加 12 个点数；住宅地价指数为 290，比 2012 年增加 18 个点数；

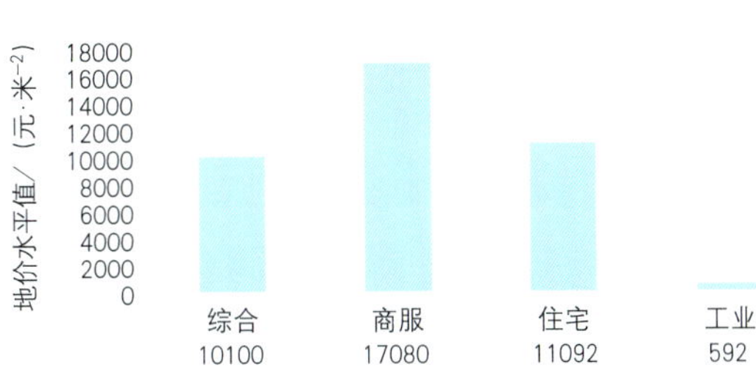


图1　福州市地价整体水平值

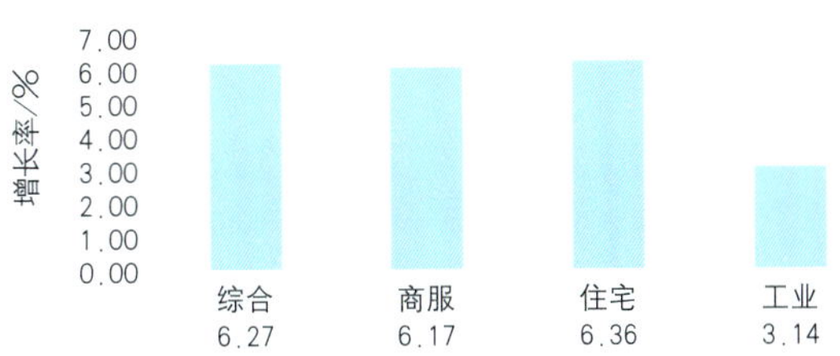


图2　福州市地价整体增长率

表1　福州市地价整体增长率历年状况

单位：%

| 年份 | 综合 | 商服 | 住宅 | 工业 |
|---|---|---|---|---|
| 2009 | 5.86 | 3.04 | 7.16 | 0.00 |
| 2010 | 0.54 | 3.96 | −0.69 | 4.10 |
| 2011 | 2.99 | 5.00 | 2.34 | 1.43 |
| 2012 | 1.92 | 2.98 | 1.57 | 1.41 |
| 2013 | 6.27 | 6.17 | 6.36 | 3.14 |

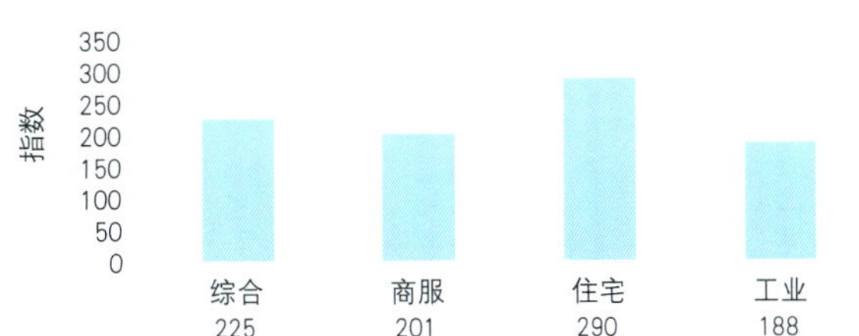


图3　福州市地价整体指数

表2　福州市地价整体指数历年状况

| 年份 | 综合 | 商服 | 住宅 | 工业 |
|---|---|---|---|---|
| 2009 | 201 | 168 | 264 | 170 |
| 2010 | 202 | 175 | 262 | 177 |
| 2011 | 208 | 183 | 268 | 180 |
| 2012 | 212 | 189 | 272 | 182 |
| 2013 | 225 | 201 | 290 | 188 |

工业地价指数为188，比2012年增加6个点数。其中，住宅地价指数较高，商服地价指数次之，工业地价指数最低。见图3。

福州市地价整体指数历年状况如表2。

## 四、住宅地价与相关经济指标协调状况①

与2012年相比，2013年福州市地区生产总值增长率为11.5%，固定资产投资增长率为18.5%，商品住宅销售价格增长率为−4.6%。住宅地价增长率为6.36%，比地区生产总值增长率低5.14个百分点，比固定资产投资增长率低12.14个百分点，比商品住宅销售价格增长率高10.96个百分点，住宅用地地价房价比为55.75%。福州市住宅地价增长率与地区生产总值、固定资产投资及商品住宅销售价格增长率比较，见图4。

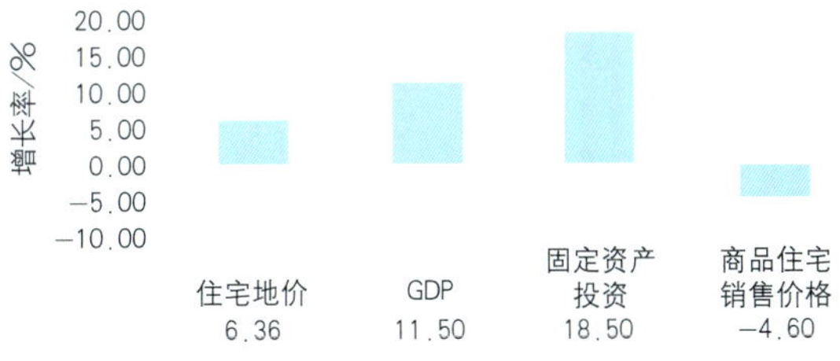


图4　福州市住宅地价与相关经济指标增长率比较

① 数据来源：2014年福州市政府工作报告、中国城市地价动态监测系统、《中国统计年鉴》、中国房地产指数系统数据库。

# 2013年 厦门市地价整体状况

## 一、地价整体水平

2013年，厦门市城市地价综合水平值为18173元/米$^2$。其中，商服地价水平值为29217元/米$^2$，住宅地价水平值为19837元/米$^2$，工业地价水平值为896元/米$^2$。商服地价、住宅地价、工业地价水平呈梯状排列，水平值之比为1∶0.68∶0.03。商服地价最高，工业地价最低。见图1。

## 二、地价整体增长率

与2012年相比，2013年厦门市城市地价总体呈大幅上升趋势，地价综合增长率（平均值）为12.71%。其中，商服地价平均增长率为4.47%，住宅地价平均增长率为14.37%，工业地价平均增长率为8.47%。住宅地价上升幅度较大，工业地价上升幅度次之，商服地价上升幅度较小。见图2。

厦门市地价整体增长率历年状况如表1。

## 三、城市地价指数

2013年，厦门市城市综合地价指数为285，比2012年增加32个点数；商服地价指数为180，比2012年增加7个点数；住宅地价指数为337，比2012年增加43个点数；

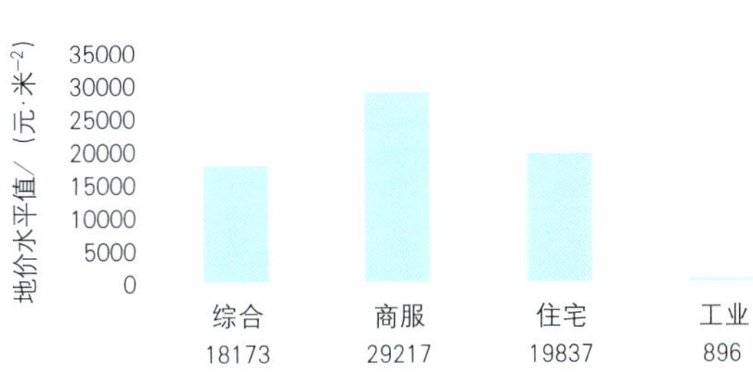


图1 厦门市地价整体水平值

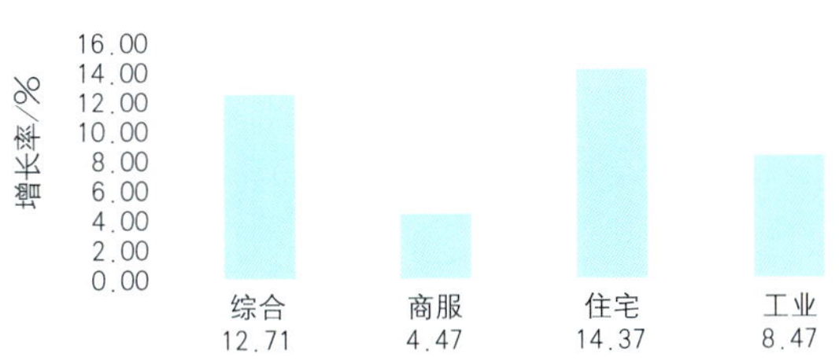


图2 厦门市地价整体增长率

表1 厦门市地价整体增长率历年状况

单位：%

| 年份 | 综合 | 商服 | 住宅 | 工业 |
|---|---|---|---|---|
| 2009 | 2.39 | 1.16 | 3.20 | -1.32 |
| 2010 | 3.98 | 9.66 | 2.99 | 0.58 |
| 2011 | 0.79 | 6.53 | -0.31 | 2.13 |
| 2012 | 3.70 | 1.28 | 4.22 | 1.23 |
| 2013 | 12.71 | 4.47 | 14.37 | 8.47 |

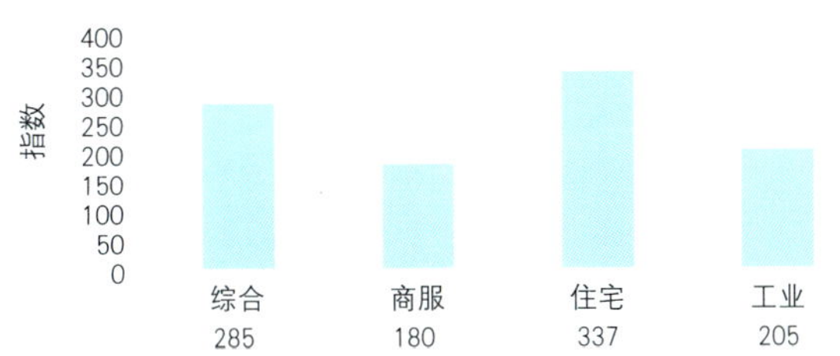


图3 厦门市地价整体指数

表2 厦门市地价整体指数历年状况

| 年份 | 综合 | 商服 | 住宅 | 工业 |
|---|---|---|---|---|
| 2009 | 233 | 146 | 275 | 181 |
| 2010 | 242 | 160 | 283 | 182 |
| 2011 | 244 | 171 | 283 | 186 |
| 2012 | 253 | 173 | 294 | 189 |
| 2013 | 285 | 180 | 337 | 205 |

工业地价指数为205，比2012年增加16个点数。其中，住宅地价指数较高，工业地价指数次之，商服地价指数最低。见图3。

厦门市地价整体指数历年状况如表2。

## 四、住宅地价与相关经济指标协调状况①

与2012年相比，2013年厦门市地区生产总值增长率为9.4%，固定资产投资增长率为1.1%，商品住宅销售价格增长率为12.34%。住宅地价增长率为14.37%，比地区生产总值增长率高4.97个百分点，比固定资产投资增长率高13.27个百分点，比商品住宅销售价格增长率高2.03个百分点，住宅用地地价房价比为77.14%。厦门市住宅地价增长率与地区生产总值、固定资产投资及商品住宅销售价格增长率比较，见图4。

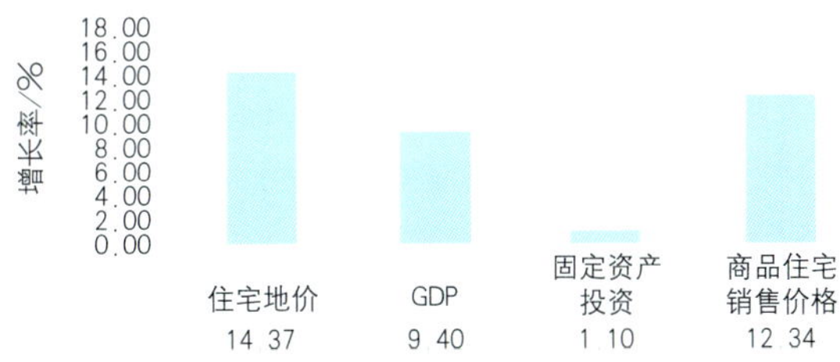


图4 厦门市住宅地价与相关经济指标增长率比较

① 数据来源：厦门统计信息网、中国城市地价动态监测系统、《中国统计年鉴》、中国房地产指数系统数据库。

# 2013 年南昌市地价整体状况

## 一、地价整体水平

2013 年，南昌市城市地价综合水平值为 4578 元／米$^2$。其中，商服地价水平值为 7421 元／米$^2$，住宅地价水平值为 5035 元／米$^2$，工业地价水平值为 460 元／米$^2$。商服地价、住宅地价、工业地价水平呈梯状排列，水平值之比为 1∶0.68∶0.06。商服地价最高，工业地价最低。见图 1。

## 二、地价整体增长率

与 2012 年相比，2013 年南昌市城市地价总体呈大幅上升趋势，地价综合增长率（平均值）为 19.01%。其中，商服地价平均增长率为 16.40%，住宅地价平均增长率为 20.18%，工业地价平均增长率为 1.75%。住宅地价上升幅度较大，商服地价上升幅度次之，工业地价上升幅度较小。见图 2。

南昌市地价整体增长率历年状况如表 1。

## 三、城市地价指数

2013 年，南昌市城市综合地价指数为 260，比 2012 年增加 42 个点数；商服地价指数为 268，比 2012 年增加 38 个点数；住宅地价指数为 262，比 2012 年增加 45 个点数；

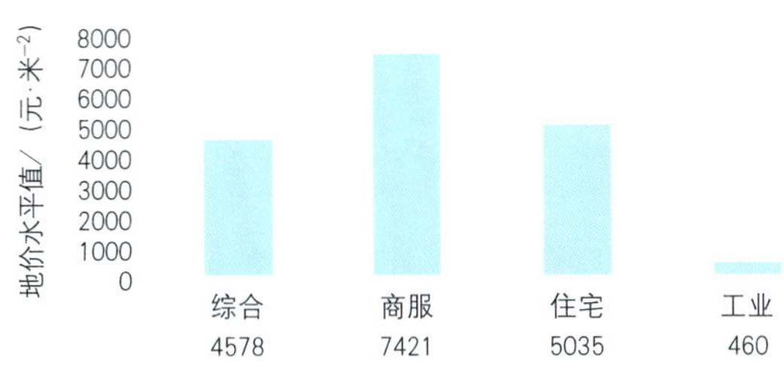


图1 南昌市地价整体水平值

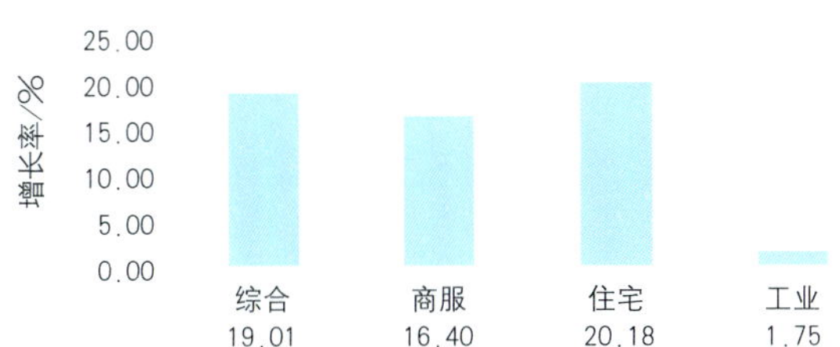


图2 南昌市地价整体增长率

表1 南昌市地价整体增长率历年状况

单位：%

| 年份 | 综合 | 商服 | 住宅 | 工业 |
|---|---|---|---|---|
| 2009 | 1.26 | 1.21 | 1.30 | 0.49 |
| 2010 | 7.05 | 5.19 | 7.68 | 1.32 |
| 2011 | 6.11 | 6.04 | 6.23 | 3.49 |
| 2012 | 3.67 | 3.21 | 3.83 | 1.94 |
| 2013 | 19.01 | 16.40 | 20.18 | 1.75 |

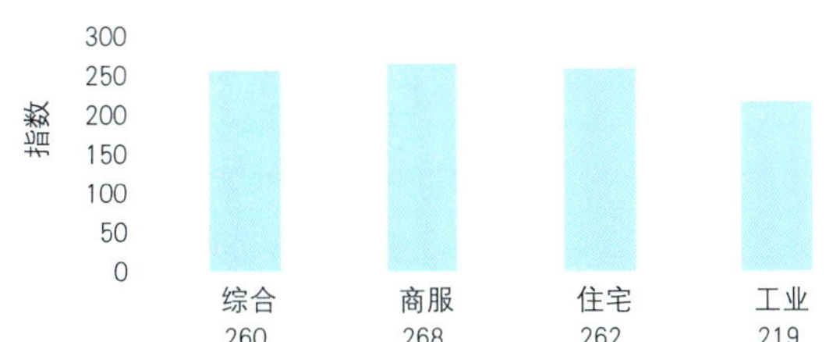


图3 南昌市地价整体指数

表2 南昌市地价整体指数历年状况

| 年份 | 综合 | 商服 | 住宅 | 工业 |
|---|---|---|---|---|
| 2009 | 185 | 200 | 183 | 202 |
| 2010 | 199 | 211 | 197 | 204 |
| 2011 | 211 | 223 | 209 | 211 |
| 2012 | 218 | 230 | 217 | 216 |
| 2013 | 260 | 268 | 262 | 219 |

工业地价指数为219，比2012年增加3个点数。其中，商服地价指数较高，住宅地价指数次之，工业地价指数最低。见图3。

南昌市地价整体指数历年状况如表2。

## 四、住宅地价与相关经济指标协调状况①

与2012年相比，2013年南昌市地区生产总值增长率为10.7%，固定资产投资增长率为21.6%，商品住宅销售价格增长率为12.91%。住宅地价增长率为20.18%，比地区生产总值增长率高9.48个百分点，比固定资产投资增长率低1.42个百分点，比商品住宅销售价格增长率高7.27个百分点，住宅用地地价房价比为30.54%。南昌市住宅地价增长率与地区生产总值、固定资产投资及商品住宅销售价格增长率比较，见图4。

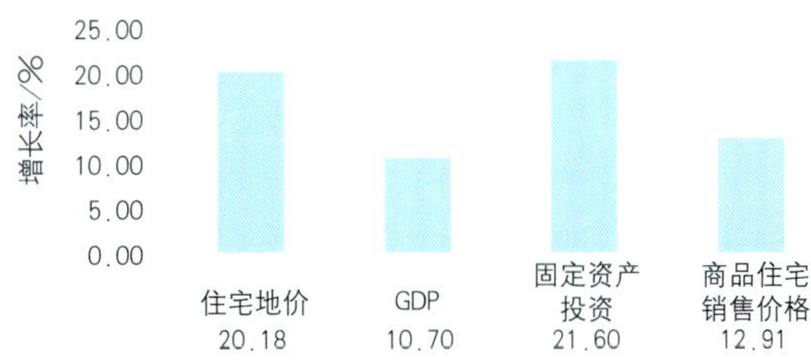


图4 南昌市住宅地价与相关经济指标增长率比较

① 数据来源：南昌市统计局、中国城市地价动态监测系统、《中国统计年鉴》、中国房地产指数系统数据库。

# 2013 年 济南市地价整体状况

## 一、地价整体水平

2013 年，济南市城市地价综合水平值为 2301 元／米 $^2$。其中，商服地价水平值为 4408 元／米 $^2$，住宅地价水平值为 3701 元／米 $^2$，工业地价水平值为 695 元／米 $^2$。商服地价、住宅地价、工业地价水平呈梯状排列，水平值之比为 1∶0.84∶0.16。商服地价最高，工业地价最低。见图 1。

## 二、地价整体增长率

与 2012 年相比，2013 年济南市城市地价总体呈小幅上升趋势，地价综合增长率（平均值）为 2.22%。其中，商服地价平均增长率为 1.73%，住宅地价平均增长率为 2.27%，工业地价平均增长率为 2.21%。住宅地价增长率较大，工业地价增长率次之，商服地价增长率最小。见图 2。

济南市地价整体增长率历年状况如表 1。

## 三、城市地价指数

2013 年，济南市城市综合地价指数为 179，比 2012 年增加 4 个点数；商服地价指数为 188，比 2012 年增加 4 个点数；住宅地价指数为 197，比 2012 年增加 5 个点数；

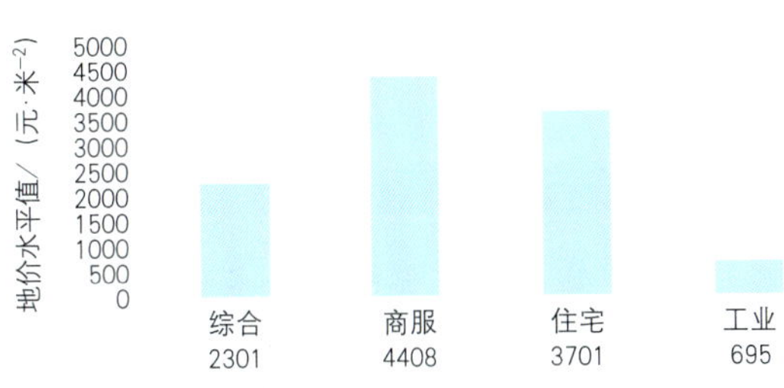


图1 济南市地价整体水平值

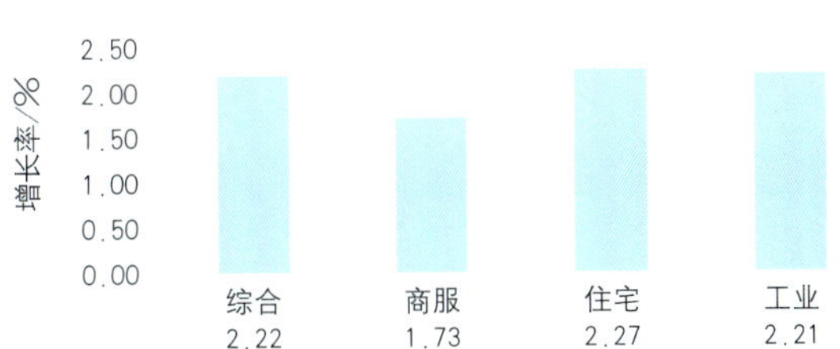


图2 济南市地价整体增长率

表1 济南市地价整体增长率历年状况

单位：%

| 年份 | 综合 | 商服 | 住宅 | 工业 |
|---|---|---|---|---|
| 2009 | 1.54 | 1.90 | 1.73 | 0.31 |
| 2010 | 8.92 | 8.07 | 10.48 | 2.16 |
| 2011 | 3.67 | 4.62 | 3.80 | 2.42 |
| 2012 | 0.99 | 0.72 | 1.17 | 0.29 |
| 2013 | 2.22 | 1.73 | 2.27 | 2.21 |

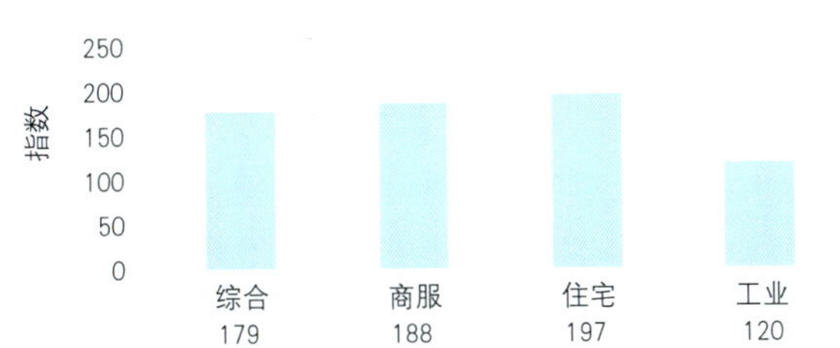


图3 济南市地价整体指数

表2 济南市地价整体指数历年状况

| 年份 | 综合 | 商服 | 住宅 | 工业 |
|---|---|---|---|---|
| 2009 | 154 | 162 | 166 | 112 |
| 2010 | 168 | 175 | 183 | 115 |
| 2011 | 174 | 183 | 190 | 118 |
| 2012 | 175 | 184 | 192 | 118 |
| 2013 | 179 | 188 | 197 | 120 |

工业地价指数为120，比2012年增加2个点数。其中，住宅地价指数较高，商服地价指数次之，工业地价指数最低。见图3。

济南市地价整体指数历年状况如表2。

## 四、住宅地价与相关经济指标协调状况①

与2012年相比，2013年济南市地区生产总值增长率为9.6%，固定资产投资增长率为21%，商品住宅销售价格增长率为5.44%。住宅地价增长率为2.27%，比地区生产总值增长率低7.33个百分点，比固定资产投资增长率低18.73个百分点，比商品住宅销售价格增长率低3.17个百分点，住宅用地地价房价比为29.18%。济南市住宅地价增长率与地区生产总值、固定资产投资及商品住宅销售价格增长率比较，见图4。

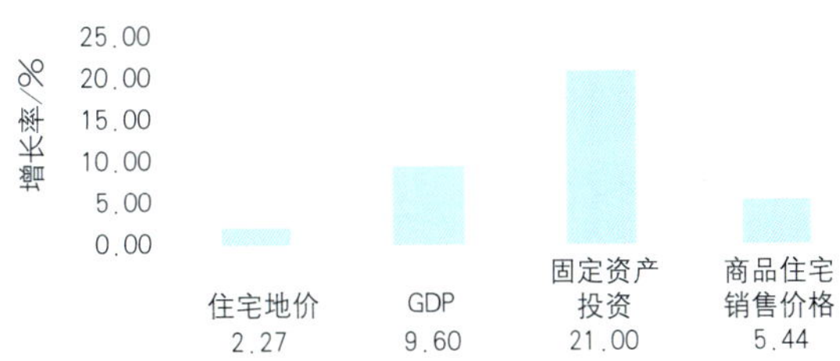


图4 济南市住宅地价与相关经济指标增长率比较

① 数据来源：2014年济南市政府工作报告、中国城市地价动态监测系统、《中国统计年鉴》、中国房地产指数系统数据库。

# 2013 年 青岛市地价整体状况

## 一、地价整体水平

2013 年，青岛市城市地价综合水平值为 3050 元 / 米 $^2$。其中，商服地价水平值为 8642 元 / 米 $^2$，住宅地价水平值为 4681 元 / 米 $^2$，工业地价水平值为 783 元 / 米 $^2$。商服地价、住宅地价、工业地价水平呈梯状排列，水平值之比为 1 : 0.54 : 0.09。商服地价最高，工业地价最低。见图 1。

## 二、地价整体增长率

与 2012 年相比，2013 年青岛市城市地价总体呈明显上升趋势，地价综合增长率（平均值）为 7.66%。其中，商服地价平均增长率为 6.82%，住宅地价平均增长率为 9.96%，工业地价平均增长率为 1.03。住宅地价增长率较大，商服地价增长率次之，工业地价增长率较小。见图 2。

青岛市地价整体增长率历年状况如表 1。

## 三、城市地价指数

2013 年，青岛市城市综合地价指数为 206，比 2012 年增加 15 个点数；商服地价指数为 218，比 2012 年增加 14 个点数；住宅地价指数为 219，比 2012 年增加 20 个点数；

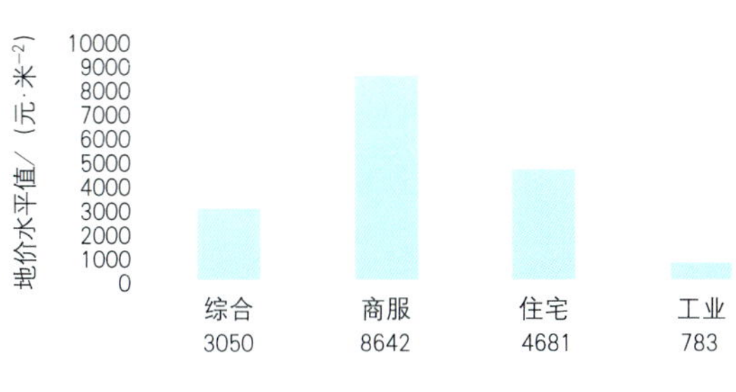


图1　青岛市地价整体水平值

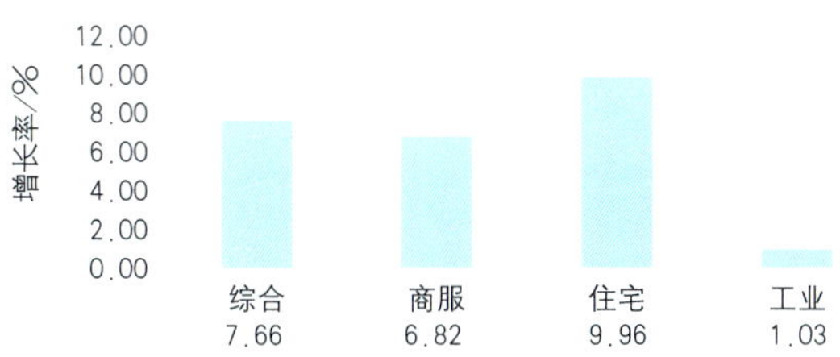


图2　青岛市地价整体增长率

表1　青岛市地价整体增长率历年状况

单位：%

| 年份 | 综合 | 商服 | 住宅 | 工业 |
|---|---|---|---|---|
| 2009 | 2.53 | 0.95 | 4.17 | 0.00 |
| 2010 | 5.49 | 4.67 | 7.15 | 0.00 |
| 2011 | 3.44 | 3.83 | 3.74 | 1.44 |
| 2012 | 0.32 | 0.56 | 0.31 | 0.00 |
| 2013 | 7.66 | 6.82 | 9.96 | 1.03 |

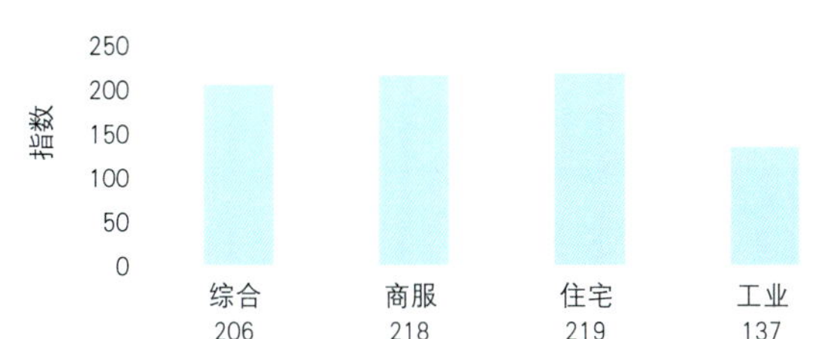


图3　青岛市地价整体指数

表2　青岛市地价整体指数历年状况

| 年份 | 综合 | 商服 | 住宅 | 工业 |
|---|---|---|---|---|
| 2009 | 174 | 187 | 179 | 134 |
| 2010 | 184 | 195 | 191 | 134 |
| 2011 | 190 | 203 | 199 | 136 |
| 2012 | 191 | 204 | 199 | 136 |
| 2013 | 206 | 218 | 219 | 137 |

工业地价指数为137，比2012年增加1个点数。其中，住宅地价指数较高，商服地价指数次之，工业地价指数最低。见图3。

青岛市地价整体指数历年状况如表2。

## 四、住宅地价与相关经济指标协调状况①

与2012年相比，2013年青岛市地区生产总值增长率为10%，固定资产投资增长率为21.1%，商品住宅销售价格增长率为5.33%。住宅地价增长率为9.96%，比地区生产总值增长率低0.04个百分点，比固定资产投资增长率低11.14个百分点，比商品住宅销售价格增长率高4.63个百分点，住宅用地地价房价比为30.80%。青岛市住宅地价增长率与地区生产总值、固定资产投资及商品住宅销售价格增长率比较，见图4。

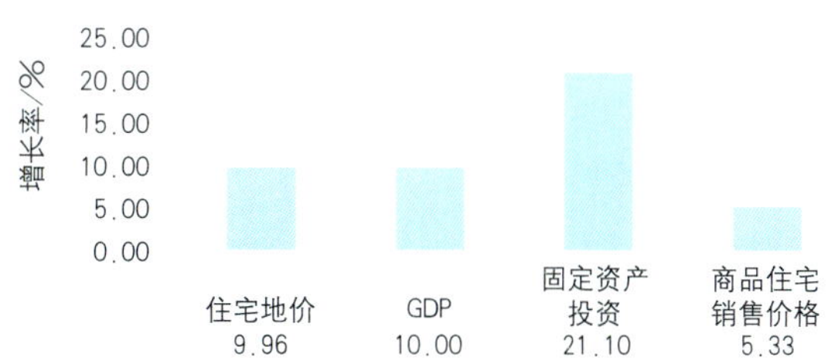


图4　青岛市住宅地价与相关经济指标增长率比较

① 数据来源：青岛统计信息网、中国城市地价动态监测系统、《中国统计年鉴》、中国房地产指数系统数据库。

# 2013 年 郑州市地价整体状况

## 一、地价整体水平

2013 年，郑州市城市地价综合水平值为 2550 元 / 米 $^2$。其中，商服地价水平值为 3049 元 / 米 $^2$，住宅地价水平值为 3407 元 / 米 $^2$，工业地价水平值为 678 元 / 米 $^2$。住宅地价高于商服地价水平，商服地价、住宅地价、工业地价水平值之比为 1∶1.12∶0.22。住宅地价最高，工业地价最低。见图 1。

## 二、地价整体增长率

与 2012 年相比，2013 年郑州市城市地价总体呈上升趋势，地价综合增长率（平均值）为 5.81%。其中，商服地价平均增长率为 4.63%，住宅地价平均增长率为 6.90%，工业地价平均增长率为 2.26%。住宅地价增长率较大，商服地价增长率次之，工业地价增长率较小。见图 2。

郑州市地价整体增长率历年状况如表 1。

## 三、城市地价指数

2013 年，郑州市城市综合地价指数为 224，比 2012 年增加 12 个点数；商服地价指数为 225，比 2012 年增加 10 个点数；住宅地价指数为 271，比 2012 年增加 18 个点数；

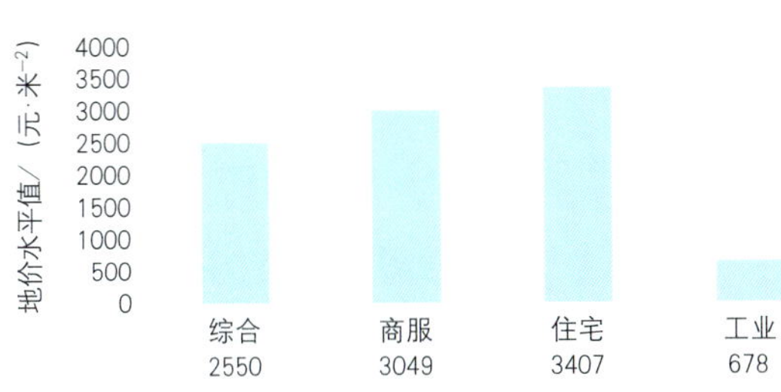


图1 郑州市地价整体水平值

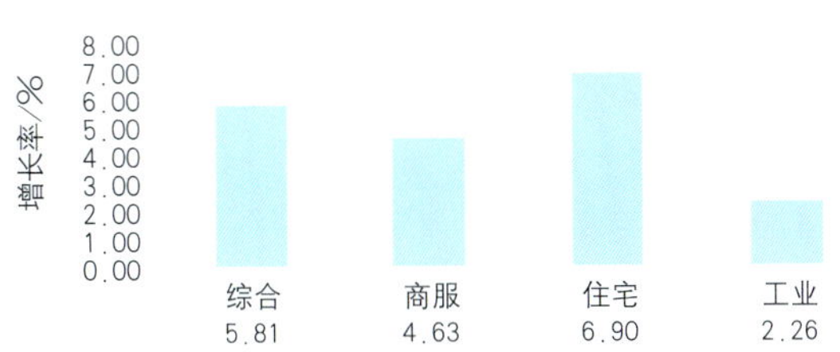


图2 郑州市地价整体增长率

表1 郑州市地价整体增长率历年状况

单位：%

| 年份 | 综合 | 商服 | 住宅 | 工业 |
|---|---|---|---|---|
| 2009 | 10.26 | 8.63 | 13.30 | −1.59 |
| 2010 | 14.38 | 8.41 | 18.83 | 7.53 |
| 2011 | 2.83 | 2.77 | 3.21 | 0.46 |
| 2012 | 1.95 | 1.91 | 2.15 | 0.46 |
| 2013 | 5.81 | 4.63 | 6.90 | 2.26 |

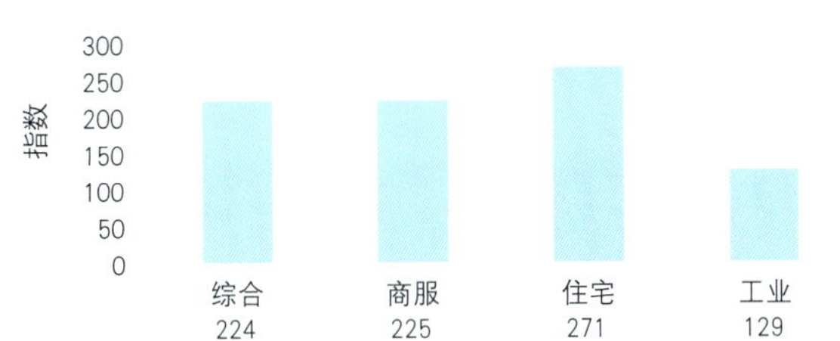


图3 郑州市地价整体指数

表2 郑州市地价整体指数历年状况

| 年份 | 综合 | 商服 | 住宅 | 工业 |
|---|---|---|---|---|
| 2009 | 176 | 190 | 202 | 116 |
| 2010 | 202 | 206 | 240 | 125 |
| 2011 | 208 | 211 | 248 | 126 |
| 2012 | 212 | 215 | 253 | 126 |
| 2013 | 224 | 225 | 271 | 129 |

工业地价指数为129，比2012年增加3个点数。其中，住宅地价指数较高，商服地价指数次之，工业地价指数最低。见图3。

郑州市地价整体指数历年状况如表2。

## 四、住宅地价与相关经济指标协调状况①

与2012年相比，2013年郑州市地区生产总值增长率为10%，固定资产投资增长率为23.6%，商品住宅销售价格增长率为16.73%。住宅地价增长率为6.9%，比地区生产总值增长率低3.1个百分点，比固定资产投资增长率低16.7个百分点，比商品住宅销售价格增长率低9.83个百分点，住宅用地地价房价比为30.97%。郑州市住宅地价增长率与地区生产总值、固定资产投资及商品住宅销售价格增长率比较，见图4。

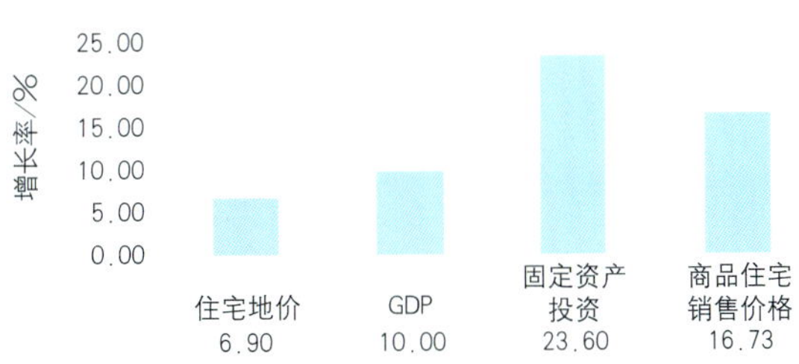


图4 郑州市住宅地价与相关经济指标增长率比较

① 数据来源：郑州统计信息网、中国城市地价动态监测系统、《中国统计年鉴》、中国房地产指数系统数据库。

# 2013 年
# 武汉市地价整体状况

## 一、地价整体水平

2013 年，武汉市城市地价综合水平值为 4220 元 / 米 $^2$。其中，商服地价水平值为 9004 元 / 米 $^2$，住宅地价水平值为 5822 元 / 米 $^2$，工业地价水平值为 809 元 / 米 $^2$。商服地价、住宅地价、工业地价水平呈梯状排列，水平值之比为 1∶0.65∶0.09。商服地价最高，工业地价最低。见图 1。

## 二、地价整体增长率

与 2012 年相比，2013 年武汉市城市地价总体呈上升趋势，地价综合增长率（平均值）为 6.32%。其中，商服地价平均增长率为 7.63%，住宅地价平均增长率为 6.36%，工业地价平均增长率为 2.41%。商服地价增长率较大，住宅地价增长率次之，工业地价增长率最小。见图 2。

武汉市地价整体增长率历年状况如表 1。

## 三、城市地价指数

2013 年，武汉市城市综合地价指数为 225，比 2012 年增加 13 个点数；商服地价指数为 236，比 2012 年增加 17 个点数；住宅地价指数为 238，比 2012 年增加 15 个点数；

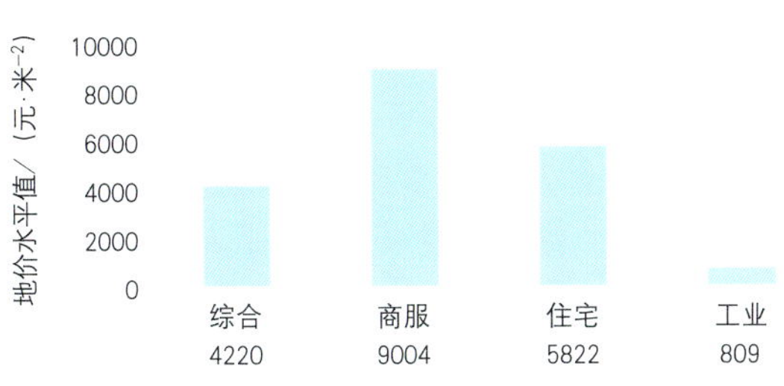


图1 武汉市地价整体水平值

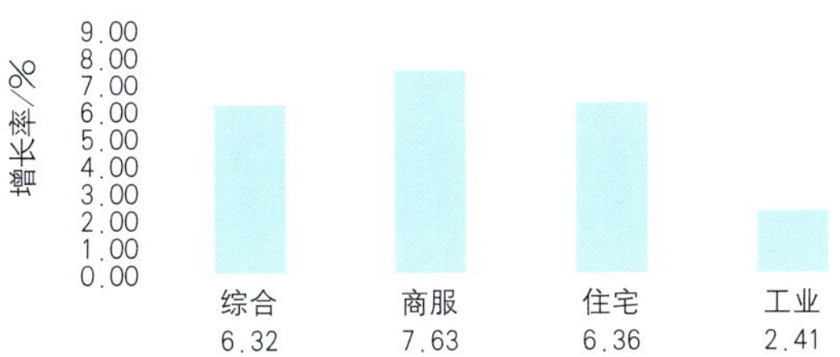


图2 武汉市地价整体增长率

表1 武汉市地价整体增长率历年状况

单位：%

| 年份 | 综合 | 商服 | 住宅 | 工业 |
|---|---|---|---|---|
| 2009 | 6.18 | 2.88 | 8.43 | 1.91 |
| 2010 | 13.14 | 8.69 | 16.24 | 5.19 |
| 2011 | 11.96 | 13.12 | 12.28 | 4.25 |
| 2012 | 1.27 | 2.34 | 0.91 | 0.39 |
| 2013 | 6.32 | 7.63 | 6.36 | 2.41 |

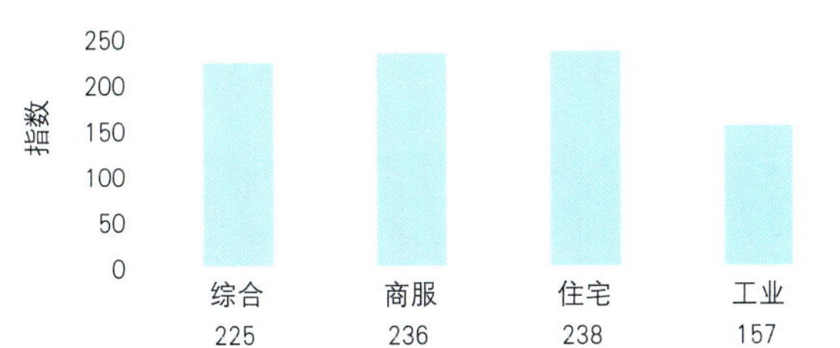


图3 武汉市地价整体指数

表2 武汉市地价整体指数历年状况

| 年份 | 综合 | 商服 | 住宅 | 工业 |
|---|---|---|---|---|
| 2009 | 165 | 174 | 170 | 140 |
| 2010 | 187 | 189 | 197 | 147 |
| 2011 | 209 | 214 | 221 | 153 |
| 2012 | 212 | 219 | 223 | 154 |
| 2013 | 225 | 236 | 238 | 157 |

工业地价指数为157，比2012年增加3个点数。其中，住宅地价指数较高，商服地价指数次之，工业地价指数最低。见图3。

武汉市地价整体指数历年状况如表2。

## 四、住宅地价与相关经济指标协调状况①

与2012年相比，2013年武汉市地区生产总值增长率为10%，全社会固定资产投资增长率为19.3%，商品住宅销售价格增长率为4.97%。住宅地价增长率为6.36%，比地区生产总值增长率低3.64个百分点，比全社会固定资产投资增长率低12.94个百分点，比商品住宅销售价格增长率高1.39个百分点，住宅用地地价房价比为36.00%。武汉市住宅地价增长率与地区生产总值、全社会固定资产投资及商品住房销售价格增长率比较，见图4。

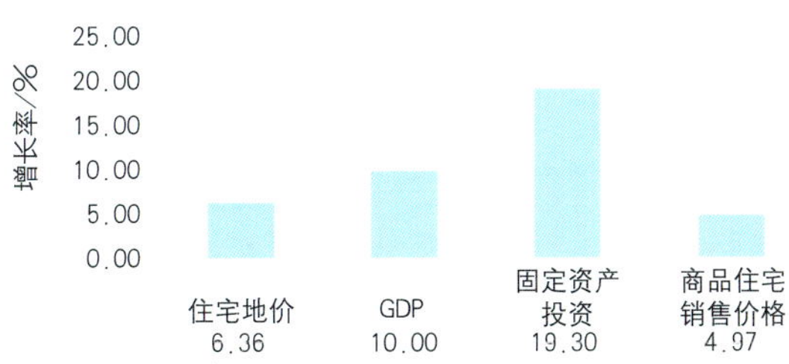


图4 武汉市住宅地价与相关经济指标增长率比较

① 数据来源：武汉统计信息网、中国城市地价动态监测系统、《中国统计年鉴》、中国房地产指数系统数据库。

# 2013 年
# 长沙市地价整体状况

## 一、地价整体水平

2013 年，长沙市城市地价综合水平值为 2450 元／米 $^2$。其中，商服地价水平值为 3927 元／米 $^2$，住宅地价水平值为 2769 元／米 $^2$，工业地价水平值为 766 元／米 $^2$。商服地价、住宅地价、工业地价水平呈梯状排列，水平值之比为 1∶0.71∶0.20。商服地价最高，工业地价最低。见图 1。

## 二、地价整体增长率

与 2012 年相比，2013 年长沙市城市地价呈明显上升趋势，地价综合增长率（平均值）为 9.91%。其中，商服地价平均增长率为 10.03%，住宅地价平均增长率为 10.67%，工业地价平均增长率为 5.51%。住宅地价增长率较大，商服地价增长率次之，工业地价增长率较小。见图 2。

长沙市地价整体增长率历年状况如表 1。

## 三、城市地价指数

2013 年，长沙市城市综合地价指数为 249，比 2012 年增加 22 个点数；商服地价指数为 272，比 2012 年增加 25 个点数；住宅地价指数为 244，比 2012 年增加 24 个点数；

地价水平值/（元·米⁻²）
综合 2450　商服 3927　住宅 2769　工业 766

图1　长沙市地价整体水平值

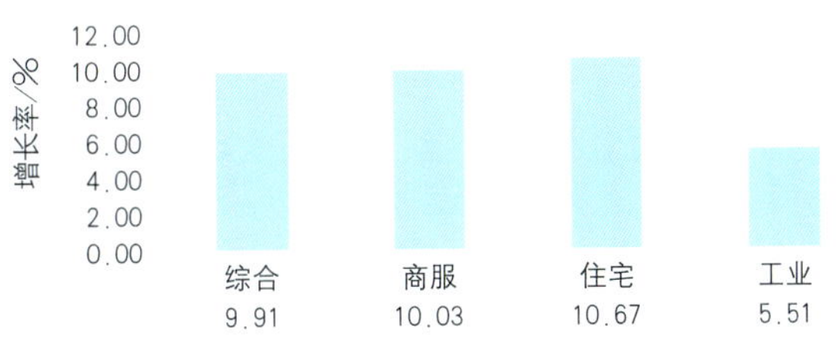


图2　长沙市地价整体增长率

表1　长沙市地价整体增长率历年状况

单位：%

| 年份 | 综合 | 商服 | 住宅 | 工业 |
| --- | --- | --- | --- | --- |
| 2009 | 3.54 | 4.18 | 2.61 | 5.73 |
| 2010 | 10.01 | 10.47 | 9.78 | 9.49 |
| 2011 | 9.73 | 11.12 | 9.05 | 7.74 |
| 2012 | 6.86 | 7.92 | 6.47 | 4.31 |
| 2013 | 9.91 | 10.03 | 10.67 | 5.51 |

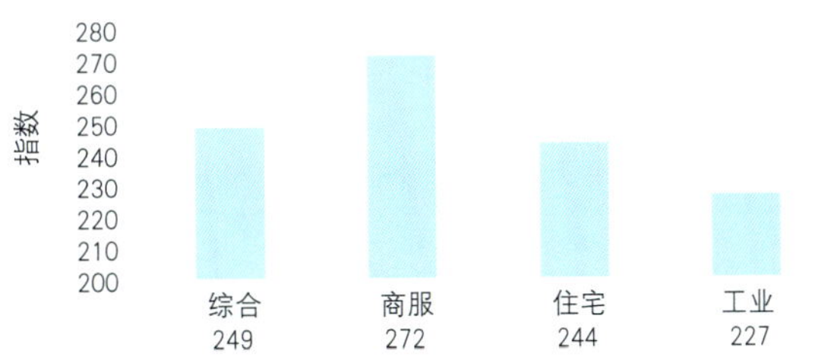


图3　长沙市地价整体指数

表2　长沙市地价整体指数历年状况

| 年份 | 综合 | 商服 | 住宅 | 工业 |
| --- | --- | --- | --- | --- |
| 2009 | 176 | 186 | 173 | 175 |
| 2010 | 194 | 206 | 190 | 191 |
| 2011 | 212 | 229 | 207 | 206 |
| 2012 | 227 | 247 | 220 | 215 |
| 2013 | 249 | 272 | 244 | 227 |

工业地价指数为227，比2012年增加12个点数。其中，商服地价指数较高，住宅地价指数次之，工业地价指数最低。见图3。

长沙市地价整体指数历年状况如表2。

## 四、住宅地价与相关经济指标协调状况①

与2012年相比，2013年长沙市地区生产总值增长率为12%，固定资产投资增长率为20.1%，商品住宅销售价格增长率为2.78%。住宅地价增长率为10.67%，比地区生产总值增长率低1.33个百分点，比固定资产投资增长率低9.43个百分点，比商品住宅销售价格增长率高7.89个百分点，住宅用地地价房价比为29.32%。长沙市住宅地价增长率与地区生产总值、固定资产投资及商品住宅销售价格增长率比较，见图4。

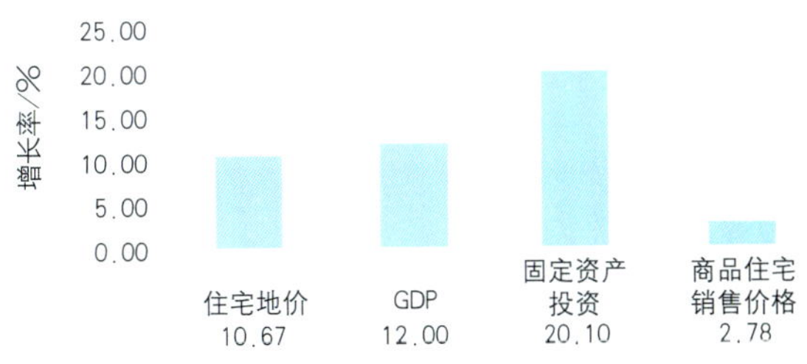


图4　长沙市住宅地价与相关经济指标增长率比较

① 数据来源：长沙统计信息网、中国城市地价动态监测系统、《中国统计年鉴》、中国房地产指数系统数据库。

# 2013年
# 广州市地价整体状况

## 一、地价整体水平

2013年，广州市城市地价综合水平值为16863元/米$^2$。其中，商服地价水平值为27057元/米$^2$，住宅地价水平值为22128元/米$^2$，工业地价水平值为627元/米$^2$。其中商服地价、住宅地价、工业地价水平呈梯状排列，水平值之比为1∶0.82∶0.02。商服地价最高，工业地价最低。见图1。

## 二、地价整体增长率

与2012年相比，2013年广州市城市地价总体呈大幅上升趋势，地价综合增长率（平均值）为16.13%。其中，商服地价平均增长率为9.19%，住宅地价平均增长率为21.80%，工业地价平均增长率为8.67%。住宅地价增长率较大，商服地价增长率次之，工业地价增长率较小。见图2。

广州市地价整体增长率历年状况如表1。

## 三、城市地价指数

2013年，广州市城市综合地价指数为264，比2012年增加36个点数；商服地价指数为234，比2012年增加20个点数；住宅地价指数为292，比2012年增加53个点数；

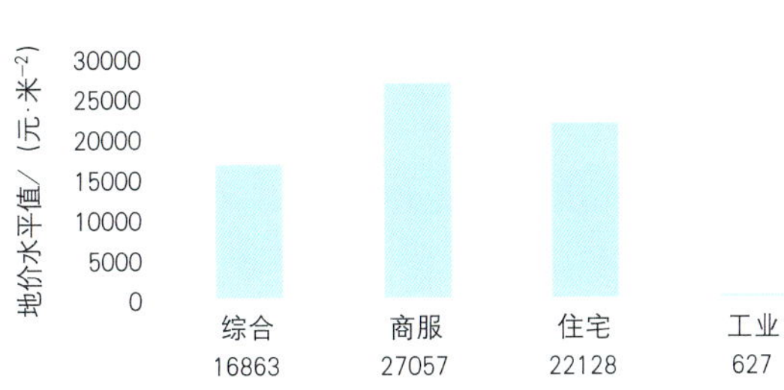


图1 广州市地价整体水平值

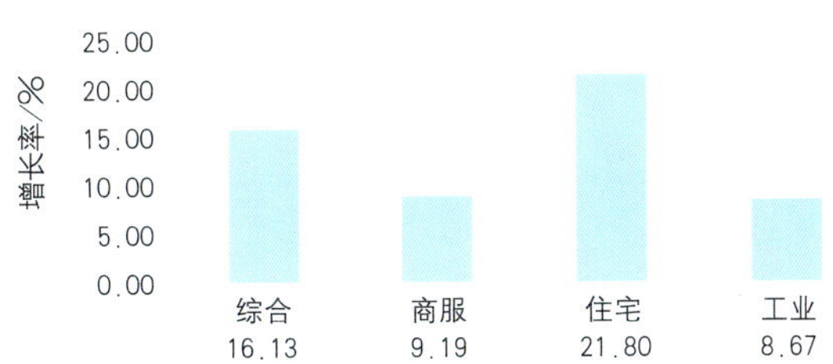


图2 广州市地价整体增长率

表1 广州市地价整体增长率历年状况

单位:%

| 年份 | 综合 | 商服 | 住宅 | 工业 |
|---|---|---|---|---|
| 2009 | 10.44 | 8.04 | 12.18 | 4.89 |
| 2010 | 5.91 | 8.11 | 4.58 | 7.51 |
| 2011 | 16.68 | 21.24 | 14.89 | 4.72 |
| 2012 | 3.02 | 3.89 | 2.31 | 3.96 |
| 2013 | 16.13 | 9.19 | 21.8 | 8.67 |

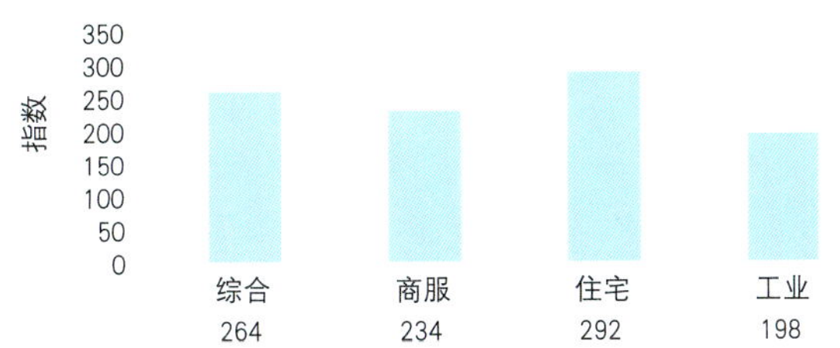


图3 广州市地价整体指数

表2 广州市地价整体指数历年状况

| 年份 | 综合 | 商服 | 住宅 | 工业 |
|---|---|---|---|---|
| 2009 | 179 | 157 | 195 | 156 |
| 2010 | 189 | 170 | 204 | 168 |
| 2011 | 221 | 206 | 234 | 176 |
| 2012 | 228 | 214 | 239 | 183 |
| 2013 | 264 | 234 | 292 | 198 |

工业地价指数为198，比2012年增加15个点数。其中，住宅地价指数较高，商服地价指数次之，工业地价指数最低。见图3。

广州市地价整体指数历年状况如表2。

## 四、住宅地价与相关经济指标协调状况①

与2012年相比，2013年广州市地区生产总值增长率为11.6%，全市固定资产投资增长率为18.5%，商品住宅销售价格增长率为16.27%。住宅地价增长率为21.8%，比地区生产总值增长率高10.2个百分点，比全市固定资产投资增长率高3.3个百分点，比商品住宅销售价格增长率高5.53个百分点，住宅用地地价房价比为36.80%。广州市住宅地价增长率与地区生产总值、全市固定资产投资及商品住宅销售价格增长率比较，见图4。

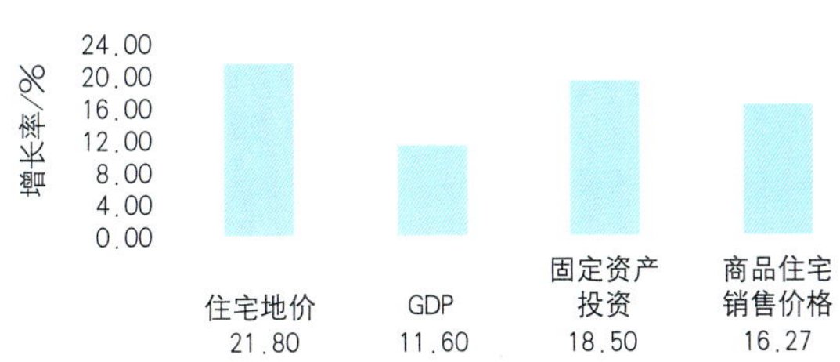


图4 广州市住宅地价与相关经济指标增长率比较

① 数据来源：广州市统计信息网、中国城市地价动态监测系统、《中国统计年鉴》、中国房地产指数系统数据库。

# 2013年 深圳市地价整体状况

## 一、地价整体水平

2013年，深圳市城市地价综合水平值为21395元/米$^2$。其中，商服地价水平值为36924元/米$^2$，住宅地价水平值为32430元/米$^2$，工业地价水平值为2761元/米$^2$。商服地价、住宅地价、工业地价水平呈梯状排列，水平值之比为1：0.88：0.07。商服地价最高，工业地价最低。见图1。

## 二、地价整体增长率

与2012年相比，2013年深圳市城市地价总体呈大幅上升趋势，地价综合增长率（平均值）为18.93%。其中，商服地价平均增长率为17.77%，住宅地价平均增长率为20.54%，工业地价平均增长率为11.87%。住宅地价上涨幅度最大，商服地价上涨幅度次之，工业地价上涨幅度较小。见图2。

深圳市地价整体增长率历年状况如表1。

## 三、城市地价指数

2013年，深圳市城市综合地价指数为505，比2012年增加80个点数；商服地价指数为632，比2012年增加95个点数；住宅地价指数为434，比2012年增加74个点数；

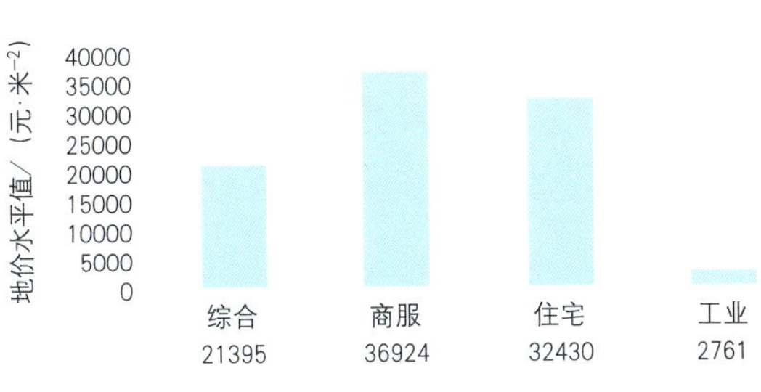


图1　深圳市地价整体水平值

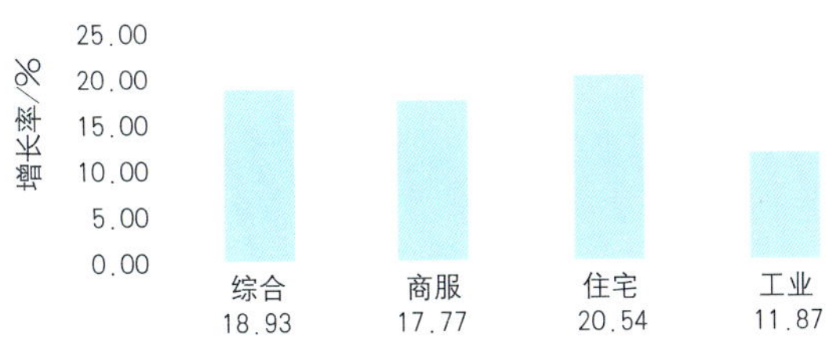


图2　深圳市地价整体增长率

表1　深圳市地价整体增长率历年状况

单位：%

| 年份 | 综合 | 商服 | 住宅 | 工业 |
|---|---|---|---|---|
| 2009 | 33.16 | 32.20 | 36.66 | 5.65 |
| 2010 | 23.51 | 48.43 | 7.31 | 19.10 |
| 2011 | 18.93 | 27.48 | 12.75 | 4.44 |
| 2012 | 4.07 | 0.36 | 6.45 | 9.98 |
| 2013 | 18.93 | 17.77 | 20.54 | 11.87 |

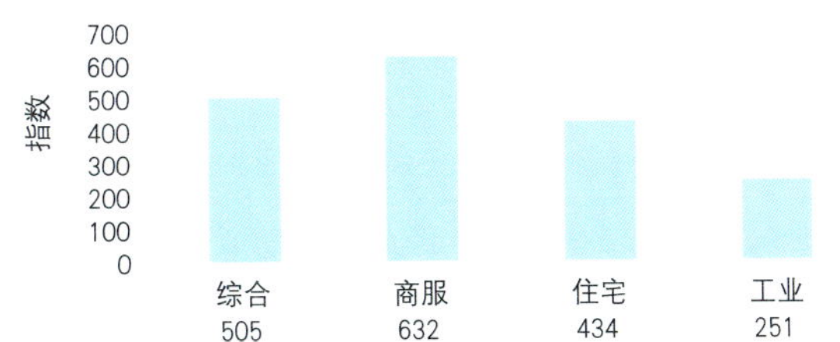


图3　深圳市地价整体指数

表2　深圳市地价整体指数历年状况

| 年份 | 综合 | 商服 | 住宅 | 工业 |
|---|---|---|---|---|
| 2009 | 278 | 282 | 280 | 167 |
| 2010 | 343 | 419 | 300 | 199 |
| 2011 | 408 | 535 | 338 | 208 |
| 2012 | 425 | 537 | 360 | 229 |
| 2013 | 505 | 632 | 434 | 251 |

工业地价指数为251，比2012年增加22个点数。其中，商服地价指数较高，住宅地价指数次之，工业地价指数最低。见图3。

深圳市地价整体指数历年状况如表2。

## 四、住宅地价与相关经济指标协调状况①

与2012年相比，2013年深圳市地区生产总值增长率为10.5%，固定资产投资增长率为14%，商品住宅销售价格增长率为23.33%。住宅地价增长率为20.54%，比地区生产总值增长率高10.04个百分点，比固定资产投资增长率高6.54个百分点，比商品住宅销售价格增长率低2.79个百分点，住宅用地地价房价比为42.14%。深圳市住宅地价增长率与地区生产总值、固定资产投资及商品住宅销售价格增长率比较，见图4。

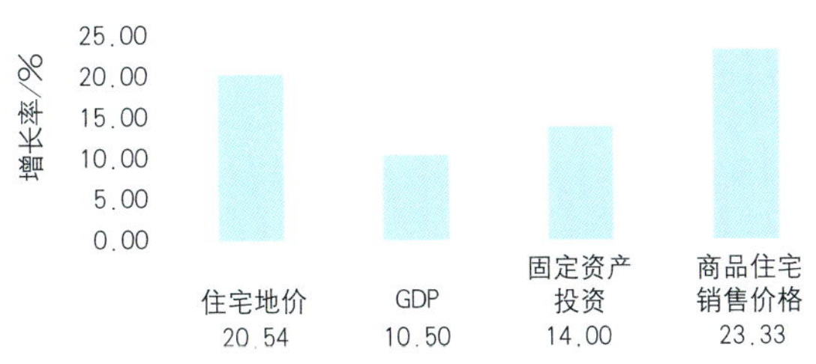


图4　深圳市住宅地价与相关经济指标增长率比较

① 数据来源：2014年深圳市政府工作报告、中国城市地价动态监测系统、《中国统计年鉴》、中国房地产指数系统数据库。

# 2013年 南宁市地价整体状况

## 一、地价整体水平

2013年，南宁市城市地价综合水平值为2524元/米$^2$。其中，商服地价水平值为6317元/米$^2$，住宅地价水平值为1957元/米$^2$，工业地价水平值为505元/米$^2$。商服地价、住宅地价、工业地价水平呈梯状排列，水平值之比为1∶0.31∶0.08。商服地价最高，工业地价最低。见图1。

## 二、地价整体增长率

与2012年相比，2013年南宁市城市地价总体呈上升趋势，地价综合增长率（平均值）为5.12%。其中，商服地价平均增长率为4.83%，住宅地价平均增长率为6.36%，工业地价平均增长率为3.06%。住宅地价增长率较高，商服地价增长率次之，工业地价增长率较小。见图2。

南宁市地价整体增长率历年状况如表1。

## 三、城市地价指数

2013年，南宁市城市综合地价指数为195，比2012年增加9个点数；商服地价指数为188，比2012年增加9个点数；住宅地价指数为226，比2012年增加13个点数；

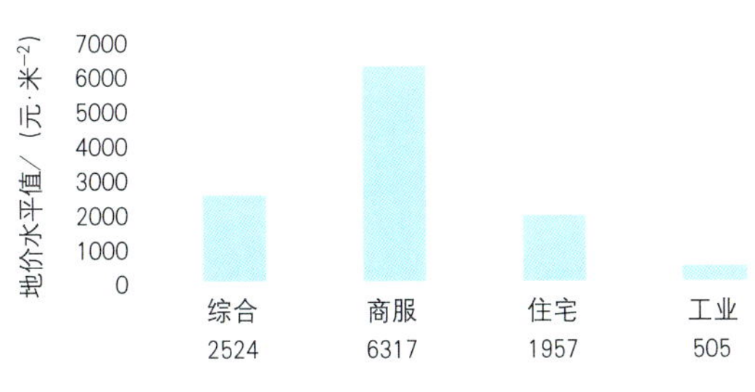


图1 南宁市地价整体水平值

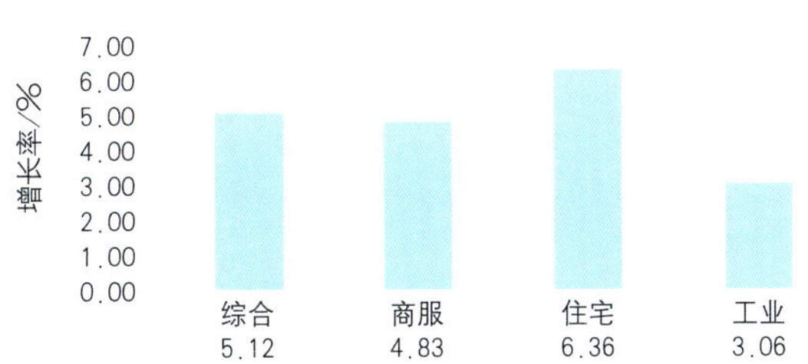


图2 南宁市地价整体增长率

表1 南宁市地价整体增长率历年状况

单位：%

| 年份 | 综合 | 商服 | 住宅 | 工业 |
|---|---|---|---|---|
| 2009 | 5.34 | 4.21 | 8.47 | 3.23 |
| 2010 | 12.30 | 12.21 | 14.03 | 5.29 |
| 2011 | 8.07 | 8.76 | 6.85 | 7.76 |
| 2012 | 1.35 | 1.70 | −0.05 | 3.81 |
| 2013 | 5.12 | 4.83 | 6.36 | 3.06 |

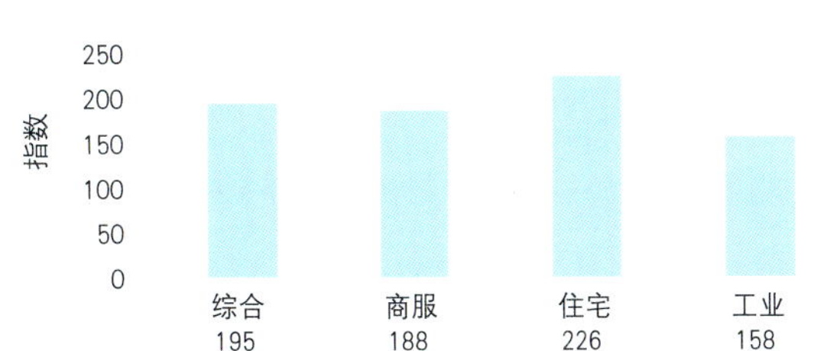


图3 南宁市地价整体指数

表2 南宁市地价整体指数历年状况

| 年份 | 综合 | 商服 | 住宅 | 工业 |
|---|---|---|---|---|
| 2009 | 151 | 145 | 175 | 130 |
| 2010 | 170 | 162 | 199 | 137 |
| 2011 | 184 | 176 | 213 | 148 |
| 2012 | 186 | 179 | 213 | 154 |
| 2013 | 195 | 188 | 226 | 158 |

工业地价指数为158，比2012年增加4个点数。其中，住宅地价指数较高，商服地价指数次之，工业地价指数最低。见图3。

南宁市地价整体指数历年状况如表2。

## 四、住宅地价与相关经济指标协调状况①

与2012年相比，2013年南宁市地区生产总值增长率为10.3%，全社会固定资产投资增长率为23.4%，商品住宅销售价格增长率为9.54%。住宅地价增长率为6.36%，比地区生产总值增长率低3.94个百分点，比全社会固定资产投资增长率低17.04个百分点，比商品住宅销售价格增长率低3.18个百分点，住宅用地地价房价比为15.88%。南宁市住宅地价增长率与地区生产总值、全社会固定资产投资及商品住宅销售价格增长率比较，见图4。

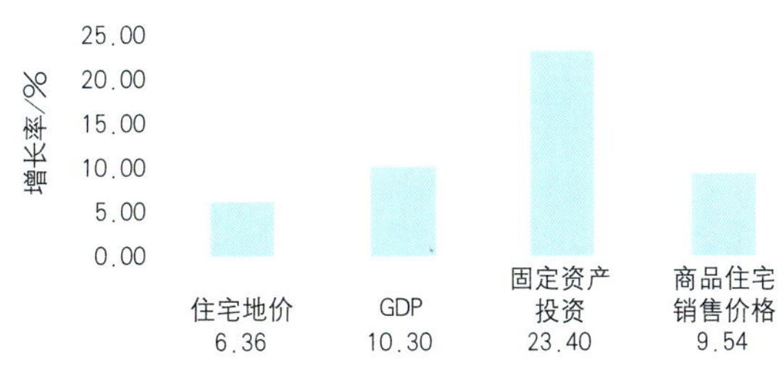


图4 南宁市住宅地价与相关经济指标增长率比较

① 数据来源：南宁市统计局、中国城市地价动态监测系统、《中国统计年鉴》、中国房地产指数系统数据库。

# 2013 年<br>海口市地价整体状况

## 一、地价整体水平

2013 年，海口市城市地价综合水平值为 3062 元／米$^2$。其中，商服地价水平值为 3736 元／米$^2$，住宅地价水平值为 3557 元／米$^2$，工业地价水平值为 571 元／米$^2$。商服地价、住宅地价、工业地价水平呈梯状排列，水平值之比为 1∶0.95∶0.15。商服地价最高，工业地价最低。见图 1。

## 二、地价整体增长率

与 2012 年相比，2013 年海口市城市地价总体呈上升趋势，地价综合增长率（平均值）为6.47%。其中，商服地价平均增长率为 10.08%，住宅地价平均增长率为 5.21%，工业地价平均增长率为 1.96%。商服地价增长率较大，住宅地价增长率次之，工业地价增长率较小。见图 2。

海口市地价整体增长率历年状况如表 1。

## 三、城市地价指数

2013 年，海口市城市综合地价指数为 337，比 2012 年增加 20 个点数；商服地价指数为 288，比 2012 年增加 26 个点数；住宅地价指数为 397，比 2012 年增加 20 个点数；

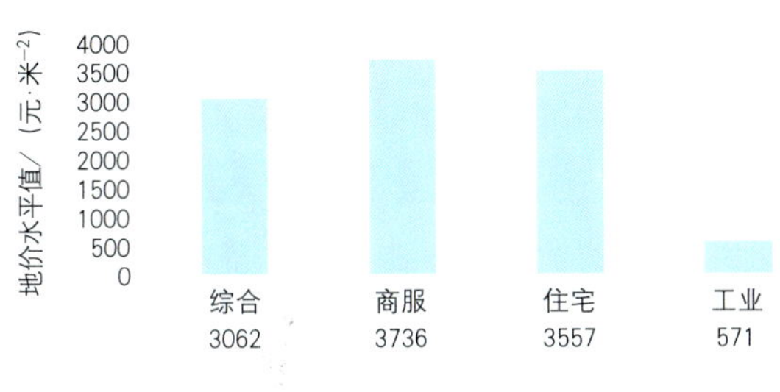


图1　海口市地价整体水平值

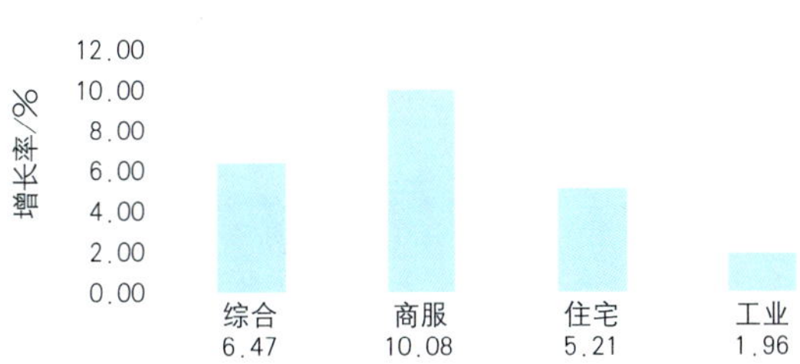


图2　海口市地价整体增长率

表1　海口市地价整体增长率历年状况

单位：%

| 年份 | 综合 | 商服 | 住宅 | 工业 |
|---|---|---|---|---|
| 2009 | 14.20 | 11.82 | 15.01 | 18.77 |
| 2010 | 51.71 | 23.09 | 69.51 | 18.87 |
| 2011 | 12.69 | 9.86 | 13.99 | 8.73 |
| 2012 | 2.24 | 2.54 | 2.33 | 0.90 |
| 2013 | 6.47 | 10.08 | 5.21 | 1.96 |

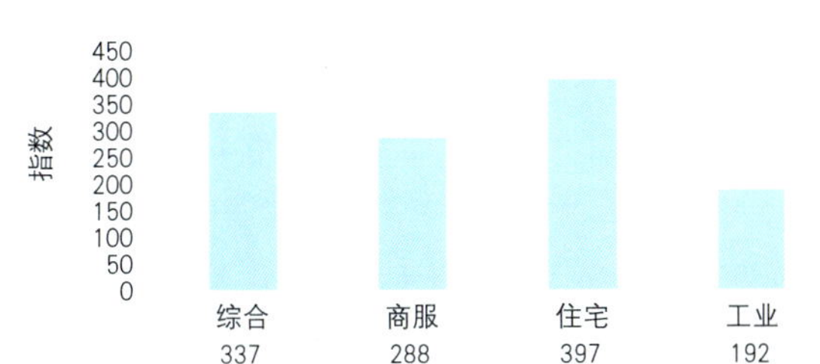


图3　海口市地价整体指数

表2　海口市地价整体指数历年状况

| 年份 | 综合 | 商服 | 住宅 | 工业 |
|---|---|---|---|---|
| 2009 | 182 | 189 | 190 | 145 |
| 2010 | 276 | 233 | 322 | 172 |
| 2011 | 311 | 256 | 367 | 187 |
| 2012 | 317 | 262 | 377 | 188 |
| 2013 | 337 | 288 | 397 | 192 |

工业地价指数为192，比2012年增加4个点数。其中，住宅地价指数最高，商服地价指数次之，工业地价指数较低。见图3。

海口市地价整体指数历年状况如表2。

## 四、住宅地价与相关经济指标协调状况①

与2012年相比，2013年海口市地区生产总值增长率为9.9%，全社会固定资产投资增长率为27.2%，商品住宅销售价格增长率为12.75%。住宅地价增长率为5.21%，比地区生产总值增长率低4.69个百分点，比全社会固定资产投资增长率低21.99个百分点，比商品住宅销售价格增长率低7.54个百分点，住宅用地地价房价比为21.85%。海口市住宅地价增长率与地区生产总值、全社会固定资产投资及商品住宅销售价格增长率比较，见图4。

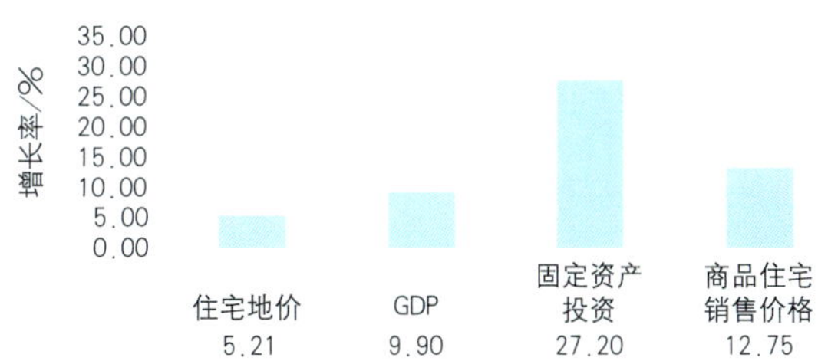


图4　海口市住宅地价与相关经济指标增长率比较

① 数据来源：2014年海口市政府工作报告、中国城市地价动态监测系统、《中国统计年鉴》、中国房地产指数系统数据库。

# 2013年 重庆市地价整体状况

## 一、地价整体水平

2013年，重庆市城市地价综合水平值为4029元/米$^2$。其中，商服地价水平值为8445元/米$^2$，住宅地价水平值为3921元/米$^2$，工业地价水平值为564元/米$^2$。商服地价、住宅地价、工业地价水平呈阶梯状排列，水平值之比为1∶0.46∶0.07。商服地价最高，工业地价最低。见图1。

## 二、地价整体增长率

与2012年相比，2013年重庆市城市地价总体呈上升趋势，地价综合增长率（平均值）为6.08%。其中，商服地价平均增长率为4.27%，住宅地价平均增长率为7.13%，工业地价平均增长率为1.62。住宅地价上升幅度较大，商服地价增长率次之，工业地价上升幅度较小。见图2。

重庆市地价整体增长率历年状况如表1。

## 三、城市地价指数

2013年，重庆市城市综合地价指数为265，比2012年增加15个点数；商服地价指数为162，比2012年增加6个点数；住宅地价指数为343，比2012年增加22个点数；

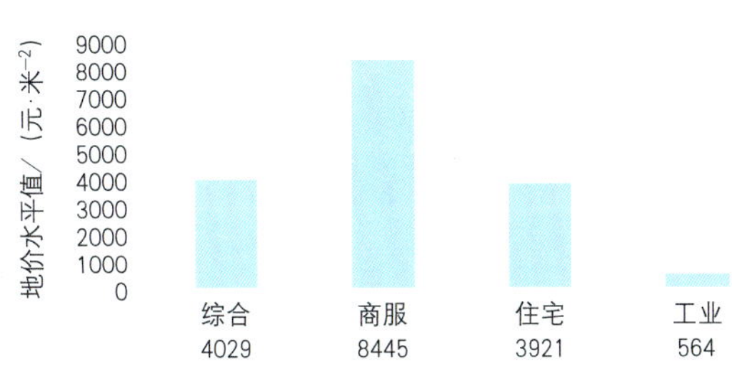


图1 重庆市地价整体水平值

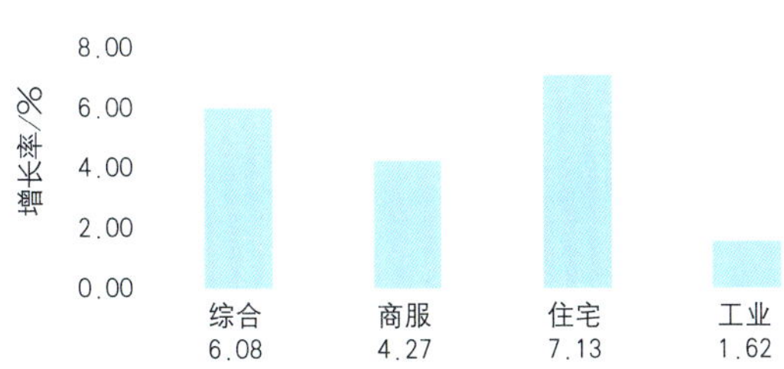


图2 重庆市地价整体增长率

表1 重庆市地价整体增长率历年状况

单位：%

| 年份 | 综合 | 商服 | 住宅 | 工业 |
|---|---|---|---|---|
| 2009 | 4.56 | 0.83 | 6.68 | −5.07 |
| 2010 | 8.99 | 7.87 | 10.32 | 0.36 |
| 2011 | 11.04 | 11.26 | 11.77 | 2.69 |
| 2012 | 0.57 | 0.06 | 0.77 | 0.00 |
| 2013 | 6.08 | 4.27 | 7.13 | 1.62 |

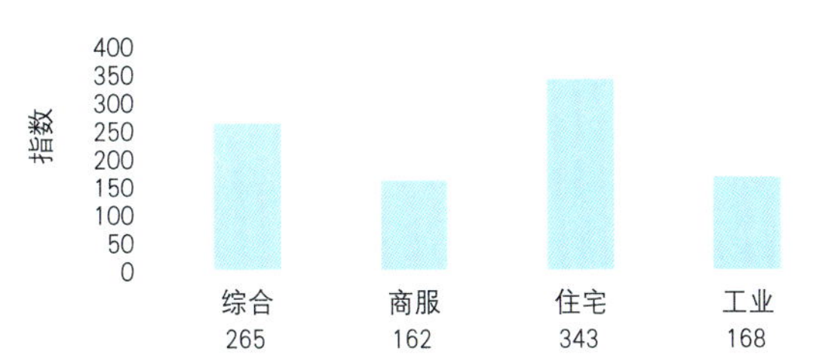


图3 重庆市地价整体指数

表2 重庆市地价整体指数历年状况

| 年份 | 综合 | 商服 | 住宅 | 工业 |
|---|---|---|---|---|
| 2009 | 205 | 130 | 258 | 160 |
| 2010 | 224 | 140 | 285 | 161 |
| 2011 | 248 | 156 | 318 | 165 |
| 2012 | 250 | 156 | 321 | 165 |
| 2013 | 265 | 162 | 343 | 168 |

工业地价指数为168，比2012年增加3个点数。其中，住宅地价指数较高，工业地价指数次之，商服地价指数最低。见图3。

重庆市地价整体指数历年状况如表2。

## 四、住宅地价与相关经济指标协调状况①

与2012年相比，2013年重庆市地区生产总值增长率为12.3%，固定资产投资增长率为19.5%，商品住宅销售价格增长率为9.03%。住宅地价增长率为7.13%，比地区生产总值增长率低5.17个百分点，比固定资产投资增长率低12.37个百分点，比商品住宅销售价格增长率低1.9个百分点，住宅用地地价房价比为21.77%。重庆市住宅地价增长率与地区生产总值、固定资产投资及商品住宅销售价格增长率比较，见图4。

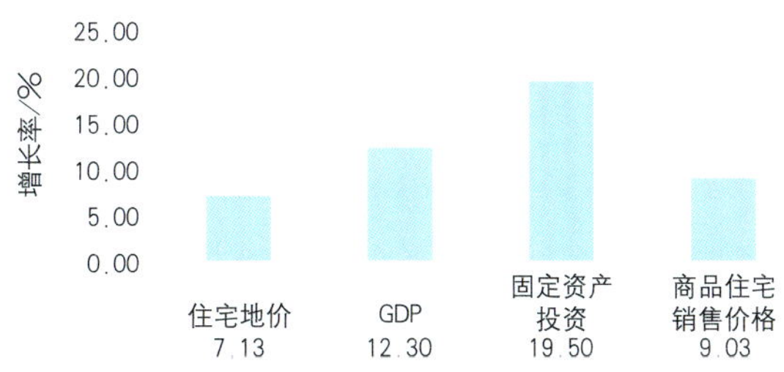


图4 重庆市住宅地价与相关经济指标增长率比较

① 数据来源：2014年重庆市政府工作报告、中国城市地价动态监测系统、《中国统计年鉴》、中国房地产指数系统数据库。

# 2013 年
# 成都市地价整体状况

## 一、地价整体水平

2013 年，成都市城市地价综合水平值为 7251 元／米$^2$。其中，商服地价水平值为 10516 元／米$^2$，住宅地价水平值为 8020 元／米$^2$，工业地价水平值为 705 元／米$^2$。商服地价、住宅地价、工业地价水平呈梯状排列，水平值之比为 1：0.76：0.07。商服地价最高，工业地价最低。见图 1。

## 二、地价整体增长率

与 2012 年相比，2013 年成都市城市地价总体呈明显上升趋势，地价综合增长率（平均值）为 9.50%。其中，商服地价平均增长率为 8.74%，住宅地价平均增长率为 11.30%，工业地价平均增长率为 2.92%。住宅地价增长率较大，商服地价增长率次之，工业地价增长率较小。见图 2。

成都市地价整体增长率历年状况如表 1。

## 三、城市地价指数

2013 年，成都市城市综合地价指数为 194，比 2012 年增加 17 个点数；商服地价指数为 209，比 2012 年增加 17 个点数；住宅地价指数为 232，比 2012 年增加 24 个点数；

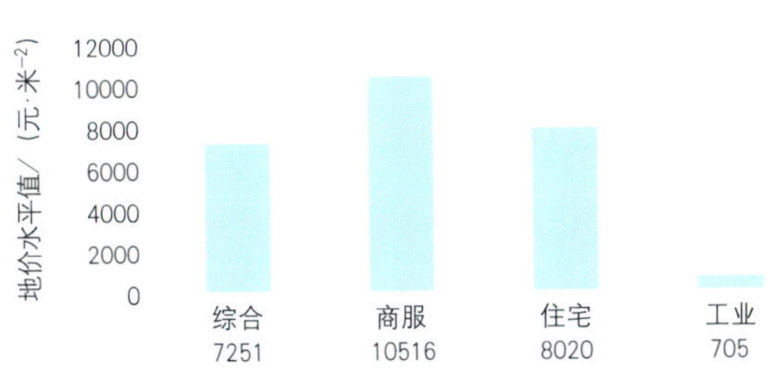


图1　成都市地价整体水平值

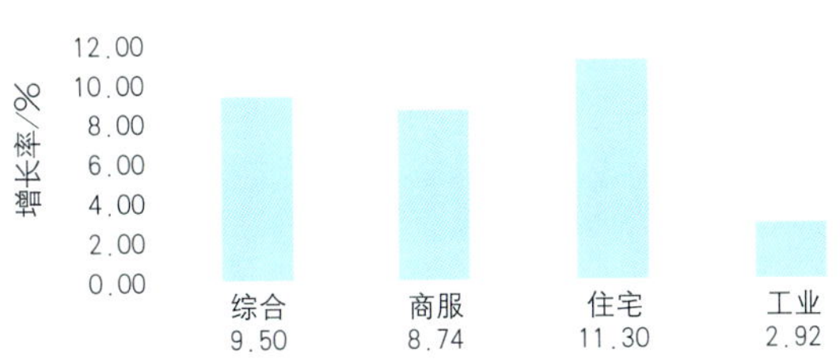


图2　成都市地价整体增长率

表1　成都市地价整体增长率历年状况

单位：%

| 年份 | 综合 | 商服 | 住宅 | 工业 |
|---|---|---|---|---|
| 2009 | 2.40 | 0.49 | 3.21 | 0.15 |
| 2010 | 1.77 | 1.38 | 1.95 | 0.46 |
| 2011 | 7.65 | 15.18 | 4.97 | 3.05 |
| 2012 | 1.89 | 9.23 | −1.13 | 1.33 |
| 2013 | 9.50 | 8.74 | 11.30 | 2.92 |

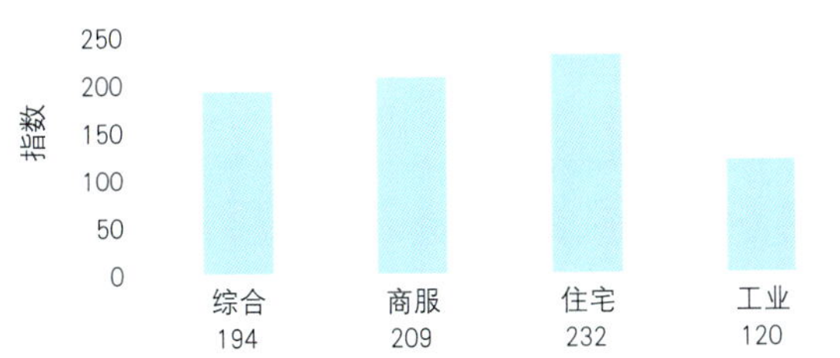


图3　成都市地价整体指数

表2　成都市地价整体指数历年状况

| 年份 | 综合 | 商服 | 住宅 | 工业 |
|---|---|---|---|---|
| 2009 | 159 | 150 | 197 | 112 |
| 2010 | 162 | 152 | 201 | 112 |
| 2011 | 174 | 176 | 211 | 115 |
| 2012 | 177 | 192 | 208 | 117 |
| 2013 | 194 | 209 | 232 | 120 |

工业地价指数为120，比2012年增加3个点数。其中，住宅地价指数较高，商服地价指数次之，工业地价指数最低。见图3。

成都市地价整体指数历年状况如表2。

## 四、住宅地价与相关经济指标协调状况①

与2012年相比，2013年成都市地区生产总值增长率为10%，固定资产投资增长率为10.4%，商品住宅销售价格增长率为0.45%。住宅地价增长率为11.3%，比地区生产总值增长率高1.3个百分点，比固定资产投资增长率高0.9个百分点，比商品住宅销售价格增长率高10.85个百分点，住宅用地地价房价比为35.12%。成都市住宅地价增长率与地区生产总值、固定资产投资及商品住宅销售价格增长率比较，见图4。

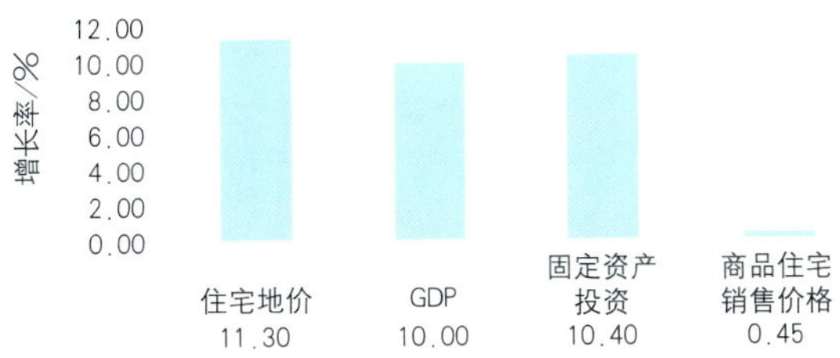


图4　成都市住宅地价与相关经济指标增长率比较

① 数据来源：2014年成都市政府工作报告、中国城市地价动态监测系统、《中国统计年鉴》、中国房地产指数系统数据库。

# 2013 年
# 贵阳市地价整体状况

## 一、地价整体水平

2013 年，贵阳市城市地价综合水平值为 3295 元／米$^2$。其中，商服地价水平值为 8695 元／米$^2$，住宅地价水平值为 3662 元／米$^2$，工业地价水平值为 456 元／米$^2$。商服地价、住宅地价、工业地价水平呈梯状排列，水平值之比为 1∶0.42∶0.05。商服地价最高，工业地价最低。见图 1。

## 二、地价整体增长率

与 2012 年相比，2013 年贵阳市城市地价总体呈小幅上升趋势，地价综合增长率（平均值）为 1.79%。其中，商服地价平均增长率为 2.68%，住宅地价平均增长率为 1.16%，工业地价平均增长率为 1.79%。商服地价增长率较大，工业地价增长率次之，住宅地价增长率最小。见图 2。

贵阳市地价整体增长率历年状况如表 1。

## 三、城市地价指数

2013 年，贵阳市城市综合地价指数为 216，比 2012 年增加 4 个点数；商服地价指数为 228，比 2012 年增加 6 个点数；住宅地价指数为 315，比 2012 年增加 4 个点数；

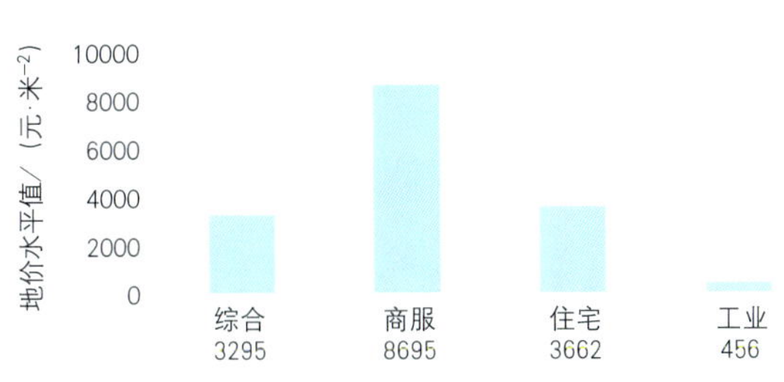


图1 贵阳市地价整体水平值

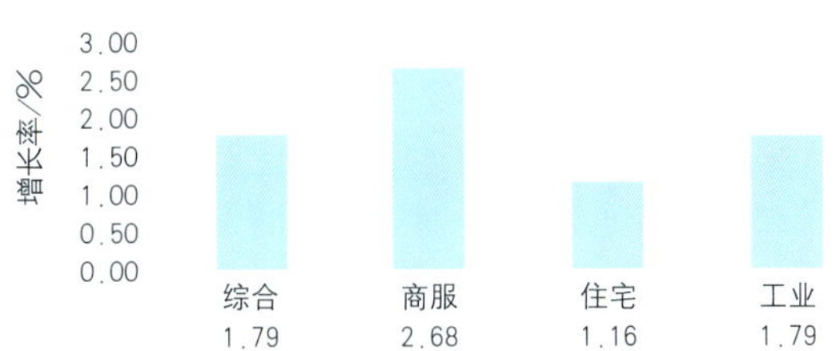


图2 贵阳市地价整体增长率

表1 贵阳市地价整体增长率历年状况

单位：%

| 年份 | 综合 | 商服 | 住宅 | 工业 |
|---|---|---|---|---|
| 2009 | 5.03 | 3.55 | 5.96 | −0.23 |
| 2010 | 2.86 | 1.38 | 3.61 | 0.47 |
| 2011 | 13.71 | 16.76 | 12.68 | 12.99 |
| 2012 | 0.36 | 0.96 | 0.07 | 1.03 |
| 2013 | 1.79 | 2.68 | 1.16 | 1.79 |

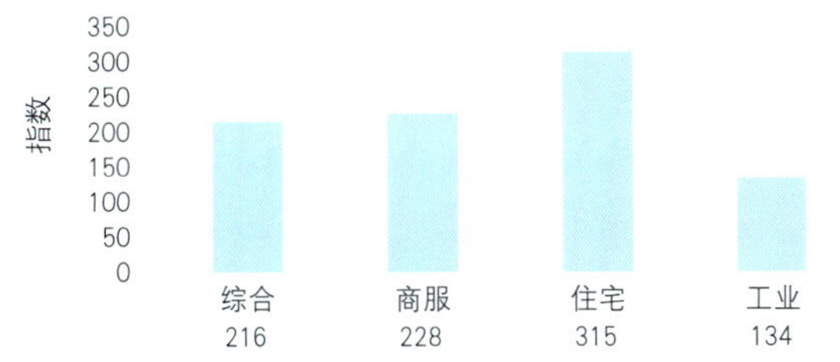


图3 贵阳市地价整体指数

表2 贵阳市地价整体指数历年状况

| 年份 | 综合 | 商服 | 住宅 | 工业 |
|---|---|---|---|---|
| 2009 | 181 | 186 | 267 | 115 |
| 2010 | 186 | 188 | 276 | 116 |
| 2011 | 212 | 220 | 311 | 131 |
| 2012 | 212 | 222 | 311 | 132 |
| 2013 | 216 | 228 | 315 | 134 |

工业地价指数为134，比2012年增加2个点数。其中，住宅地价指数最高，商服地价指数次之，工业地价指数最低。见图3。

贵阳市地价整体指数历年状况如表2。

## 四、住宅地价与相关经济指标协调状况[①]

与2012年相比，2013年贵阳市地区生产总值增长率为16%，全社会固定资产投资增长率为22.1%，商品住宅销售价格增长率为0.34%。住宅地价增长率为1.16%，比地区生产总值增长率低14.84个百分点，比全社会固定资产投资增长率低20.94个百分点，比商品住宅销售价格增长率高0.82个百分点，住宅用地地价房价比为34.77%。贵阳市住宅地价增长率与地区生产总值、全社会固定资产投资及商品住宅销售价格增长率比较，见图4。

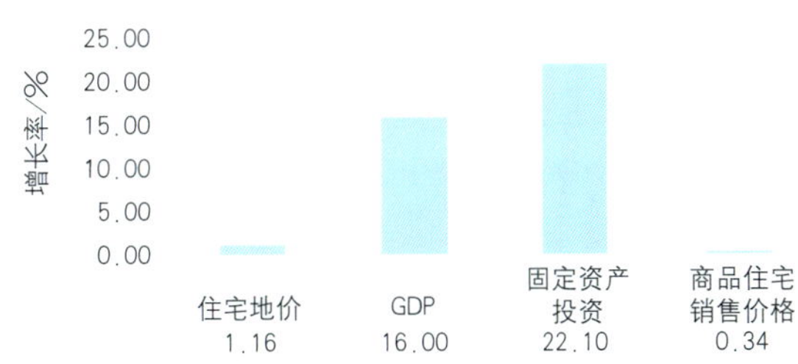


图4 贵阳市住宅地价与相关经济指标增长率比较

① 数据来源：2014年贵阳市政府工作报告、中国城市地价动态监测系统、《中国统计年鉴》、中国房地产指数系统数据库。

# 2013年
# 昆明市地价整体状况

## 一、地价整体水平

2013年，昆明市城市地价综合水平值为6535元/米$^2$。其中，商服地价水平值为15798元/米$^2$，住宅地价水平值为7346元/米$^2$，工业地价水平值为675元/米$^2$。商服地价、住宅地价、工业地价水平呈梯状排列，水平值之比为1∶0.46∶0.04。商服地价最高，工业地价最低。见图1。

## 二、地价整体增长率

与2012年相比，2013年昆明市城市地价总体呈上升趋势，地价综合增长率（平均值）为4.16%。其中，商服地价平均增长率为4.87%，住宅地价平均增长率为3.83%，工业地价平均增长率为6.80%。工业地价增长率最大，商服地价增长率次之，住宅地价增长率最小。见图2。

昆明市地价整体增长率历年状况如表1。

## 三、城市地价指数

2013年，昆明市城市综合地价指数为406，比2012年增加16个点数；商服地价指数为425，比2012年增加20个点数；住宅地价指数为478，比2012年增加19个点数；

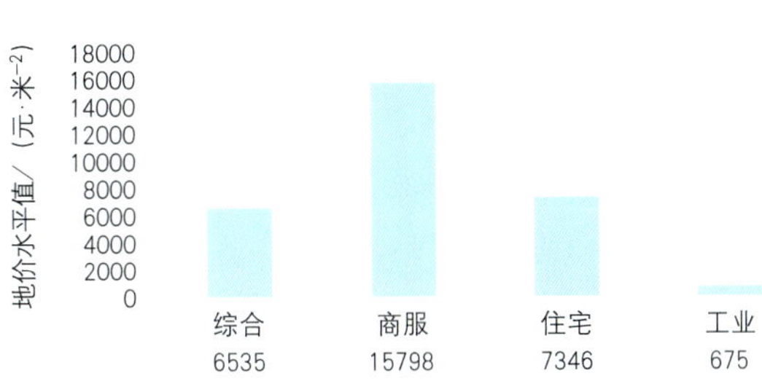


图1　昆明市地价整体水平值

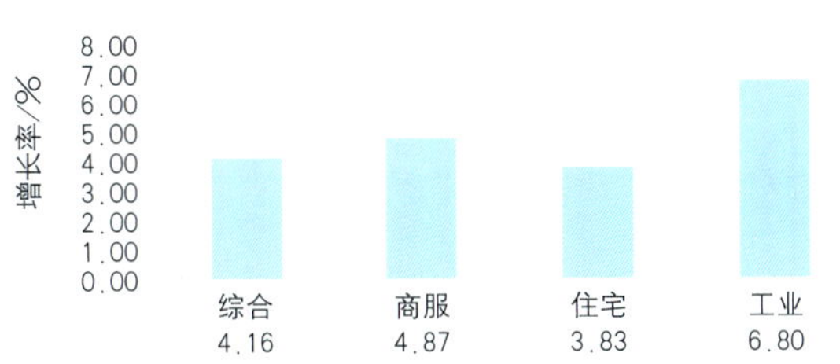


图2　昆明市地价整体增长率

表1　昆明市地价整体增长率历年状况

单位：%

| 年份 | 综合 | 商服 | 住宅 | 工业 |
|---|---|---|---|---|
| 2009 | 23.31 | 22.48 | 24.68 | 8.68 |
| 2010 | 79.67 | 52.25 | 94.51 | 5.08 |
| 2011 | 2.01 | 23.20 | −2.67 | 6.73 |
| 2012 | 1.79 | −2.25 | 3.27 | 2.10 |
| 2013 | 4.16 | 4.87 | 3.83 | 6.80 |

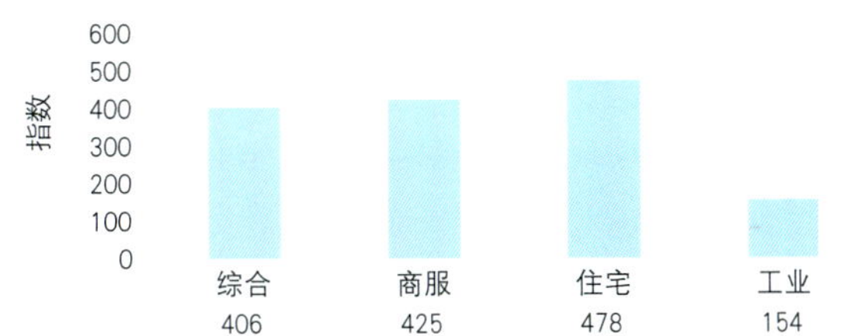


图3　昆明市地价整体指数

表2　昆明市地价整体指数历年状况

| 年份 | 综合 | 商服 | 住宅 | 工业 |
|---|---|---|---|---|
| 2009 | 209 | 221 | 235 | 126 |
| 2010 | 376 | 336 | 458 | 132 |
| 2011 | 383 | 414 | 445 | 141 |
| 2012 | 390 | 405 | 459 | 144 |
| 2013 | 406 | 425 | 478 | 154 |

工业地价指数为154，比2012年增加10个点数。其中，住宅地价指数最高，商服地价指数次之，工业地价指数最低。见图3。

昆明市地价整体指数历年状况如表2。

## 四、住宅地价与相关经济指标协调状况[①]

与2012年相比，2013年昆明市地区生产总值增长率为13%，固定资产投资增长率为25%，商品住宅销售价格增长率为3.89%。住宅地价增长率为3.83%，比地区生产总值增长率低9.17个百分点，比固定资产投资增长率低21.17个百分点，比商品住宅销售价格增长率低0.06个百分点，住宅用地地价房价比为43.26%。昆明市地价增长率与地区生产总值、固定资产投资及商品住宅销售价格增长率比较，见图4。

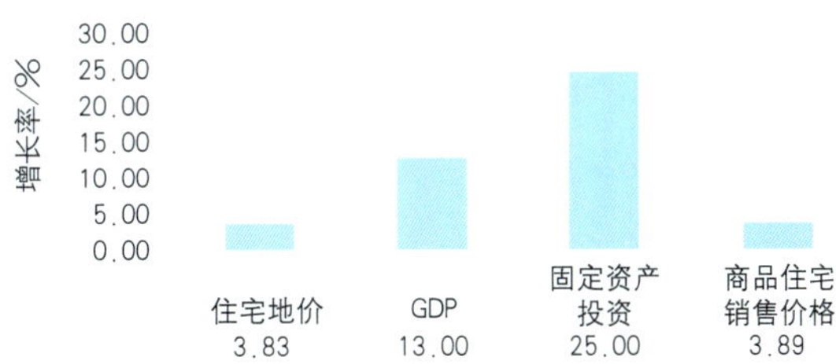


图4　昆明市住宅地价与相关经济指标增长率比较

① 数据来源：2014年昆明市政府工作报告、中国城市地价动态监测系统、《中国统计年鉴》、中国房地产指数系统数据库。

# 2013年
# 西安市地价整体状况

## 一、地价整体水平

2013年，西安市城市地价综合水平值为3248元/米²。其中，商服地价水平值为4985元/米²，住宅地价水平值为4033元/米²，工业地价水平值为686元/米²。商服地价、住宅地价、工业地价水平呈梯状排列，水平值之比为1∶0.81∶0.14。商服地价最高，工业地价最低。见图1。

## 二、地价整体增长率

与2012年相比，2013年西安市城市地价总体呈明显上升趋势，地价综合增长率（平均值）为8.81%。其中，商服地价平均增长率为9.83%，住宅地价平均增长率为8.76%，工业地价平均增长率为3.78%。商服地价增长率较大，住宅地价增长率次之，工业地价增长率较小。见图2。

西安市地价整体增长率历年状况如表1。

## 三、城市地价指数

2013年，西安市城市综合地价指数为214，比2012年增加17个点数；商服地价指数为197，比2012年增加18个点数；住宅地价指数为261，比2012年增加21个点数；

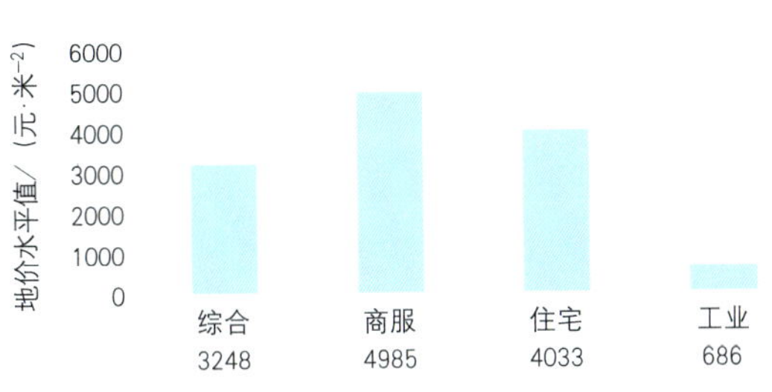


图1 西安市地价整体水平值

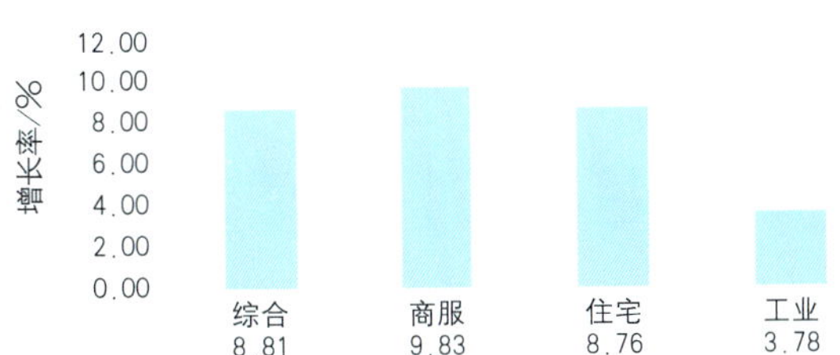


图2 西安市地价整体增长率

表1 西安市地价整体增长率历年状况

单位：%

| 年份 | 综合 | 商服 | 住宅 | 工业 |
|---|---|---|---|---|
| 2009 | 1.13 | 0.84 | 1.29 | 1.39 |
| 2010 | 11.28 | 9.04 | 13.43 | 5.31 |
| 2011 | 13.22 | 12.32 | 14.70 | 5.69 |
| 2012 | 1.60 | 3.09 | 0.71 | 1.69 |
| 2013 | 8.81 | 9.83 | 8.76 | 3.78 |

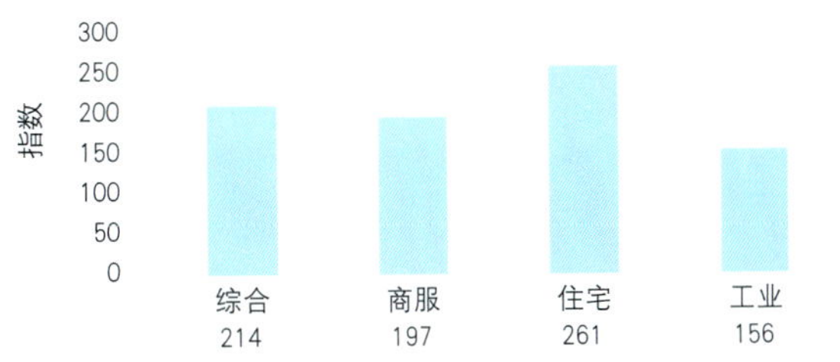


图3 西安市地价整体指数

表2 西安市地价整体指数历年状况

| 年份 | 综合 | 商服 | 住宅 | 工业 |
|---|---|---|---|---|
| 2009 | 154 | 142 | 183 | 132 |
| 2010 | 171 | 155 | 208 | 139 |
| 2011 | 194 | 174 | 238 | 147 |
| 2012 | 197 | 179 | 240 | 150 |
| 2013 | 214 | 197 | 261 | 156 |

工业地价指数为156，比2012年增加6个点数。其中，住宅地价指数较高，商服地价指数次之，工业地价指数最低。见图3。

西安市地价整体指数历年状况如表2。

## 四、住宅地价与相关经济指标协调状况①

与2012年相比，2013年西安市地区生产总值增长率为11.1%，全社会固定资产投资增长率为21%，商品住宅销售价格增长率为3.39%。住宅地价增长率为8.76%，比地区生产总值增长率低2.34个百分点，比全社会固定资产投资增长率低12.24个百分点，比商品住宅销售价格增长率高5.37个百分点，住宅用地地价房价比为27.06%。西安市住宅地价增长率与地区生产总值、全社会固定资产投资及商品住宅销售价格增长率比较，见图4。

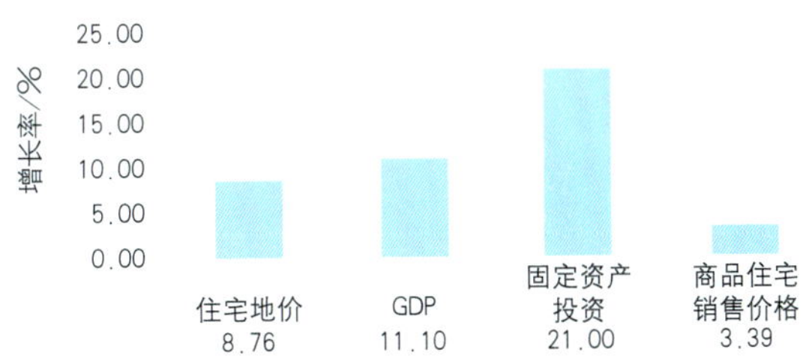


图4 西安市住宅地价与相关经济指标增长率比较

① 数据来源：西安统计网、中国城市地价动态监测系统、《中国统计年鉴》、中国房地产指数系统数据库。

# 2013 年
# 兰州市地价整体状况

## 一、地价整体水平

2013 年，兰州市城市地价综合水平值为 2129 元 / 米 ²。其中，商服地价水平值为 3078 元 / 米 ²，住宅地价水平值为 2841 元 / 米 ²，工业地价水平值为 756 元 / 米 ²。商服地价、住宅地价、工业地价水平呈梯状排列，水平值之比为 1：0.92：0.25。商服地价最高，工业地价最低。见图 1。

## 二、地价整体增长率

与 2012 年相比，2013 年兰州市城市地价呈上升趋势，地价综合增长率（平均值）为 4.16%。其中，商服地价平均增长率为 3.60%，住宅地价平均增长率为 5.53%，工业地价平均增长率为 0.67%。住宅地价增长率较大，商服地价增长率次之，工业地价增长率较小。见图 2。

兰州市地价整体增长率历年状况如表 1。

## 三、城市地价指数

2013 年，兰州市城市综合地价指数为 170，比 2012 年增加 7 个点数；商服地价指数为 173，比 2012 年增加 6 个点数；住宅地价指数为 200，比 2012 年增加

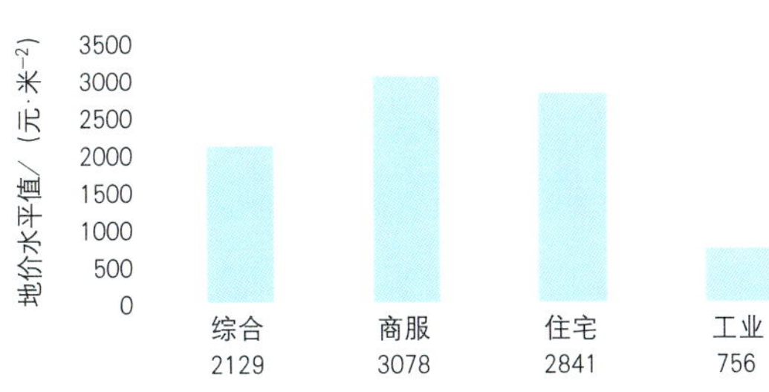


图1 兰州市地价整体水平值

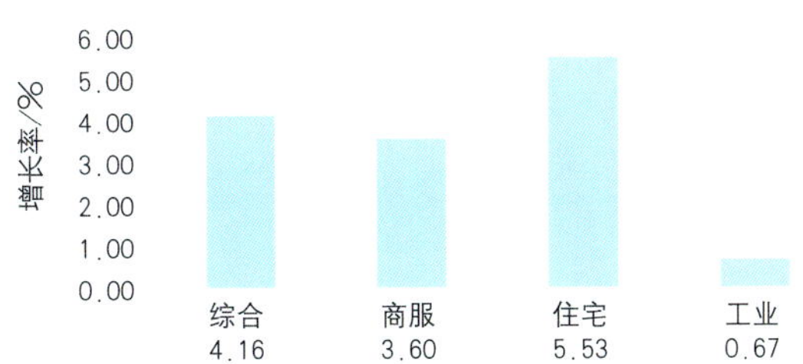


图2 兰州市地价整体增长率

表1 兰州市地价整体增长率历年状况

单位：%

| 年份 | 综合 | 商服 | 住宅 | 工业 |
|---|---|---|---|---|
| 2009 | 10.86 | 13.27 | 17.59 | 1.11 |
| 2010 | 13.41 | 14.11 | 14.87 | 1.38 |
| 2011 | 4.22 | 3.31 | 5.97 | 0.68 |
| 2012 | 4.34 | 5.21 | 4.54 | 1.08 |
| 2013 | 4.16 | 3.60 | 5.53 | 0.67 |

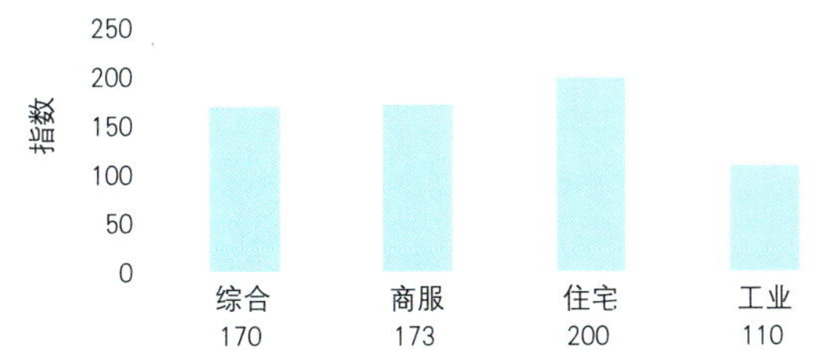


图3 兰州市地价整体指数

表2 兰州市地价整体指数历年状况

| 年份 | 综合 | 商服 | 住宅 | 工业 |
|---|---|---|---|---|
| 2009 | 132 | 134 | 149 | 106 |
| 2010 | 150 | 153 | 171 | 108 |
| 2011 | 156 | 158 | 181 | 108 |
| 2012 | 163 | 167 | 189 | 109 |
| 2013 | 170 | 173 | 200 | 110 |

11个点数；工业地价指数为110，比2012年增加1个点数。其中，住宅地价指数较高，商服地价指数次之，工业地价指数最低。见图3。

兰州市地价整体指数历年状况如表2。

## 四、住宅地价与相关经济指标协调状况①

与2012年相比，2013年兰州市地区生产总值增长率为13.4%，固定资产投资增长率为31.03%，商品住宅销售价格增长率为1.83%。住宅地价增长率为5.53%，比地区生产总值增长率低7.87个百分点，比固定资产投资增长率低25.5个百分点，比商品住宅销售价格增长率高3.7个百分点，住宅用地地价房价比为23.94%。兰州市住宅地价增长率与地区生产总值、固定资产投资及商品住宅销售价格增长率比较，见图4。

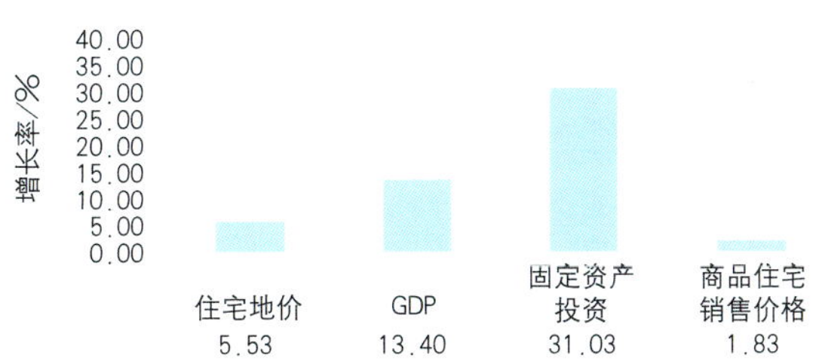


图4 兰州市住宅地价与相关经济指标增长率比较

① 数据来源：2014年兰州市政府工作报告、中国城市地价动态监测系统、《中国统计年鉴》、中国房地产指数系统数据库。

# 2013 年 西宁市地价整体状况

## 一、地价整体水平

2013 年，西宁市城市地价综合水平值为 1340 元／米$^2$。其中，商服地价水平值为 2548 元／米$^2$，住宅地价水平值为 1402 元／米$^2$，工业地价水平值为 482 元／米$^2$。商服地价、住宅地价、工业地价水平呈阶梯状排列，水平值之比为 1∶0.55∶0.19。商服地价最高，工业地价最低。见图 1。

## 二、地价整体增长率

与 2012 年相比，2013 年西宁市城市地价总体呈小幅上升趋势，地价综合增长率（平均值）为 2.21%。其中，商服地价平均增长率为 1.84%，住宅地价平均增长率为 2.41%，工业地价平均增长率为 0.42%。住宅地价增长率较大，商服地价增长率次之，工业地价增长率最小。见图 2。

西宁市地价整体增长率历年状况如表 1。

## 三、城市地价指数

2013 年，西宁市城市综合地价指数为 192，比 2012 年增加 4 个点数；商服地价指数为 217，比 2012 年增加 4 个点数；住宅地价指数为 219，比 2012 年增加 5 个点数；

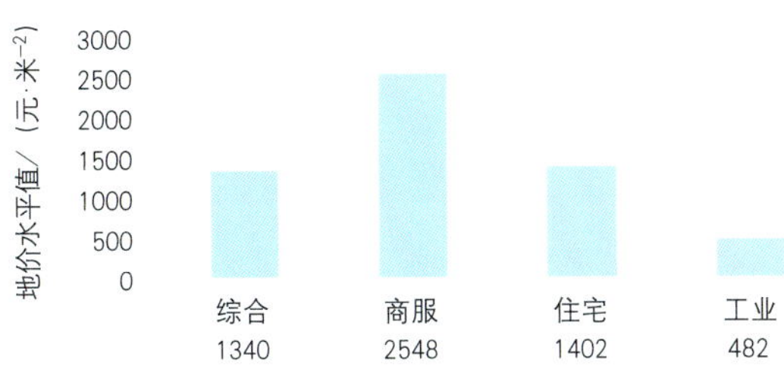


图1 西宁市地价整体水平值

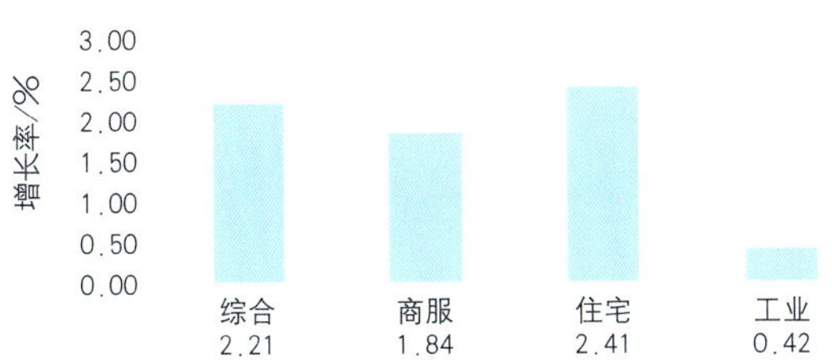


图2 西宁市地价整体增长率

表1 西宁市地价整体增长率历年状况

单位：%

| 年份 | 综合 | 商服 | 住宅 | 工业 |
|---|---|---|---|---|
| 2009 | 5.33 | 2.30 | 5.85 | 2.00 |
| 2010 | 4.44 | 3.64 | 4.76 | 2.95 |
| 2011 | 4.11 | 3.30 | 4.40 | 0.48 |
| 2012 | 4.80 | 12.45 | 3.48 | 2.13 |
| 2013 | 2.21 | 1.84 | 2.41 | 0.42 |

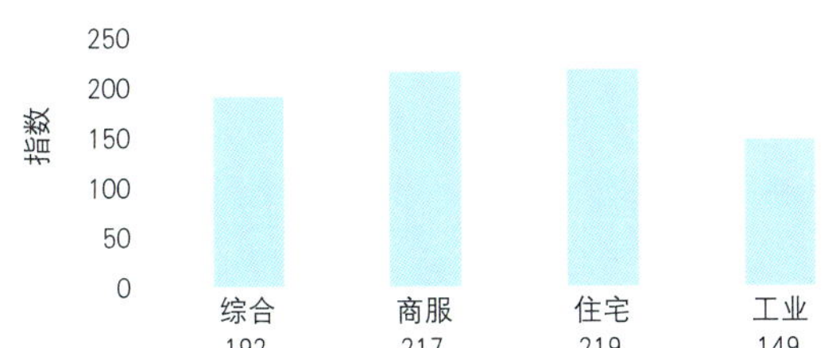


图3 西宁市地价整体指数

表2 西宁市地价整体指数历年状况

| 年份 | 综合 | 商服 | 住宅 | 工业 |
|---|---|---|---|---|
| 2009 | 165 | 176 | 188 | 140 |
| 2010 | 172 | 183 | 198 | 144 |
| 2011 | 179 | 189 | 206 | 145 |
| 2012 | 188 | 213 | 214 | 148 |
| 2013 | 192 | 217 | 219 | 149 |

工业地价指数为149，比2012年增加1个点数。其中，住宅地价指数较高，商服地价指数次之，工业地价指数最低。见图3。

西宁市地价整体指数历年状况如表2。

## 四、住宅地价与相关经济指标协调状况①

与2012年相比，2013年西宁市地区生产总值增长率为14.1%，固定资产投资增长率为32.1%，商品住宅销售价格增长率为1.77%。住宅地价增长率为2.41%，比地区生产总值增长率低11.69个百分点，比固定资产投资增长率低29.69个百分点，比商品住宅销售价格增长率高0.64个百分点，住宅用地地价房价比为21.48%。西宁市住宅地价增长率与地区生产总值、固定资产投资及商品住宅销售价格增长率比较，见图4。

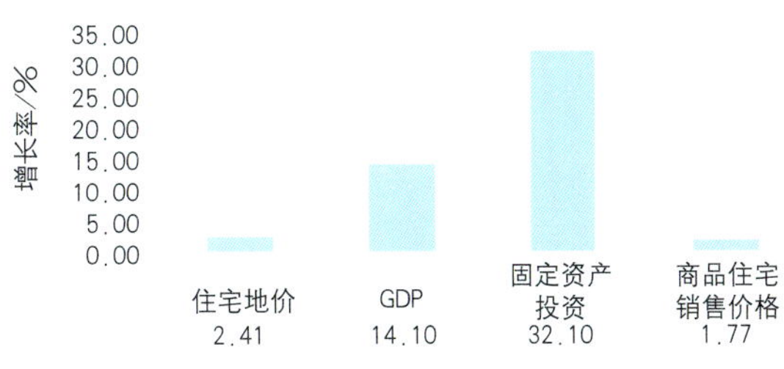


图4 西宁市住宅地价与相关经济指标增长率比较

① 数据来源：西宁统计信息网、中国城市地价动态监测系统、《中国统计年鉴》、中国房地产指数系统数据库。

# 2013年
# 银川市地价整体状况

## 一、地价整体水平

2013年，银川市城市地价综合水平值为1200元／米$^2$。其中，商服地价水平值为2415元／米$^2$，住宅地价水平值为1680元／米$^2$，工业地价水平值为253元／米$^2$。商服地价、住宅地价、工业地价水平呈梯状排列，水平值之比为1∶0.70∶0.10。商服地价最高，工业地价最低。见图1。

## 二、地价整体增长率

与2012年相比，2013年银川市城市地价总体呈上升趋势，地价综合增长率（平均值）为5.17%。其中，商服地价平均增长率为8.69%，住宅地价平均增长率为4.67%，工业地价平均增长率为0。商服地价增长率较大，住宅地价增长率次之，工业地价与2012年持平。见图2。

银川市地价整体增长率历年状况如表1。

## 三、城市地价指数

2013年，银川市城市综合地价指数为199，比2012年增加10个点数；商服地价指数为251，比2012年增加21个点数；住宅地价指数为221，比2012年增加10个点

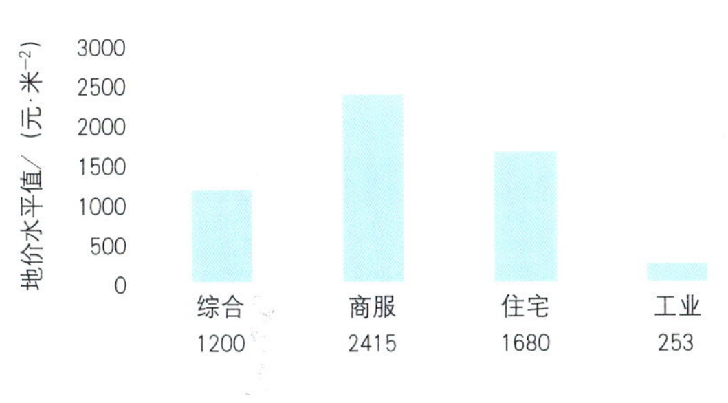


图1 银川市地价整体水平值

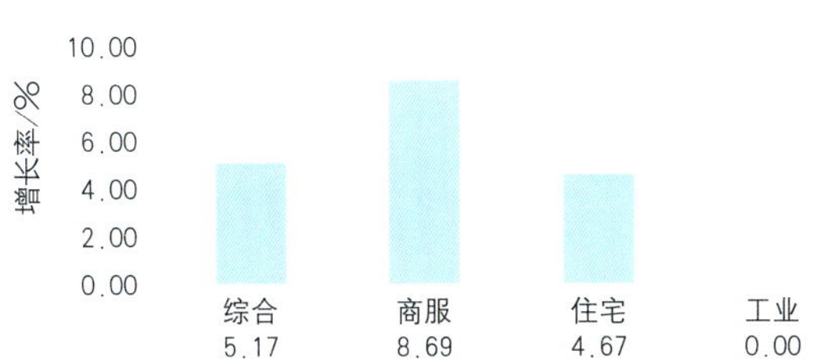


图2 银川市地价整体增长率

表1 银川市地价整体增长率历年状况

单位：%

| 年份 | 综合 | 商服 | 住宅 | 工业 |
| --- | --- | --- | --- | --- |
| 2009 | 4.03 | 6.59 | 6.65 | −13.65 |
| 2010 | 8.79 | 9.68 | 9.87 | 0.00 |
| 2011 | 7.21 | 11.86 | 6.68 | 0.00 |
| 2012 | 2.33 | 5.61 | 1.58 | 0.00 |
| 2013 | 5.17 | 8.69 | 4.67 | 0.00 |

表2 银川市地价整体指数历年状况

| 年份 | 综合 | 商服 | 住宅 | 工业 |
| --- | --- | --- | --- | --- |
| 2009 | 159 | 178 | 177 | 109 |
| 2010 | 172 | 195 | 195 | 109 |
| 2011 | 185 | 218 | 208 | 109 |
| 2012 | 189 | 230 | 211 | 109 |
| 2013 | 199 | 251 | 221 | 109 |

数；工业地价指数为109，与2012年持平。其中，商服地价指数较高，住宅地价指数次之，工业地价指数较低。见图3。

银川市地价整体指数历年状况如表2。

## 四、住宅地价与相关经济指标协调状况①

与2012年同期相比，2013年银川市地区生产总值增长率为10%，全社会固定资产投资增长率为25.1%，商品住宅销售价格增长率为8.05%。住宅地价增长率为4.67%，比地区生产总值增长率低5.33个百分点，比全社会固定资产投资增长率低20.43个百分点，比商品住宅销售价格增长率低3.38个百分点，住宅用地地价房价比为29.03%。银川市住宅地价增长率与地区生产总值、全社会固定资产投资及商品住宅销售价格增长率比较，见图4。

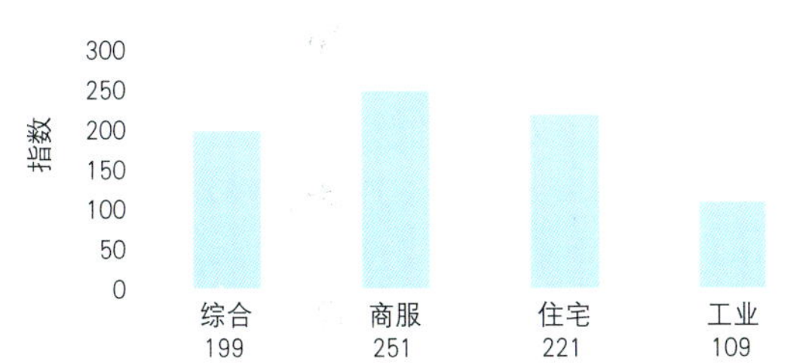


图3 银川市地价整体指数

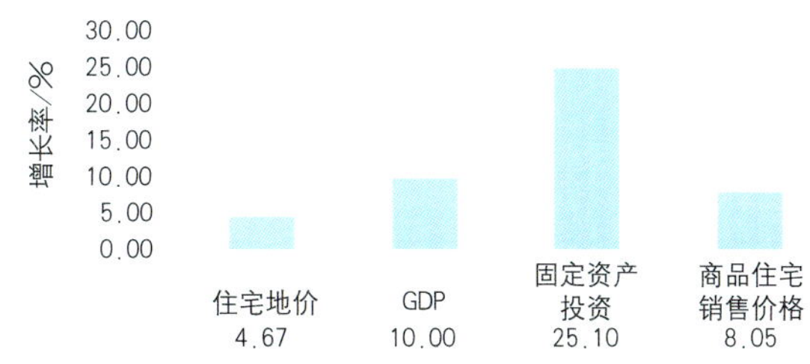


图4 银川市住宅地价与相关经济指标增长率比较

① 数据来源：2014年银川市政府工作报告、中国城市地价动态监测系统、《中国统计年鉴》、中国房地产指数系统数据库。

# 2013 年
# 乌鲁木齐市地价整体状况

## 一、地价整体水平

2013 年，乌鲁木齐市城市地价综合水平值为 1726 元 / 米 $^2$。其中，商服地价水平值为 3191 元 / 米 $^2$，住宅地价水平值为 2970 元 / 米 $^2$，工业地价水平值为 550 元 / 米 $^2$。商服地价、住宅地价、工业地价水平呈阶梯状排列，水平值之比为 1∶0.93∶0.17。商服地价最高，工业地价最低。见图 1。

## 二、地价整体增长率

与 2012 年相比，2013 乌鲁木齐市城市地价总体呈小幅上升趋势，地价综合增长率（平均值）为 3.98%。其中，商服地价平均增长率为 3.60%，住宅地价平均增长率为 3.74%，工业地价平均增长率为 5.16%。工业地价增长率较大，住宅地价增长率次之，商服地价增长率最小。见图 2。

乌鲁木齐市地价整体增长率历年状况如表 1。

## 三、城市地价指数

2013 年，乌鲁木齐市城市综合地价指数为 158，比 2012 年增加 4 个点数；商服地价指数为 169，比 2012 年增加 4 个点数；住宅地价指数为 161，比 2012 年增加 4 个点

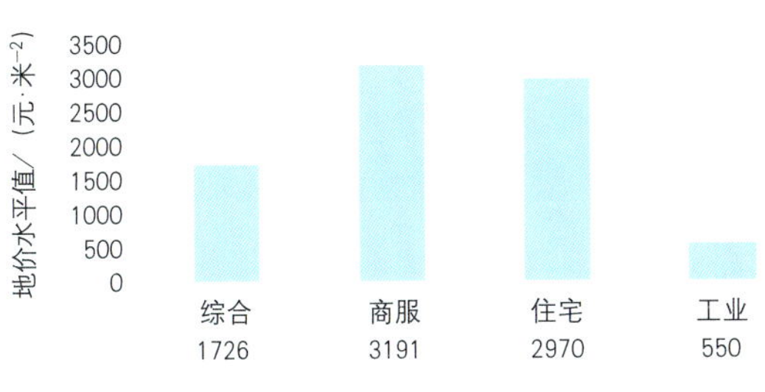


图1 乌鲁木齐市地价整体水平值

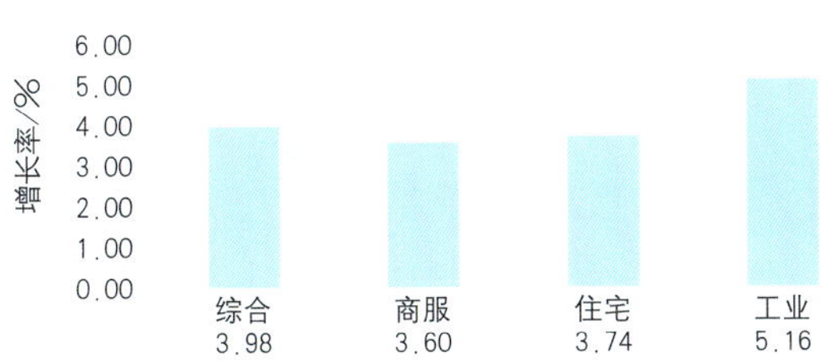


图2 乌鲁木齐市地价整体增长率

表1 乌鲁木齐市地价整体增长率历年状况

单位：%

| 年份 | 综合 | 商服 | 住宅 | 工业 |
|---|---|---|---|---|
| 2009 | 6.23 | 5.11 | 6.18 | 7.64 |
| 2010 | 7.48 | 7.03 | 7.05 | 9.61 |
| 2011 | 4.71 | 5.86 | 3.71 | 4.38 |
| 2012 | −0.54 | −2.04 | −0.59 | 4.60 |
| 2013 | 3.98 | 3.60 | 3.74 | 5.16 |

表2 乌鲁木齐市地价整体指数历年状况

| 年份 | 综合 | 商服 | 住宅 | 工业 |
|---|---|---|---|---|
| 2009 | 137 | 148 | 142 | 126 |
| 2010 | 148 | 159 | 153 | 139 |
| 2011 | 155 | 168 | 158 | 145 |
| 2012 | 154 | 165 | 157 | 151 |
| 2013 | 158 | 169 | 161 | 156 |

数；工业地价指数为156，比2012年增加5个点数。其中，商服地价指数较高，住宅地价指数次之，工业地价指数最低。见图3。

乌鲁木齐市地价整体指数历年状况如表2。

## 四、住宅地价与相关经济指标协调状况①

与2012年相比，2013年乌鲁木齐市地区生产总值增长率为15%，全社会固定资产投资增长率为26.7%，城市商品住宅销售价格增长率为11.47%。住宅地价增长率为3.74%，比地区生产总值增长率低11.26个百分点，比全社会固定资产投资增长率低22.96个百分点，比商品住宅销售价格增长率低7.73个百分点，住宅用地地价房价比为16.91%。乌鲁木齐市住宅地价增长率与地区生产总值、全社会固定资产投资及商品住宅销售价格增长率比较，见图4。

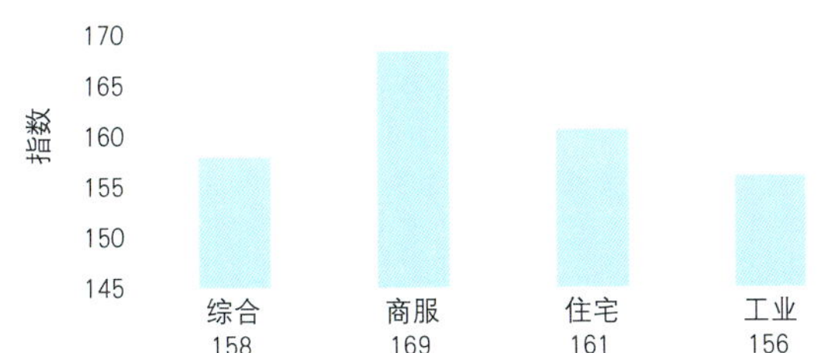


图3 乌鲁木齐市地价整体指数

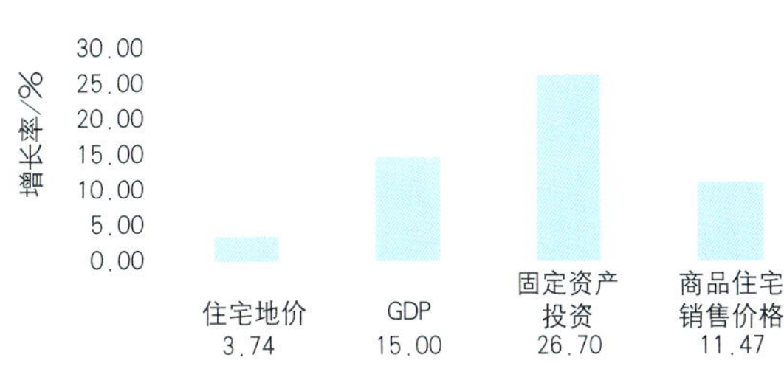


图4 乌鲁木齐市住宅地价与相关经济指标增长率比较

① 数据来源：2014年乌鲁木齐市政府工作报告，中国城市地价动态监测系统、《中国统计年鉴》、中国房地产指数系统数据库。

# 2013年 拉萨市地价整体状况

## 一、地价整体水平

2013年，拉萨市城市地价综合水平值为1513元／米$^2$。其中，商服地价水平值为2106元／米$^2$，住宅地价水平值为1679元／米$^2$，工业地价水平值为1018元／米$^2$。商服地价、住宅地价、工业地价水平呈梯状排列，水平值之比为1：0.80：0.48。商服地价最高，工业地价最低。见图1。

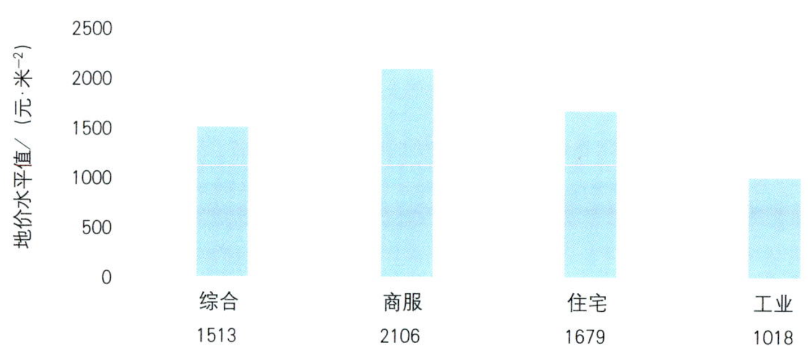


图1　拉萨市地价整体水平值

# 04 部分 / 附录

2013年，房地产用地价格和商品房价格总体水平较2012年明显上涨。地价与房价关系多角度分析结果表明，2013年城市间地价房价的变化、典型城市内部地价房价比的分布以及商服、住宅各用途间地价房价比的对照关系等与2012年相比出现变化，特征主要表现为：各城市之间的地价差距在缩小，一些中西部城市的地价趋于上升；各城市商品房价格多数上涨，但各地上涨幅度不同，位于序列前端的城市上涨的幅度大于后端的城市；城市间社会经济水平的差异小于房地产价格水平间的差异；大部分城市的地价房价比排序和2012年情况相差不多，个别城市出现了明显位移；典型城市的地价房价空间分布大致呈随级别越低地价房价比逐渐降低的规律。我国地价房价关系总体从属于地区社会经济发展水平与政策环境，各城市的具体情况除受到宏观经济环境约束之外，还受到各地方房地产调控政策以及城市发展自身内生变量的影响。另外，通过中国和美国等国家城市地价房价关系的对比分析可以看出，我国的土地及房地产价格上升速度较快，市场活跃程度高，为避免产生经济泡沫的风险，应加强监测，对有潜在风险的区域进行重点调控。

# 2013年我国城市地价与房价关系专题报告

2013年的房地产相关调控，在政策方面，再次重申以限购、限贷为核心的调控政策，坚决打击投资投机性购房。2013年2月，国务院常务会议出台5项调控措施，市场称为“新国五条”，即完善稳定房价责任制、坚决抑制投资性购房、增加普通商品房及用地供应、加快保障性安居工程规划建设、加强市场监管。“新国五条”要求各地加大土地的供应，尤其是要加大中小户型、中低档次商品房用地的供应。在“新国五条”出台的大背景下，北京市、上海市、深圳市等地也相继出台了执行细则。2013年11月，党的十八届三中全会审议通过了《中共中央关于全面深化改革若干重大问题的决定》（以下简称《决定》），提出：①建立城乡统一的建设用地市场；②加快房地产税立法并适时推进改革；③保障农户宅基地用益物权，改革完善农村宅基地制度，选择若干试点，慎重稳妥推进农民住房财产权抵押、担保、转让，探索农民增加财产性收入渠道；④完善城镇化健康发展体制机制；⑤健全符合国情的住房保障和供应体系，建立公开规范的住房公积金制度，改进住房公积金提取、使用、监管机制。《决定》还涉及土地改革和经济改革，房地产市场机制将日益健全，通过市场运作，使房地产市场逐渐趋于理性。

房地产市场具有多样性、不平衡性等特征，既受国家政策的影响，也受地理、经济、人口、社会、金融环境等诸多因素的影响，在不同的时空有不同的表现，地价与房价的关系表现得复杂多样。由于房地产市场对社会和宏观经济有重要的影响作用，了解其发展变化趋势成为宏观经济管理的重要课题。

本报告以全国城市地价动态监测系统采集的数据为基础，对2013年全国及重点监测城市的地价房价关系，包括其相互作用及其变动趋势进行研究；同时，通过对比国外一些地区和典型城市的地价房价关系，加深对我国地价房价关系的理解，以期为把握未来我国房地产市场中地价和房价的发展趋势提供参考。

## 一、2013年我国地价与房价总体变动状况

### （一）房地产用地价格与商品房价格的变动趋势

1.2013年房地产用地价格呈明显上涨态势，增速较快

2013年，我国房地产用地价格较2012年有明显上涨，全年房地产用地价格水平值为

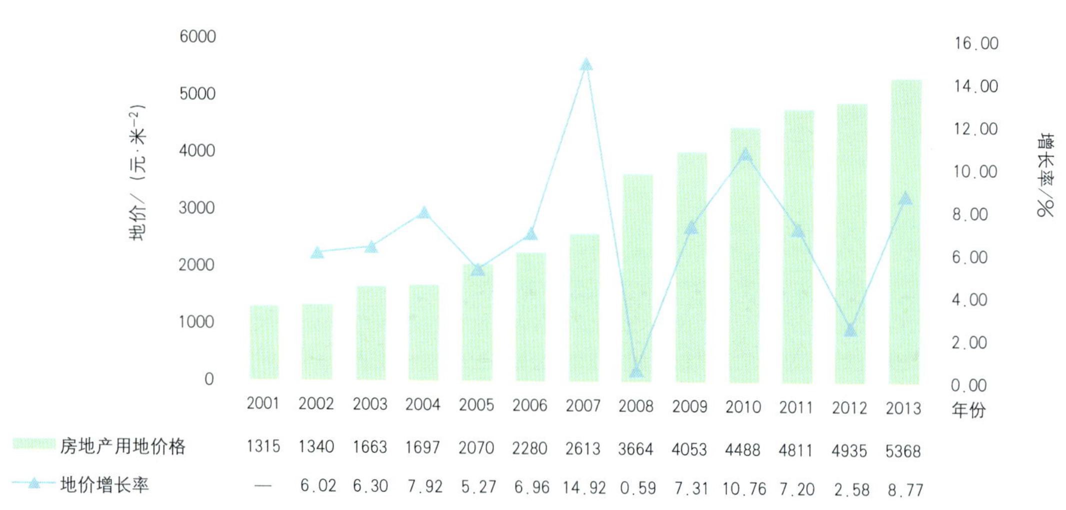


**图1 2001—2013年监测城市房地产用地价格水平值及增长率**

数据来源：房地产用地价格依据中国城市地价动态监测系统提供的商服、住宅两种用途的地面地价按面积加权所得；因测算方法不同，地价监测范围有异，2001—2004年、2005—2007年、2008—2013年三者地价水平值测算结果不能直接比较。

5368元／米²，较上年增长8.77%，处于较高位运行。

由图1可以看出，2001—2013年，全国房地产用地价格总体呈上涨趋势，增长率震荡变动。2002—2006年，房地产用地价格保持稳步上涨，增长率保持在5%～8%之间，曲线变化较平稳，最高点出现在2004年；2007—2012年，房地产用地价格波动较大，2007年增长率达到极值，2008年受金融危机影响，增速大幅回落；随着经济企稳回升，2010年地价增幅再度加速上升到次高点；而在房地产宏观调控的背景下，地价增速连续两年放缓，增幅也达到次低。自2010年国家对房地产市场实施调控政策以来，2011—2012年地价增速连续放缓，2013年由于房地产市场整体回暖，再加上年度CPI的增长，地价增长较快。

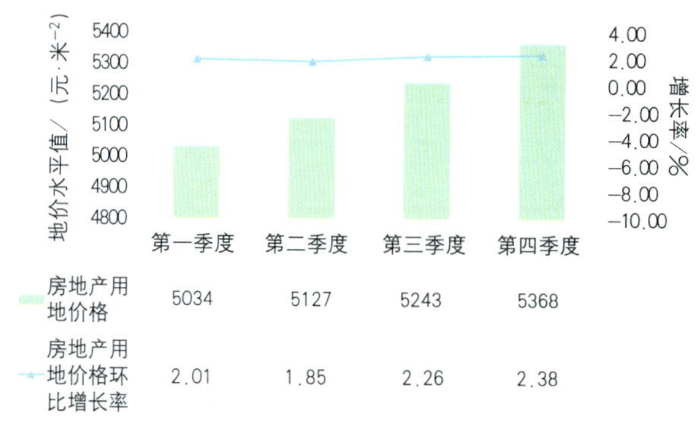


**图2 2013年四个季度房地产用地价格水平值及增长率**

数据来源：中国城市地价动态监测系统。

如图2所示，2013年1—4季度房地产用地价格除第二季度表现为低速增长外，第一、三、四季度均为较快速增长，增速保持稳定。国内经济温和复苏，流动性仍处高位是一季度以来地价持续上涨的宏观背景，第一季度房地产用地地价环比增长率持续较快上升；第二季度，新型城镇化规划出台预期强烈，市场对土地要素预期收益看高，在上述因素综合作用下，土地市场延续升温态势，房地产用地地价环比涨幅仍然保持低速增长；第三季度，国家的一系列“稳增长”政策效果显现，经济走势趋稳，房地产用地地价稳步趋升；第四季度，国内宏观经济总体向好，中央明确了调结构、控风险、促协调、保民生等重点工作任务，使宏观经济持续回升得到有效支持，加之企业资金充裕，市场信心回升，使地价涨幅保持稳步上升。

2013年，我国国民经济稳中有进，房地产市场延续了2012年下半年以来的上涨态势，在此背景下，房地产用地需求进一步扩大。国家统计局数据显示，2013年房地产开发企业购置土地面积38814万平方米，比上年增长8.8%；土地成交价款9918亿元，比上年增长33.9%；全国房地产开发投资86013亿元，比上年增长19.8%，提高3.6个百分点。全国房地产开发企业购置土地面积、土地成交价格均由2012年的负增长转为2013年的正向增长，房地产开发投资也有进一步上涨的趋势。国内经济好转、企业资金充足、市场信心回升为房地产用地地价的上涨提供了内在动力（图3）。

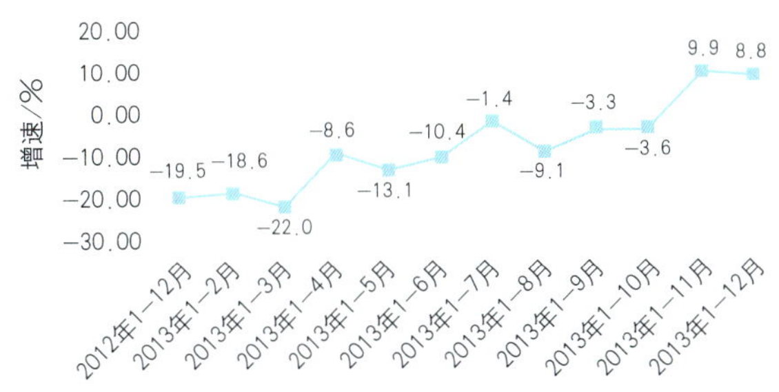


**图3 2013年全国房地产开发企业土地购置面积增速**

数据来源：国家统计局，《2013年全国房地产开发和销售情况》。

2.2013年商品房价格整体呈上升态势

如图4所示，除2008年因金融危机导致房价略有下降外，2001—2013年商品房价格整体保持上升态势，特别是2009年以后房价呈明显阶梯上涨趋势，2013年1—12月商品房价格为6237元／米²，较2012年上涨了446元／米²。另据国家统计局数据显示，2013年全国房地产开发投资额比上年增长19.8%，提高了3.6个百分点；商品房销售面积比上年增长17.3%，提高了15.5个百分点；商品房销售额比上年增长26.3%，提高了16.3个百分点。

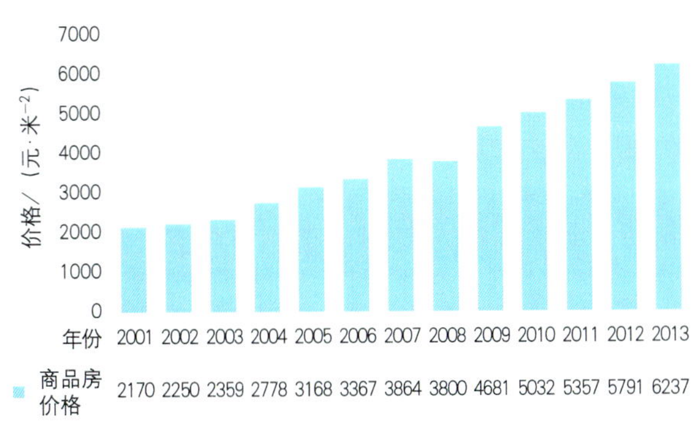


**图4 2001—2013年商品房价格水平值**

数据来源：2001—2012年商品房价格来自《中国统计年鉴》，2013年商品房价格来自中国房地产指数系统数据库1—12月数据。

2013年，在年初全国调控基调不变，“新国五条”及各地细则出台进一步贯彻落实调控政策的背景下，房地产市场仍表现为供需两旺，商品房价格不断攀升；直到年末的党的十八届三中全会提出了推进房地产税立法与改革、健全住房保障和供应体系、发挥市场在资源配置中的决定性作用等改革方向，将房地产调控从中短期政策向长效机制方向过渡的信号发出，房地产市场才趋于缓和。但商品房价格总体高于2012年，全国商品房销售面积和销售额增速明显好于2012年，房地产开发投资也高于2012年（图5）。

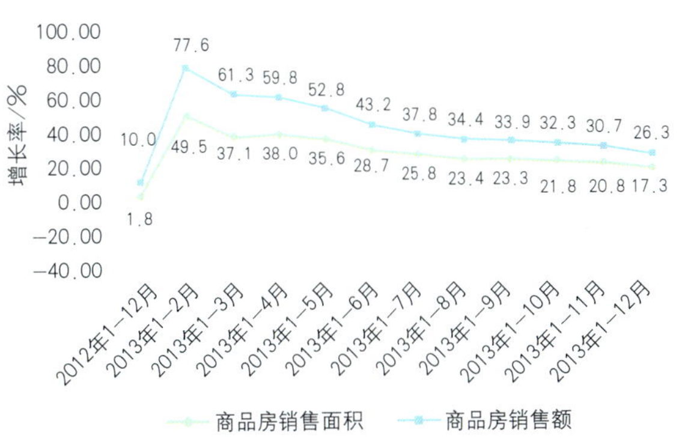


**图5 2013年全国房地产销售情况变化**

数据来源：国家统计局，《2013年全国房地产开发和销售情况》。

### （二）住宅用地价格与住宅价格的变动趋势

1.2013年住宅用地价格呈较大幅上涨态势，增速较快

2013年，我国住宅用地价格较2012年有较大幅度上涨，平均价格水平为5033元／米²，较上年增长8.94%，增速较快，达到2001年以来的第三高位。

2001—2013年，住宅用地价格与房地产用地价格的变化趋势一致，总体呈上涨趋势，增长率振荡变动。2006年之前，住宅用地价格保持稳步上涨，曲线变化较平稳，最高点出现在2004年；2007—2013年，住宅用地价格波动较大，2007年增长率达到极值，2008年受金融危机影响，增速大幅回落；随着经济企稳回升，2010年住宅用地价格增幅再度加速上升到次高点；而在房地产宏观调控的背景下，住宅用地价格增速持续两年放缓，2012年增速达到次低点，2013年随着房地产市场持续回暖，房地产用地需求不断增加，带动了住宅用地价格较大幅度的上涨，达到了2001年以来的第三高位（图6）。

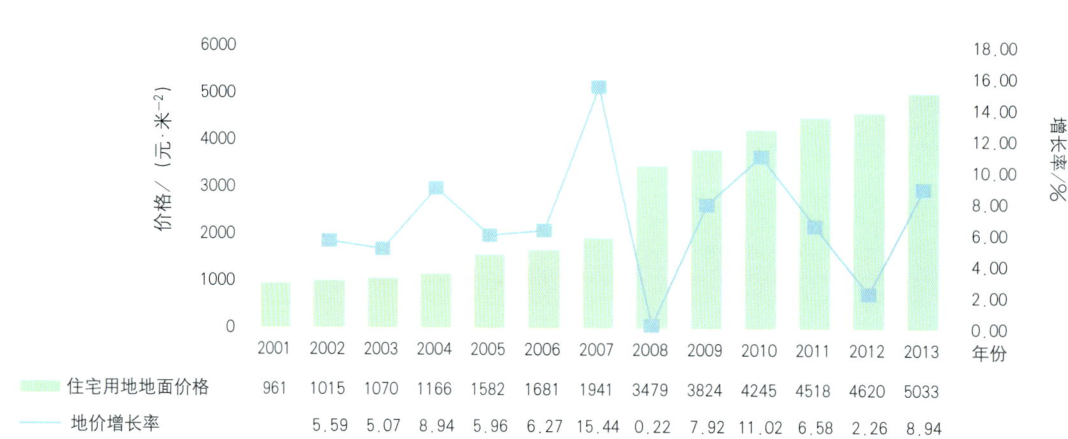


| | 2001 | 2002 | 2003 | 2004 | 2005 | 2006 | 2007 | 2008 | 2009 | 2010 | 2011 | 2012 | 2013 |
|---|---|---|---|---|---|---|---|---|---|---|---|---|---|
| 住宅用地地面价格 | 961 | 1015 | 1070 | 1166 | 1582 | 1681 | 1941 | 3479 | 3824 | 4245 | 4518 | 4620 | 5033 |
| 地价增长率 | | 5.59 | 5.07 | 8.94 | 5.96 | 6.27 | 15.44 | 0.22 | 7.92 | 11.02 | 6.58 | 2.26 | 8.94 |

图6 2001—2013年监测城市住宅用地价格水平值及增长率

数据来源：中国城市地价动态监测系统。其中，因测算方法不同，地价监测范围有异，2001—2004年、2005—2007年、2008—2013年三者地价水平值测算结果不能直接比较。

2013 年 1—4 季度，住宅用地价格延续了 2012 年底的上升趋势，地价增长率稳步提速上涨，仅第一季度的增速较为温和，第二季度到第四季度的增速较快。第一季度，在宏观经济回暖形势逐渐明朗和房地产调控政策不动摇的双向作用下下，住宅地价保持低速增长；第二、三季度，尽管有“新国五条”和地方细则落地，但政策执行力有限，楼市整体延续此前的热度，购房者、开发商对市场预期看涨，房地产用地需求进一步扩大，由此导致地价涨幅扩大；第四季度，党的十八届三中全会明确了房地产调控从调控需求的中短期政策向增加供给、发挥市场作用的长效机制方向过渡，地方层面也加大了调控力度，但效果有限，楼市总体呈上行趋势，房价涨幅较大，加之房地产企业前期业绩良好，资金充裕，土地储备量进一步扩大，促使四季度地价持续上涨（图 7）。

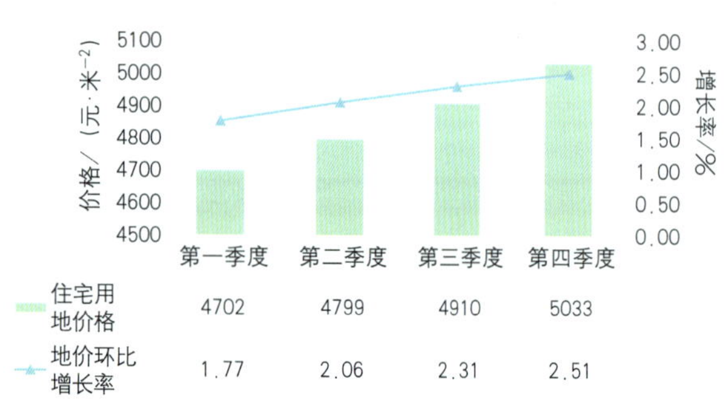


| | 第一季度 | 第二季度 | 第三季度 | 第四季度 |
|---|---|---|---|---|
| 住宅用地价格 | 4702 | 4799 | 4910 | 5033 |
| 地价环比增长率 | 1.77 | 2.06 | 2.31 | 2.51 |

图7 2013年四个季度住宅用地价格及增长率

数据来源：中国城市地价动态监测系统。

## 2.2013 年商品住宅价格涨幅明显，增速较快

对于住宅价格而言，2013 年商品住宅价格并未出现明显松动。部分城市新建住宅提价行为有所显现，二手房市场也出现议价空间压缩、价格阶梯性上涨的现象。2013 年商品住宅价格为 5850 元／米$^2$（图 8）。

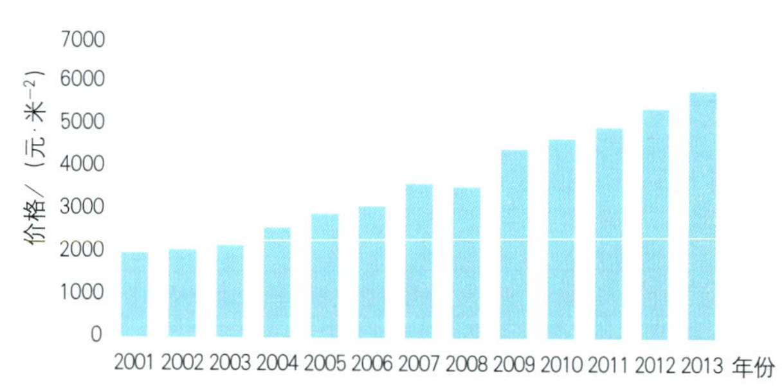


| | 2001 | 2002 | 2003 | 2004 | 2005 | 2006 | 2007 | 2008 | 2009 | 2010 | 2011 | 2012 | 2013 |
|---|---|---|---|---|---|---|---|---|---|---|---|---|---|
| 商品住宅价格 | 2017 | 2092 | 2197 | 2608 | 2937 | 3119 | 3645 | 3576 | 4459 | 4725 | 4993 | 5430 | 5850 |

图8 2001—2013年商品住宅价格水平值

数据来源：2001—2012年商品住宅价格来自于《中国统计年鉴》，2013年商品住宅价格数据来自于中国房地产指数系统数据库1—12月数据。住宅价格为商品房中住宅类房屋的价格，不含保障性住房。

2007—2013 年商品住宅价格增长率的变化趋势见图 9。商品住宅市场波动较大，价格的增长率呈振荡变化。除 2008 年、2011 年和 2012 年房价涨幅处于低谷外，其他年份的商品住宅价格增长率均超过 6%，2007 年和 2013 年的涨幅接近 10%。

2013 年 1—4 季度商品住宅价格环比增长率分别为 2.76%、2.72%、2.28%、1.57%，呈逐渐收窄的趋势，但总体保持正向增长。2013 年各地调控政策导致

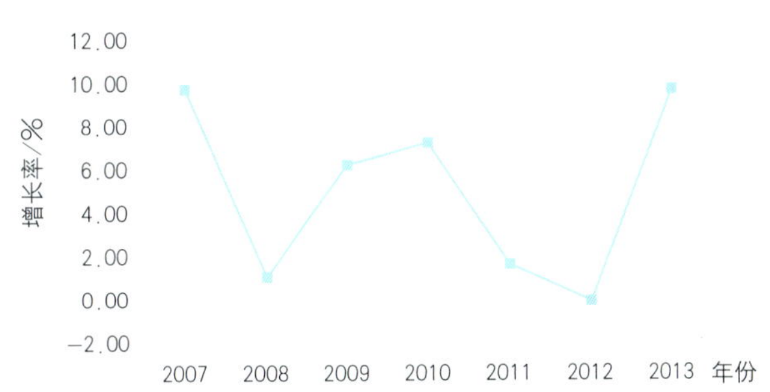


图9 2007—2013年商品住宅价格增长率

数据来源：国家统计局网站。商品住宅价格年度增长率是依据12月70个大中城市新建商品住宅价格同比指数算数平均而来。

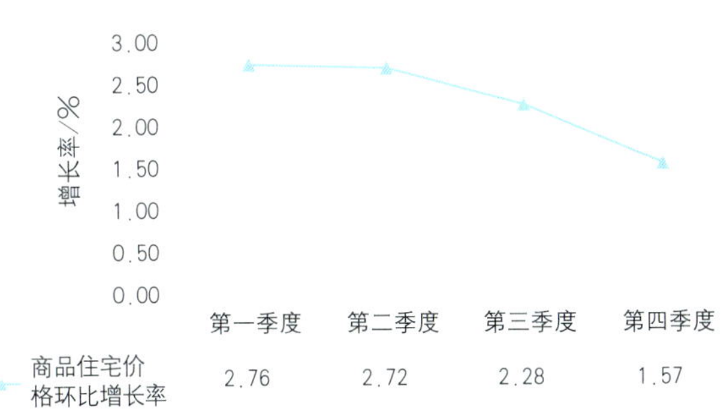


图10 2013年一至四季度商品住宅价格增长率

数据来源：国家统计局网站。商品住宅价格季度环比增长率是依据1—3月、4—6月、7—9月、10—12月70个大中城市新建商品住宅价格环比指数计算而来。

商品住宅中自住需求的比例提升，也在一定程度上促进了住宅需求的进一步释放。调控减缓了商品住宅价格的增速，但未改变上升的趋势。在全国许多城市，2013年“国庆档”的楼盘几乎都是大卖，一些开发商提前完成年度销售任务，甚至开始上调全年销售目标，提升价格。第四季度全国部分城市收紧了住房贷款，对住房市场有冲击，但难以影响年内房地产市场的整体走势（图10）。

## 二、全国重点监测城市地价与房价分析

本部分以2013年35个重点监测城市的商服用地和住宅用地的地价、房价监测数据为基础，分析城市间地价和房价变动的差异性。

### （一）全国重点监测城市地价与房价总体状况

1. 商服用地地面价格与房价

2013年和2012年全国35个重点监测城市的商服用地地面价格按照降序排列如图11、图12所示。

对比图11、图12，可以看出其排列的趋势大体相似。2013年商服用地的地面价格最高由2012年上海市的34118元／米$^2$上升到2013年的深圳市36924元／米$^2$，上升幅度达到8.22%，最低的由2012年太原市的1979元／米$^2$上升为2013年银川市的2415元／米$^2$，上升幅度为22.03%，中位数由2012年的6026元／米$^2$（南宁市）上升为2013年的6342元／米$^2$（哈尔滨市），上升幅度达到5.24%。商服用地的地价整体上较2012年均有上涨，地价较低的城市上升的幅度更大。除此之外，各城市之

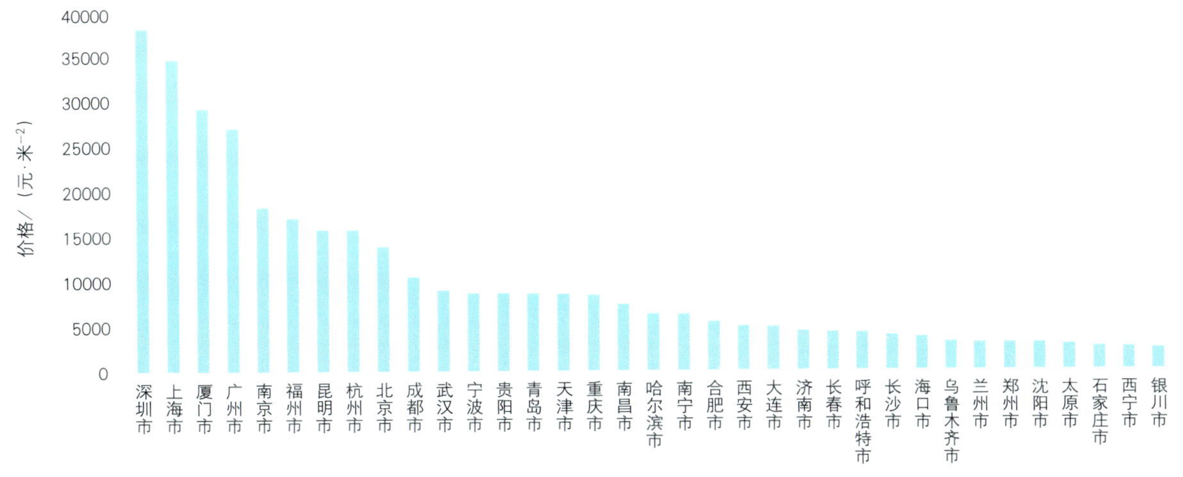


图11 2013年35个重点监测城市商服用地地面价格

数据来源：中国城市地价动态监测系统。

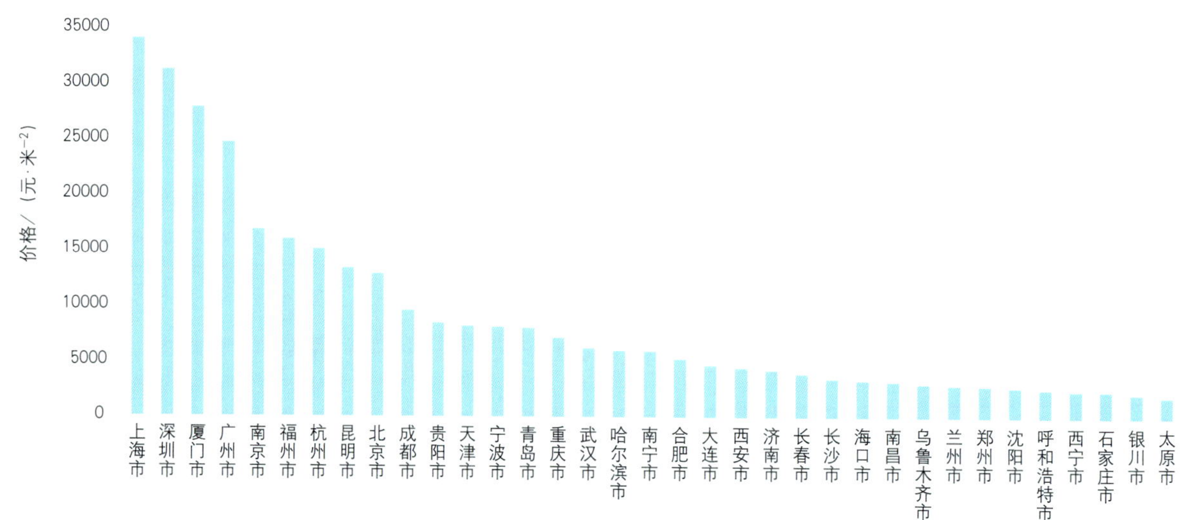


图12 2012年35个重点监测城市商服用地地面价格

数据来源：中国城市地价动态监测系统。

间的差距缩小了，排名第一的城市房价和最后一名城市的房价的倍数由2012年的17.24倍下降至2013年的15.29倍，这说明各城市地价之间的差距在逐渐缩小，一些中西部城市的地价也在趋于上升。

2013年和2012年35个重点监测城市的商服物业价格按照降序排序如图13、图14所示。

对比图13、图14可以看出，深圳市、上海市、北京市、福州市、厦门市、杭州市、南宁市、南京市、太原市等9个城市在2012年和2013年商服物业价格都是位于前十位的城市。全国其他城市商服物业价格多有上涨，但各地上涨幅度不同，位于序列前端的城市上涨的幅度大于后端的城市。2013年深圳市的商服物业价格最高，为36909元／米$^2$；福州市、北京市、广州市、上海市、南京市等城市也位居前列；银川市仍然同2012年一样，位于35个城市中的最后一位，为7944元／米$^2$；昆明市、哈尔滨市、呼和浩特市、石家庄市、长春市、银川市等城市仍然同2012年相似，居于后几位。商服物业价格的最高值与最低值的差距

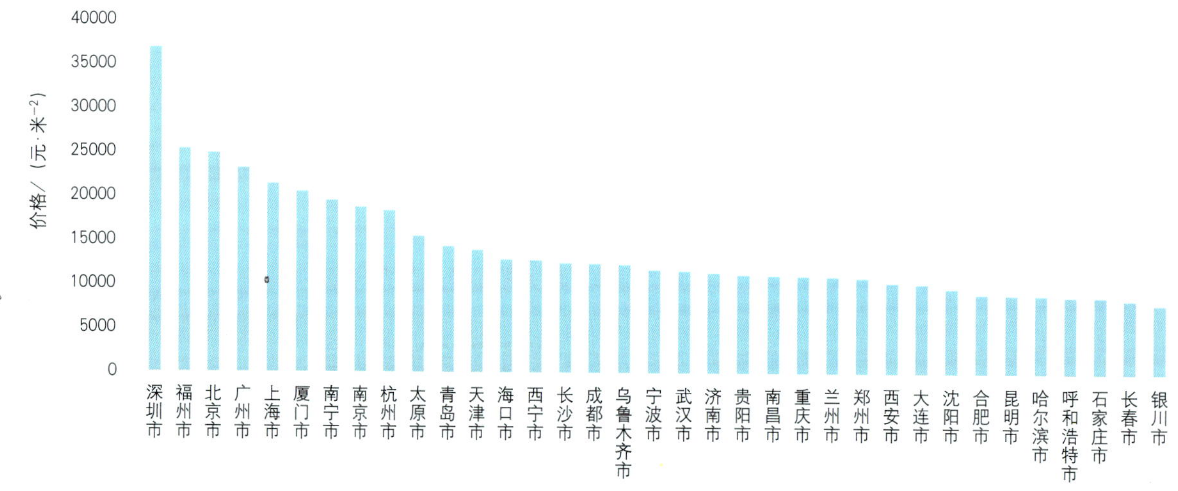


图13 2013年35个重点监测城市商服物业价格

数据来源：中国房地产指数系统数据库2013年1—12月的数据，是办公楼价格和商业经营性用房价格的平均值。

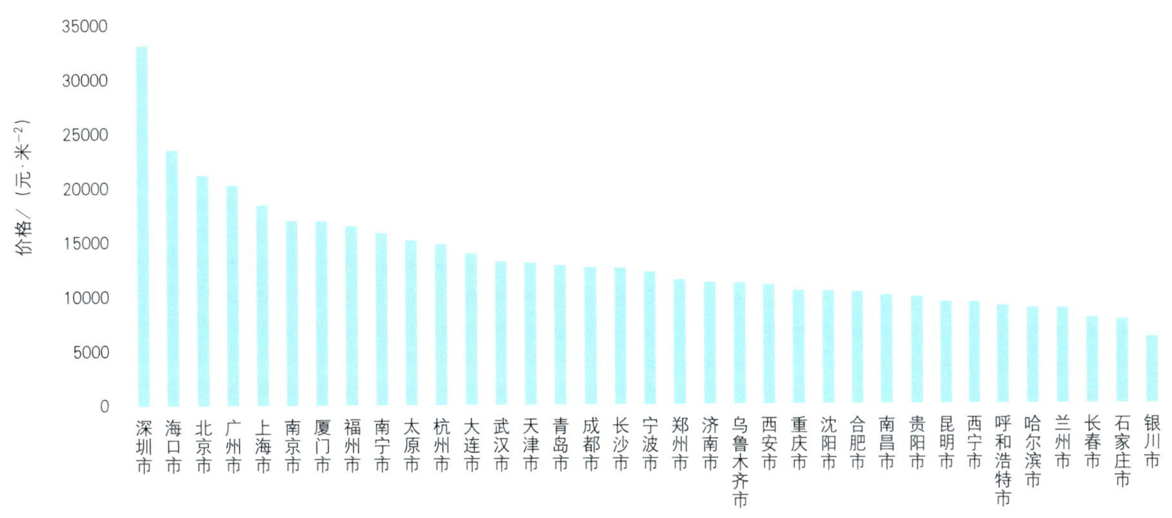


**图14　2012年35个重点监测城市商服物业价格**

数据来源：中国房地产指数系统数据库2012年1—12月的数据，是办公楼价格和商业经营性用房价格的平均值。

则为4.65倍，和2012年相差无几。总体来看，与地价空间分布规律相同，商服物业价格排在前列的仍为一线城市，东南沿海城市的商服物业价格明显高于西部尤其是西北地区城市。

另外，将35个重点监测城市2012年的人均GDP按降序排列，如图15所示。

根据社会收入水平决定商业活动活跃程度的原理，对比重点监测城市间商服物业价格与人均GDP的变化趋势和位序状况，运用秩相关分析不同城市间商服物业价格与人均GDP的关系，通过秩相关情况确定不同序列中相同的城市位序是否等级相关，以解释不同的城市在排序中的位置及其变化的合理性。

从表1可以看出，35个城市的商服物业价格和人均GDP值的排序相关性不强。有些城市的两者排序是一样或是很接近的，如深圳市、南京市、杭州市、乌鲁木齐市、西安市等；排序相差在10位以上的城市有福州市、南宁市、太原市、海口市、西宁市、贵阳市、大连市、沈阳市、呼和浩特市、长春市、银川市，占总数的31.43%。

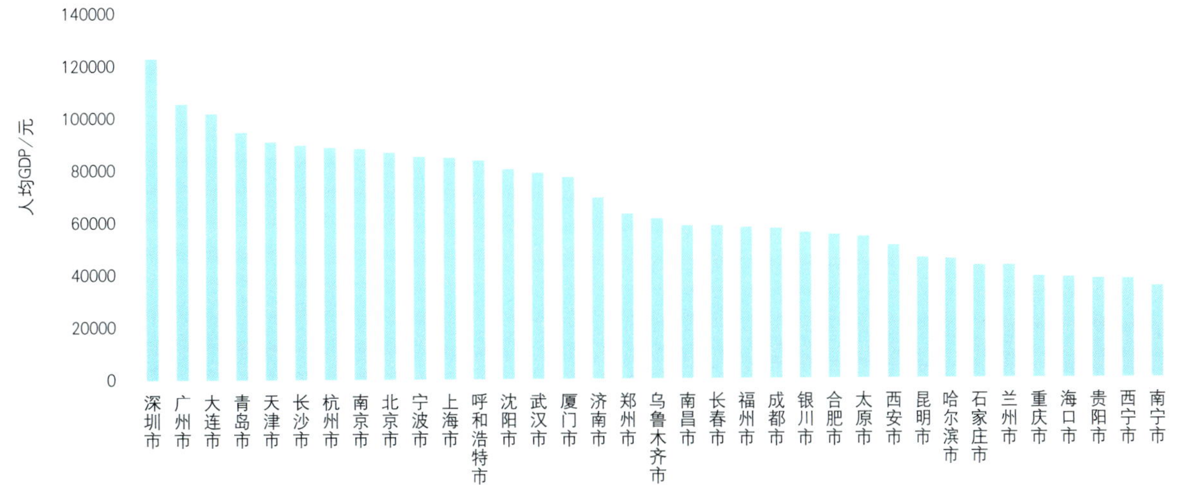


**图15　2012年35个重点监测城市人均GDP**

数据来源：各城市2012年国民经济和社会发展统计公报数据。

表1 重点监测城市商服物业价格和人均GDP排序

| 城市 | 商服物业价格排序 | 人均GDP排序 | 城市 | 商服物业价格排序 | 人均GDP排序 |
|---|---|---|---|---|---|
| 深圳市 | 1 | 1 | 武汉市 | 19 | 14 |
| 福州市 | 2 | 21 | 济南市 | 20 | 16 |
| 北京市 | 3 | 9 | 贵阳市 | 21 | 33 |
| 广州市 | 4 | 2 | 南昌市 | 22 | 19 |
| 上海市 | 5 | 11 | 重庆市 | 23 | 31 |
| 厦门市 | 6 | 15 | 兰州市 | 24 | 30 |
| 南宁市 | 7 | 35 | 郑州市 | 25 | 17 |
| 南京市 | 8 | 8 | 西安市 | 26 | 26 |
| 杭州市 | 9 | 7 | 大连市 | 27 | 3 |
| 太原市 | 10 | 25 | 沈阳市 | 28 | 13 |
| 青岛市 | 11 | 4 | 合肥市 | 29 | 24 |
| 天津市 | 12 | 5 | 昆明市 | 30 | 27 |
| 海口市 | 13 | 32 | 哈尔滨市 | 31 | 28 |
| 西宁市 | 14 | 34 | 呼和浩特市 | 32 | 12 |
| 长沙市 | 15 | 6 | 石家庄市 | 33 | 29 |
| 成都市 | 16 | 22 | 长春市 | 34 | 20 |
| 乌鲁木齐市 | 17 | 18 | 银川市 | 35 | 23 |
| 宁波市 | 18 | 10 | | | |

将2013年重点监测城市商服物业价格和2012年人均GDP分别排序，在秩相关公式中 $\sum_{i=1}^{n} d_i^2$ =4526.76，从而求得秩相关系数 $r$=0.366。通过查表对秩相关系数进行检验，在 $\alpha$ =0.005 的置信水平，重点监测城市的商服物业价格与人均GDP等级有一定的相关性，但是相关系数并不是很高。由此可以说明，商服物业价格还跟很多其他的市场因素和非市场因素有关。

对比图13和图15可以看出，商服物业价格的城市间差异变化比城市间人均GDP的变化分布更为陡峭。从商服物业价格来看，其最高的深圳市和第二高的福州市相比，相差超过10000元/米$^2$，这一差距占深圳市商服物业价格的28.90%。对于人均GDP来说，最高的深圳市和第二高的广州市也只是相差了14338元，占深圳市人均GDP的14.07%。而最高的深圳市和最低的南宁市相比，其人均GDP是南宁市的3.5倍，与2012年的值几乎一样。由此可见，社会经济水平的城市间差异小于房地产价格水平的城市间差异。

2. 住宅用地地面价格与房价

2013年和2012年35个重点监测城市的住宅用地地面价格降序排序如图16、图17所示。

对比图16和17，可以看出其排列的趋势大体相似，整体呈上升态势。2013年和2012年住宅用地的地面价格最高的城市都是深圳市，2012年的价格为26904元/米$^2$，2013年上升为32430元/米$^2$，上涨幅度达到

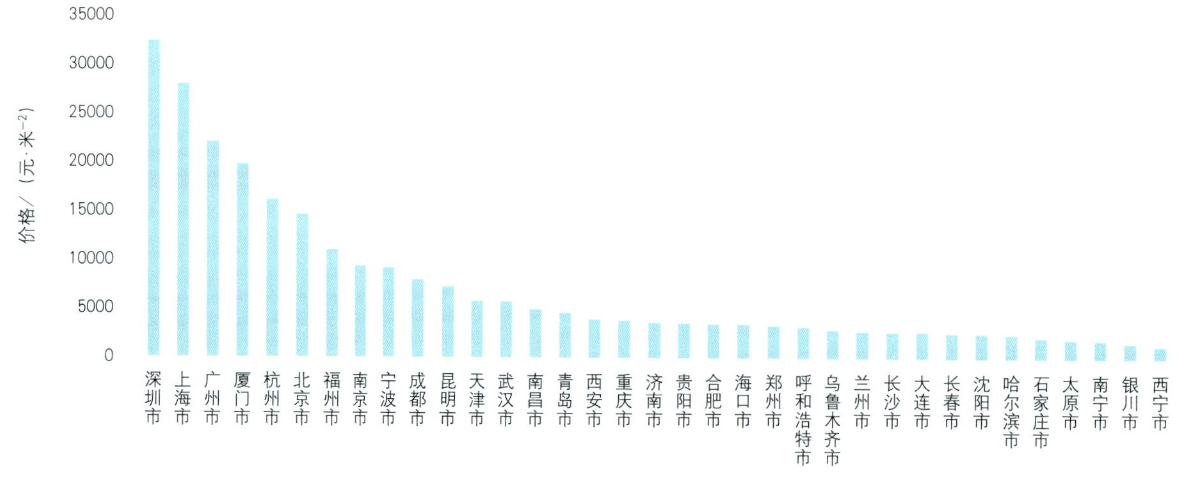


图16 2013年35个重点监测城市住宅用地地面价格

数据来源：中国城市地价动态监测系统。

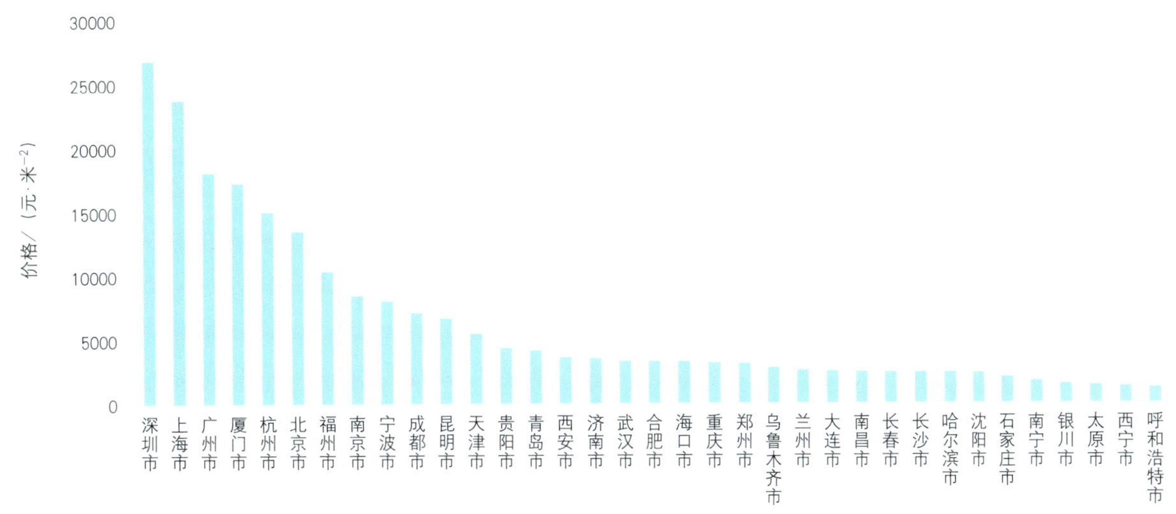


图17 2012年35个重点监测城市住宅用地地面价格

数据来源：中国城市地价动态监测系统。

20.54%；最低的由2012年的呼和浩特市的1273元／米$^2$上升为2013年西宁市的1402元／米$^2$，上涨幅度也达到10.13%。中位数由2012年的3410元／米$^2$（合肥市）上升到2013年的3701元／米$^2$（济南市），上升幅度达到8.53%。由此可见，住宅用地价格整体较2012年有所上涨，地价较高的城市上升的幅度更大。除此之外，各城市之间的差距扩大了，排名第一的城市住宅用地价格和最后一名城市的住宅用地价格的倍数由2012年的21.13倍上升到2013年的23.13倍，这说明各城市间地价的差距在逐渐扩大，一线城市的住宅用地需求更为强劲，其价格上升幅度更大。

比较图11、12和图16、17可见，中西部城市商服用地地面价格上升幅度较大，一线城市上升幅度较小，这主要是因为一线城市的商业用地的供求相对平衡，而中西部城市的商业服务业市场处于起步发展阶段，商服用地供不应求，增值空间相对较大，因此中西部城市的商服用地地面价格上升较快。从住宅用地的地面价格来看，其状况和商服用地刚好相反，一线城市的上升幅度较大，其他城市上升幅度较小，从供需关系看，一线城市人口集聚度高，城市土地资源有限，尽管政府加大了住宅用地的供应，但一线城市住宅用地供不应求是长期趋势，因此价格上升幅度大于一般城市；与一线城市相比，其他城市人口集聚度较低，需求相对较小，住宅用地供应充足，但供应土地消化能力不足必然形成住宅用地供大于求，因此其价格上升幅度较小。

2013年和2012年35个重点监测城市的商品住宅价格降序排序如图18、19所示。

由图18可以看出，2013年深圳市住宅价格位居第一位（值为23427元／米$^2$），北京市紧随其后（为17854元／米$^2$），上海市、杭州市、厦门市、广州市、宁波市、南京市等城市的商品住宅价格水平均较高。2013年各城市中商品住宅价格的最高值是最低值的5.35倍，大于2012年的4.5倍，说明各城市之间商品住宅价格的差距在加大。对比住宅房价与地价的城市间差异，房价的全国城市间差异变化要平缓于住宅用地地面价格的城市间差异变化。不同城市住宅市场的表现与2012 年基本相同，东部尤其是东南沿海城市的市场价格水平高于中西部城市。对比图19，综合来看，全国商品住宅价格水平仍有上涨，各城市间变化幅度差别较大。2013年排在前七位的城市排序和2012年是一样的，分别是深圳市、北京市、上海市、杭州市、厦门市、广州市、宁波市；后六位的城市和2012年也是一样的，分别是重庆市、石家庄市、呼和浩特市、银川市、西宁市、贵阳市，只是在位序上略有不同。

将2012年35个重点监测城市的城镇居民人均可支配收入按降序排列，如图20所示。

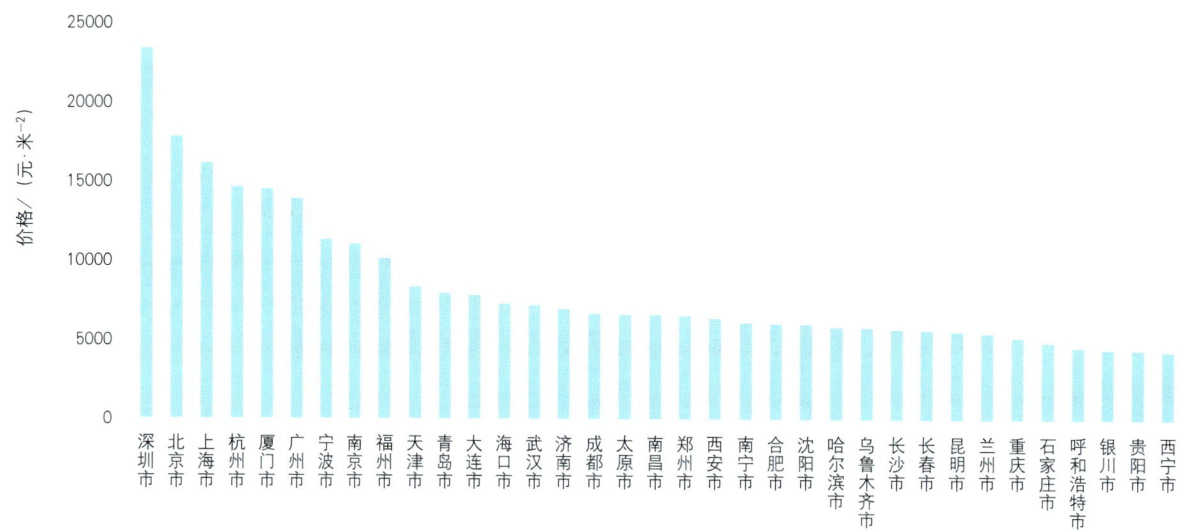


图18　2013年35个重点监测城市商品住宅价格

数据来源：中国房地产指数系统数据库。

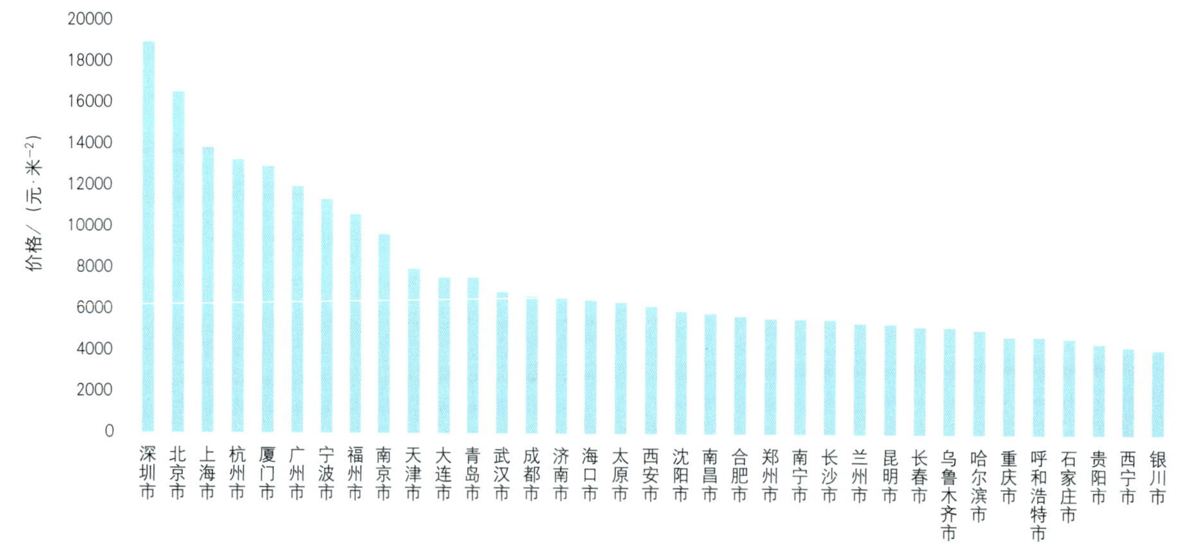


图19　2012年35个重点监测城市商品住宅价格

数据来源：中国房地产指数系统数据库。

由图20可以看出，各城市人均可支配收入亦呈阶梯状分布，其差距远小于各城市住宅用地的地面价格差距。我们用秩相关分析讨论城市住宅销售价格水平与人均可支配收入水平的关系，确定不同序列中相同的城市位序是否等级相关。

从表2可以看出，大部分城市的商品住宅销售价格排序和人均可支配收入的排序相差不多，两者排序一样或非常接近的城市有深圳市、上海市、厦门市、南京市、青岛市、成都市、西宁市。两者位序相差10位以上的有海口市、太原市、长沙市、呼和浩特市，占总数的11.43%。

将35个重点监测城市住宅销售价格和人均可支配

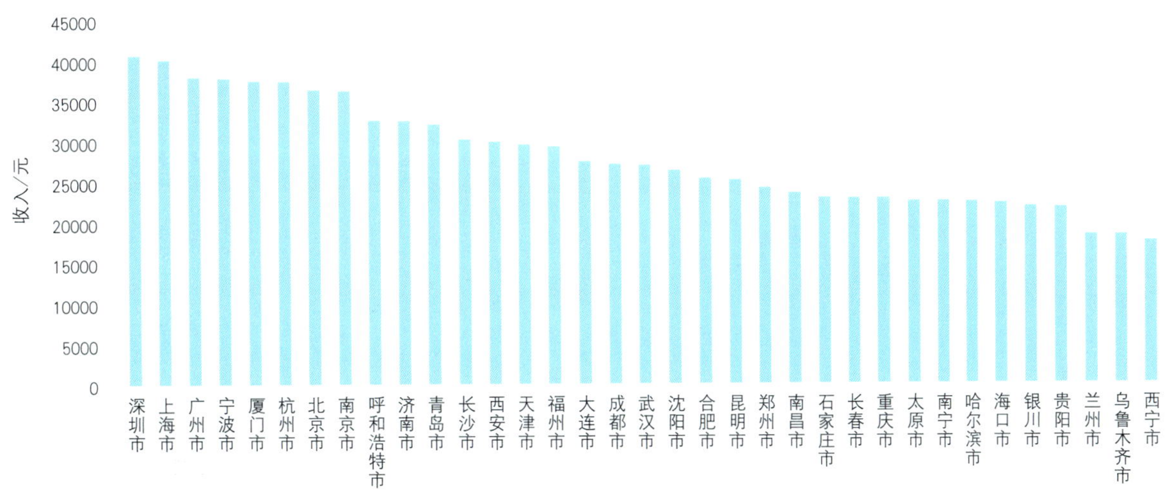


图20　2012年35个重点监测城市人均可支配收入

数据来源：各城市2012年国民经济和社会发展统计公报数据。

表2　重点监测城市商品住宅销售价格和人均可支配收入排序

| 城市 | 商品住宅销售价格排序 | 人均可支配收入排序 | 城市 | 商品住宅销售价格排序 | 人均可支配收入排序 |
|---|---|---|---|---|---|
| 深圳市 | 1 | 1 | 郑州市 | 19 | 22 |
| 北京市 | 2 | 7 | 西安市 | 20 | 13 |
| 上海市 | 3 | 2 | 南宁市 | 21 | 28 |
| 杭州市 | 4 | 6 | 合肥市 | 22 | 20 |
| 厦门市 | 5 | 5 | 沈阳市 | 23 | 19 |
| 广州市 | 6 | 3 | 哈尔滨市 | 24 | 29 |
| 宁波市 | 7 | 4 | 乌鲁木齐市 | 25 | 34 |
| 南京市 | 8 | 8 | 长沙市 | 26 | 12 |
| 福州市 | 9 | 15 | 长春市 | 27 | 25 |
| 天津市 | 10 | 14 | 昆明市 | 28 | 21 |
| 青岛市 | 11 | 11 | 兰州市 | 29 | 33 |
| 大连市 | 12 | 16 | 重庆市 | 30 | 26 |
| 海口市 | 13 | 30 | 石家庄市 | 31 | 24 |
| 武汉市 | 14 | 18 | 呼和浩特市 | 32 | 9 |
| 济南市 | 15 | 10 | 银川市 | 33 | 31 |
| 成都市 | 16 | 17 | 贵阳市 | 34 | 32 |
| 太原市 | 17 | 27 | 西宁市 | 35 | 35 |
| 南昌市 | 18 | 23 | | | |

收入分别排序，在秩相关公式中$\sum_{i=1}^{n} d_i^2=1670.76$，从而求得秩相关系数$r=0.766$，通过查表对秩相关系数进行检验，在$\alpha=0.01$的置信水平上，重点监测城市的住宅销售价格与人均可支配收入等级显著相关，重点监测城市中的大多数，其住宅销售价格水平同其居民可支配收入水平在全国城市间的位置相当。由此可见，绝大部分居民购买住房的能力取决于家庭的收入水平。

### （二）全国重点监测城市地价与房价关系分析

选取35个重点监测城市同时点的地价和房价数据，采用比值法、秩相关分析法、成本比较法3种方法，从不同角度描述我国重点监测城市楼面地价与房价的对比关系，并对部分特殊城市的情况进行具体分析和阐述。

#### 1. 商服用地地价与房价关系对比分析

从基于监测点测算的同时点地价房价比数据分析，2013年和2012年全国35个重点监测城市商服用地楼面地价房价比降序排序如图21、22所示。

对比图21和22可以看出，最高值同为厦门市，从2012年的79.03%上升到2013年的83.59%；2012年和2013年的最低值均为乌鲁木齐市，值大体保持不变，为7.4%左右。2013年35个重点监测城市商服用地地价房价比的中位数为33.66%（昆明市），比2012年的32.88%（昆明市）略有上升。2013年，厦门市、福州市、贵阳市、宁波市、上海市、石家庄市、深圳市的商

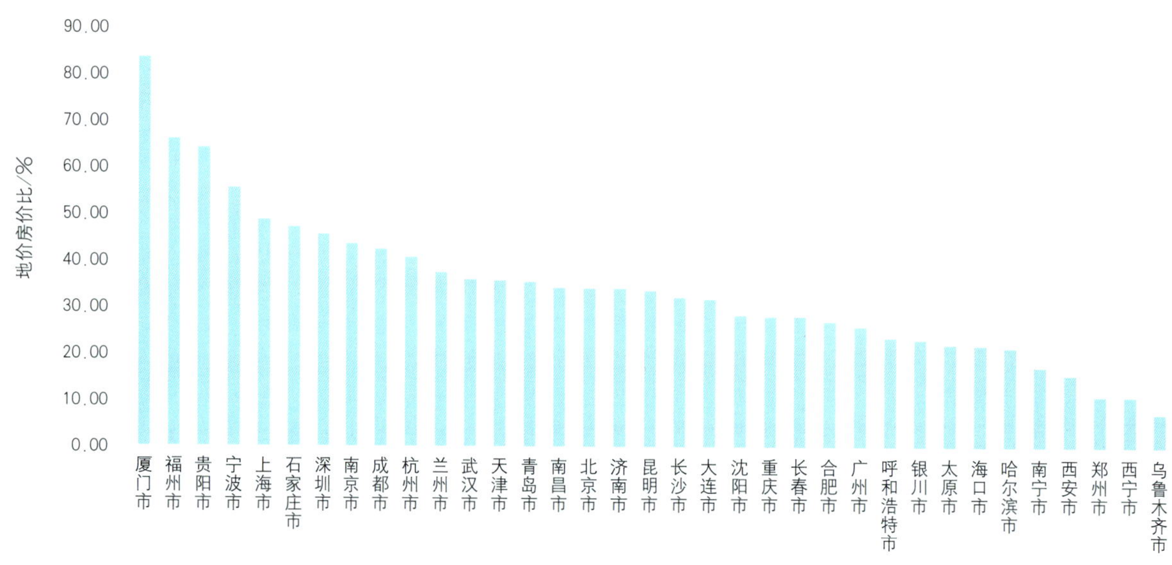


图21 2013年35个重点监测城市商服用地地价房价比

数据来源：中国城市地价动态监测系统。

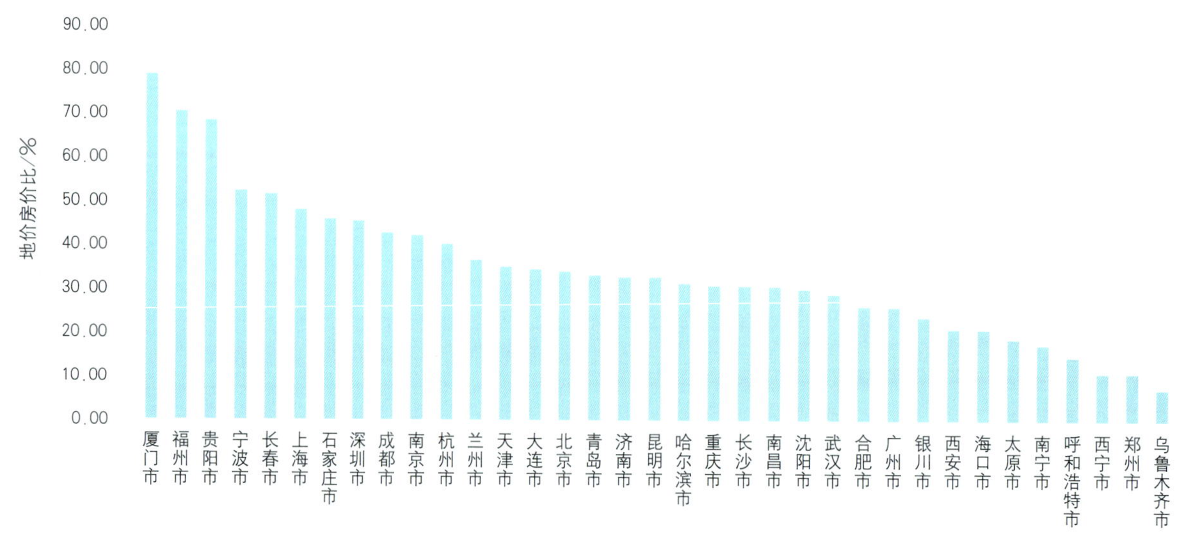


图22 2012年35个重点监测城市商服用地地价房价比

数据来源：中国城市地价动态监测系统。

服用地的地价房价比均超过了45%；南宁市、西安市、郑州市、西宁市、乌鲁木齐市的地价房价比在20%以下，和2012年相比少了太原市、呼和浩特市。长春市由2012年的第5位下降到2013年的第23位，武汉市由2012年的第24位上升到2013年的第12位，属变动幅度较大的城市。35个重点监测城市的商服用地地价房价比差异显著，最高值（83.59%）和最低值（7.37%）之间相差了11.35倍，和2012年的10.6倍相比值略大，说明2013年的离散程度更大，城市间的差距也趋于加大。

根据地价房价关系的比较研究，地价房价比反映了一个时期各城市社会经济的发展程度与市场经济的活跃程度。正常情况下，社会经济活动活跃的地方，同其关联的土地与房屋的需求相对较大，商服用地的地价房价比较高。

将重点监测城市商服用地地价和房价分别排序，见表3。

表3 2013年重点监测城市商服用地楼面地价和房价排序

| 城市 | 地价排序 | 房价排序 | 城市 | 地价排序 | 房价排序 |
|---|---|---|---|---|---|
| 深圳市 | 1 | 2 | 南宁市 | 19 | 10 |
| 厦门市 | 2 | 7 | 大连市 | 20 | 17 |
| 上海市 | 3 | 3 | 西安市 | 21 | 8 |
| 广州市 | 4 | 1 | 济南市 | 22 | 28 |
| 北京市 | 5 | 4 | 沈阳市 | 23 | 22 |
| 南京市 | 6 | 6 | 长沙市 | 23 | 31 |
| 杭州市 | 7 | 5 | 呼和浩特市 | 25 | 23 |
| 福州市 | 8 | 14 | 哈尔滨市 | 26 | 20 |
| 贵阳市 | 9 | 18 | 长春市 | 27 | 29 |
| 昆明市 | 10 | 9 | 海口市 | 28 | 24 |
| 天津市 | 11 | 11 | 合肥市 | 29 | 33 |
| 宁波市 | 12 | 26 | 银川市 | 30 | 32 |
| 青岛市 | 13 | 15 | 石家庄市 | 31 | 35 |
| 武汉市 | 14 | 19 | 郑州市 | 32 | 12 |
| 南昌市 | 15 | 16 | 太原市 | 33 | 34 |
| 成都市 | 16 | 25 | 西宁市 | 34 | 27 |
| 重庆市 | 17 | 13 | 乌鲁木齐市 | 35 | 21 |
| 兰州市 | 18 | 28 | | | |

在秩相关公式中$\sum_{i=1}^{n} d_i^2 = 1749.3$，从而求得秩相关系数$r=0.755$，通过查表对秩相关系数进行检验，在$\alpha=0.01$的置信水平上，35个重点监测城市商服用地的地价和房价大多数是等级相关的，说明大多数城市的地价与房价关系具有合理性。监测数据显示，宁波市、兰州市、西安市、郑州市、乌鲁木齐市等城市在地价和房价排列的位序上相差较大，相关性差。

2. 住宅用地地价与房价关系对比分析

从基于监测点测算的同时点地价房价比数据分析，2013年和2012年35个重点监测城市住宅用地的地价房价比值按照降序排序情况如图23、24所示。

对比图23和图24可以看出，2012年和2013年，35个重点监测城市中，住宅用地地价房价比的最高值均为厦门市，但是2012年为76.45%，2013年为70.19%；2012年，35个重点监测城市中，住宅用地地价房价比的最低值为南宁市的15.58%，2013年为哈尔滨市的15.70%，这些城市的住宅用地地价房价比的中位数为30.54%（南昌市），较2012年的29.83%（济南市）有所上升。2013，厦门市、宁波市、福州市、南京市、上海市、杭州市、昆明市、深圳市、天津市的住宅地价房价比值超过了40%。而兰州市、呼和浩特市、海口市、重庆市、西宁市、太原市、乌鲁木齐市、南宁市、哈尔滨市的住宅用地的地价房价比则低于25%，与2012年相比少了南昌市。除了长春市

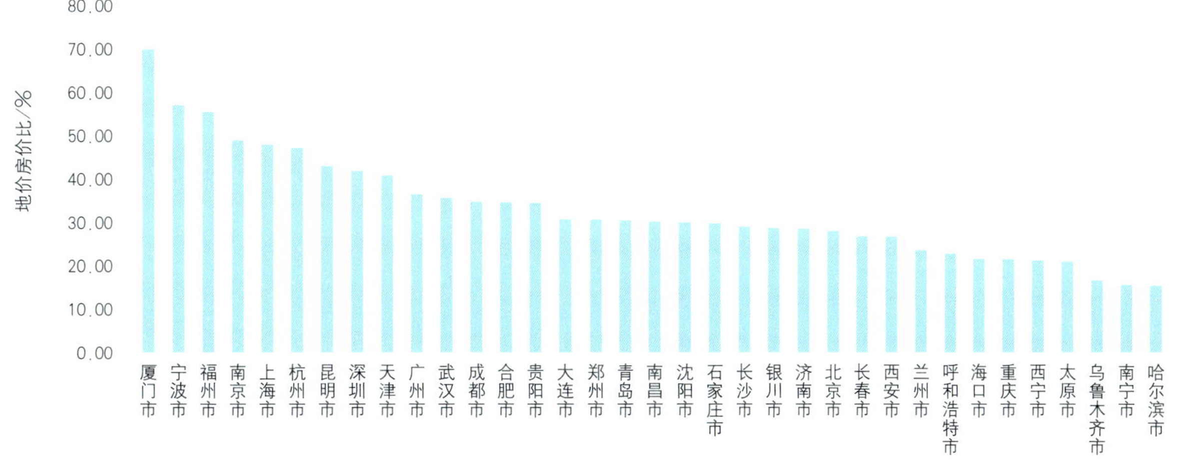


图23 2013年35个重点监测城市住宅用地地价房价比

数据来源：中国城市地价动态监测系统。

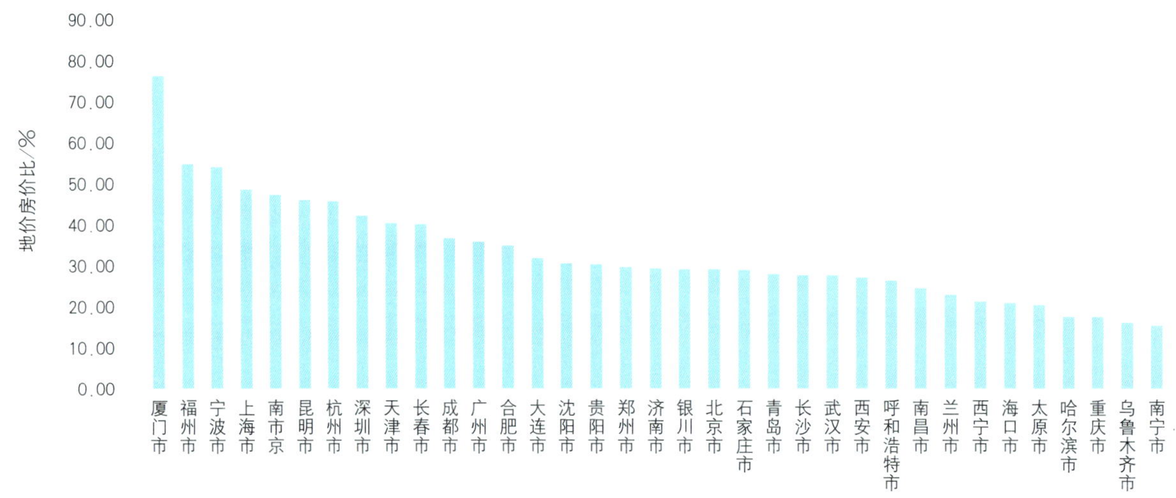


图24 2012年35个重点监测城市住宅用地地价房价比

数据来源：中国城市地价动态监测系统。

和武汉市以外，其他城市 2013 年住宅用地地价房价比排序与 2012 年是类似的，长春市由 2012 年的第 10 位下降到 2013 年的第 25 位，武汉市由 2012 年的第 24 位上升到 2013 年的第 11 位，属变动幅度较大的城市。最高值（厦门市 70.19%）和最低值（哈尔滨市 15.70%）相差 4.47 倍左右。

地价房价比高的城市或是因为经济发展迅速，住宅土地市场活跃，总体可供应土地量较小；或者因为受政策、行政管理因素影响致使地价房价比较高；房价与地价的绝对水平值不决定房价与地价的比值，与商服物业中地价与房价比一样，地价房价比反映了一个时期该城市的社会经济发展状况，有些城市地价房价比值不高是因为土地供给量大，有些城市则是因为需求量小，另有些城市则由当地市场的管理特点所决定。

将重点监测城市住宅用地的楼面地价和房价分别排序，见表 4。

在秩相关公式中 $\sum_{i=1}^{n} d_i^2=856.8$，从而求得秩相关系数 $r$=0.880，通过查表对秩相关系数进行检验，在 $\alpha=0.01$ 的置信水平上来看，35 个重点监测城市住宅用地的地价和房价也呈现等级相关关系，大多数城市的地价与房价关系在城市间的差异中是合理的。但是，沈阳市、贵阳市、合肥市、哈尔滨市、南宁市在位序上相差较大，地价与房价相关性差。

表4 2013年重点监测城市住宅用地楼面地价和房价排序

| 城市 | 地价排序 | 房价排序 | 城市 | 地价排序 | 房价排序 |
|---|---|---|---|---|---|
| 上海市 | 1 | 1 | 贵阳市 | 19 | 29 |
| 深圳市 | 2 | 2 | 长沙市 | 20 | 24 |
| 杭州市 | 3 | 5 | 长春市 | 21 | 20 |
| 广州市 | 4 | 4 | 海口市 | 22 | 17 |
| 北京市 | 5 | 7 | 合肥市 | 23 | 33 |
| 厦门市 | 6 | 7 | 郑州市 | 24 | 30 |
| 南京市 | 7 | 6 | 呼和浩特市 | 25 | 21 |
| 宁波市 | 8 | 10 | 西安市 | 26 | 27 |
| 福州市 | 9 | 12 | 银川市 | 27 | 32 |
| 天津市 | 10 | 8 | 重庆市 | 28 | 22 |
| 昆明市 | 11 | 13 | 石家庄市 | 29 | 34 |
| 武汉市 | 12 | 14 | 兰州市 | 30 | 31 |
| 青岛市 | 13 | 9 | 太原市 | 31 | 28 |
| 大连市 | 14 | 11 | 哈尔滨 | 32 | 19 |
| 成都市 | 15 | 18 | 南宁市 | 33 | 23 |
| 南昌市 | 16 | 15 | 乌鲁木齐市 | 34 | 26 |
| 济南市 | 17 | 16 | 西宁市 | 35 | 35 |
| 沈阳市 | 18 | 25 | | | |

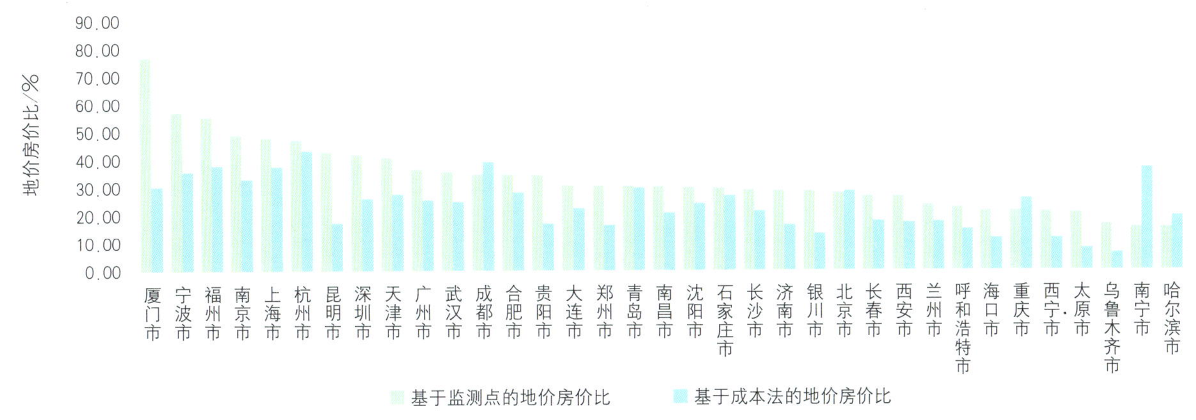


**图25　2013年35个城市基于监测点的地价房价比和基于成本法的地价房价比**

数据来源：基于监测点的地价房价比数据来源同图23，基于成本法的地价房价比数据来源于2013年商品房成本调查结果。

基于商品房成本，以 2013 年 35 个重点监测城市的商品房开发项目为样本，用其通过出让方式获取土地时的实际成交地价与其 2013 年的房屋售价之比，测算得到基于成本法的 35 个重点监测城市的成本地价房价比，其中位数作为全国平均水平，值为 21.1%，比 2012 年的 24.50% 略低。基于监测点数据的同时点地价房价比和基于成本法的地价房价比测算结果对比如图 25 所示（按照同时点基于监测法的地价房价比降序排序）。

由图 25 可以看出，这两种不同方法测算的地价房价比存在一定差异。除成都市、北京市、重庆市、南宁市和哈尔滨市，基于成本法测算的地价房价比普遍低于基于监测点数据测算的地价房价比。这主要是由于基于监测点计算的数据来源是同时点地价房价比，即当前市场上的楼面地价水平与当前市场上销售的房价水平之比；基于成本法的数据来源是出让时点土地的价格与房屋开盘销售时的房价，采用两种方法测算出的地价房价比值差异较大的主要原因在于其内涵不同。从购置土地到商品房上市，其间通常需要 3 年左右的开发时间，在这一期间，如果土地价格走势是上涨的，那么这种上涨会带来较大的地价增值，这一增值大部分转化为开发商的利润。这两种测算方法的目的不同、调查范围不同、数据来源不同，数据口径也存在一些差异，结论上存在一定的差异在所难免。

### （三）地价与房价关系的区域差异与空间分布

本部分将对重点监测城市所代表区域的地价房价关系进行空间表达和分析。

#### 1. 商服用地地价房价比空间分布

2013 年 35 个重点监测城市商服用地的地价房价比的空间分布如图 26 所示。

从图 26 可以看出，2013 年，商服用地地价房价比的高值区是东南沿海城市，如厦门市、福州市、宁波市、上海市、深圳市、南京市、杭州市等，此外还包括贵阳市、石家庄市、成都市等小部分内陆城市。低值区主要体现在中西部城市，如乌鲁木齐市、西宁市、郑州市、西安市、太原市、银川市、南宁市、呼和浩特市等，此外还包括个别其他城市，如海口市等。比值整体呈现出由东向西逐渐下降的规律，其原因主要在于部分经济较发达城市，房地产开发投资迅速增长，拉动了土地需求的增加。欠发达的中西部地区城市的经济发展程度偏低，对商服用地的需求竞争没那么激烈，所以地价上涨的幅度较小。

#### 2. 住宅用地地价房价比空间分布

2013 年 35 个重点监测城市住宅用地地价房价比空间分布如图 27 所示。

由图 27 可以看出，2013 年住宅用地的地价房价比相对于商服用地的地价房价比整体略低。比值较高的城市主要位于东南沿海的厦门市、宁波市、福州市、南京市、上海市、杭州市等；较低的城市主要集中在中西部地区的南宁市、乌鲁木齐市、太原市、西宁市、重庆市等。从图 27 来看，地价房价比值基本沿着东部－中部－西部的顺序依次降低，呈现出比较明显的阶梯式分布状态。可以看出，经济发展迅速，人口增长快，房屋交

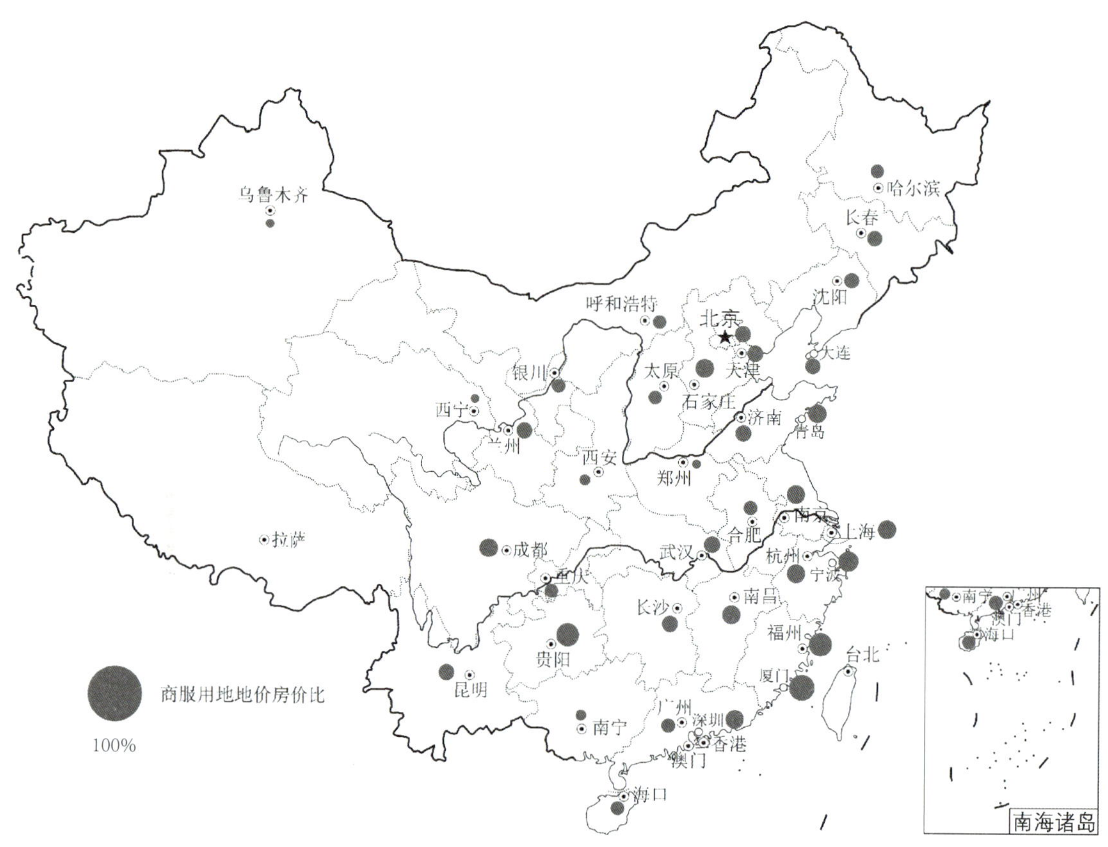


图26 2013年35个重点监测城市商服用地地价房价比空间分布

数据来源：中国城市地价动态监测系统。

易量大的城市，住宅土地市场活跃，相应的地价房价比较高，反之，地价房价比则处于较低的水平；土地资源紧张的城市，其地价房价比较高，而资源充足的城市，其地价房价比较低。

3. 商服用地与住宅用地地价房价关系空间分布对比

2013 年度 35 个重点监测城市商服用地和住宅用地的地价房价比空间分布对比如图 28 所示。

从图 28 可以看出，根据 35 个重点监测城市数据统计，商服用地地价房价比大于住宅用地地价房价比超过 2% 的城市包括厦门市、福州市、贵阳市、石家庄市、深圳市、成都市、兰州市、青岛市、南昌市、北京市、济南市、长沙市、重庆市、哈尔滨市 14 个城市，比例为 40%；商服用地地价房价比小于住宅用地地价房价比超过 2% 的城市有南京市、杭州市、天津市、昆明市、沈阳市、合肥市、广州市、银川市、西安市、郑州市、西宁市、乌鲁木齐市 12 个城市，比例为 34.29%；两者差异在 2% 以内的城市有 9 个，包括宁波市、上海市、武汉市、大连市、长春市、呼和浩特市、太原市、海口市、南宁市。商服和住宅两种用途用地的地价房价比的对比差异在空间上分布较为分散，没有明显的规律性，说明商服用地和住宅用地的地价房价比因所受的决定性影响因素的不同，而在不同的城市有不同的表现。

### （四）地价与房价关系的时间序列变动趋势

2000—2013 年 13 个重点城市住宅用地的地价房价比如表 5 所示，变动趋势如图 29 所示。

由图 29 可以看出，从 2000 年开始，住宅用地的地价房价比基本保持稳中微升的态势。按照增长趋势，大致可以分为 3 个阶段：第一阶段为 2000—2004 年，地价房价比基本保持不变，维持在 22% ~ 24% 之间；第二阶段为 2005—2007 年，地价房价比持续下降，每年下降 2% 左右；第三阶段为 2008—2013 年，地价房价比呈微小波动，在 34.5% ~ 36.5% 之间波动。和 2012 年相比，2013 年 13 个典型城市住宅用地地价房价比略微上升。

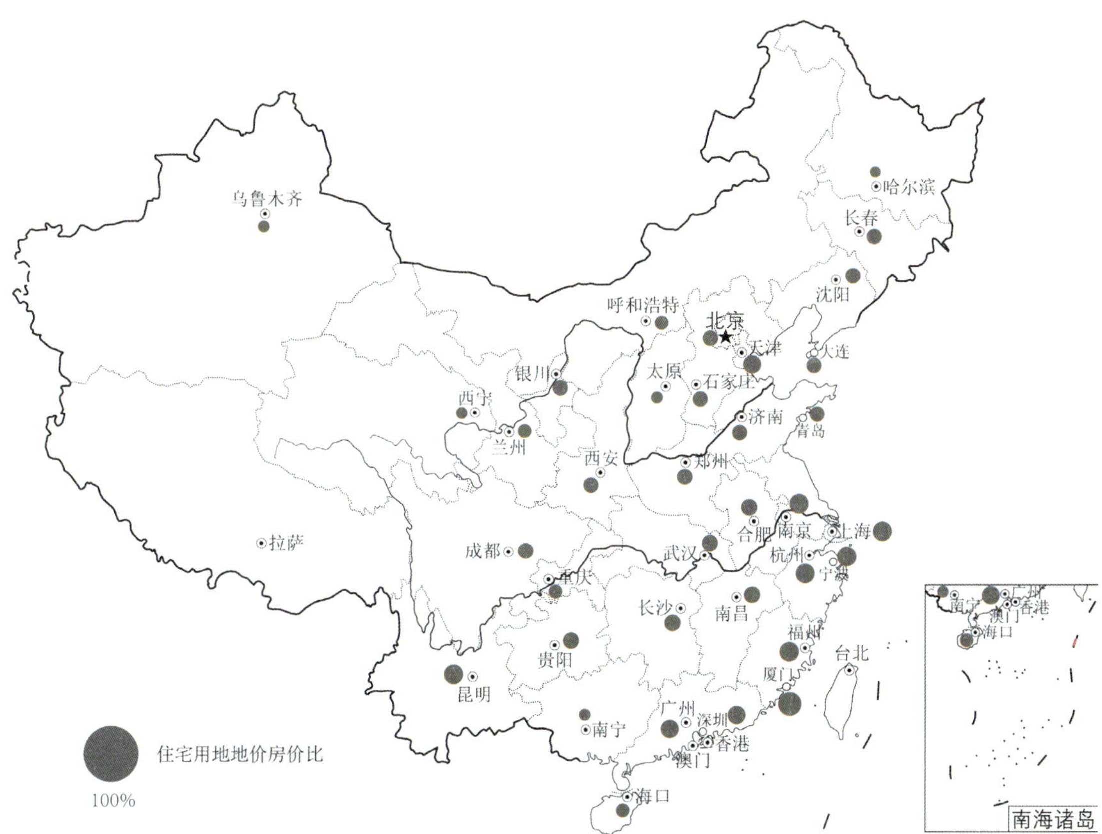


图27 2013年35个重点监测城市住宅用地地价房价比空间分布

数据来源：中国城市地价动态监测系统。

表5 2000—2013年13个重点城市住宅用地的地价房价比

| 城市＼年份 | 2000 | 2001 | 2002 | 2003 | 2004 | 2005 | 2006 | 2007 | 2008 | 2009 | 2010 | 2011 | 2012 | 2013 |
|---|---|---|---|---|---|---|---|---|---|---|---|---|---|---|
| 北京市 | 20.90 | 20.80 | 22.50 | 23.10 | 22.40 | 31.50 | 28.80 | 25.50 | 39.01 | 37.22 | 31.20 | 31.18 | 29.25 | 28.29 |
| 天津市 | 26.70 | 26.90 | 25.90 | 30.70 | 29.30 | 23.10 | 20.60 | 19.10 | 36.05 | 42.08 | 41.23 | 41.72 | 40.63 | 41.09 |
| 上海市 | 17.70 | 17.00 | 17.30 | 14.80 | 14.40 | 23.70 | 21.80 | 19.50 | 46.11 | 47.36 | 48.43 | 45.84 | 48.74 | 48.23 |
| 南京市 | 22.70 | 28.70 | 29.00 | 28.70 | 29.70 | 62.30 | 59.10 | 56.50 | 66.39 | 47.89 | 44.79 | 46.17 | 47.48 | 49.22 |
| 杭州市 | 18.10 | 22.90 | 21.70 | 20.60 | 19.60 | 27.50 | 25.30 | 21.50 | 43.08 | 45.47 | 46.02 | 45.09 | 45.86 | 47.47 |
| 南昌市 | 24.30 | 22.00 | 21.30 | 18.90 | 20.10 | 21.20 | 19.20 | 19.10 | 28.26 | 30.18 | 29.31 | 26.84 | 24.68 | 30.54 |
| 武汉市 | 30.80 | 29.40 | 28.20 | 28.40 | 25.70 | 23.60 | 21.10 | 17.80 | 29.25 | 36.20 | 27.98 | 27.23 | 27.82 | 36.00 |
| 长沙市 | 26.30 | 27.80 | 30.40 | 29.00 | 30.60 | 29.30 | 28.40 | 24.40 | — | 30.42 | 31.67 | 32.65 | 27.84 | 29.36 |
| 广州市 | 11.90 | 10.90 | 12.10 | 12.00 | 11.50 | 29.60 | 27.80 | 23.20 | 27.46 | 29.17 | 28.54 | 29.52 | 35.92 | 36.80 |
| 深圳市 | 12.40 | 12.00 | 12.60 | 11.80 | 10.70 | 9.90 | 9.20 | 7.20 | — | 39.37 | 40.43 | 43.18 | 42.35 | 42.14 |
| 重庆市 | 27.20 | 28.20 | 29.30 | 31.80 | 28.20 | 18.40 | 17.40 | 20.80 | 28.75 | 16.47 | 17.69 | 17.62 | 17.73 | 21.77 |
| 成都市 | 26.30 | 27.20 | 25.20 | 22.40 | 23.90 | 26.10 | 24.10 | 22.20 | 33.54 | 35.92 | 36.11 | 37.00 | 36.81 | 35.12 |
| 西安市 | 32.60 | 27.10 | 26.90 | 28.30 | 26.90 | 26.00 | 24.40 | 25.50 | 26.05 | 26.60 | 28.41 | 31.79 | 27.28 | 27.06 |
| 平均值 | 22.90 | 23.20 | 23.30 | 23.10 | 22.50 | 27.10 | 25.20 | 23.20 | 36.72 | 35.72 | 34.75 | 35.06 | 34.80 | 36.39 |

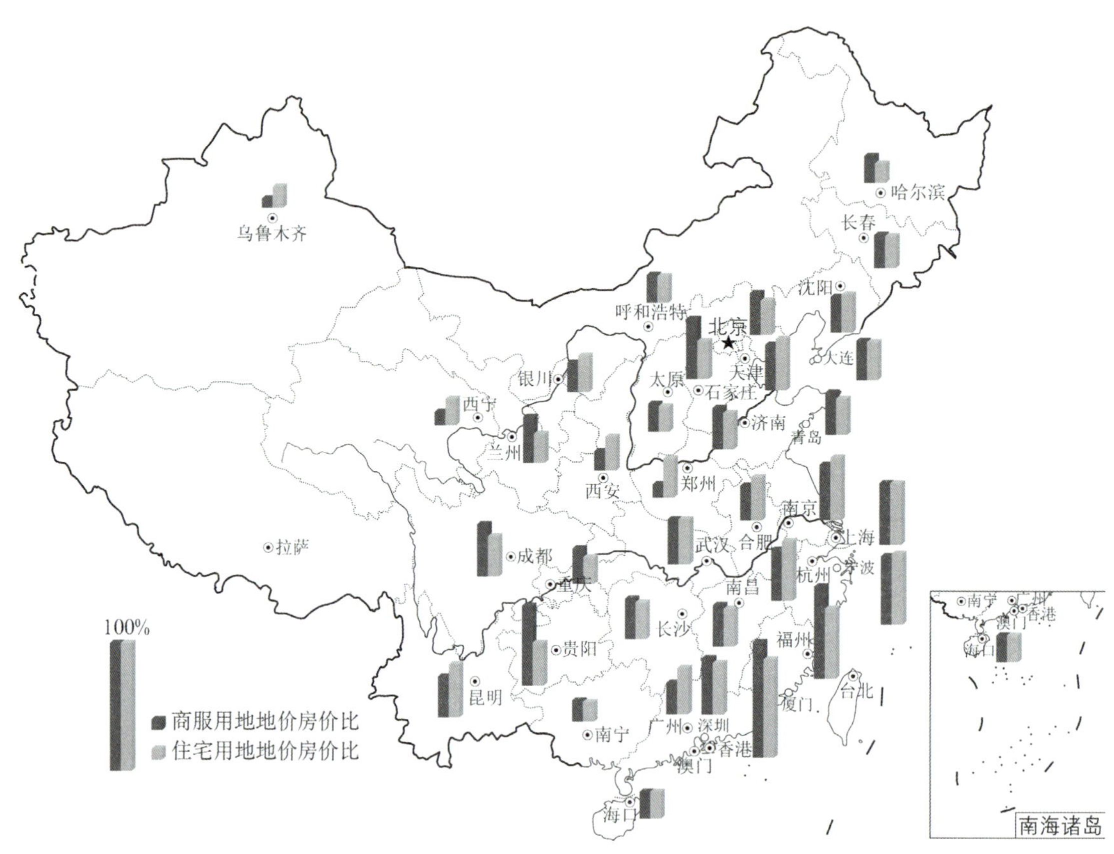


图28　2013年35个重点监测城市商服和住宅用地地价房价比空间分布对比

数据来源：中国城市地价动态监测系统。

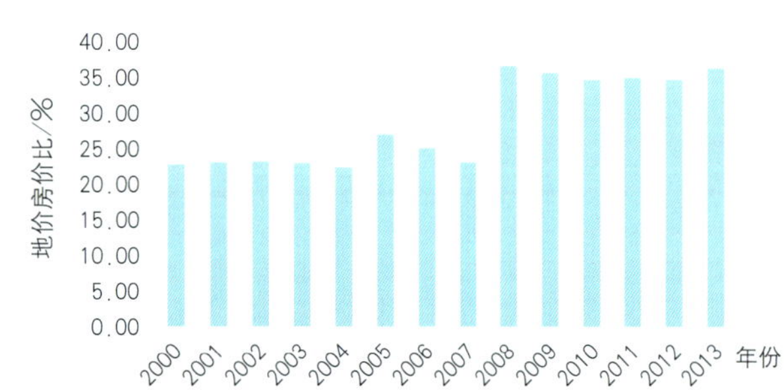


图29　2000—2013年13个重点城市住宅用地地价房价比均值

数据来源：中国城市地价动态监测系统，住宅用地地价为楼面地价。2005年之后地价测算方法有所变化，2000—2007年房价数据来源于《中国统计年鉴》。2008—2013年房价数据来源于地价动态监测系统，城市地价房价比计算方法也有所差别。

2009—2013年地价房价比计算采用的数据一致，样本城市数量较多，更能够代表全国平均地价房价比值水平的变化。这5年间35个重点监测城市住宅用地与商服用地的平均地价房价比变化如表6所示。

由表6可以看出，2009—2013年，35个重点监测城市住宅用地地价房价比和商服用地地价房价比的平均值整体上保持稳定，数值变化幅度很小，除2009年略低之外，2010—2013年数值大体上在33%～36%之间浮动。

表6　2009—2013年35个重点监测城市地价房价比平均值

单位：%

| 项目 | 2009年 | 2010年 | 2011年 | 2012年 | 2013年 |
|---|---|---|---|---|---|
| 住宅地价房价比 | 31.29 | 34.17 | 33.48 | 33.17 | 33.36 |
| 商服地价房价比 | 32.22 | 33.81 | 35.40 | 35.71 | 34.20 |

数据来源：中国城市地价动态监测系统。2009年住宅用地地价房价比数据缺长春市、乌鲁木齐市2个城市的数据，商服用地地价房价比数据缺郑州市、大连市、西安市、太原市、长春市、乌鲁木齐市5个城市的数据，2010年和2011年商服用地地价房价比数据缺郑州市、大连市、西安市3个城市的数据。2012年和2013年包括全部35个重点监测城市的地价房价比数据。

## 三、典型城市地价和房价对比分析

针对北京市、上海市、深圳市、沈阳市、成都市、西宁市这6个具有区域代表性的典型城市进行深入分析，其城市内部不同区位的地价房价比状况呈现如下特点：

### （一）北京市

2013 年北京市不同用途各个级别土地的地价房价比见表 7。

2013 年，北京市商服用地的平均地价房价比为 30.68%，比 2012 年的 34.16% 低。第Ⅰ级别商服用地的地价房价比最高（值为 52.32%），第Ⅵ级别商服用地的地价房价比最低（值为 27.64%）。可以看出，北京市商服用地的地价房价比空间分布大致呈现随级别降低而逐渐降低的规律。2013 年，北京市住宅用地的平均地价房价比为 29.18%，也比 2012 年的 29.25% 略低。第Ⅰ级别的住宅用地地价房价比最高（值为 38.33%），第Ⅵ级别的住宅用地地价房价比最低（值为 24.42%）。具有区位优势的朝阳区土地价格保持上涨，优质地块竞争激烈；邻近市区的通州区土地价格有所起伏，整体呈平稳上涨态势；快速发展的房山区土地交易活跃，住宅类用地价格上涨较明显。

### （二）上海市

2013 年上海市不同用途各个级别土地的地价房价比见表 8。

2013 年，上海市商服用地的平均地价房价比为 47.56%，比 2012 年的 48.12% 略低。第Ⅰ级别商服用地的地价房价比最高（值为 61.27%），第Ⅵ级别的商服用地地价房价比最低（值为 41.68%）。可以看出，上海市商服用地的地价房价比呈现随级别降低而逐渐降低的趋势。2013 年，上海市住宅用地的平均地价房价比为 46.72%，比 2012 年的 48.74% 略低。从表 8 可以看出，该城市住宅用地的地价房价比也大体呈现随级别越低地价房价比逐渐降低的趋势。2013 年，上海市城市地价稳步上涨。受房屋销售情况较好等因素影响，房地产开发商资金充足，开发商着力追逐优质地块，土地市场较为活跃。但是房价上涨幅度相对更大，上海市搜房网数据显示，2013 年上海市商品住宅成交均价为 24177 元 / 米$^2$，环比 2012 年上涨 7.64%，涨幅比 2012 年的 2.04% 增加 5.6 个百分点。因此，上海市平均地价房价比略微下降。与北京市相同的是，上海市也呈现出由中心区域逐渐向外扩展的空间结构演变趋势，但是其不论商服用地还是住宅用地的平均地价房价比都比北京市高。这主要是由于自 2013 年 8 月上海市得到国务院批准设立中国（上海）自由贸易试验区以来，周边地区不动产市场涨势明显，区域政策利好，中国（上海）自由贸易试验区作为“促发展”创新举措，对辐射区地价上涨产生一定影响，但是“沪七条”落地后的一段时间，上海市的楼市一改“金九银十”以来的火热局面，成交量和供应均出现明显降温。

### （三）深圳市

2013 年深圳市不同用途各个级别土地的地价房价比见表 9。

2013 年，深圳市的商服用地平均地价房价比为

表7　2013年北京市不同用途各个级别土地的地价房价比

| 用地类型 | 土地级别 | Ⅰ | Ⅱ | Ⅲ | Ⅳ | Ⅴ | Ⅵ |
|---|---|---|---|---|---|---|---|
| 商服用地 | 级别面积权重 | 0.004 | 0.025 | 0.020 | 0.104 | 0.155 | 0.693 |
| | 级别地价房价比/% | 52.32 | 45.05 | 33.72 | 38.44 | 35.65 | 27.64 |
| 住宅用地 | 级别面积权重 | 0.006 | 0.026 | 0.128 | 0.242 | 0.309 | 0.290 |
| | 级别地价房价比/% | 38.33 | 38.16 | 33.03 | 30.14 | 30.28 | 24.42 |

数据来源：城市地价动态监测系统，各土地级别的地价房价比为该级别内各监测点平均值。

表8　2013年上海市不同用途各个级别土地的地价房价比

| 用地类型 | 土地级别 | Ⅰ | Ⅱ | Ⅲ | Ⅳ | Ⅴ | Ⅵ |
|---|---|---|---|---|---|---|---|
| 商服用地 | 级别面积权重 | 0.033 | 0.041 | 0.186 | 0.127 | 0.347 | 0.265 |
| | 级别地价房价比/% | 61.27 | 54.08 | 54.47 | 50.06 | 45.51 | 41.68 |
| 住宅用地 | 级别面积权重 | 0.024 | 0.115 | 0.127 | 0.212 | 0.264 | 0.258 |
| | 级别地价房价比/% | 54.63 | 53.84 | 47.57 | 46.51 | 46.57 | 42.72 |

数据来源：同表7。

表9　2013年深圳市不同用途各个级别土地的地价房价比

| 用地类型 | 土地级别 | I | II | III | IV | V | VI |
|---|---|---|---|---|---|---|---|
| 商服用地 | 级别面积权重 | 0.1528 | 0.1082 | 0.1808 | 0.0533 | 0.2806 | 0.2243 |
| | 级别地价房价比/% | 51.41 | 47.65 | 48.16 | 38.41 | 37.05 | 40.71 |
| 住宅用地 | 级别面积权重 | 0.1446 | 0.0747 | 0.1945 | 0.0519 | 0.2734 | 0.2611 |
| | 级别地价房价比/% | 44.70 | 44.47 | 43.36 | 41.74 | 39.60 | 36.07 |

数据来源：同表7。

43.29%，比 2012 年的 45.54% 略低。从表 9 可以看出，深圳市商服用地地价房价比呈现出波动变化的规律。第 I 级别的商服用地地价房价比最高（值为 51.41%），第 V 级别的商服用地地价房价比最低（值为 37.05%）。这与往年的情况是类似的。2013 年度，深圳市各行政区用地的动态监测土地评估价值均比 2012 年上涨，地价由高到低的排列顺序为福田区、南山区、盐田区、罗湖区、宝安区和龙岗区；2013 年地价同比增长幅度由高到低的排列顺序为宝安区、龙岗区、福田区、罗湖区、南山区和盐田区，宝安区和龙岗区涨幅较大，盐田区涨幅较小。2013 年深圳市住宅用地的平均地价房价比为 40.63%，比 2012 年的 42.35% 略低。总体来说，住宅地价房价比呈现出随土地级别越低数值越小的趋势，但级别之间的差距较小，表明深圳市住宅开发的重心由城市中心区域向城市边缘区域迁移，土地供应市场化程度较高。

### （四）沈阳市

2013 年沈阳市不同用途各个级别土地的地价房价比如表 10 所示。

相比较前几个城市而言，沈阳市的商服用地和住宅用地的地价房价比都要低一些。就商服用地来说，第 I 级别土地的地价房价比最高（值为 44.31%），但是其第 I 级别的土地面积已经很小，呈现出极其稀缺的特征。第 V 级别土地的地价房价比最低（值为 23.37%）。就住宅用地来说，第 I 级别土地的地价房价比最高（值为 37.33%），第 V 级别土地的地价房价比最低（值为 26.41%），这与商服用地是非常相似的。从不同区域来看，沈阳市中心城区地价明显高于城市边缘地区的地价，重要路段地价明显高于一般路段地价，中心城区商业用地对沈阳市总体地价带动作用明显，沈阳市各区域、各级别土地的地价水平保持平稳增长。从房价方面来看，沈阳市 2013 年房地产开发建设市场表现良好，开发投资大幅增长，商品房市场供应充足，住宅销量涨幅较大，房价运行基本平稳。沈阳市近年来外围新城市行政中心加速建设和郊区大规模新城建设，未来供地上，对中小户型、棚改房、保障性住房等用地需求会有所倾斜。

### （五）成都市

2013 年成都市不同用途各个级别土地的地价房价比如表 11 所示。

就成都市的商服用地而言，第 II 级别土地的地价房价比最高（值为 58.18%），这与前几个城市都截然不同，第 VI 级别土地的地价房价比最低（值为 29.94%）。这是由于城南副中心区域是目前成都市发展最快的区域之一。自“天府新区”规划发布后，城南副中心区域更成为成都市重点打造的高档居住区和商务金融集聚区，2013 年 12 月 1 日天府新区成都直管区管委会正式成立，市政府相关部门已搬迁至该区域，且地铁一号线贯穿其中，该区域配套建设已完全成熟，该区域近几年房地产市场发展极为迅速。2013 年下半年，该区域成交多宗地块，成交价格和溢价率均创造新高，是 2013 年土地市场的

表10　2013年沈阳市不同用途各个级别土地的地价房价比

| 用地类型 | 土地级别 | I | II | III | IV | V | VI |
|---|---|---|---|---|---|---|---|
| 商服用地 | 级别面积权重 | 0.0022 | 0.0165 | 0.0794 | 0.2934 | 0.5744 | 0.0341 |
| | 级别地价房价比/% | 44.31 | 34.91 | 32.47 | 29.54 | 23.37 | 29.43 |
| 住宅用地 | 级别面积权重 | 0.0192 | 0.0617 | 0.0952 | 0.2699 | 0.5172 | 0.0368 |
| | 级别地价房价比/% | 37.33 | 35.46 | 31.91 | 31.17 | 26.42 | 28.39 |

数据来源：同表7。

表11 2013年成都市不同用途各个级别土地的地价房价比

| 用地类型 | 土地级别 | I | II | III | IV | V | VI |
|---|---|---|---|---|---|---|---|
| 商服用地 | 级别面积权重 | 0.0144 | 0.0340 | 0.1199 | 0.2209 | 0.3079 | 0.3029 |
| | 级别地价房价比/% | 50.26 | 58.18 | 44.90 | 42.82 | 36.79 | 29.94 |
| 住宅用地 | 级别面积权重 | 0.0060 | 0.0259 | 0.1275 | 0.2419 | 0.3086 | 0.2899 |
| | 级别地价房价比/% | 46.64 | 37.38 | 38.02 | 35.60 | 30.50 | 28.28 |

数据来源：同表7。

亮点区域。就住宅用地而言，第I级别土地的地价房价比最高（值为46.64%），第VI级别土地的地价房价比最低（值为28.28%），大体上呈现出随级别降低地价房价比递减的趋势。2013年成都市整体地价水平相比2012年有所上涨。由于成都市一直严格执行房地产调控政策，房产交易的重点、热点区域房价变化不大。

### （六）西宁市

2013年，西宁市不同用途各个级别土地的地价房价比如表12所示。

就以上6个城市来看，西宁市的商服用地和住宅用地地价房价比都是最低的。西宁市的商服用地平均地价房价比为10.31%，比2012年的11.09%略低；住宅用地的平均地价房价比为30.83%，比2012年的21.47%高出9.36个百分点，与2012年相比变化幅度最大。从各个级别土地的地价房价比横向比较来看，商服用地中第III级别用地的地价房价比较高，住宅用地中第V级别用地的地价房价比较高。这与目前西宁市建设主要致力于开发新区和完善新区的各项配套设施有关。由于西宁市过渡区和新区的各项配套设施逐渐完善，大力建设基础设施项目，居住环境改善，再加上旧城改造的力度加大，使住宅用地各级别地价水平与2012年相比呈现出大幅提高的趋势。城市郊区地价水平下降，这是由于在该区域兴建大量保障性住房，对抑制地价有一定作用。

不同级别土地的地价房价比的变化，体现了空间资源稀缺性，越是城市中心，获得土地的竞标地租越高，在同一时间段，建设技术相同，各行业基本形成平均利润的情况下，为取得良好区位所付出的代价，体现为较高的地价房价比。成都市的城市结构有其特点，其城市中心的功能分区影响到级别地价房价比的分布；而对西宁市而言，则是其滞后的建设发展，使城市的地价水平远低于建筑平均成本，对地价的影响就不明显。

通过前述的研究，如果宏观经济不出现根本性的变动，我国的房价与地价的关系将处于一个较为稳定的状态，即地价房价比处于较为稳定的状态，而地价与房价各自的价格水平，在2014年将趋稳。由于城市间存在的差异，土地与房屋价格上升的幅度在不同的城市会有不同表现，土地资源短缺的城市和一线城市，上升幅度会大些，其他城市也将有一定幅度的上升。随着进一步确定市场对资源的配置作用，地价同房价的上升幅度与范围，不同城市间的差异将变大，价高的将更高。

## 四、中外地价与房价比较研究[①]

本节研究2013年美国、英国和日本东京的地价和房价情况及其发展趋势，并进行中外房价地价的比较研究。

表12 2013年西宁市不同用途各个级别土地的地价房价比

| 用地类型 | 土地级别 | I | II | III | IV | V | VI |
|---|---|---|---|---|---|---|---|
| 商服用地 | 级别面积权重 | 0.024 | 0.023 | 0.125 | 0.066 | 0.267 | 0.495 |
| | 级别地价房价比/% | 11.01 | 11.74 | 12.55 | 9.91 | 9.17 | — |
| 住宅用地 | 级别面积权重 | 0.022 | 0.004 | 0.003 | 0.192 | 0.506 | 0.273 |
| | 级别地价房价比/% | 18.05 | 19.69 | 20.89 | 27.50 | 32.79 | — |

数据来源：同表7。

① 本章节涉及的汇率，均以2013年12月31日中国人民银行公布的人民币汇率折算。

## （一）美国的地价与房价及中美比较

对中美两国的地价与房价研究将从地价房价总体水平、城市间地价房价水平及地价房价比等多方面进行比较分析。

### 1. 美国地价与房价总体情况

据美国林肯土地研究院的监测数据，美国土地价格自2011年底至今持续走稳，地价指数已升至次贷危机急挫后的新高位。2013年第一季度，美国地价环比增长35%，2013年第三季度，美国房价环比增长11.6%。根据美国标普/Case–Shiller房价指数[①]显示，自2012年第一季度起美国房价指数持续上涨，显示美国住宅市场呈持续复苏态势。美国联邦住房金融局的报告中指出，美国住宅房价已持续9个季度上涨，房价进入稳定增长区间。美国自金融危机后一直执行量化宽松的货币政策，从2008年至今共执行4轮量化宽松货币政策，旨在恢复该国房地产市场，数据反映，该政策在刺激地价和房价上涨方面均取得了一定效果。

美国土地交易在全国范围普遍火热，美国地价走势较房价走势更为强劲。林肯土地研究院的监测数据显示，美国住宅土地价格2006—2011年下跌了58%，自2012年开始恢复。部分地区的地价快速上涨，据华尔街日报报道，北卡罗来纳州1块在售土地，在2012年4月至2013年2月期间，价格涨幅超过35%。住房投资机构对房地产市场持积极态度，美国的新房开工量也同比大幅增加，根据人口普查局数据，2013年2月，美国房屋销售面积增长12.3%，新房开工量增长27.7%。

美国地价指数从2000年至2005年间上涨幅度超过150%，其后随之而来的是地价与房价的快速下跌，并引发次贷危机，至今未能完全恢复。从美国地价房价关系可以看出，在经济强烈波动期间，地价的涨跌幅度均高于房价变动幅度，异动更为明显（图30）。

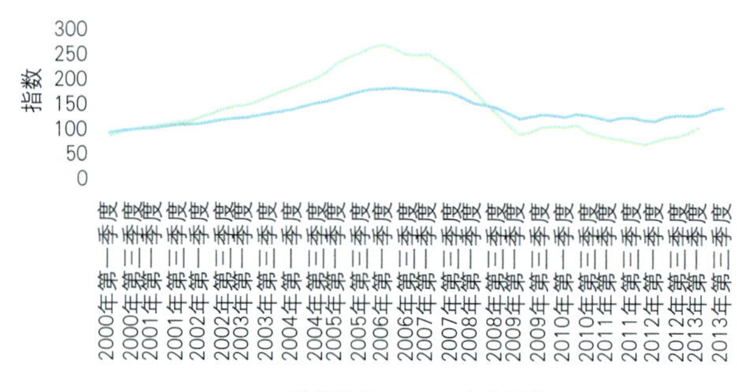


**图30 2000—2013年美国地价指数及房价指数**

数据来源：地价指数来自美国林肯土地政策研究院，设2000年第一季度为基准值100，统计至2013年第一季度；房价指数来自美国标普公司，设2000年第二季度为基准值100，统计至2013年第三季度。

### 2. 地价房价时序比变化

2000—2013年第一季度美国地价房价比如图31所示。从2001年至今，地价房价比在20%～50%的范围内波动，其趋势与地价走势接近。美国的地价房价比波动强烈，振幅大，体现了美国的地价和房价的市场化程度高。在社会平均资本收益率变化不大的情况下，地价房价比的波动主要由受资源制约的地价决定。

### 3. 区域分析

#### 1）大都市区土地价格和房屋价格

美国的城市统计数据以大都市区（MSAS）为主，大都市区由中心城市与有较高经济和社会一体化程度的邻近社区组成，是城市化过程较高阶段出现的一种聚落现象。本节讨论美国的大都市土地价格与住宅价格情况。

2013年美国46个大都市的住宅用地价格（一套住宅价格减去建筑结构的价格）降序排序如图32所示。圣弗朗西斯科、圣何塞、圣安娜位列前三，分别为435万元/套（折合人民币，下同）、358万元/套和297万元/套。土地价格区域差异很大，如孟菲斯、堪萨斯城和辛辛那提，每套住宅土地价格仅5万元。与2012年相比，大都市区土地价格变化呈持续大幅上涨趋势。年增幅50%以上的有9个大都市区，其中亚特兰大、圣贝纳迪诺和底特律的增幅超过70%。地价下跌的大都市区仅有辛辛那提（–23%）、哈特福特（–6%）和密尔沃基（–3%）。

2013年美国46个大都市的住宅均价（1套住宅的平均价格）降序排序如图33所示。圣弗朗西斯科、圣何塞、圣安娜的房价与地价均位列前三，房屋价格均超过400万元/套。房屋价格低于100万元/套的大都市区

① 标普/Case–Shiller房价指数是由标准普尔采用重复销售定价技术计算发布的房价指数。该指数用于衡量美国普通住房价格的变化。列入Case–Shiller房价指数统计范围的房屋，主要是有2次或以上的交易记录的独栋或连体房屋。

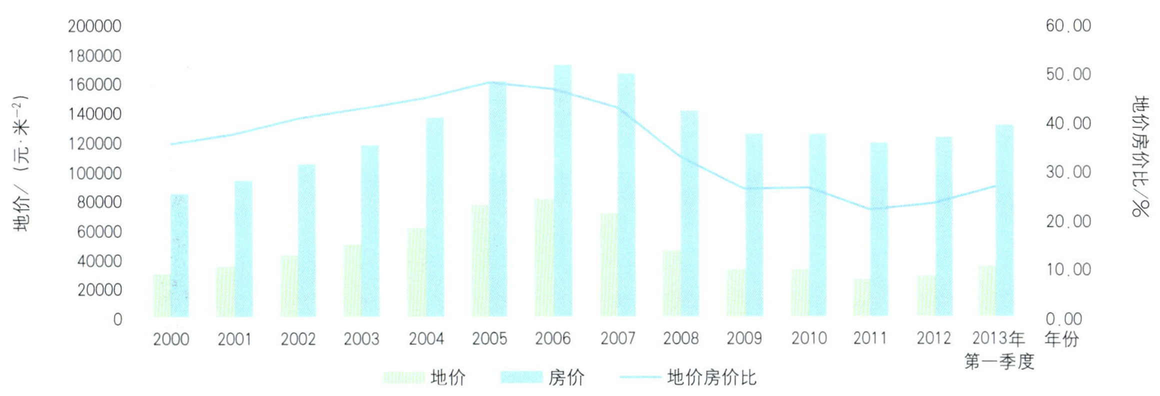


**图31 2000—2013年第一季度美国总体土地价格和住宅价格水平值及变化**

数据来源：美国林肯土地政策研究院（住宅用地总市值等于住宅总市值减去总建筑结构的重置成本，统计不包括所有住宅设备、农业住宅建筑结构的重置成本、移动房屋和非营利性组织拥有的住宅。住宅价格和建筑成本数据来源于美国经济分析局，住宅市值为2000年房屋普查和2001年住宅金融调查评估的房屋股票价值，并以此为基准点采用联邦住宅金融局房屋销售价格指数向前、向后推测出其他季度和年份的住宅总市值。2000—2013年数据采用年度平均，2013年统计至第一季度）。

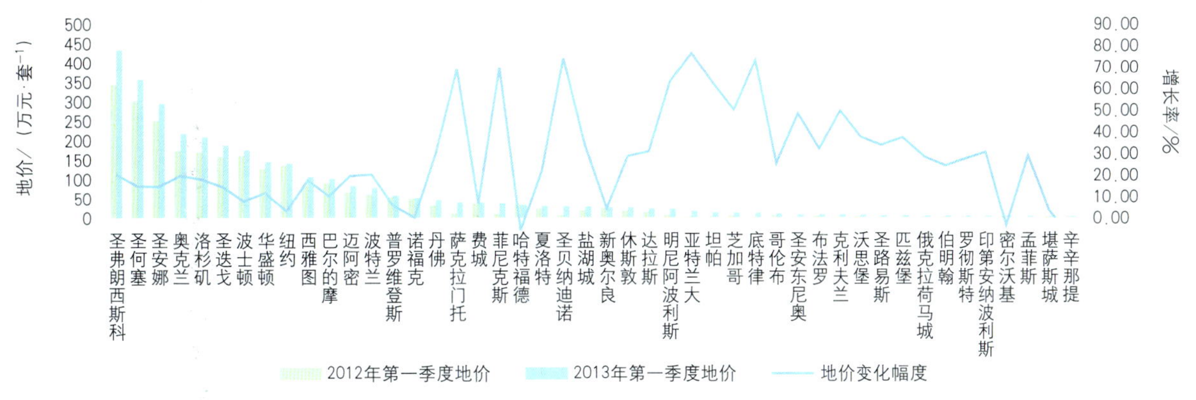


**图32 美国46个大都市区土地价格**

数据来源：美国林肯土地政策研究院（土地价格为平均1套住房的土地成本，即住房价格与建筑成本之差。住宅价格和建筑成本数据来源于2000年美国大都市区房屋调查，并以此为基准年，运用大都市区CMHPI和Case-Shiller-Weiss房屋价格指数向前、向后推算出每年的住宅价格，运用R.S.Means公司公布的建筑成本指数向前、向后推算出每年住宅的建筑成本，土地成本则等于住宅价格与建筑成本之差。采用2012年和2013年第一季度数据对比）。

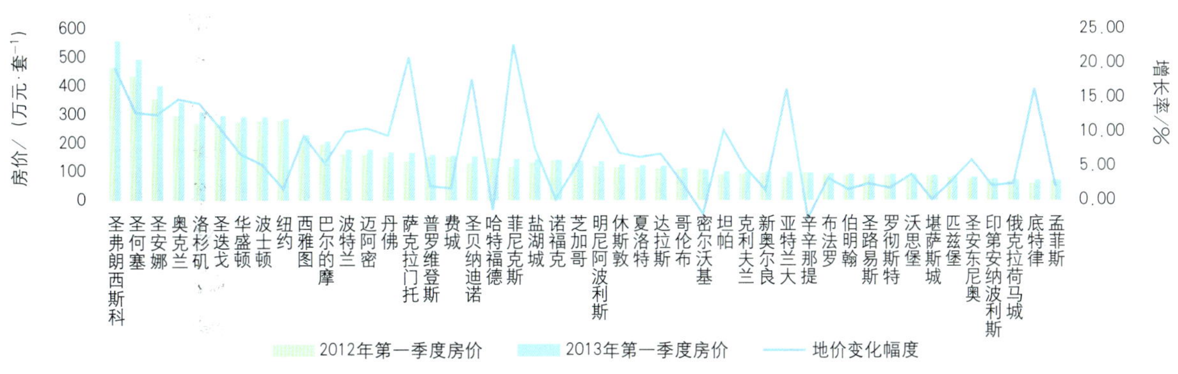


**图33 美国46个大都市区住宅价格**

数据来源：同图32。

有12个，其中俄克拉荷马城、底特律和孟菲斯最低，约75万元／套。与2012年相比，各大都市区房价整体上扬。除辛辛那提、密尔沃基和哈特福特有2%左右的跌幅以外，其他43个大都市区均有不同程度的上涨，菲尼克斯、萨克拉门托和圣弗朗西斯科的房价涨幅达到20%以上。菲尼克斯连续两年涨幅位于榜首，上涨超过10%的大都市区有15个。

美国的地价与房价在空间分布上有显著差异，其中地价差异有近百倍之多，房价差异近十倍。2013年美国46个大都市区房价空间分布如图34所示。美国房价较高的城市集中分布在东、西海岸地区。东海岸是美国最富裕、工商业最发达、都市化程度最高的区域，美国第一大都会纽约市即位于该区。西海岸的多个太平洋东岸城市带是美国经济发展的另一个中心，其核心科技和新兴产业的发展带来人口增长快速，带动房价持续走高。在有科技、医疗、教育等可持续的行业带动下，就业率增长强劲的休斯敦、达拉斯等城市的地价与房价也有不俗表现。

2）大都市区地价与房价关系分析

2013年46个大都市区的地价房价比按照降序排列情况如图35所示，其平均值为28.2%，中位数为21.6%。前三位都市区排序与地价、房价排列一致，也与2012年的排序一致，为圣弗朗西斯科、圣安娜、圣何塞，地价房价比均超过70%。

与2012年相比，2013年大都市区地价房价比平均值上升4.5%，且出现集体上涨趋势。有34个大都市区的地价房价比高于10%，与2012年同期相比，上涨都市区增多，比值增大，体现地价上涨在时间序列上先于房价。在房价上涨前，土地价格已率先领涨，且涨幅高于房屋价格的增幅。

2013年美国46个大都市区地价房价比空间分布如图36所示。东西海岸比值高、中部城市比值低的情况保持不变。与46个大都市区房价的分布表现较为一致，房

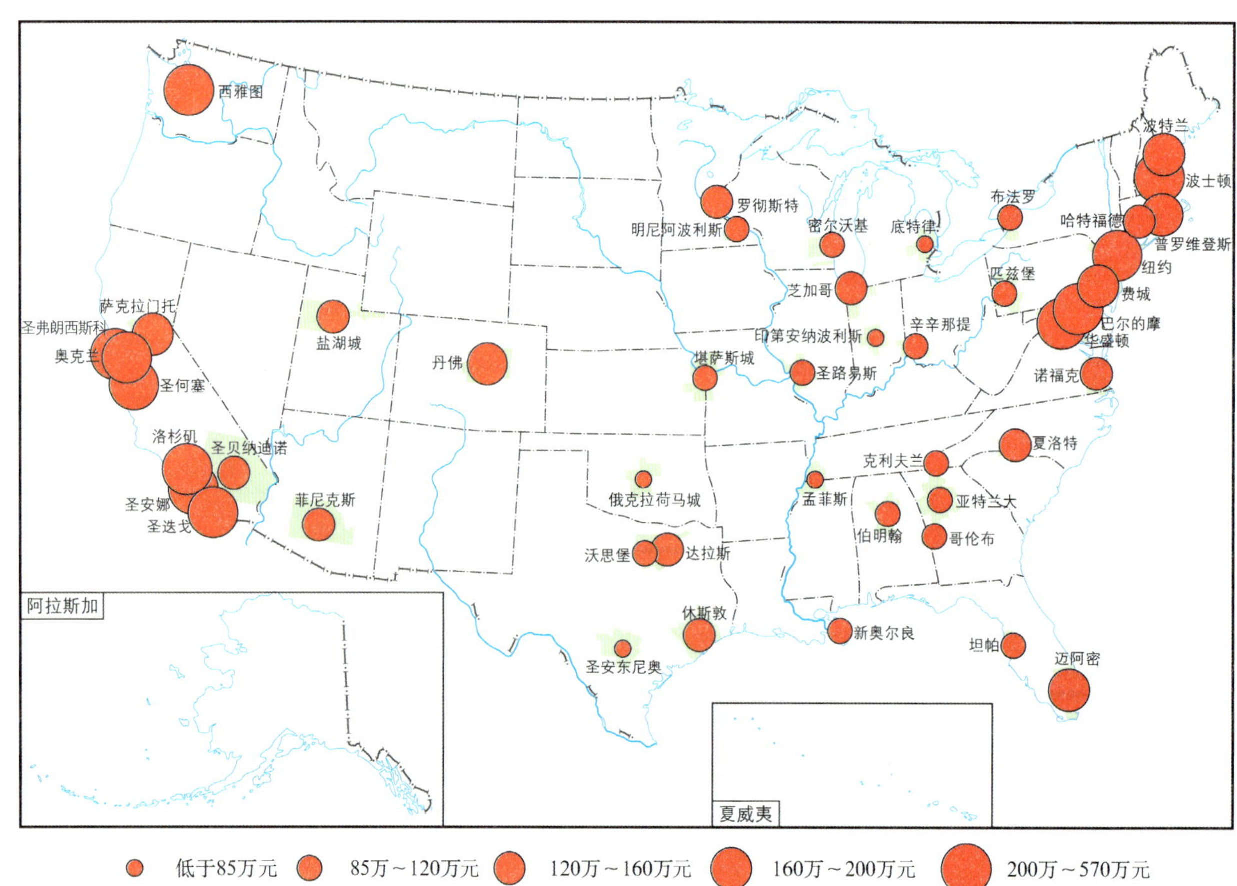


图34 2013年美国前46大都市区房价空间分布图

数据来源：同图32。

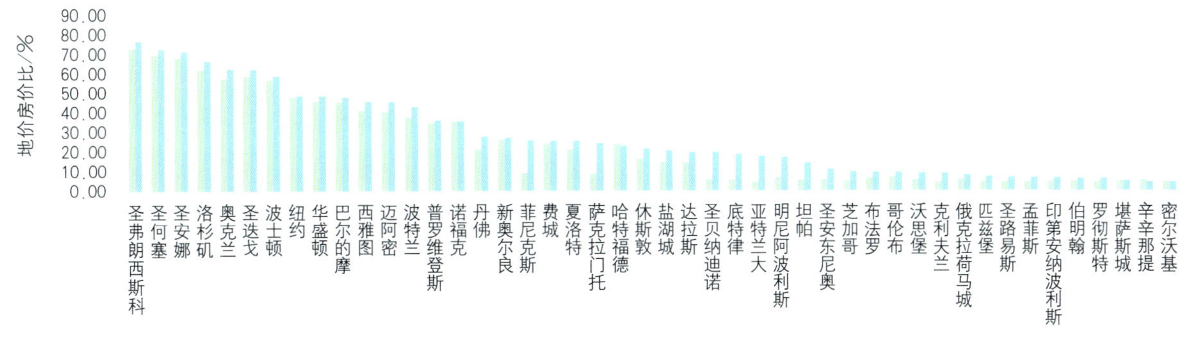


图35　美国46个大都市区住宅地价房价比

数据来源：同图32。

价高的区域，土地市场也很活跃，地价相对比较高，使得地价房价比较高。

3）20 大城市房价指数

20 大城市房价指数摘自美国房地产价格指数最有影响力之一的标普 /Case-Shiller 房价指数，目的是观察全美各区房屋价格走势及其价格周期波动和时间序列变化趋势。

自 2013 年 4 月起，20 大城市的自房价指数均有

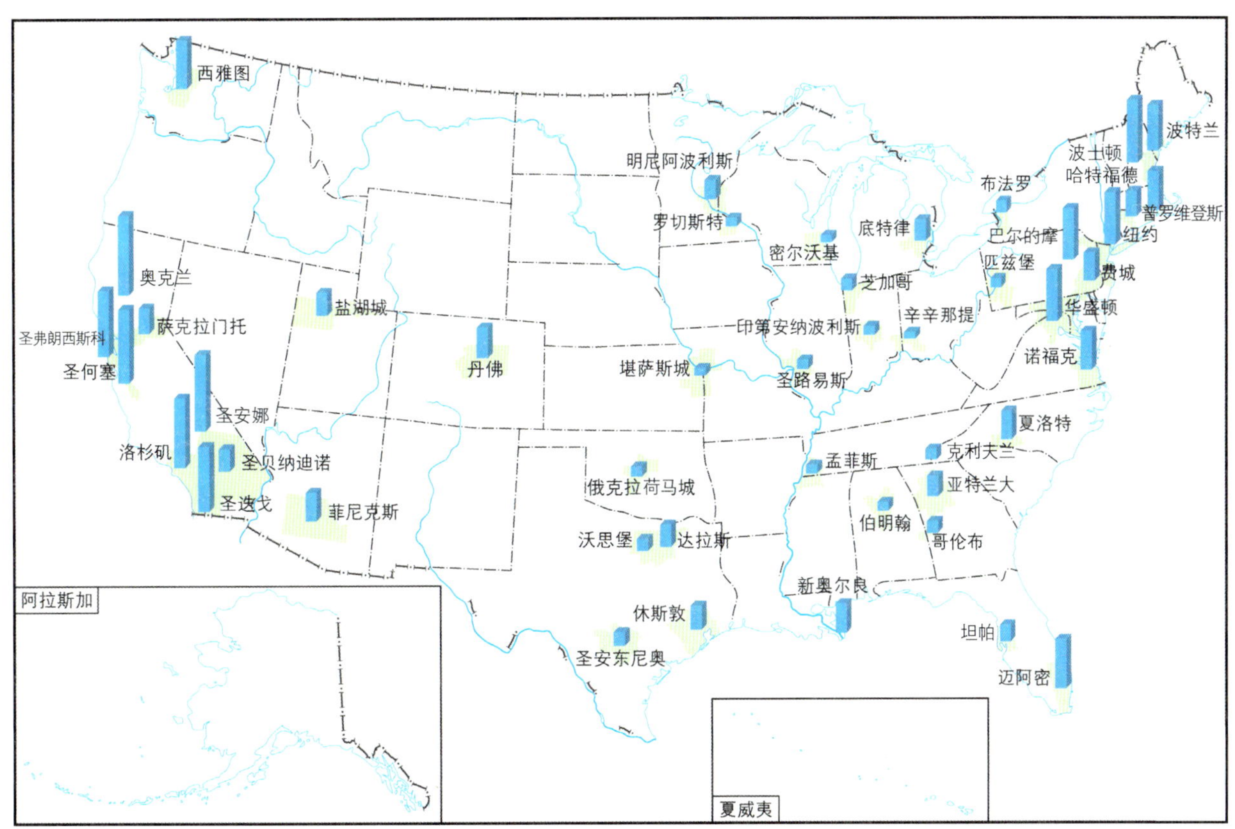


图36　2013年美国46个大都市区地价房价比空间分布图

数据来源：同图32。

不同程度升幅（仅夏洛特9月份下跌不到1%），延续2012年的强势。据标普／Case-Shiller房价指数，与2012年相比，2013年美国20大城市房价全面上涨，平均涨幅为13%。其中涨幅最大的城市出现在西海岸，拉斯维加斯、圣迭戈、圣弗朗西斯科和洛杉矶，涨幅均超过20%。20大城市房价指数连续两年在全美各地上扬，显示各大城市消费者购房信心逐步恢复（图37）。

2012—2013年房价指数整体上涨，但与美国发生次贷危机前的2006年房价指数相比，大部分城市仍有较大的差距。在20大城市中，除丹佛和达拉斯2013年房价指数达到了历史峰值外，包括纽约、洛杉矶、芝加哥、圣迭戈等的其他18个城市平均比高峰期下跌约20%，其中拉斯维加斯、迈阿密、菲尼克斯、坦帕等均有35%以上的跌幅（图38）。

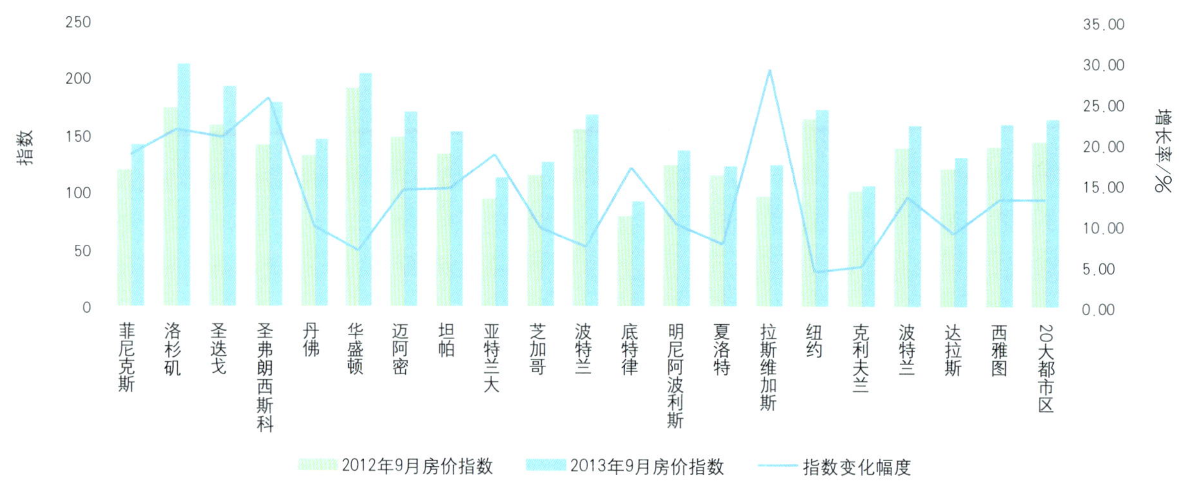


图37 2012年9月与2013年9月美国20大城市房价指数对比和年度变化幅度（2000年指数=100）

数据来源：美国标普公司。

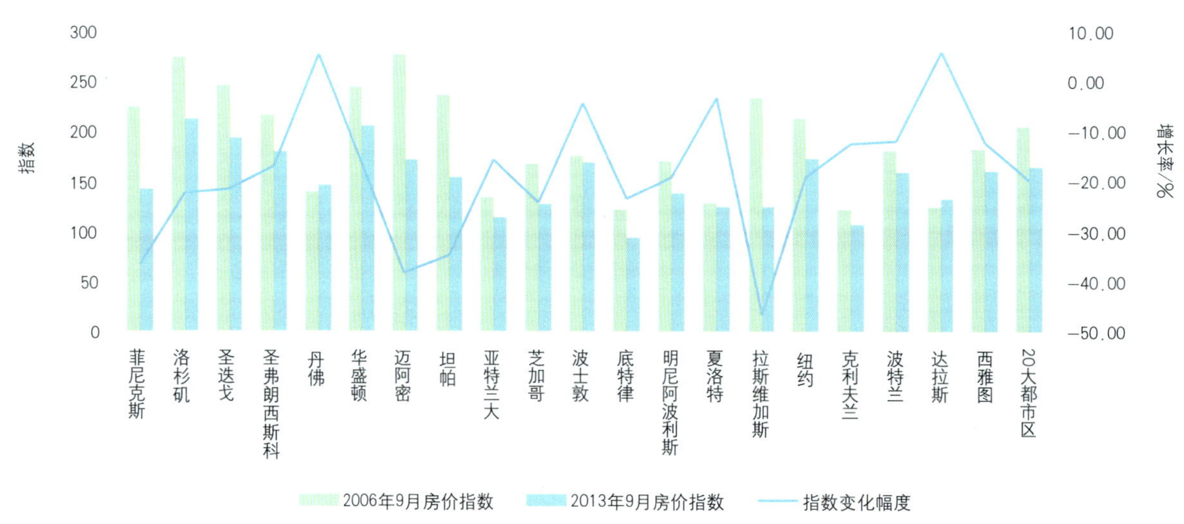


图38 2006年9月与2013年9月美国20大城市房价指数对比及变化幅度（2000年指数=100）

数据来源：同图37。

4. 中美地价房价情况比较

(1) 中美两国地价房价均持续上升。美国地价房价自 2011 年起结束向下走势，开始走向平稳，2013 年显示出明显上升趋势。与之对比，我国的地价房价尽管受国际市场及国家政策影响，增速有所放缓，仍然保持自 2000 年来的增长态势。相比于美国过去 13 年间地价房价的大起大落，我国的房价地价则表现出连续上涨趋势。期间受美国次贷危机影响，2008 年末我国房价曾下跌，2009 年即止跌回升，2010 年后地价与房价增速有所波动，整体仍处于上升区间。2000—2013 年期间，我国的住宅地价指数从 100 升至 257，上涨幅度约为 150%。两相比较，我国的地价与房价的波动幅度要小于美国。

(2) 中美两国各自国内不同区域间房地产市场差异均较大。如美国在东西海岸的经济发达城市，其地价与房价水平长期位于前列，与我国一线城市情况一致。美国从 2013 年起，其大都市的地价和房价出现整体上涨。相比之下，我国在城市化发展过程中，资源及人口向大城市集中的趋势也日益明显。监测数据表明，城市间地价与房价差异亦日趋增大。不过，美国区域间地价有近百倍的差距，房价有近十倍的差距，体现其地价房价在区域间差异明显。相比之下，我国区域间的地价房价差距相对较小。可以预计，如果以市场进行资源调节，我国地区间地价房价的差异会加速扩大。

中美两国地价房价比差异不大，都有上升趋势。相比之下，我国的地价房价比比值更高，但表现更为平稳。两者都表现出同样的趋势：在房价上升周期，地价房价比上升；在房价下跌周期，地价房价比呈下降趋势。我国的土地所有制形式与美国不同，对土地价格的影响因素也有差异，但市场化将会是日后的趋势。可以预测，我国的地价房价比的波动将会更趋市场化。美国土地市场升温，其地价房价比上升幅度加大。随着我国土地市场化程度加深，地价房价波动反映的市场行为将会加剧地价房价比的变化。

**(二) 中英地价房价比较研究**

英国拥有英格兰、威尔士、苏格兰和北爱尔兰四个行政区，全国经济中心在英国南部，即英格兰和威尔士。尽管英国首都伦敦位于上述区域，但由于伦敦作为政治中心和经济中心，其地价和房价具有明显特点，所以此在英国地价和房价的各项统计数据中，多为对英格兰、威尔士和伦敦单独统计，本部分亦按此方法进行讨论。

1. 2013 年英国地价总体情况

2013 年英国房地产市场的亮点在伦敦。全英国地价总体变化不大，英格兰和威尔士地价指数微升约 5%，伦敦中心区的住宅地价指数飙升近 14%。英国住宅市场的土地价格，因受国际经济影响，在 2008 年急挫 50%，以后又缓慢回升。得益于伦敦的国际金融地位，及 2012 年奥运会对经济的带动效应，2013 年伦敦的土地价格已攀升至历年新高（图 39）。

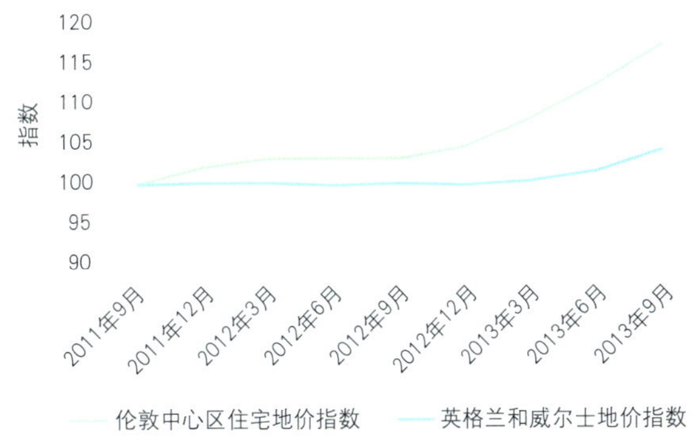


**图39　2011—2013年英国地价指数（2011年9月指数=100）**

数据来源：莱坊公司[①]英国住宅市场研究。

除住宅及商服用地外，英国的农用土地交易亦相当活跃。英国农业用地价格在近 10 年上涨的速度飞快，农业人口增长是其原因之一，另外是因为投资者把农业用地作为投资组合的一部分，使得农业用地交易活跃，价格不断攀升。从图 40 中可以看到，1963 年农地价格为 110 英镑 / 英亩[②]，2013 年农业用地价格达 6700 英镑 / 英亩，升幅超过 60 倍（图 40）。

2. 2013 年英国房价总体情况

2013 年英国房屋交易市场比较火热。据英国国家统计局数据显示，英国的房价指数上涨超过 5%，其中伦敦上涨达到 12%。除威尔士外，英国房价指数已超

① 莱坊公司：Knight Frank 是一家全球性的房地产顾问公司，总部位于伦敦，定期发布伦敦的商业和住宅物业相关数据。
② 1 英亩 =4046.856 平方米。

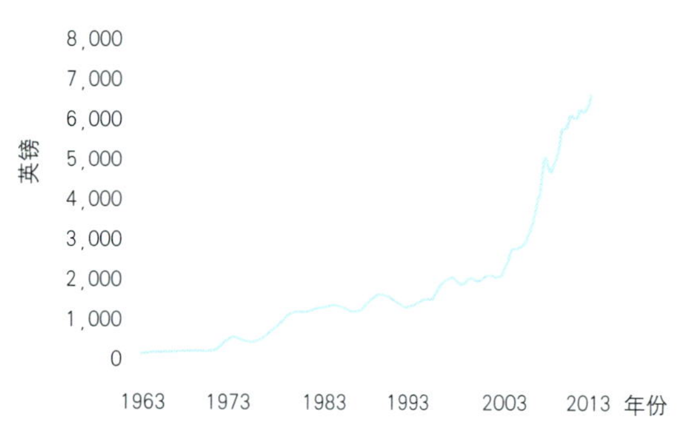


图40　英国农业用地价格（英镑/英亩）

数据来源：同图39。

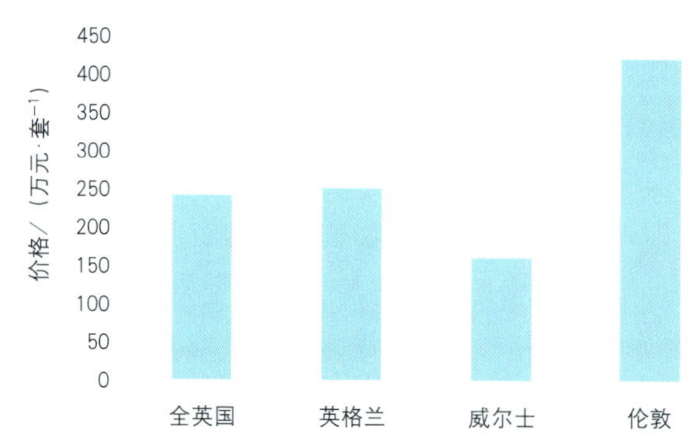


图42　2013年全英国、英格兰、威尔士和伦敦住宅价格

数据来源：英国国家统计办公室，采用2013年1—10月混合房价平均值。

过2008年高位，达到峰值。根据英国国家统计局数据，2013年伦敦住房价格达到422万元/套（折合人民币，下同），远高于其他区域，但其房价依然坚挺，没有下降的趋势。根据莱坊公司的报道，伦敦中心区的住宅需求量超过供应量的2倍。可以预测，伦敦房价上涨趋势依然（图41，图42）。

3. 中英地价与房价比较

2013年英国房地产市场呈现整体平稳、热点明显的特征。因欧洲经济的缓慢好转，英国的经济也一直保持稳定低速增长，但伦敦作为世界的经济政治中心，其地位得到投资者的认可。特别是2012年奥运会的召开，为其经济注入新的活力。因此，伦敦的地价和房价在英国的表现非常突出，有较大幅度的增长。据莱坊公司的报道指出，伦敦高端物业49%的买家来自英国以外的国家，新建公寓更有69%的买家来自国外。

我国房地产市场在2013年亦处于整体快速发展的阶段。我国作为新兴经济体，随着城市化的步伐加快，人口的迁移更加频繁，多个地区的经济中心也更具规模，这些因素都将会在较长的一个阶段对我国的地价和房价产生积极的影响。

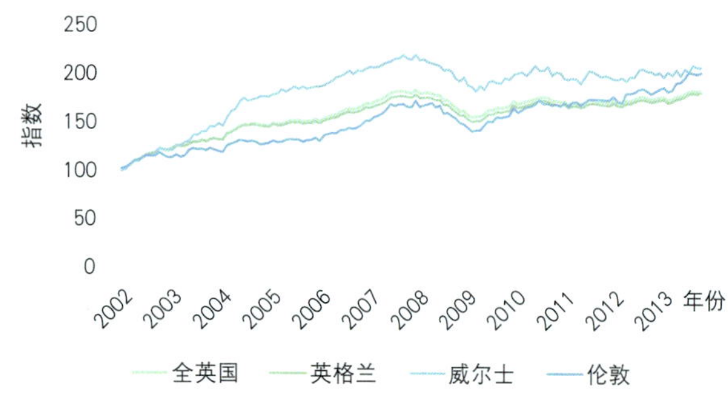


图41　2002—2013年全英国、英格兰、威尔士和伦敦住宅价格指数（2002年10月指数=100）

数据来源：英国国家统计办公室。

英国土地市场和住宅房屋市场反映了2013年全球房地产市场的一个走向，无论是英国伦敦、美国纽约或是中国北京，各国的经济中心的房价正在越走越高。

**（三）我国上海与日本东京新建住宅公寓地价房价比较研究**

本部分采用东京大都市区新建住宅公寓的地价与房价数据，进行地价与房价分析。

2013年，数据反映，日本东京大都市区房屋价格已开始走出持续多年的低迷，出现复苏迹象。2013年东京房价已达到1994年以来的新高，单价为39437元/米$^2$（折合人民币，下同），但地价仍处于低位，是近20年间最低的区间，仅11273元/米$^2$。地价房价比持续下降，从1992年的55%下降至2013年28%（图43）。

从2013年初起，日本东京大都市区的房屋销售数量环比多月持续上升，且上升幅度较大，体现东京房地产销售有复苏迹象。但因时间较短，暂未能有足够的数据以做出较为准确的判断，需加以持续观察（图44）。

土地市场的活跃程度是经济的晴雨表。东京在经济活跃的周期，如1993年，其地价房价比曾高达55%，但随着经济低迷，土地市场受冷，地价房价比下降，2013年为28%。过去的20年是上海市高速发展的时期，土地市场受到热捧，地价房价比逐年攀升，2013年上海市住宅地价房价比为48.23%。因统计口径不同，无法直

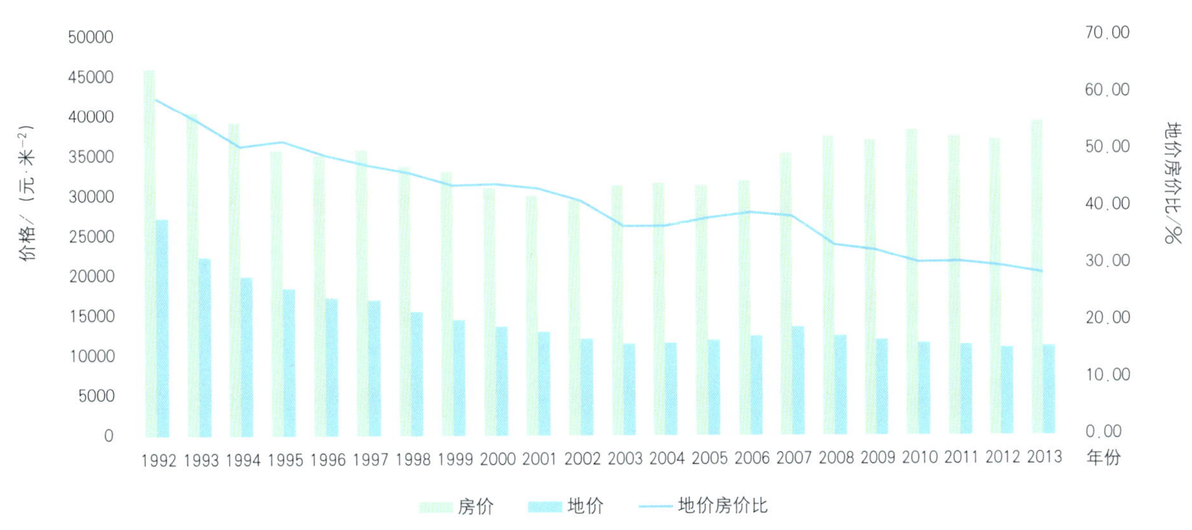


图43 1992—2013年东京大都市区地价与房价变化

数据来源：日本土地研究所。1992—2012年数据为全年数据，2013年数据为前三季度数据。数据采集自东京大都市区新建住宅公寓的房价及地价（不含度假公寓）。东京大都市区包括东京、神奈川、埼玉、千叶。

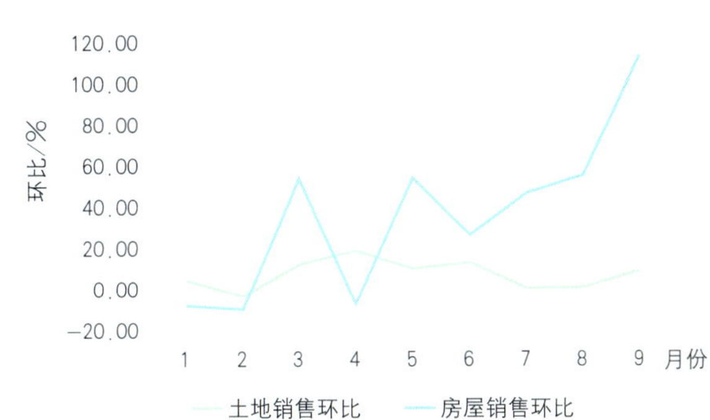


图44 2013年东京大都市区土地与房屋销售环比

数据来源：同图43。

接对比东京与上海的房价与地价，但如果两地在市场的影响因素差别不大的情况下，从地价、房价的变化趋势看，上海市未来的房价将会走高，交易还有活跃的空间，但也达到了相当活跃的高峰。

通过中外的对比，有下列结论：我国的土地价格呈持续上升趋势，上升幅度较大，而且在一定时期内还会上升，交易已经较为活跃，还有可能更加活跃，但是，总体的市场活跃程度已经相当高了，为避免产生经济泡沫的风险，应加强监测，对有潜在风险的区域进行重点调控。对比表明，如果进一步市场化，那么地区间地价和房价的差异会加大，波动也会更加频繁，振幅也会加大，会增大保持市场平稳的难度，因此，对我国的土地市场宏观管理提出了更高要求。

## 五．结论和建议

### （一）结论

根据对城市地价与房价关系的研究，加上中外的对比，得出以下几点结论：

（1）2013年，我国的地价与房价均处于上升期，特别是住宅用地地价与商品住宅价格有更显著的增长，住宅地价的环比增长率逐季度递增，基本保持较快的增长速度；住宅价格受房地产调控影响，其环比增长率表现与地价相反，逐季度收窄，但也基本保持较快增长，全年上升趋势明显。

（2）2013年的地价与房价的增长具有一致性。监测数据显示地价与房价的增长是整体的增长，表现在监测城市地价与房价最高值、最低值、中位数值均有增加，且低值端还有不小的增长幅度。

（3）2013年，全国地价与房价的表现基本正常，表现在全国城市地价与房价的结构同各城市的收入结构基本一致，社会经济发展较快的城市地价与房价高于社会经济发展稍迟的地区与城市。2013年地价与房价的关系同2012年基本一致，处于相对稳定状态，地价房价的比值变化不大，城市间地价结构同城市间房价结构基本一致，这二者的表现反映了中国土地与房屋市场结构趋于稳定。

（4）2013 年地价与房价的上涨在国外具有一定的普遍性。对比中外的地价与房价结构和关系，我国的地价与房价的变动在城市间的差异较小，最低值与最高值间的差距小于高度城市化地区，随着城市化的进程加快和市场化的深入，我国的城市间的差异将加大，发展优势地区的地价与房价有相当程度的上升空间。

（5）房地产开发用地与商品房的价格增长幅度大于住宅用地和商品住宅的增长幅度，意味着城市的综合发展、房地产开发同社会经济发展紧密结合。

（6）一些城市的地价房价在全国的监测序列里表现出一些异常，有的可用特殊的地理条件加以解释，有的异常只能用该地的特殊社会条件解释。通过对特定的典型城市的研究，地价房价比体现了对空间资源的社会竞争程度，是影响供应与需求的全部条件共同作用的结果，越繁华的地区其地价房价比就越高。基于此，地价房价比处于 30% 左右的城市，显示对空间资源的竞争程度还不高，换句话说，空间资源的供给条件尚好。地价房价比高的地方，如果没有特殊的社会和地理条件解释，就有可能是出现了对空间资源的过度竞争，需要加以注意。

综合各种趋势判断，2014 年的地价与房价存在继续上涨的趋势，但是不同的地区上涨的幅度会有不同，在新的市场条件下，地价及房价高的城市，价格上升的动力会更强些，高的会愈高。

**（二）建议**

（1）土地与房屋价格上涨的幅度趋于平稳，对健康的宏观经济环境有好处。出现 2013 年的趋势，是社会经济各种因素共同影响的结果，市场化和调控发挥了作用。建议在加强市场化的同时，也要避免市场化波动加剧的可能后果，要开展与坚持适当的调控。

（2）各城市的具体情况不同，各地对市场施以调控，应有针对性地制定调控政策，与此同时中央也应加紧完善房地产调控的长效机制，加快土地改革进度、保障安居工程持续推进、差别化信贷政策等，为当前及今后房地产市场长期健康发展提供保障。

# 城市地价特征与中国城市等级划分

全国房地产市场有其固有的内在空间结构，这种结构同城市体系密切相关。在全国的范围内，了解不同区域间的差异，理解不同城市市场发展的原因，判断该城市土地市场发展是否合理，必须要对城市体系的结构有所了解。通过分析各城市在社会经济活动中所具有的潜能，才能透彻理解其土地与房屋价格差异的原因。价格有高低，潜能也有等级。这里就是从地价研究出发，对中国一些城市做一个等级划分的尝试。

## 一、研究对象与数据来源

本文以105个重点监测城市为研究对象，包含36个省会城市与计划单列市。其中，拉萨市部分指标数据不全①，已做缺失值的特殊处理②。各指标数据资料取自《中国城市统计年鉴 2012》。

## 二、城市等级划分模型

### 1. 基于主成分分析的城市综合影响力获得

一方面，城市等级结构是城市在整个城市体系中的地位和作用的基础上建立起来的级别体系，任何一种单因素都很难有效地反映城市等级的复杂性和多维性。另一方面，城市影响力是指一个城市通过市场化方式占有、配置和利用生产要素及资源的能力，集中体现为城市聚积和扩散功能的强弱，它是一个综合性的指标。城市等级结构与城市综合影响力的内涵是基本重合的。所以，在对中国城市进行等级划分时，可以选择城市影响力评价指标作为城市等级划分的标准。

同时，选取反映城市综合影响力的各项指标应该能反映城市资本市场的繁荣程度以及其城市化的聚集程度。因此，选取以下5个方面12项指标来测度城市综合规模（表1）。

**表1 城市综合规模指标体系表**

| | |
|---|---|
| 资本累积 | 固定资产投资总额、年末居民储蓄额、建成区面积 |
| 经济发展 | 生产总值、社会消费品零售总额、职工平均工资 |
| 城市开放度 | 客运总量、电信业务量 |
| 社会发展 | 公共图书馆图书藏量、医生数 |
| 科教发展 | 科研综合技术从业人数、高等学校在校学生数 |

由于各原始指标间相关性较高且数据量庞大，加之各指标的权重较难确定，本文利用主成分分析法进行综合影响力值的计算。对选取的主成分通过特征值加权累加得到一个综合的数值，从而得到研究区域内各城市的综合影响力值。

运用SPSS Statistics 19统计软件对其进行因子分析初始解，利用主成分分析法构造因子变量，得到各因子方差贡献率及累计贡献率。按照特征根大于1和累积贡献率大于85%的原则提取主成分因子，前两个主成分的累积贡献率达到89.54%。综合影响力的计算公式如下：

$$Y_i=\sum_{k=1}^{m}\left(A_k\times\sum_{j=1}^{12}\left(C_{kj}\times M_{ij}\right)\right)$$

其中，$Y_i$为城市综合影响力，$m$是特征值大于1的主变量，$k$为主成分编号，$k=m=2$，其系数分别为2个因

① 拉萨市的建成区面积与公共图书馆图书藏量两项指标数据缺失。

② 以点处的线性趋势值替代缺失值。

子的方差贡献率；$A_k$ 为第 $k$ 主成分的贡献率；$C_{kj}$ 为第 $k$ 主成分在第 $j$ 变量上的载荷；$M_{ij}$ 为原始数据通过平均值标准化后的新值。据此可求得全国 105 个重点监测城市的综合影响力值。

### 2. 城市等级结构划分方法——聚类分析法

在 SPSS Statistics19 统计软件中采用层次聚类分析中的系统聚类（Hierarchical Cluster）对 105 个主要监测城市的综合影响力进行分级，设定分类数为 6 级，并对分级结果进行比较验证。以城市为横坐标，综合影响力值为纵坐标构建城市综合影响力散点图（图 1），代表城市的 105 个点在降序排列下近似地排成了一条下降曲线，并且降幅逐渐趋缓，点逐渐密集。并且，在综合影响力值为 20，15，10 以及 5 这 4 个位置形成曲线斜率的突变点。因此，就以这三个突变点为分界点，将中国城市体系中 105 个主要监测城市初步分成 5 个等级。

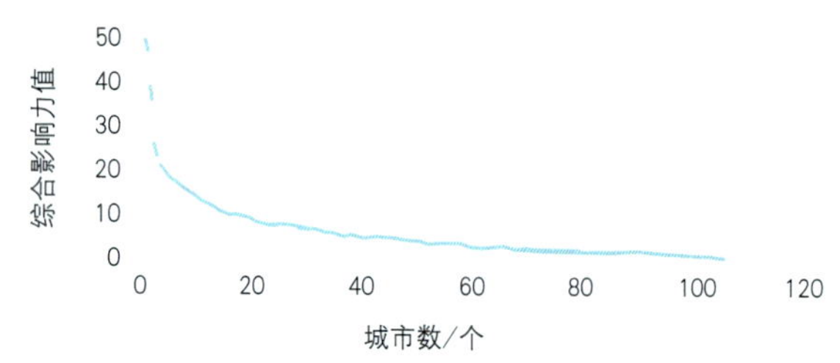


图1　城市综合影响力指数散点图

## 三、中国城市等级结构划分结果分析

### 1. 城市综合影响力及分布

按综合影响力值排序，前 10 位的城市依次为北京市（47.61）、上海市（37.06）、广州市（24.49）、深圳市（20.07）、重庆市（18.69）、天津市（18.05）、成都市（17.71）、武汉市（15.50）、杭州市（15.24）、南京市（14.21），排名后 10 位的城市依次为伊春市（1.15）、鹤岗市（1.17）、北海市（1.36）、鸡西市（1.41）、阜新市（1.52）、淮北市（1.75）、佳木斯市（1.75）、辽阳市（1.88）、黄石市（1.88）、丹东市（2.03）。全国 105 个主要监测城市综合影响力如图 2 所示。第一高值段为北京市、上海市、广州市、深圳市，其明显高于其他城市；第二高值段为东部沿海城市与中西部地区的省会城市；较低值则来自中西部地区的地级市（图 2）。

### 2. 中国城市等级结构

由于排名前三的城市北京市、上海市、广州市分数值差别明显，统计软件将其分别作为一类，在此统一为一类。中国城市等级结构划分最终结果如表 2 所示。

表2　基于城市综合影响力的中国等级体系

| 等级 | 城市数 | 典型城市 |
| --- | --- | --- |
| 一级 | 3 | 北京市、上海市、广州市 |
| 二级 | 9 | 深圳市、重庆市、天津市、成都市、武汉市、杭州市、南京市、西安市、沈阳市 |
| 三级 | 24 | 大连市、哈尔滨市、长沙市、郑州市、济南市、青岛市、长春市、宁波市、苏州市、厦门市、石家庄市、无锡市、合肥市、福州市、昆明市、佛山市、东莞市、太原市、烟台市、温州市、南宁市、南昌市、唐山市、潍坊市 |
| 四级 | 69 | 南通市、泉州市、乌鲁木齐市、常州市、徐州市、兰州市、大庆市、保定市、贵阳市、洛阳市、临沂市、嘉兴市、呼和浩特市、淄博市、包头市、邯郸市、济宁市、衡阳市、扬州市、湛江市、吉林市、鞍山市、泰安市、中山市、柳州市、汕头市、西宁市、襄阳市、珠海市、廊坊市、芜湖市、宜昌市、银川市、新乡市、海口市、株洲市、岳阳市、拉萨市、湖州市、荆州市、湘潭市、安阳市、平顶山市、枣庄市、大同市、九江市、锦州市、秦皇岛市、抚顺市、南充市、张家口市、齐齐哈尔市、焦作市、开封市、淮南市、本溪市、牡丹江市、蚌埠市、宜宾市、丹东市、黄石市、辽阳市、佳木斯市、阜新市、鸡西市、北海市、鹤岗市、伊春市 |

数据来源：中国城市统计年鉴2012。

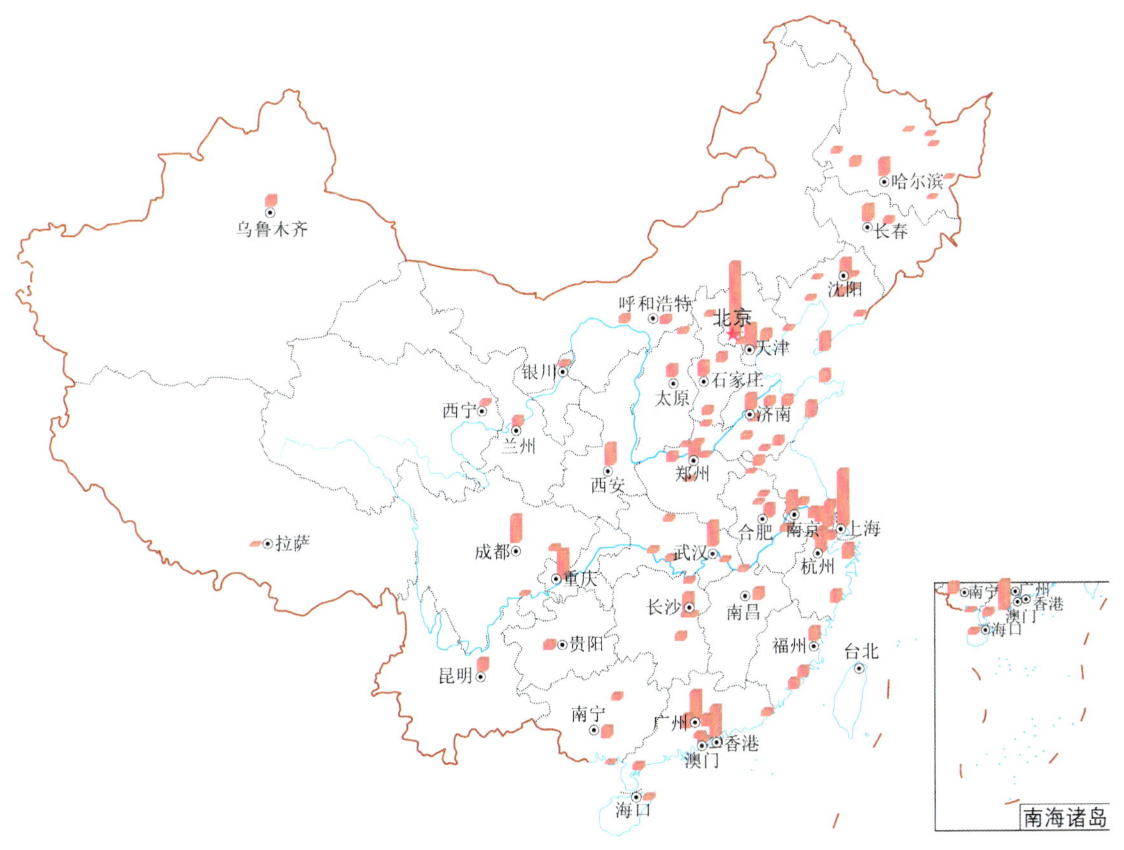


图2 2011年105个主要监测城市综合影响力分布图

数据来源：中国城市统计年鉴2012。台湾省资料暂缺。

从城市等级数量上来看，属于一级的典型城市有3个，属于二级的典型城市有9个，属于三级的典型城市有24个，属于四级的典型城市有69个。4个等级的城市数量比是1:3:8:23，等级越高，城市数量越少，显现明显的金字塔形结构特征。

从每一等级包含的典型城市来看，深圳市位列全国第四，系统将其归为第二级主要是由于其与第二级的重庆市、天津市等其他8个城市的相似性更高，这是由于其他8个城市的综合影响力不断增强所导致的结果，这和《第一财经周刊》日前公布的2013年中国城市分级排名中提出的新一线城市（成都市、杭州市、南京市、武汉市、天津市等15个城市）相呼应。而被划分至第三等级的城市中，既包含传统的所谓二线城市如大连市、厦门市、哈尔滨市、济南市等，又出现了新的地级市如苏州市、无锡市、佛山市、东莞市、烟台市、潍坊市等，这些城市发展也较快。

## 四、城市地价与城市综合影响力的关系

地价是城市蕴含的商业价值的一个价格体现，而城市的商业价值可以通过综合分析城市各个方面的指标获得，即前文提到的城市综合影响力。城市地价与城市影响力的关系包括2个方面，即位序相关关系以及空间相关关系。

### 1. 城市地价与城市影响力位序对比分析

将36个重点监测城市按地价水平降序排列，并与其综合影响力值进行比较（图3）。大体上两者位序保

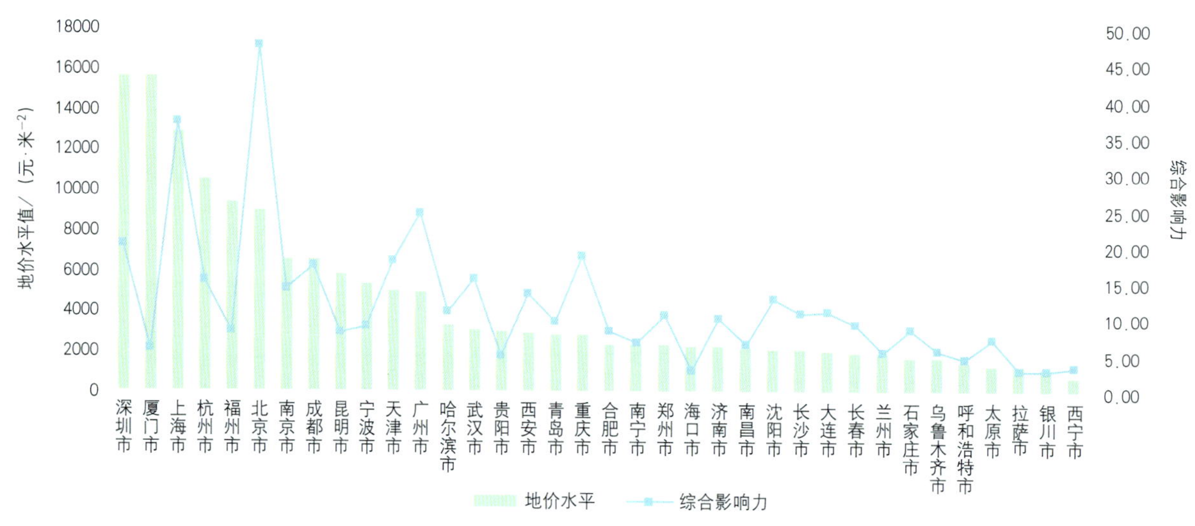


**图3 2011年36个重点监测城市地价水平与综合影响力**

数据来源：中国城市统计年鉴2012。

持一致，同时也有许多不一致的地方。

总体来看，城市地价与其综合影响力的位序相关性说明地价在一定程度上反映了当地的综合影响力。综合影响力越强，其市场发育越成熟，市场化程度高，对于资源的需求也越大。在趋向完全竞争的情况下，表现为土地价格较高。例如城市综合影响力较强的北京市、上海市、广州市、深圳市，与通俗的“一线城市”完全吻合，其土地价格处于高位。但城市综合影响力处于前列的广州市，其地价水平并未进入最高前十位。而处于城市综合影响力较低位序的厦门市、福州市、海口市则表现为城市综合影响力明显不如地价水平排名靠前，这些地方城市环境与自然景观吸引了许多外省人口，带来了房地产市场的繁荣，导致其市场发展快于城市综合发展。

### 2. 城市地价与城市影响力的空间关系

以105个主要监测城市的综合影响力为对象，在ArcGIS软件里，利用反距离权重的方法在全国范围内进行空间插值分析。然后，将插值结果按照自然间断点分级法分为九类，影响强度越大的区域其颜色越深，具体如图4所示。

城市综合影响强度及范围呈现沿海强于内陆的态势，并形成环渤海地区、长江三角洲地区和珠江三角洲地区3个大的辐射“中心”区域以及成渝、关中、武汉、鲁中、福建沿海、长春－哈尔滨等较大的辐射“中心”，这体现了国家发展与改革委员会2010年提出的主体功能区的城市化战略格局。这些地区，由于自身综合影响力较大，吸引周围资本等经济活动能力强，表现为地价水平值较高。同时，由于周围城市的竞争与影响，中部出现一大片浅色地带，这些地区由于与周围大城市群的交流沟通便利，表现为被吸引的状态，资本容易流出、综合实力发展不够，导致地价水平处于低水平值，甚至低于西部地区。

综上所述，城市影响力与地价水平的联系表现在位序和空间上的相关性，这使得我们一方面可以通过城市综合影响力的变化预测不同地方地价与房价的发展趋势，另一方面通过城市地价与其综合影响力的匹配程度间接判断地方土地、房屋市场的健康性。

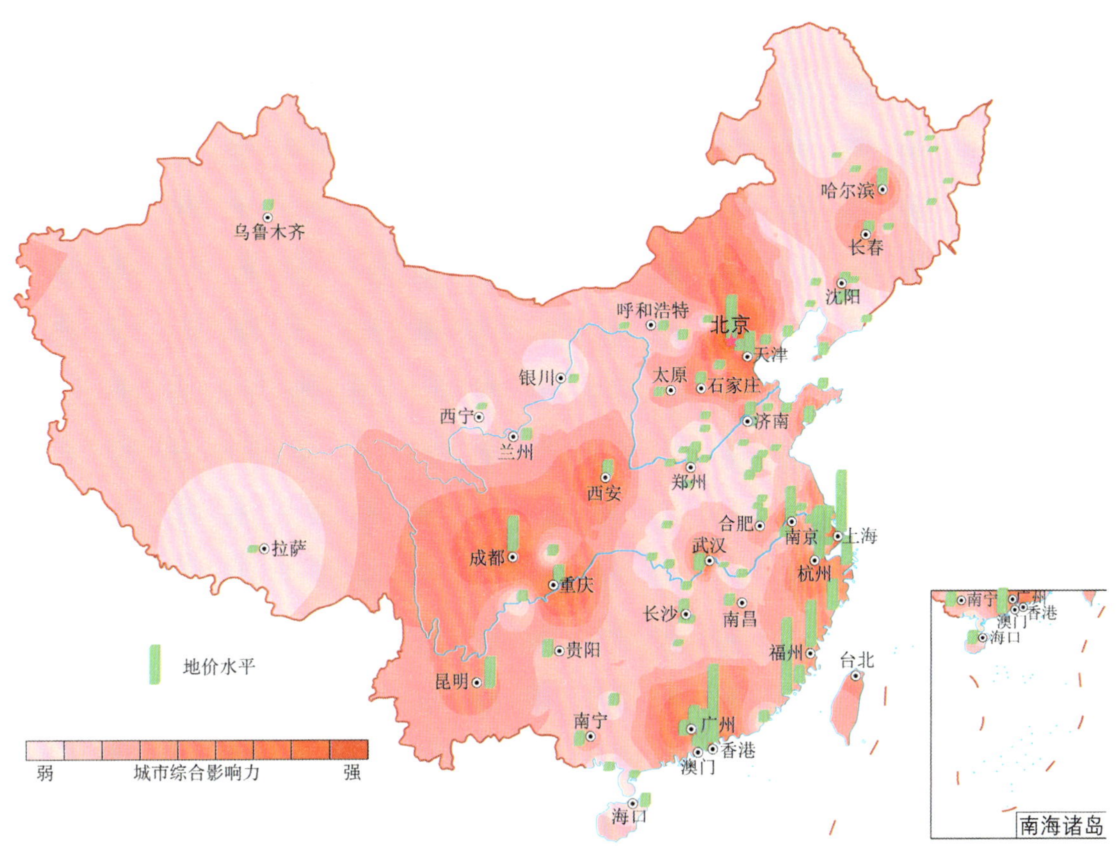


图4 2011年全国105个监测城市地价与城市影响力空间关系图

数据来源：中国城市统计年鉴2012、中国城市地价动态监测系统。